나의 실력 평가

실전모의문제

회차	소요시간	점수	보충할 부분
제01회 실전모의문제	분	점	
제02회 실전모의문제	분	점	
제03회 실전모의문제	분	점	
제04회 실전모의문제	분	점	
제05회 실전모의문제	분	점	
제06회 실전모의문제	분	점	
제07회 실전모의문제	분	점	
제08회 실전모의문제	분	점	
제09회 실전모의문제	분	점	
제10회 실전모의문제	분	점	
제11회 실전모의문제	분	점	
제12회 실전모의문제	분	점	
제13회 실전모의문제	분	점	
제14회 실전모의문제	분	점	
제15회 실전모의문제	분	점	
제16회 실전모의문제	분	점	
제17회 실전모의문제	분	점	
제18회 실전모의문제	분	점	
제19회 실전모의문제	분	점	
제20회 실전모의문제	분	점	

기출예상문제

회차	소요시간	점수	보충할 부분
제1회 정보기술자격시험	분	점	
제2회 정보기술자격시험	분	점	
제3회 정보기술자격시험	분	점	
제4회 정보기술자격시험	분	점	
제5회 정보기술자격시험	분	점	
제6회 정보기술자격시험	분	점	
제7회 정보기술자격시험	분	점	

실전모의문제 및 기출예상문제 정답 (값 계산)

제15회 실전모의문제
(1) =CHOOSE(RIGHT(B5,1),"마루실","헤음실","다목적실")
(2) =F5*IF(E5>=30,50000,IF(E5>=20,40000,30000))
(3) =DSUM(B4:H12,4,D4:D5)
(4) =ROUND(DAVERAGE(B4:H12,H4,D4:D5),-3)
(5) =MAX(수강인원)&"명"
(6) =VLOOKUP(H14,B5:H12,5,0)

제16회 실전모의문제
(1) =CHOOSE(RIGHT(B5,1),"몰입감","즐거움","상상력")
(2) =RANK.EQ(G5,$G$5:$G$12)&"위"
(3) =DCOUNTA(B4:H12,4,E4:E5)
(4) =SUMIF(장르,"액션",H5:H12)/COUNTIF(장르,"액션")
(5) =MAX(H5:H12)
(6) =VLOOKUP(H14,B4:G12,2,0)

제17회 실전모의문제
(1) =CHOOSE(WEEKDAY(G5,2),"월요일","화요일","수요일","목요일","금요일","토요일","일요일")
(2) =RANK.EQ(F5,$F$5:$F$12)&"위"
(3) =MIN(H5:H12)
(4) =COUNTIF(대리점,"승호해운")
(5) =INT(DAVERAGE(B4:H12,5,D4:D5))
(6) =VLOOKUP(H14,B5:H12,5,FALSE)

제18회 실전모의문제
(1) =CHOOSE(RIGHT(B5,1),"초등학교","중학교","고등학교")
(2) =RANK.EQ(H5,$H$5:$H$12)&"위"
(3) =ROUND(DAVERAGE(B4:H12,7,D4:D5),-1)
(4) =SUMIF(장소,"화폐박물관",H5:H12)
(5) =MAX(G5:G12)
(6) =VLOOKUP(H14,B5:H12,7,0)

제19회 실전모의문제
(1) =H5*CHOOSE(RIGHT(B5,1),1%,0.5%,0)
(2) =IF(WEEKDAY(F5,2)>=6,"오전 10시","오전 8시")
(3) =DAVERAGE(B4:H12,H4,D4:D5)
(4) =COUNTIF(F5:F12,">=2023-5-1")&"개"
(5) =LARGE(여행경비,1)
(6) =VLOOKUP(H14,C4:H12,5,0)

제20회 실전모의문제
(1) =IF(F5>=1000,H5*50%,IF(F5>=500,H5*30%,H5*20%))
(2) =CHOOSE(RIGHT(B5,1),"그린에너지","미래전자","한국전자")
(3) =ROUND(DAVERAGE(B4:H12,H4,D4:D5),-3)
(4) =COUNTIF(D5:D12,"구조체형")&"개"
(5) =SMALL(용량,1)
(6) =VLOOKUP(H14,$C$4:$H$12,6,0)

제1회 정보기술자격(ITQ) 시험
(1) =IF(MID(B5,4,1)="1","제2강의실",IF(MID(B5,4,1)="2","제3강의실","제4강의실"))
(2) =RANK.EQ(G5,$G$5:$G$12)
(3) =INDEX(B5:H12,MATCH(C11,C5:C12,0),7)
(4) =DMAX(B4:H12,G4,D4:D5)&"명"
(5) =SMALL(수강료,1)
(6) =VLOOKUP(H14,C5:H12,4,0)

제2회 정보기술자격(ITQ) 시험
(1) =IF(LEFT(B5,1)="J","일본",IF(LEFT(B5,1)="C","중국","한국"))
(2) =CHOOSE(WEEKDAY(F5,2),"월요일","화요일","수요일","목요일","금요일","토요일","일요일")
(3) =SUMIF(E5:E12,"목공",참여인원)
(4) =COUNTIF(E5:E12,"독서")&"개"
(5) =MAX(H5:H12)
(6) =VLOOKUP(H14,C4:J12,2,FALSE)

제3회 정보기술자격(ITQ) 시험
(1) =CHOOSE(RIGHT(B5,1),"★★★","★★","★")
(2) =IF(H5>=4,G5*H5*0.9,G5*H5)
(3) =SUMIF(E5:E12,"서안",사용요금)/COUNTIF(E5:E12,"서안")
(4) =DCOUNTA(B4:H12,4,E4:E5)&"개"
(5) =MAX(H5:H12)
(6) =VLOOKUP(H14,C5:J12,6,FALSE)

제4회 정보기술자격(ITQ) 시험
(1) =CHOOSE(RIGHT(B5,1),"인기작","할인중","가족용")
(2) =RANK.EQ(H5,$H$5:$H$12,0)&"위"
(3) =COUNTIF(구분,"롤플레잉")
(4) =ROUND(DAVERAGE(B4:H12,H4,D4:D5),-2)
(5) =MAX(G5:G12)
(6) =VLOOKUP(H14,B4:H12,7,0)

제5회 정보기술자격(ITQ) 시험
(1) =IF(LEFT(B5,1)="A","1년",IF(LEFT(B5,1)="B","2년","3년"))
(2) =RANK.EQ(H5,$H$5:$H$12)&"위"
(3) =SUMIF(근무지역,"나주",H5:H12)
(4) =DMAX(B4:H12,H4,E4:E5)
(5) =ROUND(DAVERAGE(B4:H12,6,D4:D5),-4)
(6) =VLOOKUP(H14,B4:H12,6,0)

제6회 정보기술자격(ITQ) 시험
(1) =CHOOSE(WEEKDAY(F5),"일요일","월요일","화요일","수요일","목요일","금요일","토요일")
(2) =MONTH(F5)&"월"
(3) =ROUNDDOWN(DAVERAGE(B4:H12,7,D4:D5),-3)
(4) =SUMPRODUCT(G5:G12,H5:H12)
(5) =MAX(인원수)
(6) =VLOOKUP(H14,$B$4:$H$12,7,0)

제7회 정보기술자격(ITQ) 시험
(1) =RANK.EQ(G5,$G$5:$G$12)&"위"
(2) =IF(MID(B5,3,1)="1","MTB",IF(MID(B5,3,1)="2","하이브리드","로드"))
(3) =SUMIF(E5:E12,"카본",G5:G12)/COUNTIF(E5:E12,"카본")
(4) =DMIN(B4:H12,7,D4:D5)
(5) =LARGE(가격,2)
(6) =VLOOKUP(H14,B5:H12,5,0)

이제부터 **교재 중간 표지**인 기출예상문제(정보기술자격시험)로 돌아가서 실제 시험지의 글자 크기, 글꼴, 화면 크기, 형식, 형태, 종이, 크기가 100% 똑같은 문제를 풀어 봅니다. (지금부터 종이 스탠드를 이용해 보세요.)

기출예상문제로 GO!

이 책의 차례

- 이 책의 차례 ··· 2
- 렉스미디어 자료 다운로드 방법 ··· 4
- ITQ 시험 안내 ··· 6
- 이 책의 구성 ··· 8
- 채점 프로그램 다운로드 및 사용 방법 ································· 10
- ITQ 회원 가입 및 시험 접수 안내 ·· 12

PART 01 ◦ 출제유형 분석

Chapter 1 ◦ 수험자 유의사항 및 답안 작성요령 ············· 17
1. 수험자 등록하기 ·· 18
2. 답안 작성 준비하기 ·· 19
3. 답안 저장하고 전송하기 ·· 23

Chapter 2 ◦ 표 서식 작성 ··· 28
1. 데이터 입력하고 셀 병합하기 ··· 29
2. 열 너비 및 행 높이 지정하기 ··· 31
3. 셀 테두리 지정하기 ·· 33
4. 셀 서식 지정하기 ·· 36
5. 제목 작성하기 ··· 40
6. 결재란 작성하기 ·· 43
7. 데이터 유효성 검사 설정하고 이름 정의하기 ················ 47

Chapter 3 ◦ 값 계산 ·· 56
1. 함수를 사용하여 값 구하기 ·· 57
2. 조건부 서식 지정하기 ··· 63
출제함수정리 ·· 66

Chapter 4 ◦ 필터 및 서식 ··· 82
1. 고급필터 사용하기 ·· 83
2. 표 서식 지정하기 ·· 89

Chapter 5 ◦ 목표값 찾기 ··· 94
1. 목표값 찾기의 수식 입력하기 ··· 95
2. 목표값 찾기 ··· 99

Chapter 6 ◦ 정렬 및 부분합 ··· 104
1. 데이터 정렬하기 ·· 105
2. 부분합 구하기 ··· 107

영재스쿨

- ▶ 엔트리 2.X ❶
- ▶ 엔트리 2.X ❷
- 정가 : 각 12,000원
- 페이지 : 144 page

- ▶ 엔트리 2.X ❸
- ▶ 엔트리 2.X ❹
- 정가 : 각 12,000원
- 페이지 : 144 page

- ▶ 스크래치 3.0 ❶
- ▶ 스크래치 3.0 ❷
- 정가 : 각 10,000원
- 페이지 : 144 page

- ▶ 스크래치 3.0 ❸
- ▶ 스크래치 3.0 ❹
- 정가 : 각 10,000원
- 페이지 : 144 page

BiG라플 / BiG스탠드

◆ BiG라플 파워포인트 2016
- 정가 : 16,000원

◆ BiG라플 엑셀 2016
- 정가 : 16,000원

◆ BiG라플 한글 NEO(2016)
- 정가 : 16,000원

◆ BiG라플 파워포인트 2021
- 정가 : 16,000원

◆ BiG라플 엑셀 2021
- 정가 : 16,000원

◆ BiG라플 한글 2020
- 정가 : 16,000원

◆ BiG스탠드 파워포인트 2016
- 정가 : 17,000원

◆ BiG스탠드 엑셀 2016
- 정가 : 17,000원

◆ BiG스탠드 한글 NEO(2016)
- 정가 : 17,000원

◆ BiG스탠드 파워포인트 2021
- 정가 : 17,000원

◆ BiG스탠드 엑셀 2021
- 정가 : 17,000원

◆ BiG스탠드 한글 2020
- 정가 : 17,000원

이 책의 차례

Chapter 7 • 피벗 테이블 ·· 118
1. 피벗 테이블 삽입하기 ·· 119
2. 피벗 테이블 편집하기 ·· 123

Chapter8 • 그래프 ··· 132
1. 차트 삽입하기 ·· 133
2. 차트 영역 서식 지정하기 ·· 137
3. 차트 제목 및 서식 지정하기 ····································· 140
4. 차트에 도형 삽입하기 ·· 147

PART 02 실전모의문제

제01회 실전모의문제 ···158
제02회 실전모의문제 ···162
제03회 실전모의문제 ···166
제04회 실전모의문제 ···170
제05회 실전모의문제 ···174
제06회 실전모의문제 ···178
제07회 실전모의문제 ···182
제08회 실전모의문제 ···186
제09회 실전모의문제 ···190
제10회 실전모의문제 ···194

제11회 실전모의문제 ···198
제12회 실전모의문제 ···202
제13회 실전모의문제 ···206
제14회 실전모의문제 ···210
제15회 실전모의문제 ···214
제16회 실전모의문제 ···218
제17회 실전모의문제 ···222
제18회 실전모의문제 ···226
제19회 실전모의문제 ···230
제20회 실전모의문제 ···234

PART 03 기출예상문제

제1회 정보기술자격(ITQ) 시험
제2회 정보기술자격(ITQ) 시험
제3회 정보기술자격(ITQ) 시험
제4회 정보기술자격(ITQ) 시험
제5회 정보기술자격(ITQ) 시험
제6회 정보기술자격(ITQ) 시험
제7회 정보기술자격(ITQ) 시험

Last Summary (마무리 핵심요약)
(시험 당일날 가져가세요!)

기출예상문제
기출예상문제는 시험지와 똑같은 크기로 제작하였습니다.

렉스미디어 도서 소개

빵터진

▶ 컴퓨터모험 ❶
- 정가 : 10,000원
- 페이지 : 128 page

▶ 컴퓨터모험 ❷
- 정가 : 10,000원
- 페이지 : 128 page

▶ 컴퓨터모험 ❸
- 정가 : 10,000원
- 페이지 : 144 page

깨비뚝딱

▶ 파워포인트 2016
▶ 한쇼 NEO(2016)
- 정가 : 12,000원
- 페이지 : 144 page

▶ 한글 NEO(2016)
- 정가 : 12,000원
- 페이지 : 144 page

▶ 엑셀 2016
▶ 한셀 NEO(2016)
- 정가 : 12,000원
- 페이지 : 144 page

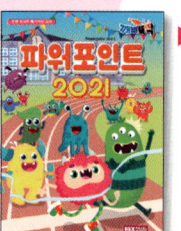
▶ 파워포인트 2021
- 정가 : 12,000원
- 페이지 : 144 page

▶ 한글 2020
- 정가 : 12,000원
- 페이지 : 144 page

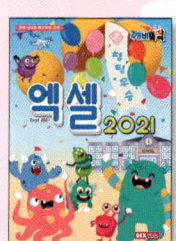
▶ 엑셀 2021
- 정가 : 12,000원
- 페이지 : 144 page

스마트스쿨

▶ 파워포인트 2021
▶ 한쇼 NEO(2016)
- 정가 : 각 10,000원
- 페이지 : 160 page

▶ 한글 NEO(2016)
▶ 한글 2020
- 정가 : 10,000원~ 12,000원
- 페이지 : 160 page

▶ 엑셀 2016
▶ 한셀 NEO(2016)
- 정가 : 각 10,000원
- 페이지 : 160 page

렉스미디어 자료 다운로드 방법

1. 렉스미디어 홈페이지(www.rexmedia.net)에 접속한 후 [자료실]-[대용량 자료실]을 클릭합니다. 그런 다음 렉스미디어 자료실 페이지가 나타나면 '수험서 관련\2024년 ITQ' 폴더를 선택합니다.

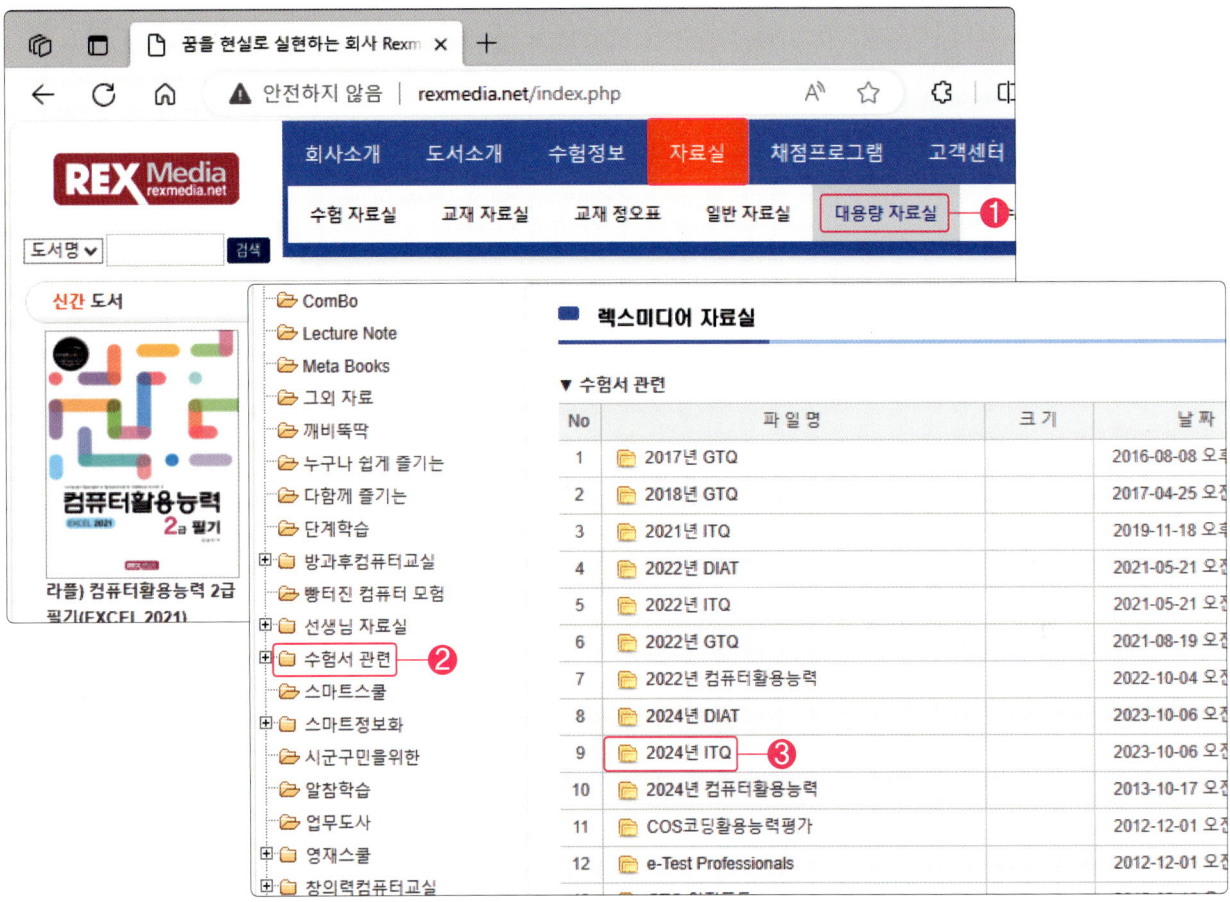

2. 2024년 ITQ화면이 나타나면 (빅라플) ITQ 엑셀2021.zip를 클릭합니다.

[제4작업] 그래프 (100점)

☞ "제1작업" 시트를 이용하여 조건에 따라 ≪출력형태≫와 같이 작업하시오.

≪조건≫
  (1) 차트 종류 ⇒ <묶은 세로 막대형>으로 작업하시오.
  (2) 데이터 범위 ⇒ "제1작업" 시트의 내용을 이용하여 작업하시오.
  (3) 위치 ⇒ "새 시트"로 이동하고, "제4작업"으로 시트 이름을 바꾸시오.
  (4) 차트 디자인 도구 ⇒ 레이아웃 3, 스타일 1을 선택하여 ≪출력형태≫에 맞게 작업하시오.
  (5) 영역 서식 ⇒ 차트 : 글꼴(굴림, 11pt), 채우기 효과(질감-파랑 박엽지)
          그림 : 채우기(흰색, 배경1)
  (6) 제목 서식 ⇒ 차트 제목 : 글꼴(굴림, 굵게, 20pt), 채우기(흰색, 배경1), 테두리
  (7) 서식 ⇒ 설치비용 계열의 차트 종류를 <표식이 있는 꺾은선형>으로 변경한 후 보조 축으로 지정하시오.
      계열 : ≪출력형태≫를 참조하여 표식(마름모, 크기 10)과 레이블 값을 표시하시오.
      눈금선 : 선 스타일-파선
      축 : ≪출력형태≫를 참조하시오.
  (8) 범례 ⇒ 범례명을 변경하고 ≪출력형태≫를 참조하시오.
  (9) 도형 ⇒ '모서리가 둥근 사각형 설명선'을 삽입한 후 ≪출력형태≫와 같이 내용을 입력하시오.
  (10) 나머지 사항은 ≪출력형태≫에 맞게 작성하시오.

≪출력형태≫

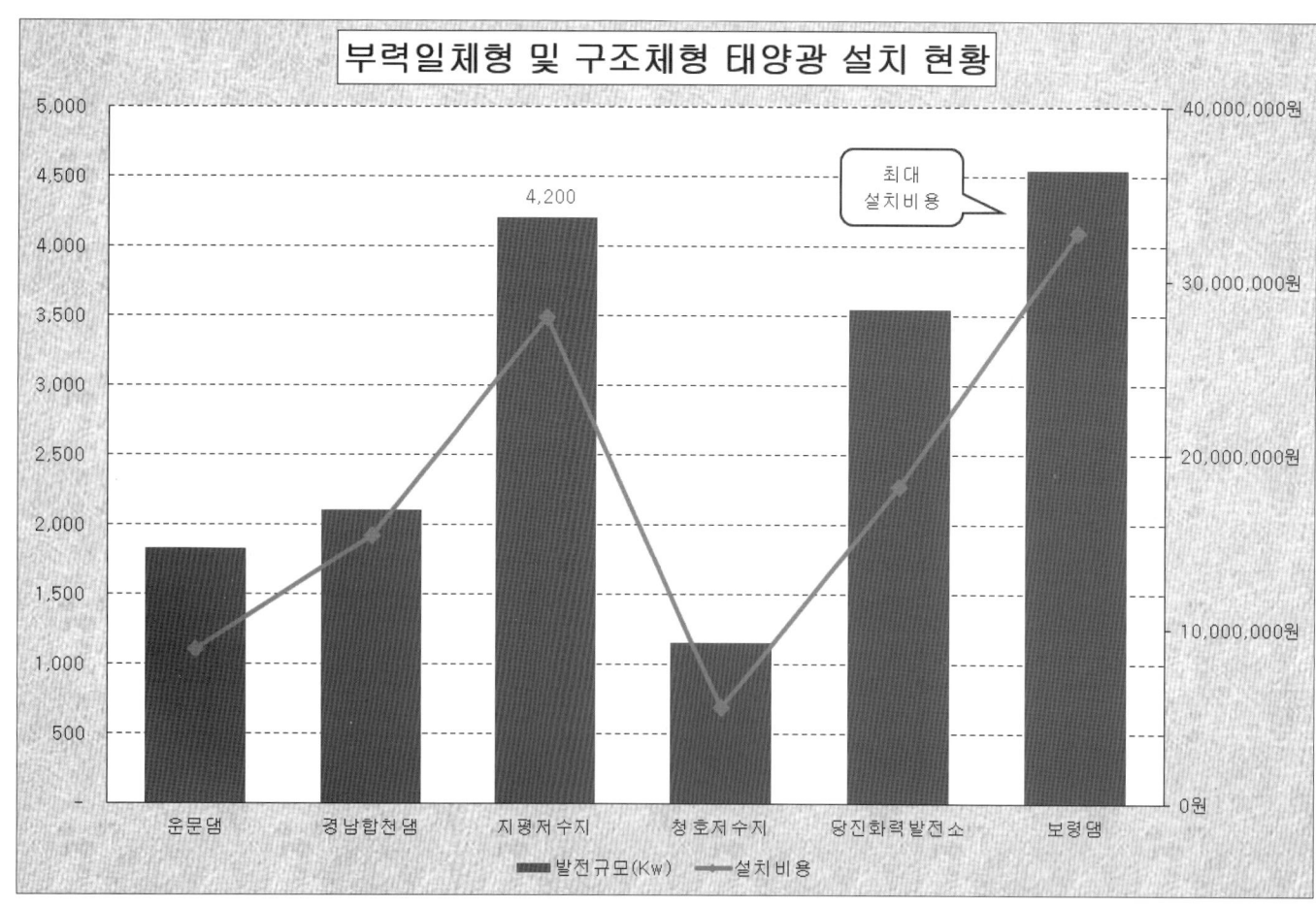

주의 ☞ 시트명 순서가 차례대로 "제1작업", "제2작업", "제3작업", "제4작업"이 되도록 할 것.

렉스미디어 자료 다운로드 방법

3. 다운로드가 완료되면 [폴더에 표시]를 클릭합니다.

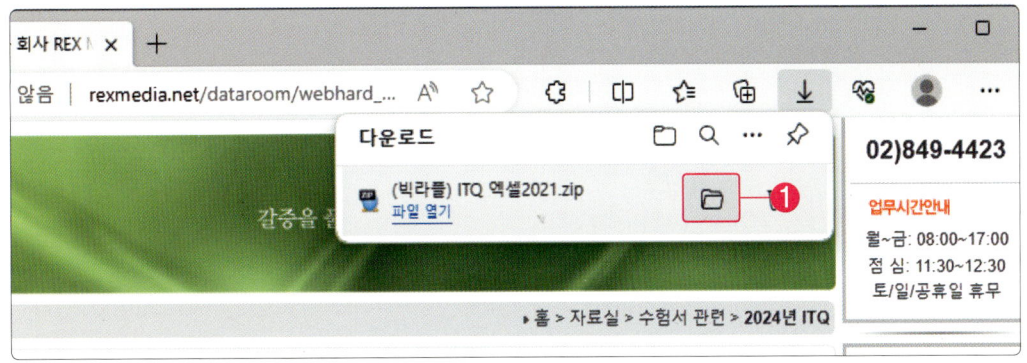

4. 파일 탐색기를 실행한 후 'C:\(빅라플) ITQ 엑셀2021' 폴더를 선택하면 다음과 같이 ITQ 엑셀2021 자료가 다운로드된 것을 확인할 수 있습니다.

❶ [ITQ] 시험에 사용되는 파일이 담겨져 있습니다.
❷ [1Part 출제유형분석]에서 사용하는 소스파일과 완성파일이 담겨져 있습니다.
❸ [2Part 실전모의문제]에서 다룬 문제의 완성파일이 담겨져 있습니다.
❹ [3Part 기출예상문제]에서 다룬 문제의 완성파일이 담겨져 있습니다.
❺ ITQ 수험자용 프로그램입니다.(설치 후 사용하세요)

5. ITQ 폴더를 복사한 후 내 PC\문서 폴더에 붙여넣기 합니다.

[제2작업] 필터 및 서식 (80점)

☞ "제1작업" 시트의 「B4:H12」영역을 복사하여 "제2작업" 시트의 「B2」셀부터 모두 붙여넣기를 한 후 다음의 조건과 같이 작업하시오.

≪조건≫
(1) 고급필터 - 형태가 '프레임형'이거나, 용량(Kw)이 '500' 이하인 자료의 사업장, 용량(Kw), 발전규모(Kw), 설치비용 데이터만 추출하시오.
　　- 조건 범위 : 「B14」셀부터 입력하시오.
　　- 복사 위치 : 「B18」셀부터 나타나도록 하시오.

(2) 표 서식 - 고급필터의 결과셀을 채우기 없음으로 설정한 후 '표 스타일 보통 4'의 서식을 적용하시오.
　　- 머리글 행, 줄무늬 행을 적용하시오.

[제3작업] 피벗 테이블 (80점)

☞ "제1작업" 시트를 이용하여 "제3작업" 시트에 조건에 따라 ≪출력형태≫와 같이 작업하시오.

≪조건≫
(1) 설치일 및 형태별 사업장의 개수와 발전규모(Kw)의 평균을 구하시오.
(2) 설치일을 그룹화하고, 형태를 ≪출력형태≫와 같이 정렬하시오.
(3) 레이블이 있는 셀 병합 및 가운데 맞춤 적용 및 빈 셀은 '**'로 표시하시오.
(4) 행의 총합계는 지우고, 나머지 사항은 ≪출력형태≫에 맞게 작성하시오.

≪출력형태≫

	형태						
		프레임형		부력일체형		구조체형	
설치일	개수 : 사업장	평균 : 발전규모(Kw)	개수 : 사업장	평균 : 발전규모(Kw)	개수 : 사업장	평균 : 발전규모(Kw)
2015년	1	870	**	**	1	1,150
2016년	1	3,950	2	3,320	**	**
2017년	**	**	1	1,830	1	4,200
2018년	**	**	**	**	1	3,540
총합계	2	2,410	3	2,823	3	2,963

ITQ 시험 안내

ITQ 시험이란?
- 정보기술 능력 또는 정보기술 활용능력을 객관적으로 평가하는 시험입니다.
- 정보기술 관리 및 실무능력 수준을 지수화하고 등급화 시키는 국가 인증 시험입니다.
- 산업인력의 정보 경쟁력을 높이고 정보화를 촉진시키기 위한 목적의 국가공인자격을 말합니다.

공정성, 객관성, 신뢰성이 확보된 첨단 OA자격 시험
- 2002년 1월 11일 정보통신부(현 과학기술정보통신부) 공인을 획득한 국가공인자격 시험입니다.
- 1957년 산업발전법에 의거하여 설립된 한국생산성본부에서 시행합니다.

현장실무 위주의 시험
- 실무중심의 작업형문제로 출제되어 현장 활용도가 높습니다.
- 단체 구성원의 정례화된 목표 지향이 용이하며, 개인의 변별력을 확보할 수 있습니다.
- 특히 구성원의 업무 차별화에 따른 과목 선택이 가능합니다.

발전성과 활용성이 탁월
- 동일 시험과목에 응시가 가능하며, 취득한 성적별로 A·B·C등급을 부여하여 업그레이드 할 수 있습니다.
- 많은 공공기관, 대기업, 중소기업, 대학 등에서 정보기술자격 제도로 ITQ를 채택하여 활용하고 있습니다.

학습이 용이
- 8과목 중 1과목만 취득하여도 국가공인자격이 부여됩니다.
- 쉽고 자세한 학습용 교재가 다양하게 개발되어 있으며, 교육 커리큘럼이 우수합니다.

실기시험만으로 평가
- 필기시험이 없습니다.
- 실질적으로 업무에 필요한 실무 작업형의 문제로 실기시험만으로 평가하는 미래형 첨단 IT자격입니다.

시험 일정 및 검정 수수료
- 시험 일정 및 검정 수수료는 https://license.kpc.or.kr 홈페이지의 [접수/수험표 확인]에서 확인할 수 있습니다.

시험 시행처 안내
- 주관 : 한국생산성본부 ITQ센터(https://license.kpc.or.kr)
  서울 종로구 새문안로 5가길 32 생산성빌딩
- 전화 : 1577-9402(유료)

[제1작업] 표 서식 작성 및 값 계산 (240점)

☞ 다음은 '수상 태양광 설치 현황'에 대한 자료이다. 자료를 입력하고 조건에 맞도록 작업하시오.

≪출력형태≫

관리코드	사업장	형태	설치일	용량(Kw)	발전규모(Kw)	설치비용	보조 지원금	시공사
GS103	운문댐	부력일체형	2017-04-13	500	1,830	8,830,000	(1)	(2)
GE101	경남합천댐	부력일체형	2016-03-08	800	2,100	15,360,000	(1)	(2)
GA202	지평저수지	구조체형	2017-03-15	1,500	4,200	27,860,000	(1)	(2)
GS302	청호저수지	구조체형	2015-10-09	300	1,150	5,500,000	(1)	(2)
GE452	당진화력발전소	구조체형	2018-06-12	1,000	3,540	18,120,000	(1)	(2)
GA713	용당저수지	프레임형	2016-02-10	1,350	3,950	21,960,000	(1)	(2)
GT121	보령댐	부력일체형	2016-11-15	1,800	4,540	32,760,000	(1)	(2)
GS661	오창저수지	프레임형	2015-11-10	200	870	4,520,000	(1)	(2)
부력일체형 설치비용의 평균			(3)			최저 용량(Kw)		(5)
구조체형 사업장 개수			(4)		사업장	운문댐	설치비용	(6)

(결재: 담당, 대리, 팀장)

≪조건≫

○ 모든 데이터의 서식에는 글꼴(굴림, 11pt), 정렬은 숫자 및 회계 서식은 오른쪽 정렬, 나머지 서식은 가운데 정렬로 작성하며 예외적인 것은 ≪출력형태≫를 참조하시오.
○ 제 목 ⇒ 도형(사다리꼴)과 그림자(오프셋 오른쪽)를 이용하여 작성하고
   "수상 태양광 설치 현황"을 입력한 후 다음 서식을 적용하시오
   (글꼴-굴림, 24pt, 검정, 굵게, 채우기-노랑).
○ 임의의 셀에 결재란을 작성하여 그림으로 복사 기능을 이용하여 붙이기 하시오(단, 원본 삭제).
○ 「B4:J4, G14, I14」 영역은 '주황'으로 채우기 하시오.
○ 유효성 검사를 이용하여 「H14」 셀에 사업장(「C5:C12」 영역)이 선택 표시되도록 하시오.
○ 셀 서식 ⇒ 「H5:H12」 영역에 셀 서식을 이용하여 숫자 뒤에 '원'을 표시하시오(예 : 8,830,000원).
○ 「F5:F12」 영역에 대해 '용량'으로 이름정의를 하시오.

☞ (1)~(6) 셀은 반드시 **주어진 함수를 이용**하여 값을 구하시오(결과값을 직접 입력하면 해당 셀은 0점 처리됨).

(1) 보조 지원금 ⇒ 「설치비용×지원비율」로 구하되, 지원비율은 용량(Kw)이 1,000 이상이면 '50%',
   500 이상이면 '30%', 그 외에는 '20%'로 지정하여 구하시오(IF 함수).
(2) 시공사 ⇒ 관리코드의 마지막 글자가 1이면 '그린에너지', 2이면 '미래전자', 3이면 '한국전자'로 구하시오
   (CHOOSE, RIGHT 함수).
(3) 부력일체형 설치비용의 평균 ⇒ 반올림하여 천원 단위까지 구하시오. 단, 조건은 입력데이터를 이용하시오
   (ROUND, DAVERAGE 함수)(예 : 23,456,700 → 23,457,000).
(4) 구조체형 사업장 개수 ⇒ 결과값에 '개'를 붙이시오(COUNTIF 함수, & 연산자)(예 : 1개).
(5) 최저 용량(Kw) ⇒ 정의된 이름(용량)을 이용하여 구하시오(SMALL 함수).
(6) 설치비용 ⇒ 「H14」 셀에서 선택한 사업장에 대한 설치비용을 구하시오(VLOOKUP 함수).
(7) 조건부 서식을 이용하여 설치비용 셀에 데이터 막대 스타일(빨강)을 최소값 및 최대값으로 적용하시오.

ITQ 시험 안내

ITQ 시험 과목 및 시험 프로그램

시험 과목	시험 프로그램	시험 방법	시험 시간
아래한글 한셀 한쇼	한컴오피스 2020/2016(NEO) 병행 ※한셀/한쇼 과목은 NEO버전으로만 운영	실무 작업형 실기시험 하루에 3과목까지 응시가능	과목당 60분
MS 워드 한글 엑셀 한글 파워포인트 한글 액세스	MS 오피스 2021/2016 병행		
인터넷	내장브라우저 IE8:0 이상		

ITQ 시험 등급

ITQ 시험은 과목별로 500점 만점을 기준으로 A 등급부터 C 등급까지 등급별 자격을 부여합니다. 이 중 3과목 이상 A 등급을 취득하면 OA 마스터 자격을 부여하는데, 한두 과목에서 낮은 등급을 받았을 경우 다시 응시하여 A 등급으로 업그레이드하면 됩니다.

A 등급	B 등급	C 등급
400점~500점	300점~399점	200점~299점

※ OA 마스터 신청시 아래한글과 MS 워드는 같은 종목으로 인정됩니다.

ITQ 엑셀 2021 버전의 문항 및 배점

작업 유형	문항	배점	주요 내용
제1작업	표 서식 작성 및 값 계산	100점 (표 서식 작성)	▶표 작성 능력과 조건에 따른 서식 변환 능력을 평가 • 데이터 입력, 도형을 사용한 제목 작성, 셀 서식 등
		140점 (값 계산)	▶함수 사용 능력을 평가 • 함수를 사용한 수식 작성, 조건부 서식
제2작업 (두 문항 출제)	필터/서식/ 목표값 찾기	80점	▶데이터 필터 능력, 표 서식 지정 능력, 목표값 찾기 능력을 평가 • 고급필터, 표 서식, 목표값 찾기
제3작업 (한 문항 출제)	정렬 및 부분합/ 피벗 테이블	80점	▶데이터를 정렬하는 능력과 그룹별로 요약하는 능력, 필요한 필드를 추출하여 보기 쉬운 결과물로 만드는 능력을 평가 • 정렬, 부분합, 피벗 테이블
제4작업	그래프	100점	▶데이터를 차트로 표현하는 능력을 평가 • 차트 종류, 차트 위치, 차트 구성 요소 설정 등

제20회 ITQ 실전모의문제

과목	코드	문제유형	시험시간	수험번호	성명
한글엑셀	1122	B	60분		

수험자 유의사항

- 수험자는 문제지를 받는 즉시 문제지와 <u>수험표상의 시험과목(프로그램)이 동일한지 반드시 확인</u>하여야 합니다.

- 파일명은 본인의 "수험번호-성명"으로 입력하여 답안폴더(내 PC₩문서₩ITQ)에 하나의 파일로 저장해야 하며, 답안문서 파일명이 "수험번호-성명"과 일치하지 않거나, 답안파일을 전송하지 않아 미제출로 처리될 경우 실격 처리합니다(예:12345678-홍길동.xlsx).

- 답안 작성을 마치면 파일을 저장하고, '답안 전송' 버튼을 선택하여 감독위원 PC로 답안을 전송하십시오. 수험생 정보와 저장한 파일명이 다를 경우 전송되지 않으므로 주의하시기 바랍니다.

- 답안 작성 중에도 **주기적으로 저장하고, '답안 전송'**하여야 문제 발생을 줄일 수 있습니다. 작업한 내용을 저장하지 않고 전송할 경우 이전에 저장된 내용이 전송되오니 이점 유의하시기 바랍니다.

- 답안문서는 지정된 경로 외의 다른 보조기억장치에 저장하는 경우, 지정된 시험 시간 외에 작성된 파일을 활용할 경우, 기타 통신수단(이메일, 메신저, 네트워크 등)을 이용하여 타인에게 전달 또는 외부 반출하는 경우는 부정 처리합니다.

- 시험 중 부주의 또는 고의로 시스템을 파손한 경우는 수험자가 변상해야 하며, 〈수험자 유의사항〉에 기재된 방법대로 이행하지 않아 생기는 불이익은 수험생 당사자의 책임임을 알려 드립니다.

- 문제의 조건은 MS오피스 2021 버전으로 설정되어 있으며 MS오피스 2016은 【 】에 표기되어 있습니다. 이와 관련하여 작성한 답안의 출력형태가 문제지와 다를 수 있습니다.

- 시험을 완료한 수험자는 답안파일이 전송되었는지 확인한 후 감독위원의 지시에 따라 문제지를 제출하고 퇴실합니다.

답안 작성요령

- 온라인 답안 작성 절차
  수험자 등록 ⇒ 시험 시작 ⇒ 답안파일 저장 ⇒ 답안 전송 ⇒ 시험 종료

- 문제는 총 4단계, 즉 제1작업부터 제4작업까지 구성되어 있으며 반드시 제1작업부터 순서대로 작성하고 조건대로 작업하시오.

- 모든 작업시트의 A열은 열 너비 '1'로, 나머지 열은 적당하게 조절하시오.

- 모든 작업시트의 테두리는 ≪출력형태≫와 같이 작업하시오.

- 해당 작업란에서는 각각 제시된 조건에 따라 ≪출력형태≫와 같이 작업하시오.

- 답안 시트 이름은 "제1작업", "제2작업", "제3작업", "제4작업"이어야 하며 답안 시트 이외의 것은 감점 처리됩니다.

- 각 시트를 파일로 나누어 작업해서 저장할 경우 실격 처리됩니다.

kpc 한국생산성본부

이 책의 구성

Information

출제유형분석
ITQ 시험의 출제유형을 작업별로 분석하여 자세하게 설명하였습니다.

따라하기 제공파일
따라하기에서 사용하는 소스 파일과 완성파일입니다.

문제
작업별로 풀어야 할 문제입니다.

체크! 체크!
작업별로 문제를 풀어가는 과정을 요약한 것입니다.

한가지 더!
ITQ 시험의 출제유형과 관련은 있지만 따라하기에서 다루지 못한 내용입니다. ITQ 시험의 출제유형을 이해하는 데 도움이 되는 경우 설명하였습니다.

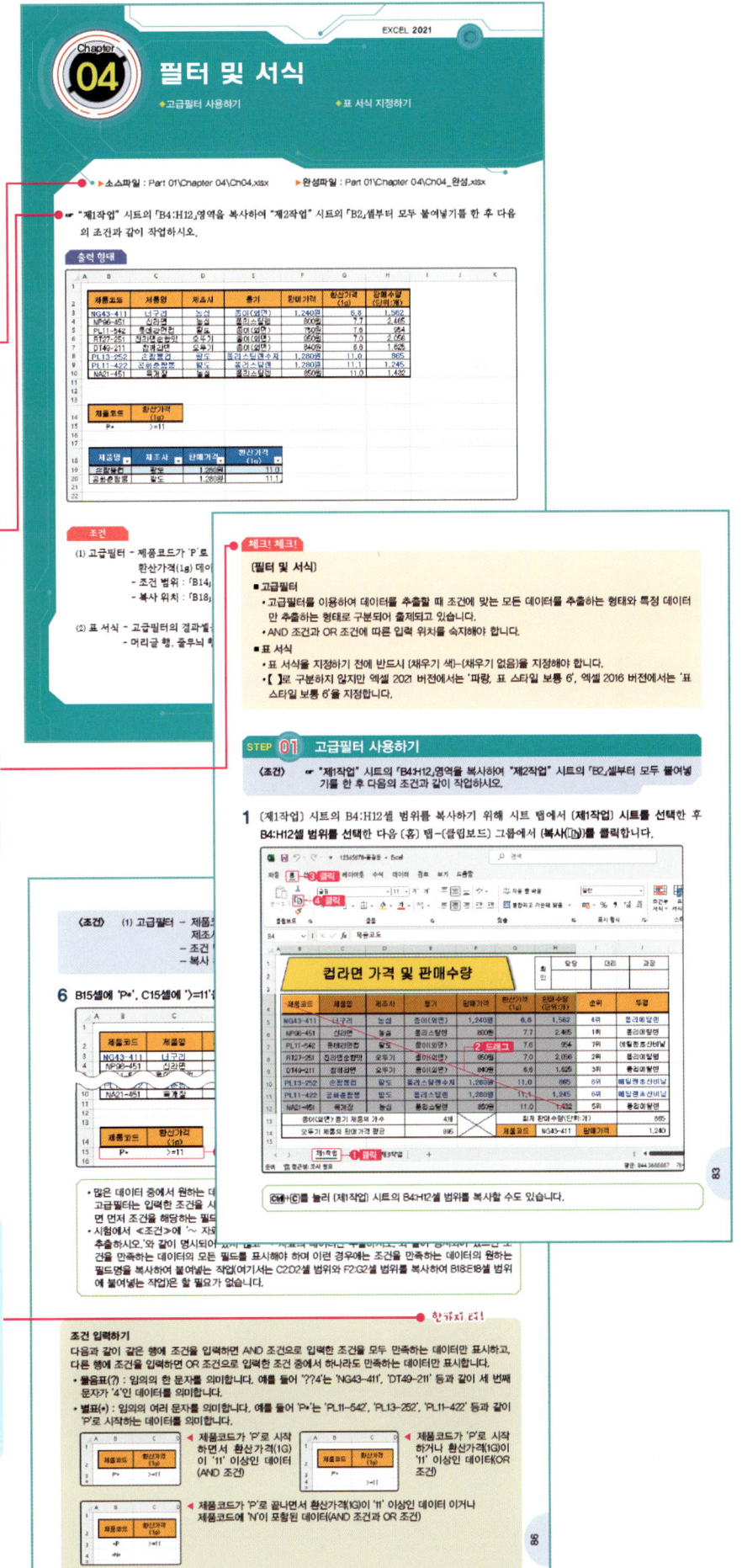

[제4작업] 그래프 (100점)

☞ "제1작업" 시트를 이용하여 조건에 따라 ≪출력형태≫와 같이 작업하시오.

≪조건≫
(1) 차트 종류 ⇒ <묶은 세로 막대형>으로 작업하시오.
(2) 데이터 범위 ⇒ "제1작업" 시트의 내용을 이용하여 작업하시오.
(3) 위치 ⇒ "새 시트"로 이동하고, "제4작업"으로 시트 이름을 바꾸시오.
(4) 차트 디자인 도구 ⇒ 레이아웃 3, 스타일 1을 선택하여 ≪출력형태≫에 맞게 작업하시오.
(5) 영역 서식 ⇒ 차트 : 글꼴(굴림, 11pt), 채우기 효과(질감-파랑 박엽지)
    그림 : 채우기(흰색, 배경1)
(6) 제목 서식 ⇒ 차트 제목 : 글꼴(굴림, 굵게, 20pt), 채우기(흰색, 배경1), 테두리
(7) 서식 ⇒ 여행경비(단위:원) 계열의 차트 종류를 <표식이 있는 꺾은선형>으로 변경한 후 보조 축으로 지정하시오.
    계열 : ≪출력형태≫를 참조하여 표식(마름모, 크기 10)과 레이블 값을 표시하시오.
    눈금선 : 선 스타일-파선
    축 : ≪출력형태≫를 참조하시오.
(8) 범례 ⇒ 범례명을 변경하고 ≪출력형태≫를 참조하시오.
(9) 도형 ⇒ '모서리가 둥근 사각형 설명선'을 삽입한 후 ≪출력형태≫와 같이 내용을 입력하시오.
(10) 나머지 사항은 ≪출력형태≫에 맞게 작성하시오.

≪출력형태≫

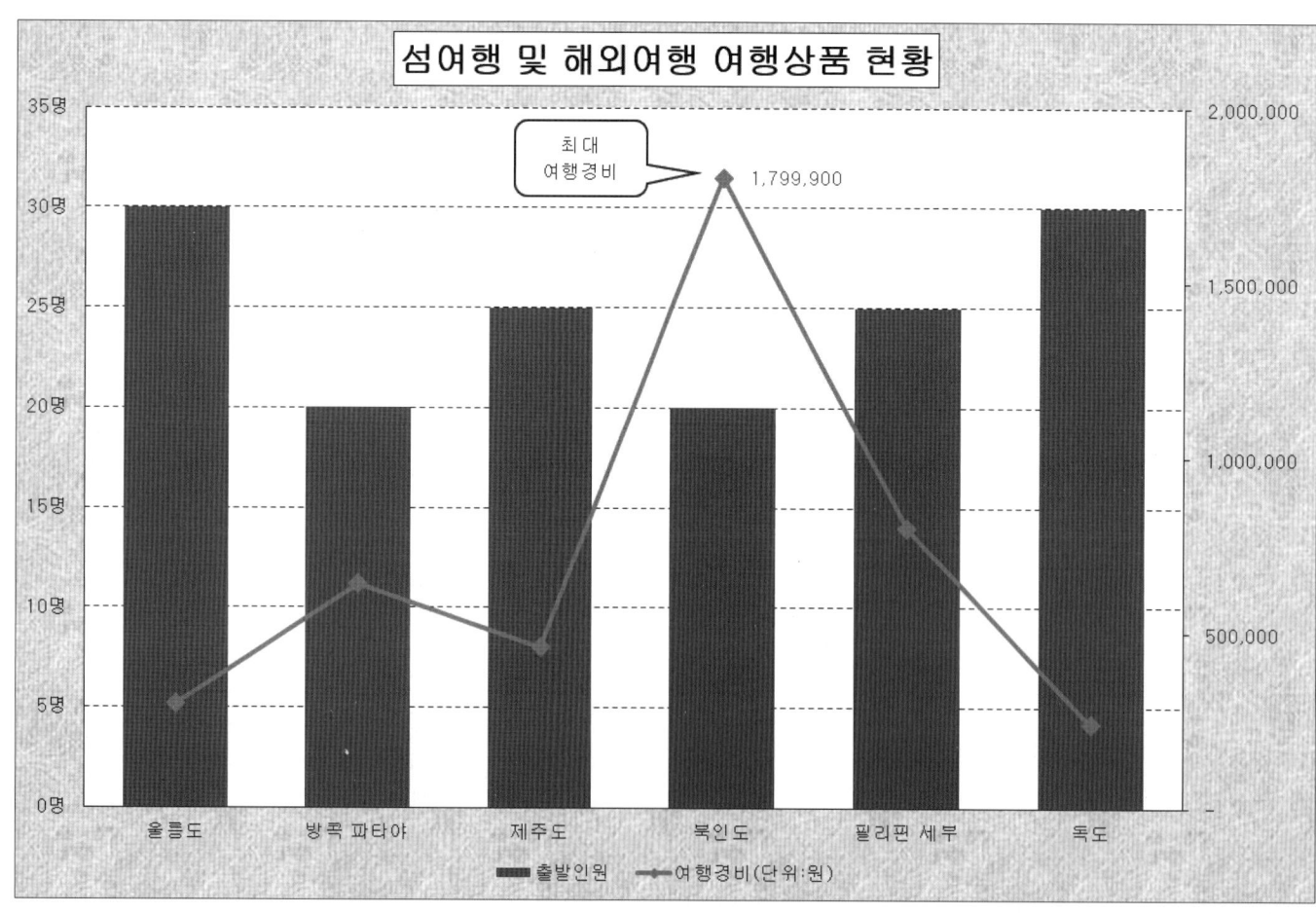

주의 ☞ 시트명 순서가 차례대로 "제1작업", "제2작업", "제3작업", "제4작업"이 되도록 할 것.

이 책의 구성

실전문제유형

작업별로 실전문제유형 문제를 마련하여 ITQ 시험을 쉽고 빠르게 준비할 수 있도록 하였습니다.

실전문제유형 연습파일
실전문제유형 문제에서 사용하는 소스파일과 완성파일입니다.

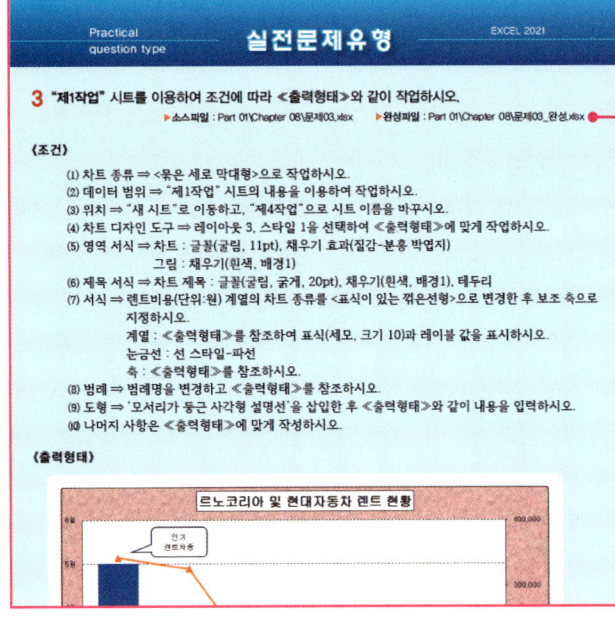

실전모의문제

실전모의문제 20회를 마련하여 ITQ 시험에 100% 대비할 수 있도록 하였습니다.

기출예상문제

기출예상문제 7회를 마련하여 ITQ 시험에 100% 대비할 수 있도록 하였습니다.

[제2작업] 필터 및 서식 (80점)

☞ "**제1작업**" 시트의 「B4:H12」영역을 복사하여 "**제2작업**" 시트의 「B2」셀부터 모두 붙여넣기를 한 후 다음의 조건과 같이 작업하시오.

≪조건≫
(1) 고급필터 - 분류가 '기차여행'이거나, 여행경비(단위:원)가 '600,000' 이상인 자료의 여행지, 여행기간, 출발일, 여행경비(단위:원) 데이터만 추출하시오.
 - 조건 범위 : 「B14」셀부터 입력하시오.
 - 복사 위치 : 「B18」셀부터 나타나도록 하시오.

(2) 표 서식 - 고급필터의 결과셀을 채우기 없음으로 설정한 후 '표 스타일 보통 4'의 서식을 적용하시오.
 - 머리글 행, 줄무늬 행을 적용하시오.

[제3작업] 피벗 테이블 (80점)

☞ "**제1작업**" 시트를 이용하여 "**제3작업**" 시트에 조건에 따라 ≪출력형태≫와 같이 작업하시오.

≪조건≫
(1) 출발일 및 분류별 여행지의 개수와 여행경비(단위:원)의 평균을 구하시오.
(2) 출발일을 그룹화하고, 분류를 ≪출력형태≫와 같이 정렬하시오.
(3) 레이블이 있는 셀 병합 및 가운데 맞춤 적용 및 빈 셀은 '###'로 표시하시오.
(4) 행의 총합계는 지우고, 나머지 사항은 ≪출력형태≫에 맞게 작성하시오.

≪출력형태≫

	분류	해외여행		섬여행		기차여행	
출발일	개수 : 여행지	평균 : 여행경비(단위:원)	개수 : 여행지	평균 : 여행경비(단위:원)	개수 : 여행지	평균 : 여행경비(단위:원)
3월	1	1,799,900	1	459,000	1	355,000
4월	1	639,000	1	239,000	###	###
5월	###	###	1	295,000	1	324,000
6월	1	799,000	###	###	###	###
총합계	3	1,079,300	3	331,000	2	339,500

채점 프로그램 다운로드 및 사용 방법

◆ **채점 프로그램 다운로드**

1. 렉스미디어 **홈페이지(www.rexmedia.net)에 접속**한 후 **[채점프로그램]-[ITQ]를 클릭**한 다음 ITQ 채점프로그램 페이지가 나타나면 **[(빅라플) ITQ 채점프로그램]**을 클릭합니다.

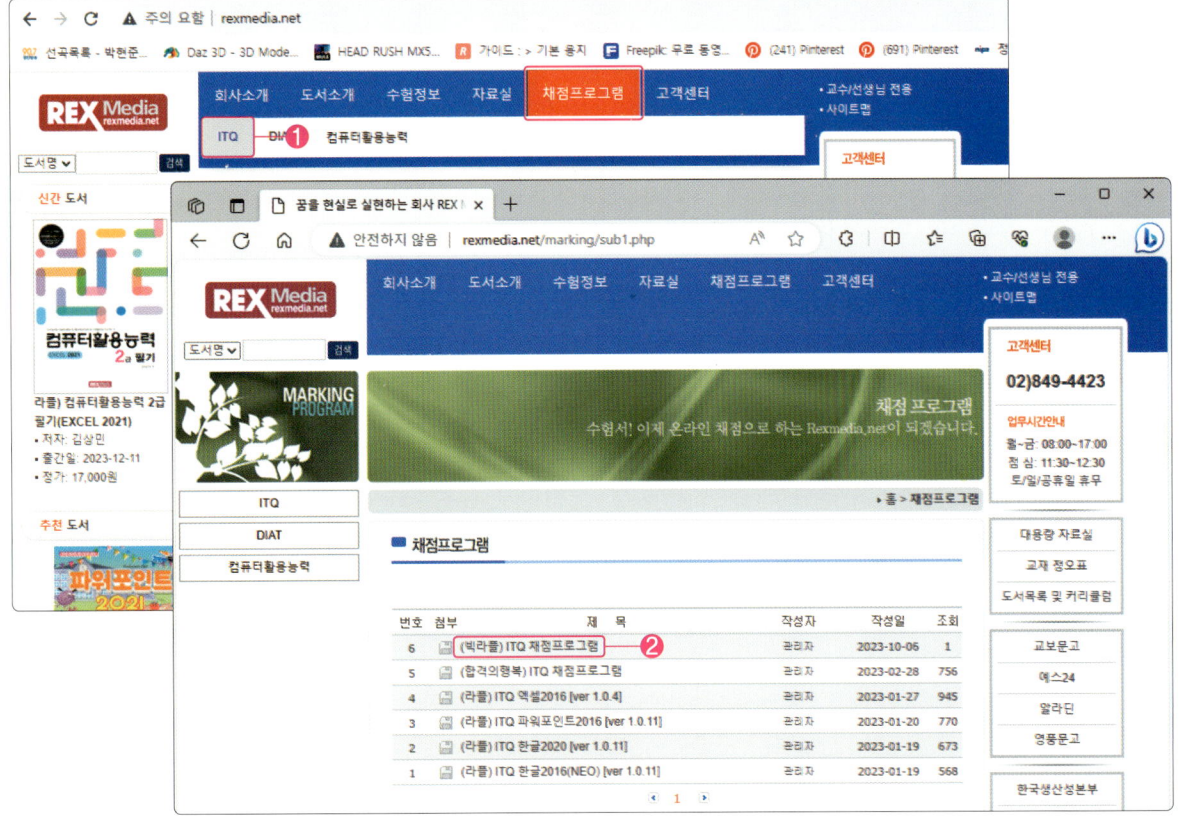

※ 채점 프로그램은 주기적으로 업데이트를 실시합니다.

◆ **채점 프로그램 사용 방법**

1. **채점 프로그램을 설치**한 후 **설치된** 프로그램을 실행시킨 다음 **원하는 과목을 선택**합니다.

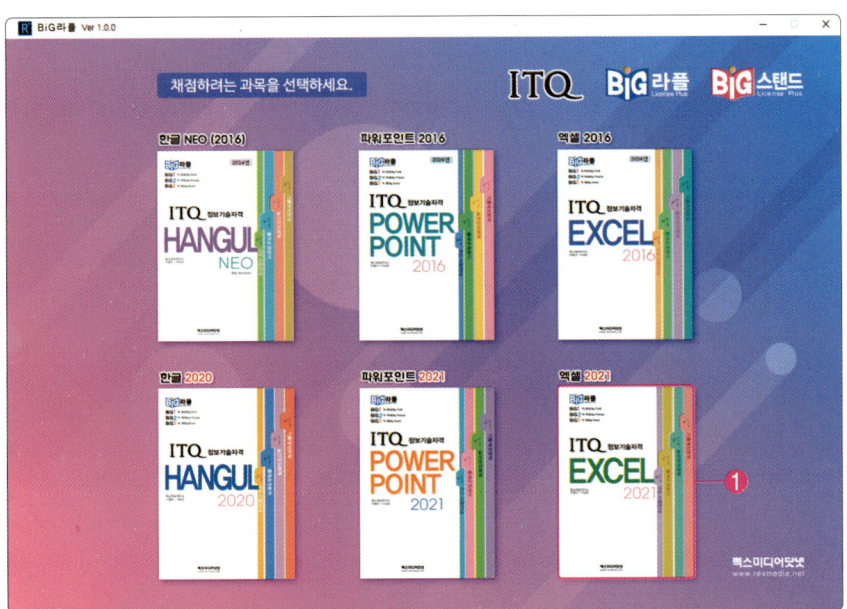

[제1작업] 표 서식 작성 및 값 계산 (240점)

☞ 다음은 'AI 여행사 여행상품 현황'에 대한 자료이다. 자료를 입력하고 조건에 맞도록 작업하시오.

≪출력형태≫

	A	B	C	D	E	F	G	H	I	J
1								확인	담당	팀장	부장
2			AI 여행사 여행상품 현황								
3											
4		코드	여행지	분류	여행기간	출발일	출발인원	여행경비(단위:원)	적립금	출발시간
5		AS213	울릉도	섬여행	3박4일	2023-05-23	30	295,000	(1)	(2)
6		AE131	방콕 파타야	해외여행	4박6일	2023-04-20	20	639,000	(1)	(2)
7		AS122	제주도	섬여행	3박4일	2023-03-15	25	459,000	(1)	(2)
8		AT213	부산 명소 탐방	기차여행	1박2일	2023-05-12	30	324,000	(1)	(2)
9		AE231	북인도	해외여행	5박6일	2023-03-18	20	1,799,900	(1)	(2)
10		AE311	필리핀 세부	해외여행	4박5일	2023-06-01	25	799,000	(1)	(2)
11		AS223	독도	섬여행	2박3일	2023-04-10	30	239,000	(1)	(2)
12		AT132	남도 맛기행	기차여행	1박2일	2023-03-19	25	355,000	(1)	(2)
13		섬여행 여행경비(단위:원) 평균			(3)			최대 여행경비(단위:원)		(5)
14		5월 이후 출발하는 여행상품 수			(4)		여행지	울릉도	출발인원	(6)

≪조건≫

○ 모든 데이터의 서식에는 글꼴(굴림, 11pt), 정렬은 숫자 및 회계 서식은 오른쪽 정렬, 나머지 서식은 가운데 정렬로 작성하며 예외적인 것은 ≪출력형태≫를 참조하시오.
○ 제 목 ⇒ 도형(평행 사변형)과 그림자(오프셋 오른쪽)를 이용하여 작성하고
          "AI 여행사 여행상품 현황"을 입력한 후 다음 서식을 적용하시오
          (글꼴-굴림, 24pt, 검정, 굵게, 채우기-노랑).
○ 임의의 셀에 결재란을 작성하여 그림으로 복사 기능을 이용하여 붙이기 하시오(단, 원본 삭제).
○ 「B4:J4, G14, I14」 영역은 '주황'으로 채우기 하시오.
○ 유효성 검사를 이용하여 「H14」셀에 여행지(「C5:C12」 영역)가 선택 표시되도록 하시오.
○ 셀 서식 ⇒ 「G5:G12」영역에 셀 서식을 이용하여 숫자 뒤에 '명'을 표시하시오(예 : 10명).
○ 「H5:H12」영역에 대해 '여행경비'로 이름정의를 하시오.

☞ (1)~(6) 셀은 반드시 **주어진 함수를 이용**하여 값을 구하시오(결과값을 직접 입력하면 해당 셀은 0점 처리됨).

(1) 적립금 ⇒ 「여행경비(단위:원)×적립율」로 구하시오. 단, 적립율은 코드의 마지막 글자가 1이면 '1%', 2이면 '0.5%', 3이면 '0'으로 지정하여 구하시오(CHOOSE, RIGHT 함수).
(2) 출발시간 ⇒ 출발일이 평일이면 '오전 8시', 주말이면 '오전 10시'로 구하시오(IF, WEEKDAY 함수).
(3) 섬여행 여행경비(단위:원) 평균 ⇒ 단, 조건은 입력데이터를 이용하시오(DAVERAGE 함수).
(4) 5월 이후 출발하는 여행상품 수 ⇒ 5월도 포함하여 구하고, 결과값 뒤에 '개'를 붙이시오
          (COUNTIF 함수, & 연산자)(예 : 1개).
(5) 최대 여행경비(단위:원) ⇒ 정의된 이름(여행경비)을 이용하여 구하시오(LARGE 함수).
(6) 출발인원 ⇒ 「H14」셀에서 선택한 여행지에 대한 출발인원을 구하시오(VLOOKUP 함수).
(7) 조건부 서식의 수식을 이용하여 여행경비(단위:원)가 '600,000' 이상인 행 전체에 다음의 서식을 적용하시오
    (글꼴 : 파랑, 굵게).

채점 프로그램 다운로드 및 사용 방법

2. 엑셀 2021 화면이 나타나면 **원하는 회차를 선택**합니다.

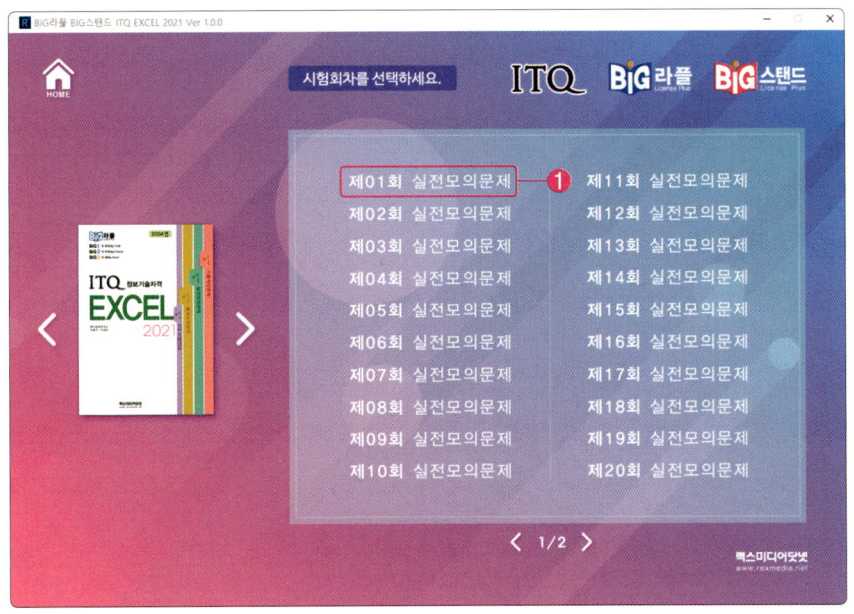

3. 채점 화면이 나타나면 **정답파일을 선택**한 후 **학생답안 파일을 불러온** 다음 **채점 단추를 클릭**합니다. 채점이 완료되면 항목별 점수 및 총점수를 확인 할 수 있습니다. 각 항목별 버튼을 클릭하면 채점 결과를 확인 할 수 있습니다.

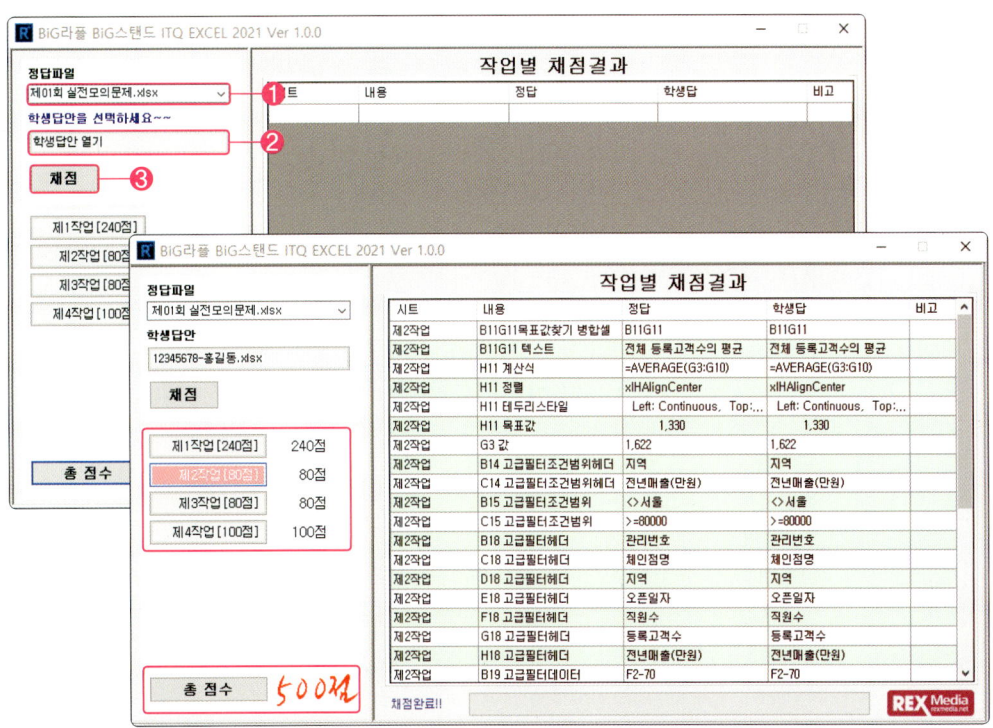

※ 채점 프로그램 사용시 주의사항

- 오피스 프로그램이 정품이 아닌 경우 채점 프로그램이 정상적으로 실행되지 않습니다.
- 렉스미디어에서 제공하지 않은 파일로 답안을 작성할 경우 오류가 발생할 수 있습니다.
- 채점 프로그램은 오피스 프로그램의 한계로 100% 정확한 채점은 어렵습니다.
  학습에 도움을 드리고자 제공하오니 참고용 자료로 활용해 주시기 바랍니다.

제19회 ITQ 실전모의문제

과목	코드	문제유형	시험시간	수험번호	성명
한글엑셀	1122	A	60분		

수험자 유의사항

- 수험자는 문제지를 받는 즉시 문제지와 <u>수험표상의 시험과목(프로그램)이 동일한지 반드시 확인</u>하여야 합니다.

- 파일명은 본인의 "수험번호-성명"으로 입력하여 답안폴더(내 PC₩문서₩ITQ)에 하나의 파일로 저장해야 하며, 답안문서 파일명이 "수험번호-성명"과 일치하지 않거나, 답안파일을 전송하지 않아 미제출로 처리될 경우 실격 처리합니다(예:12345678-홍길동.xlsx).

- 답안 작성을 마치면 파일을 저장하고, '답안 전송' 버튼을 선택하여 감독위원 PC로 답안을 전송하십시오. 수험생 정보와 저장한 파일명이 다를 경우 전송되지 않으므로 주의하시기 바랍니다.

- 답안 작성 중에도 <u>주기적으로 저장하고, '답안 전송'</u>하여야 문제 발생을 줄일 수 있습니다. 작업한 내용을 저장하지 않고 전송할 경우 이전에 저장된 내용이 전송되오니 이점 유의하시기 바랍니다.

- 답안문서는 지정된 경로 외의 다른 보조기억장치에 저장하는 경우, 지정된 시험 시간 외에 작성된 파일을 활용할 경우, 기타 통신수단(이메일, 메신저, 네트워크 등)을 이용하여 타인에게 전달 또는 외부 반출하는 경우는 부정 처리합니다.

- 시험 중 부주의 또는 고의로 시스템을 파손한 경우는 수험자가 변상해야 하며, 〈수험자 유의사항〉에 기재된 방법대로 이행하지 않아 생기는 불이익은 수험생 당사자의 책임임을 알려 드립니다.

- 문제의 조건은 MS오피스 2021 버전으로 설정되어 있으며 MS오피스 2016은 【 】에 표기되어 있습니다. 이와 관련하여 작성한 답안의 출력형태가 문제지와 다를 수 있습니다.

- 시험을 완료한 수험자는 답안파일이 전송되었는지 확인한 후 감독위원의 지시에 따라 문제지를 제출하고 퇴실합니다.

답안 작성요령

- 온라인 답안 작성 절차
  수험자 등록 ⇒ 시험 시작 ⇒ 답안파일 저장 ⇒ 답안 전송 ⇒ 시험 종료

- 문제는 총 4단계, 즉 제1작업부터 제4작업까지 구성되어 있으며 반드시 제1작업부터 순서대로 작성하고 조건대로 작업하시오.

- 모든 작업시트의 A열은 열 너비 '1'로, 나머지 열은 적당하게 조절하시오.

- 모든 작업시트의 테두리는 ≪출력형태≫와 같이 작업하시오.

- 해당 작업란에서는 각각 제시된 조건에 따라 ≪출력형태≫와 같이 작업하시오.

- 답안 시트 이름은 "제1작업", "제2작업", "제3작업", "제4작업"이어야 하며 답안 시트 이외의 것은 감점 처리됩니다.

- 각 시트를 파일로 나누어 작업해서 저장할 경우 실격 처리됩니다.

kpc 한국생산성본부

ITQ 회원 가입 및 시험 접수 안내

◆ ITQ 회원 가입하기

1 ITQ 자격 검정 사이트(https://license.kpc.or.kr)에 접속한 후 오른쪽 위의 [회원가입]을 클릭합니다.

2 [회원가입] 페이지가 나타나면 [전체 약관 동의]를 체크하여 선택합니다.

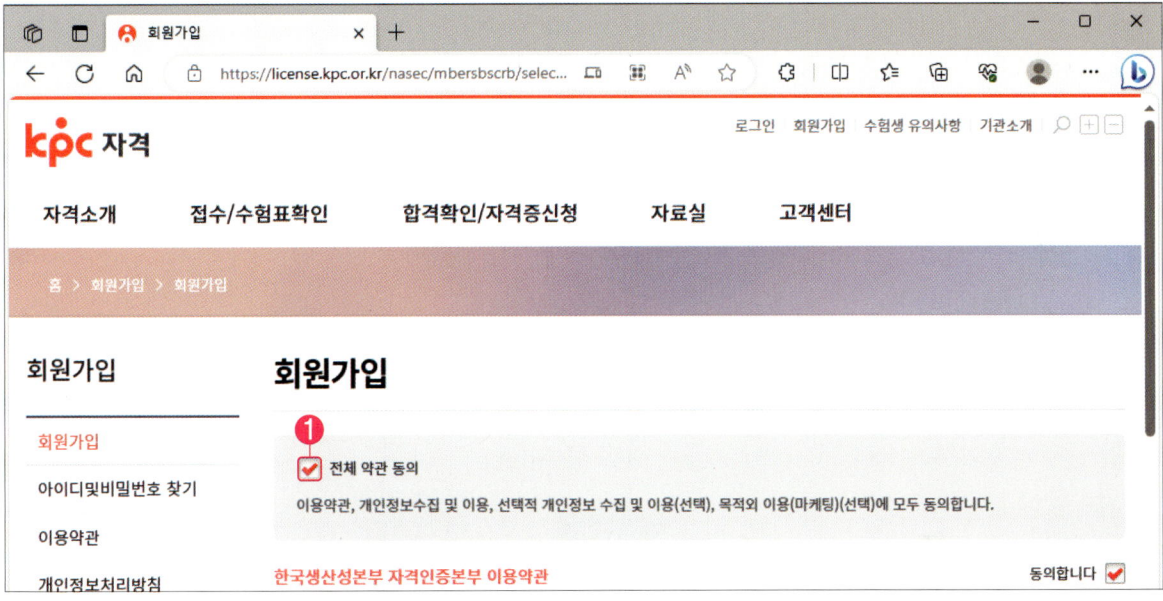

3 페이지의 아래쪽에 수험자의 기준에 맞는 단추를 클릭합니다.

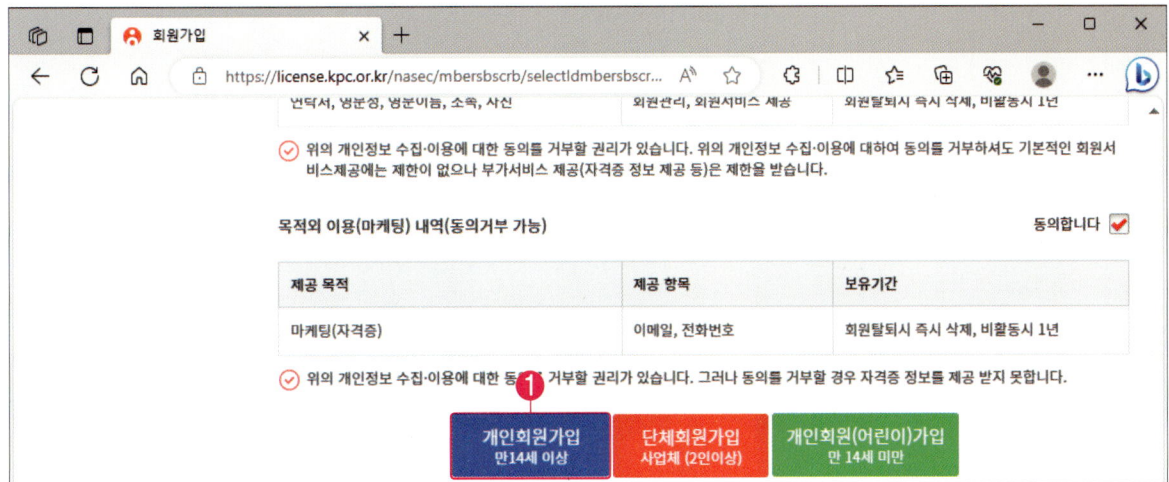

※ 회원 가입 절차는 시험 주관사에 의해 변경될 수도 있습니다.
※ 회원가입 (만14세 미만 개인회원)
　만14세 미만 학생은 [개인회원(어린이) 가입 만14세 미만]을 클릭합니다.

[제4작업] 그래프 (100점)

☞ "제1작업" 시트를 이용하여 조건에 따라 ≪출력형태≫와 같이 작업하시오.

≪조건≫

(1) 차트 종류 ⇒ <묶은 세로 막대형>으로 작업하시오.
(2) 데이터 범위 ⇒ "제1작업" 시트의 내용을 이용하여 작업하시오.
(3) 위치 ⇒ "새 시트"로 이동하고, "제4작업"으로 시트 이름을 바꾸시오.
(4) 차트 디자인 도구 ⇒ 레이아웃 3, 스타일 1을 선택하여 ≪출력형태≫에 맞게 작업하시오.
(5) 영역 서식 ⇒ 차트 : 글꼴(굴림, 11pt), 채우기 효과(질감-분홍 박엽지)
  그림 : 채우기(흰색, 배경1)
(6) 제목 서식 ⇒ 차트 제목 : 글꼴(굴림, 굵게, 20pt), 채우기(흰색, 배경1), 테두리
(7) 서식 ⇒ 인솔자 수(단위:명) 계열의 차트 종류를 <표식이 있는 꺾은선형>으로 변경한 후 보조 축으로 지정하시오.
  계열 : ≪출력형태≫를 참조하여 표식(세모, 크기 10)과 레이블 값을 표시하시오.
  눈금선 : 선 스타일-파선
  축 : ≪출력형태≫를 참조하시오.
(8) 범례 ⇒ 범례명을 변경하고 ≪출력형태≫를 참조하시오.
(9) 도형 ⇒ '모서리가 둥근 사각형 설명선'을 삽입한 후 ≪출력형태≫와 같이 내용을 입력하시오.
(10) 나머지 사항은 ≪출력형태≫에 맞게 작성하시오.

≪출력형태≫

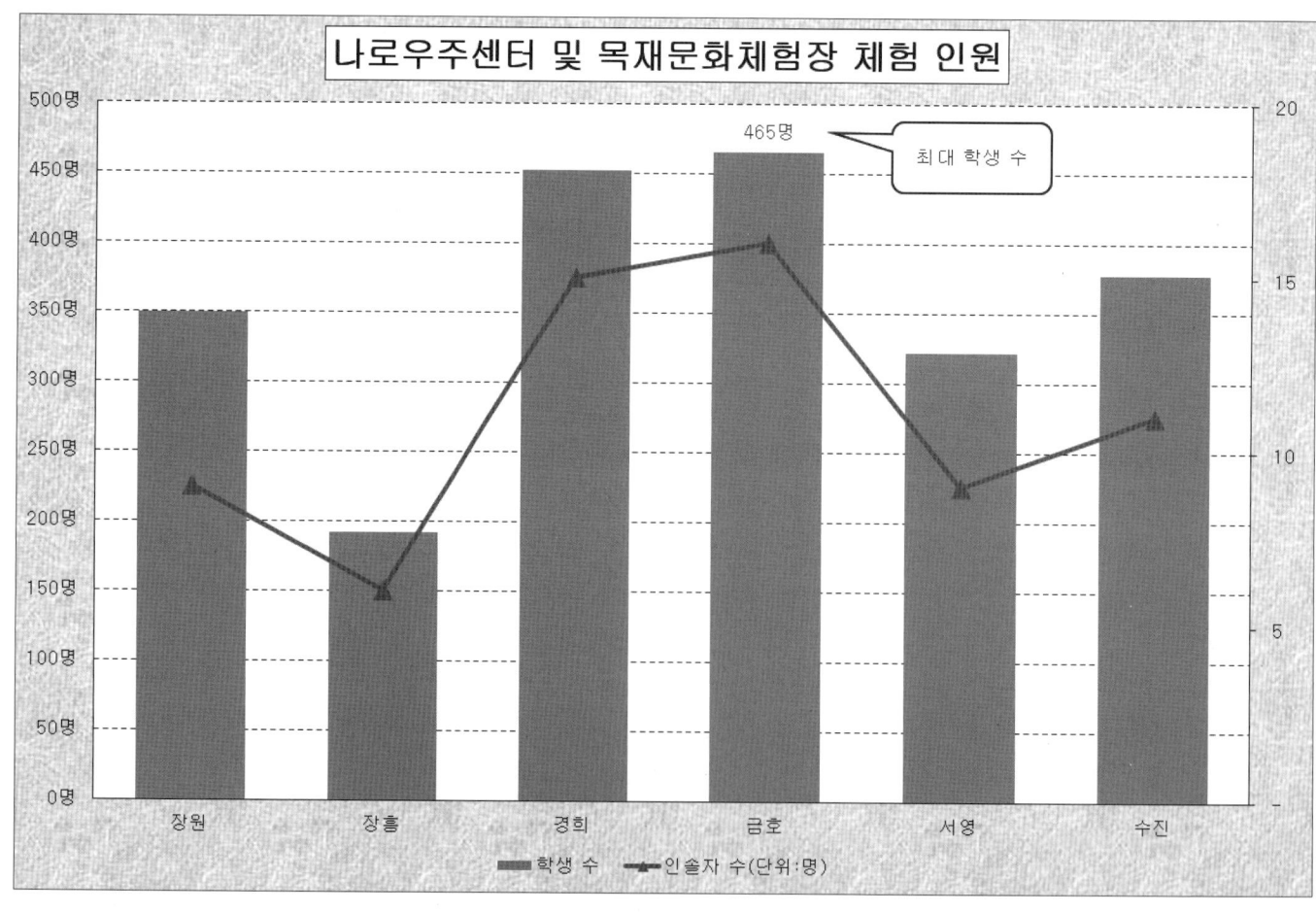

주의 ☞ 시트명 순서가 차례대로 "제1작업", "제2작업", "제3작업", "제4작업"이 되도록 할 것.

ITQ 회원 가입 및 시험 접수 안내

4 회원가입(개인회원)의 [본인인증] 페이지가 나타나면 '본인인증' 절차를 진행합니다.
본인 명의의 휴대폰이 있는 수험자는 '휴대폰 본인인증'을 클릭, 휴대폰이 없는 수험자는 'IPIN 인증'을 클릭합니다.

회원가입 (만14세 미만 개인회원)

회원가입(만14세 미만 개인회원) 페이지가 나타나면 '보호자(법적대리인) 본인인증'의 [동의합니다]를 체크하여 선택합니다.

1. 만14세 미만 개인회원일 경우 '보호자(법적대리인) 본인인증' 절차를 진행한 후 '14세미만 본인인증' 절차를 진행해야 합니다.

5 [개인정보 입력] 페이지가 나타나면 '기본 정보' 및 '추가 정보'를 입력한 후 [가입하기] 단추를 클릭합니다. 회원가입을 묻는 대화상자가 나타나면 [예] 단추를 클릭합니다.

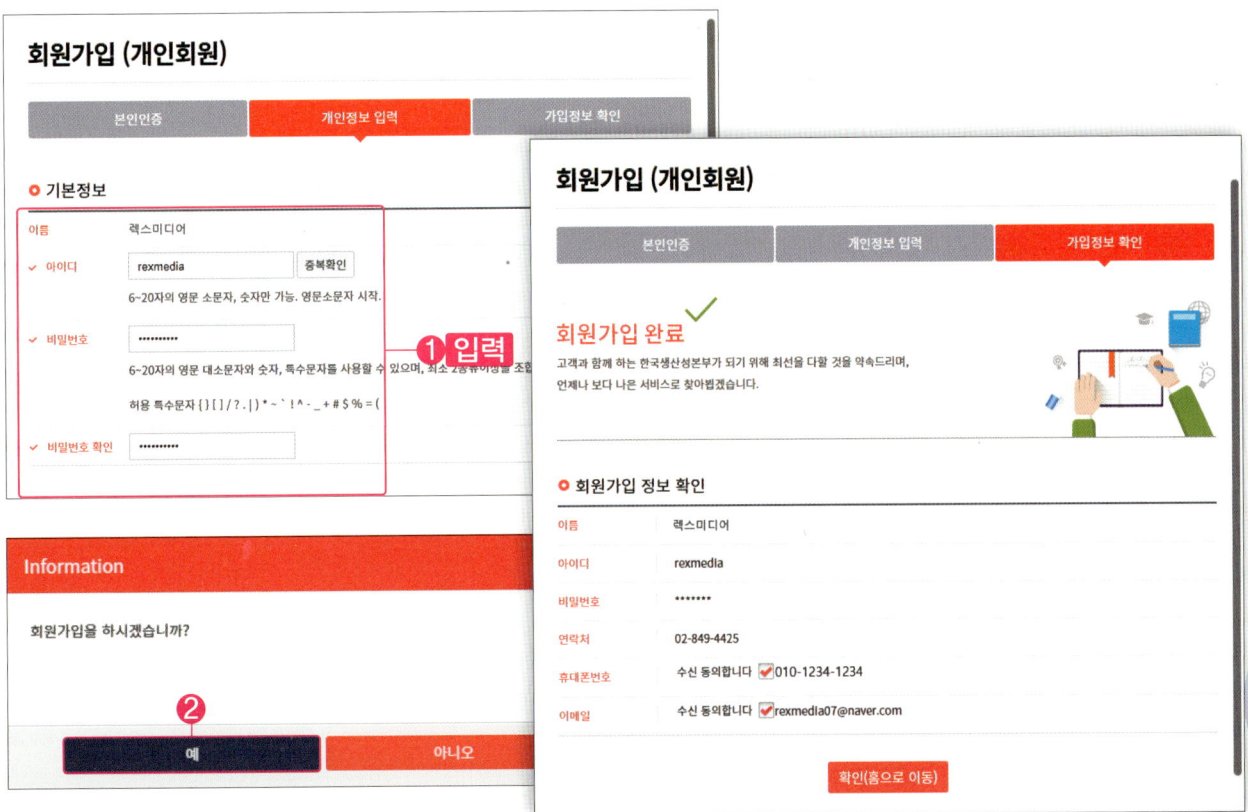

[제2작업] 필터 및 서식 (80점)

☞ "제1작업" 시트의 「B4:H12」영역을 복사하여 "제2작업" 시트의 「B2」셀부터 모두 붙여넣기를 한 후 다음의 조건과 같이 작업하시오.

≪조건≫

(1) 고급필터 - 코드가 'A'로 시작하거나, 학생 수가 '300' 이하인 자료의 학교명, 날짜, 인솔자 수(단위:명), 학생 수 데이터만 추출하시오.
- 조건 범위 : 「B14」셀부터 입력하시오.
- 복사 위치 : 「B18」셀부터 나타나도록 하시오.

(2) 표 서식 - 고급필터의 결과셀을 채우기 없음으로 설정한 후 '표 스타일 보통 6'의 서식을 적용하시오.
- 머리글 행, 줄무늬 행을 적용하시오.

[제3작업] 피벗 테이블 (80점)

☞ "제1작업" 시트를 이용하여 "제3작업" 시트에 조건에 따라 ≪출력형태≫와 같이 작업하시오.

≪조건≫

(1) 날짜 및 장소별 학교명의 개수와 인솔자 수(단위:명)의 평균을 구하시오.
(2) 날짜는 그룹화하고, 장소를 ≪출력형태≫와 같이 정렬하시오.
(3) 레이블이 있는 셀 병합 및 가운데 맞춤 적용 및 빈 셀은 '**'로 표시하시오.
(4) 행의 총합계는 지우고, 나머지 사항은 ≪출력형태≫에 맞게 작성하시오.

≪출력형태≫

날짜	화폐박물관		목재문화체험장		나로우주센터	
	개수 : 학교명	평균 : 인솔자 수(단위:명)	개수 : 학교명	평균 : 인솔자 수(단위:명)	개수 : 학교명	평균 : 인솔자 수(단위:명)
2023-03-01 - 2023-03-10	**	**	1	11	2	12
2023-03-11 - 2023-03-20	1	6	2	11	**	**
2023-03-21 - 2023-03-30	1	7	**	**	1	9
총합계	2	7	3	11	3	11

장소

ITQ 회원 가입 및 시험 접수 안내

◆ **ITQ 시험 접수 안내**

- ◆ 응시 원서의 입력 항목에 따라 지역 및 고사장을 선택하고 신상명세 입력, 본인 사진을 등록합니다.
  - 사진 등록을 위한 이미지 파일은 온라인 편집이 가능합니다.
- ◆ 응시 원서 작성이 끝나면 결제 화면에서 신용카드 및 온라인 이체로 응시료를 결재합니다.
  - 결재 금액은 응시료 + 인터넷 접수 건별 소정의 수수료가 산정됩니다.
- ◆ 응시 원서 작성과 온라인 결제가 끝나면 ITQ 시험 접수 확인증이 화면에 출력되고 인쇄 기능이 지원됩니다.

[제1작업] 표 서식 작성 및 값 계산 (240점)

☞ 다음은 '3월 초중고 체험 일정'에 대한 자료이다. 자료를 입력하고 조건에 맞도록 작업하시오.

≪출력형태≫

3월 초중고 체험 일정

확인	사원	과장	부장

코드	학교명	장소	날짜	인솔 책임자	인솔자 수 (단위:명)	학생 수	구분	비고
T2722	장원	나로우주센터	2023-03-22	박경아	9	349	(1)	(2)
W3462	장흥	목재문화체험장	2023-03-13	구경완	6	192	(1)	(2)
R3621	문수	화폐박물관	2023-03-15	정용진	6	246	(1)	(2)
S5883	경희	나로우주센터	2023-03-05	조원희	15	452	(1)	(2)
A6643	금호	목재문화체험장	2023-03-15	정영채	16	465	(1)	(2)
Z5642	서영	나로우주센터	2023-03-08	김지수	9	322	(1)	(2)
F6431	서일	화폐박물관	2023-03-23	최이담	7	289	(1)	(2)
W5322	수진	목재문화체험장	2023-03-08	허예정	11	378	(1)	(2)
나로우주센터 체험 학생 수 평균			(3)		최대 인솔자 수(단위:명)			(5)
화폐박물관 체험 학생 수 합계			(4)		코드	T2722	학생 수	(6)

≪조건≫

○ 모든 데이터의 서식에는 글꼴(굴림, 11pt), 정렬은 숫자 및 회계 서식은 오른쪽 정렬, 나머지 서식은 가운데 정렬로 작성하며 예외적인 것은 ≪출력형태≫를 참조하시오.

○ 제 목 ⇒ 도형(눈물 방울)과 그림자(오프셋 오른쪽)를 이용하여 작성하고 "3월 초중고 체험 일정"을 입력한 후 다음 서식을 적용하시오 (글꼴-굴림, 24pt, 검정, 굵게, 채우기-노랑).

○ 임의의 셀에 결재란을 작성하여 그림으로 복사 기능을 이용하여 붙이기 하시오(단, 원본 삭제).

○ 「B4:J4, G14, I14」 영역은 '주황'으로 채우기 하시오.

○ 유효성 검사를 이용하여 「H14」셀에 코드(「B5:B12」 영역)가 선택 표시되도록 하시오.

○ 셀 서식 ⇒ 「H5:H12」영역에 셀 서식을 이용하여 숫자 뒤에 '명'을 표시하시오(예 : 349명).

○ 「D5:D12」영역에 대해 '장소'로 이름정의를 하시오.

☞ (1)~(6) 셀은 반드시 <u>**주어진 함수를 이용**</u>하여 값을 구하시오(결과값을 직접 입력하면 해당 셀은 0점 처리됨).

(1) 구분 ⇒ 코드의 마지막 글자가 1이면 '초등학교', 2이면 '중학교', 3이면 '고등학교'로 구하시오 (CHOOSE, RIGHT 함수).

(2) 비고 ⇒ 학생 수의 내림차순 순위를 구한 결과값에 '위'를 붙이시오(RANK.EQ 함수, & 연산자)(예 : 1위).

(3) 나로우주센터 체험 학생 수 평균 ⇒ 반올림하여 십의 단위로 구하시오. 단, 조건은 입력데이터를 이용하시오 (ROUND, DAVERAGE 함수)(예 : 632.3 → 630).

(4) 화폐박물관 체험 학생 수 합계 ⇒ 정의된 이름(장소)을 이용하여 구하시오(SUMIF 함수).

(5) 최대 인솔자 수(단위:명) ⇒ (MAX 함수)

(6) 학생 수 ⇒ 「H14」셀에서 선택한 코드의 학생 수를 구하시오(VLOOKUP 함수).

(7) 조건부 서식의 수식을 이용하여 인솔자 수(단위:명)가 '10' 이상인 행 전체에 다음의 서식을 적용하시오 (글꼴 : 파랑, 굵게).

BiG 1 빅 폰트(Big Font)
BiG 2 빅 픽쳐(Big Picture)
BiG 3 빅 북(Big Book)

ITQ 정보기술자격
EXCEL 2021

PART 01

출제유형분석

제18회 ITQ 실전모의문제

과목	코드	문제유형	시험시간	수험번호	성명
한글엑셀	1122	C	60분		

수험자 유의사항

- 수험자는 문제지를 받는 즉시 문제지와 <u>수험표상의 시험과목(프로그램)이 동일한지 반드시 확인</u>하여야 합니다.

- 파일명은 본인의 "수험번호-성명"으로 입력하여 답안폴더(내 PC₩문서₩ITQ)에 하나의 파일로 저장해야 하며, 답안문서 파일명이 "수험번호-성명"과 일치하지 않거나, 답안파일을 전송하지 않아 미제출로 처리될 경우 실격 처리합니다(예:12345678-홍길동.xlsx).

- 답안 작성을 마치면 파일을 저장하고, '답안 전송' 버튼을 선택하여 감독위원 PC로 답안을 전송하십시오. 수험생 정보와 저장한 파일명이 다를 경우 전송되지 않으므로 주의하시기 바랍니다.

- 답안 작성 중에도 주기적으로 저장하고, '답안 전송'하여야 문제 발생을 줄일 수 있습니다. 작업한 내용을 저장하지 않고 전송할 경우 이전에 저장된 내용이 전송되오니 이점 유의하시기 바랍니다.

- 답안문서는 지정된 경로 외의 다른 보조기억장치에 저장하는 경우, 지정된 시험 시간 외에 작성된 파일을 활용할 경우, 기타 통신수단(이메일, 메신저, 네트워크 등)을 이용하여 타인에게 전달 또는 외부 반출하는 경우는 부정 처리합니다.

- 시험 중 부주의 또는 고의로 시스템을 파손한 경우는 수험자가 변상해야 하며, 〈수험자 유의사항〉에 기재된 방법대로 이행하지 않아 생기는 불이익은 수험생 당사자의 책임임을 알려 드립니다.

- 문제의 조건은 MS오피스 2021 버전으로 설정되어 있으며 MS오피스 2016은 【 】에 표기되어 있습니다. 이와 관련하여 작성한 답안의 출력형태가 문제지와 다를 수 있습니다.

- 시험을 완료한 수험자는 답안파일이 전송되었는지 확인한 후 감독위원의 지시에 따라 문제지를 제출하고 퇴실합니다.

답안 작성요령

- 온라인 답안 작성 절차
  수험자 등록 ⇒ 시험 시작 ⇒ 답안파일 저장 ⇒ 답안 전송 ⇒ 시험 종료

- 문제는 총 4단계, 즉 제1작업부터 제4작업까지 구성되어 있으며 반드시 제1작업부터 순서대로 작성하고 조건대로 작업하시오.

- 모든 작업시트의 A열은 열 너비 '1'로, 나머지 열은 적당하게 조절하시오.

- 모든 작업시트의 테두리는 ≪출력형태≫와 같이 작업하시오.

- 해당 작업란에서는 각각 제시된 조건에 따라 ≪출력형태≫와 같이 작업하시오.

- 답안 시트 이름은 "제1작업", "제2작업", "제3작업", "제4작업"이어야 하며 답안 시트 이외의 것은 감점 처리됩니다.

- 각 시트를 파일로 나누어 작업해서 저장할 경우 실격 처리됩니다.

kpc 한국생산성본부

PART 01 출제유형분석 차례

BIG 스탠드 License Plus

Chapter 1 수험자 유의사항 및 답안 작성요령 ·················· 17
- 수험자 등록하기
- 답안 작성 준비하기
- 답안 저장하고 전송하기

Chapter 2 표 서식 작성 ·················· 28
- 데이터 입력하고 셀 병합하기
- 열 너비 및 행 높이 지정하기
- 셀 테두리 지정하기
- 셀 서식 지정하기
- 제목 작성하기
- 결재란 작성하기
- 데이터 유효성 검사 설정하고 이름 정의하기

Chapter 3 값 계산 ·················· 56
- 함수를 사용하여 값 구하기
- 조건부 서식 지정하기
- 출제함수 정리

Chapter 4 필터 및 서식 ·················· 82
- 고급필터 사용하기
- 표 서식 지정하기

Chapter 5 목표값 찾기 ·················· 94
- 목표값 찾기의 수식 입력하기
- 목표값 찾기

Chapter 6 정렬 및 부분합 ·················· 104
- 데이터 정렬하기
- 부분합 구하기

Chapter 7 피벗 테이블 ·················· 118
- 피벗 테이블 삽입하기
- 피벗 테이블 편집하기

Chapter 8 그래프 ·················· 132
- 차트 삽입하기
- 차트 영역 서식 지정하기
- 차트 제목 및 서식 지정하기
- 차트에 도형 삽입하기

BIG 스탠드 License Plus

- 각 페이지에서 문제를 해결할 수 있도록 문제조건을 상단에 추가하였습니다.
- 시험에 나오는 내용만 학습합니다.
- 시험문제는 흑백이지만, 교육 효과를 위해 칼라로 학습합니다.
- 실제 문제보다 글자와 화면이 조금 큽니다.

[제4작업] 그래프 (100점)

☞ "제1작업" 시트를 이용하여 조건에 따라 ≪출력형태≫와 같이 작업하시오.

≪조건≫

(1) 차트 종류 ⇒ <묶은 세로 막대형>으로 작업하시오.
(2) 데이터 범위 ⇒ "제1작업" 시트의 내용을 이용하여 작업하시오.
(3) 위치 ⇒ "새 시트"로 이동하고, "제4작업"으로 시트 이름을 바꾸시오.
(4) 차트 디자인 도구 ⇒ 레이아웃 3, 스타일 1을 선택하여 ≪출력형태≫에 맞게 작업하시오.
(5) 영역 서식 ⇒ 차트 : 글꼴(굴림, 11pt), 채우기 효과(질감-파랑 박엽지)
　　　　　　　　그림 : 채우기(흰색, 배경1)
(6) 제목 서식 ⇒ 차트 제목 : 글꼴(굴림, 굵게, 20pt), 채우기(흰색, 배경1), 테두리
(7) 서식 ⇒ 항차 계열의 차트 종류를 <표식이 있는 꺾은선형>으로 변경한 후 보조 축으로 지정하시오.
　　　계열 : ≪출력형태≫를 참조하여 표식(세모, 크기 10)과 레이블 값을 표시하시오.
　　　눈금선 : 선 스타일-파선
　　　축 : ≪출력형태≫를 참조하시오.
(8) 범례 ⇒ 범례명을 변경하고 ≪출력형태≫를 참조하시오.
(9) 도형 ⇒ '모서리가 둥근 사각형 설명선'을 삽입한 후 ≪출력형태≫와 같이 내용을 입력하시오.
(10) 나머지 사항은 ≪출력형태≫에 맞게 작성하시오.

≪출력형태≫

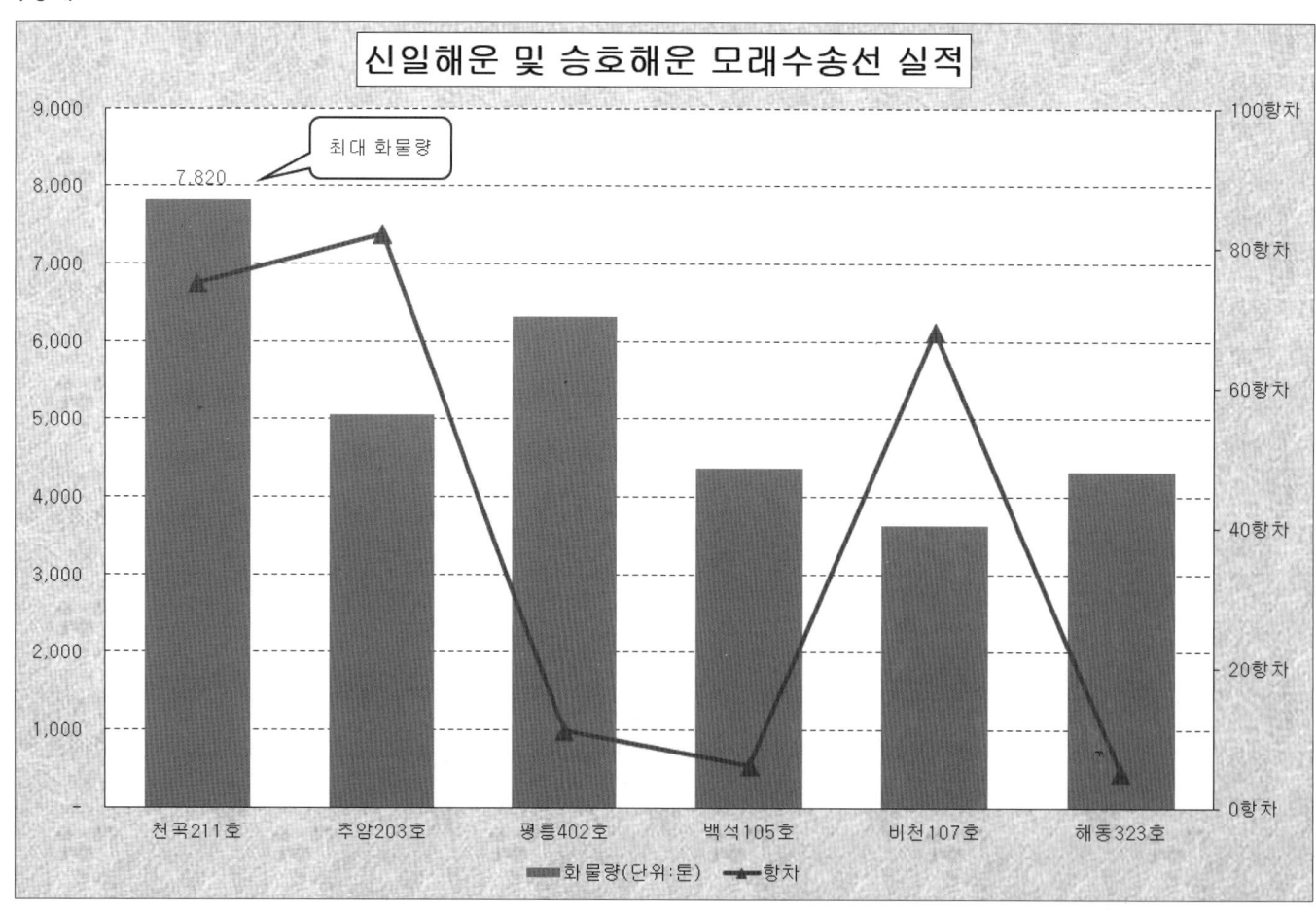

주의 ☞ 시트명 순서가 차례대로 "제1작업", "제2작업", "제3작업", "제4작업"이 되도록 할 것.

Chapter 01 수험자 유의사항 및 답안 작성요령

◆ 수험자 등록하기 ◆ 답안 작성 준비하기
◆ 답안 저장하고 전송하기

▶ 소스파일 : 없음   ▶ 완성파일 : Part 01\Chapter 01\Ch01_완성.xlsx

수험자 유의사항

- 수험자는 문제지를 받는 즉시 문제지와 <u>수험표상의 시험과목(프로그램)이 동일한지 반드시 확인</u>하여야 합니다.

- 파일명은 본인의 "수험번호-성명"으로 입력하여 답안폴더(내 PC\문서\ITQ)에 하나의 파일로 저장해야 하며, 답안문서 파일명이 "수험번호-성명"과 일치하지 않거나, 답안파일을 전송하지 않아 미제출로 처리될 경우 실격 처리합니다(예:12345678-홍길동.xlsx).

- 답안 작성을 마치면 파일을 저장하고, '답안 전송' 버튼을 선택하여 감독위원 PC로 답안을 전송하십시오. 수험생 정보와 저장한 파일명이 다를 경우 전송되지 않으므로 주의하시기 바랍니다.

- 답안 작성 중에도 <u>주기적으로 저장하고, '답안 전송'</u>하여야 문제 발생을 줄일 수 있습니다. 작업한 내용을 저장하지 않고 전송할 경우 이전에 저장된 내용이 전송되오니 이점 유의하시기 바랍니다.

- 답안문서는 지정된 경로 외의 다른 보조기억장치에 저장하는 경우, 지정된 시험 시간 외에 작성된 파일을 활용할 경우, 기타 통신수단(이메일, 메신저, 네트워크 등)을 이용하여 타인에게 전달 또는 외부 반출하는 경우는 부정 처리합니다.

- 시험 중 부주의 또는 고의로 시스템을 파손한 경우는 수험자가 변상해야 하며, 〈수험자 유의사항〉에 기재된 방법대로 이행하지 않아 생기는 불이익은 수험생 당사자의 책임임을 알려 드립니다.

- <u>문제의 조건은 MS오피스 2021 버전으로 설정되어 있으며 MS오피스 2016은 【 】에 표기되어 있습니다. 이와 관련하여 작성한 답안의 출력형태가 문제지와 다를 수 있습니다.</u>

- 시험을 완료한 수험자는 답안파일이 전송되었는지 확인한 후 감독위원의 지시에 따라 문제지를 제출하고 퇴실합니다.

답안 작성요령

- 온라인 답안 작성 절차
  수험자 등록 ⇒ 시험 시작 ⇒ 답안파일 저장 ⇒ 답안 전송 ⇒ 시험 종료

- 문제는 총 4단계, 즉 제1작업부터 제4작업까지 구성되어 있으며 반드시 제1작업부터 순서대로 작성하고 조건대로 작업하시오.

- 모든 작업시트의 A열은 열 너비 '1'로, 나머지 열은 적당하게 조절하시오.

- 모든 작업시트의 테두리는 ≪출력형태≫와 같이 작업하시오.

  해당 작업란에서는 각각 제시된 조건에 따라 ≪출력형태≫와 같이 작업하시오.

- 답안 시트 이름은 "제1작업", "제2작업", "제3작업", "제4작업"이어야 하며 답안 시트 이외의 것은 감점 처리됩니다.

  각 시트를 파일로 나누어 작업해서 저장할 경우 실격 처리됩니다.

[제2작업] 필터 및 서식 (80점)

☞ "**제1작업**" 시트의 「B4:H12」영역을 복사하여 "**제2작업**" 시트의 「B2」셀부터 모두 붙여넣기를 한 후 다음의 조건과 같이 작업하시오.

≪조건≫

(1) 고급필터 - 코드가 'C'로 시작하거나, 화물량(단위:톤)이 '6,000' 이상인 자료의 코드, 선박명, 항차, 화물량(단위:톤) 데이터만 추출하시오.
- 조건 범위 : 「B14」셀부터 입력하시오.
- 복사 위치 : 「B18」셀부터 나타나도록 하시오.

(2) 표 서식 - 고급필터의 결과셀을 채우기 없음으로 설정한 후 '표 스타일 보통 6'의 서식을 적용하시오.
- 머리글 행, 줄무늬 행을 적용하시오.

[제3작업] 피벗 테이블 (80점)

☞ "**제1작업**" 시트를 이용하여 "**제3작업**" 시트에 조건에 따라 ≪출력형태≫와 같이 작업하시오.

≪조건≫

(1) 입항일 및 대리점별 선박명의 개수와 화물량(단위:톤)의 평균을 구하시오.
(2) 입항일은 그룹화하고, 대리점을 ≪출력형태≫와 같이 정렬하시오.
(3) 레이블이 있는 셀 병합 및 가운데 맞춤 적용 및 빈 셀은 '**'로 표시하시오.
(4) 행의 총합계는 지우고, 나머지 사항은 ≪출력형태≫에 맞게 작성하시오.

≪출력형태≫

A	B	C	D	E	F	G	H
1							
2		대리점					
3			태현이앤씨		신일해운		승호해운	
4	입항일	개수 : 선박명	평균 : 화물량(단위:톤)	개수 : 선박명	평균 : 화물량(단위:톤)	개수 : 선박명	평균 : 화물량(단위:톤)
5	1월	1	5,239	1	7,820	**	**
6	2월	1	2,418	2	4,347	**	**
7	3월	**	**	**	**	3	5,009
8	총합계	2	3,829	3	5,504	3	5,009

체크! 체크!

수험자 유의사항 및 답안 작성요령

- **수험자 등록** : 수험번호를 입력한 후 수험 정보를 확인한 다음 감독위원의 지시사항에 따릅니다.
- **[전체 구성] 시트 설정**
  - 시트를 추가한 후 시트 이름("제1작업", "제2작업", "제3작업")을 변경합니다. 그런 다음 전체 시트를 선택한 후 A열의 너비를 '1'로 지정합니다.
  - 모든 셀을 선택한 후 글꼴과 글꼴 크기, 가운데 정렬(≡)을 지정한 다음 시트 및 셀 선택을 해제합니다.
- **답안 저장 및 전송**
  - 저장 위치(내 PC₩문서₩ITQ)를 선택한 후 파일명(수험번호-성명)으로 저장한 다음 감독위원 PC로 답안을 전송합니다.
  - 저장 위치 및 파일명을 잘못 지정할 경우 답안 전송이 되지 않으니 꼭! 확인해야 합니다.

STEP 01 수험자 등록하기

1 KOAS 수험자용 프로그램을 실행하기 위해 바탕화면에서 **KOAS 수험자용 아이콘을 더블클릭**합니다.

2 [수험자 등록] 대화상자가 나타나면 **수험자와 수험번호를 입력**한 후 **수험과목(한글엑셀)을 선택**한 다음 [확인] 단추를 클릭합니다.

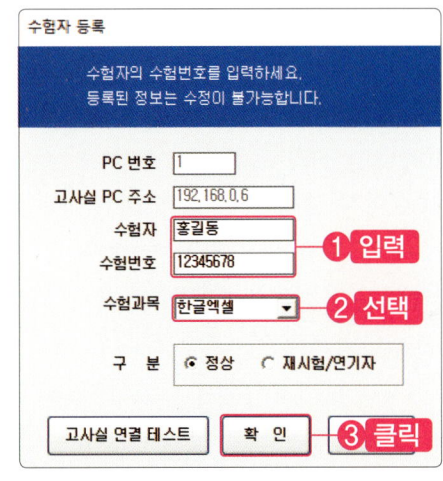

> 실제 시험에서는 수험번호(본인의 수험번호)만 입력합니다.

3 수험번호와 구분이 맞는지 묻는 대화상자가 나타나면 수험번호와 구분을 확인한 후 [예] 단추를 클릭합니다.

4 [수험자 정보] 대화상자가 나타나면 수험번호, 성명, 수험과목, 좌석번호, 답안 폴더를 확인한 후 [확인] 단추를 클릭합니다.

5 컴퓨터가 잠금 상태가 되면 감독위원이 시험을 시작할 때까지 대기합니다.

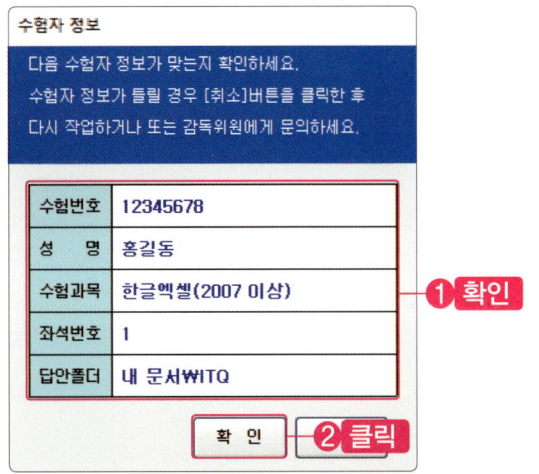

[제1작업] 표 서식 작성 및 값 계산 (240점)

☞ 다음은 '모래수송선 실적 현황'에 대한 자료이다. 자료를 입력하고 조건에 맞도록 작업하시오.

≪출력형태≫

						확인	담당	대리	과장

코드	선박명	대리점	입항항	항차	입항일	화물량(단위:톤)	입항요일	비고
A6362	천곡211호	신일해운	목포	75	2023-01-13	7,820	(1)	(2)
B8325	추암203호	승호해운	인천	82	2023-03-01	5,064	(1)	(2)
C3296	평릉402호	승호해운	인천	11	2023-03-04	6,322	(1)	(2)
B1287	백석105호	신일해운	부산	6	2023-02-21	4,368	(1)	(2)
B1554	삼봉902호	태현이앤씨	인천	4	2023-01-27	5,239	(1)	(2)
C2281	비천107호	승호해운	부산	68	2023-03-03	3,640	(1)	(2)
A7732	해동323호	신일해운	인천	5	2023-02-12	4,325	(1)	(2)
A6528	대진704호	태현이앤씨	인천	48	2023-02-16	2,418	(1)	(2)
최소 화물량(단위:톤)			(3)		신일해운 선박의 항차 평균			(5)
승호해운의 선박개수			(4)		코드	A6362	항차	(6)

≪조건≫

○ 모든 데이터의 서식에는 글꼴(굴림, 11pt), 정렬은 숫자 및 회계 서식은 오른쪽 정렬, 나머지 서식은 가운데 정렬로 작성하며 예외적인 것은 ≪출력형태≫를 참조하시오.
○ 제 목 ⇒ 도형(사다리꼴)과 그림자(오프셋 오른쪽)를 이용하여 작성하고
　　　　　　"모래수송선 실적 현황"을 입력한 후 다음 서식을 적용하시오
　　　　　　(글꼴-굴림, 24pt, 검정, 굵게, 채우기-노랑).
○ 임의의 셀에 결재란을 작성하여 그림으로 복사 기능을 이용하여 붙이기 하시오(단, 원본 삭제).
○ 「B4:J4, G14, I14」 영역은 '주황'으로 채우기 하시오.
○ 유효성 검사를 이용하여 「H14」셀에 코드(「B5:B12」 영역)가 선택 표시되도록 하시오.
○ 셀 서식 ⇒ 「F5:F12」영역에 셀 서식을 이용하여 숫자 뒤에 '항차'를 표시하시오(예 : 75항차).
○ 「D5:D12」영역에 대해 '대리점'으로 이름정의를 하시오.

☞ (1)~(6) 셀은 반드시 **주어진 함수를 이용**하여 값을 구하시오(결과값을 직접 입력하면 해당 셀은 0점 처리됨).

　(1) 입항요일 ⇒ 입항일의 요일을 예와 같이 구하시오(CHOOSE, WEEKDAY 함수)(예 : 월요일).
　(2) 비고 ⇒ 항차의 내림차순 순위를 구한 결과값에 '위'를 붙이시오(RANK.EQ 함수, & 연산자)(예 : 1위).
　(3) 최소 화물량(단위:톤) ⇒ (MIN 함수)
　(4) 승호해운의 선박개수 ⇒ 정의된 이름(대리점)을 이용하여 구하시오(COUNTIF 함수).
　(5) 신일해운 선박의 항차 평균 ⇒ 소수점 아래는 버리고 정수로 구하시오. 단, 조건은 입력데이터를 이용하시오(INT, DAVERAGE 함수)(예 : 43.65 → 43).
　(6) 항차 ⇒ 「H14」셀에서 선택한 코드에 대한 항차를 표시하시오(VLOOKUP 함수)
　(7) 조건부 서식의 수식을 이용하여 항차가 '10' 이하인 행 전체에 다음의 서식을 적용하시오
　　　(글꼴 : 파랑, 굵게).

STEP 02 답안 작성 준비하기

〔작성요령〕
- 모든 작업시트의 A열은 열 너비 '1'로, 나머지 열은 적당하게 조절하시오.
- 답안 시트 이름은 "제1작업", "제2작업", "제3작업", "제4작업"이어야 하며 답안 시트 이외의 것은 감점처리됩니다.

〈조건〉
- 모든 데이터의 서식에는 글꼴(굴림, 11pt), 정렬은 숫자 및 회계 서식은 오른쪽 정렬, 나머지 서식은 가운데 정렬로 작성하며 예외적인 것은 《출력형태》를 참조하시오.

1 엑셀을 실행하기 위해 〔**시작(▦)**〕을 클릭한 후 앱 뷰에서 〔**Excel(🗴)**〕을 클릭합니다.

2 엑셀 시작 화면이 나타나면 〔**새 통합 문서**〕를 클릭합니다.

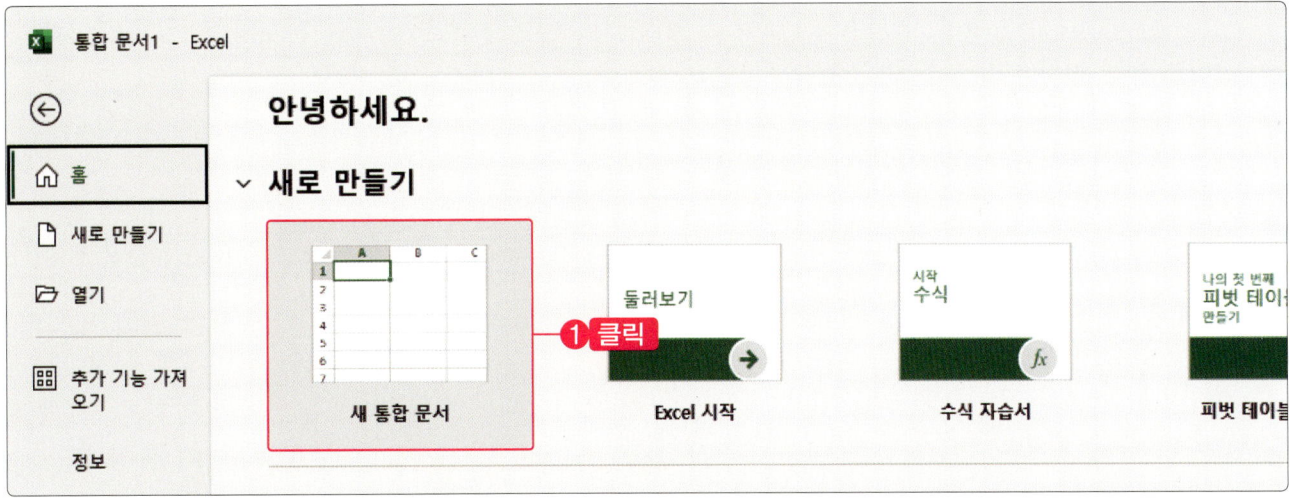

3 새 문서가 만들어지면 시트 이름을 바꾸기 위해 시트 탭에서 〔Sheet1〕 시트를 더블클릭한 후 '**제1작업**'을 입력한 다음 Enter를 누릅니다.

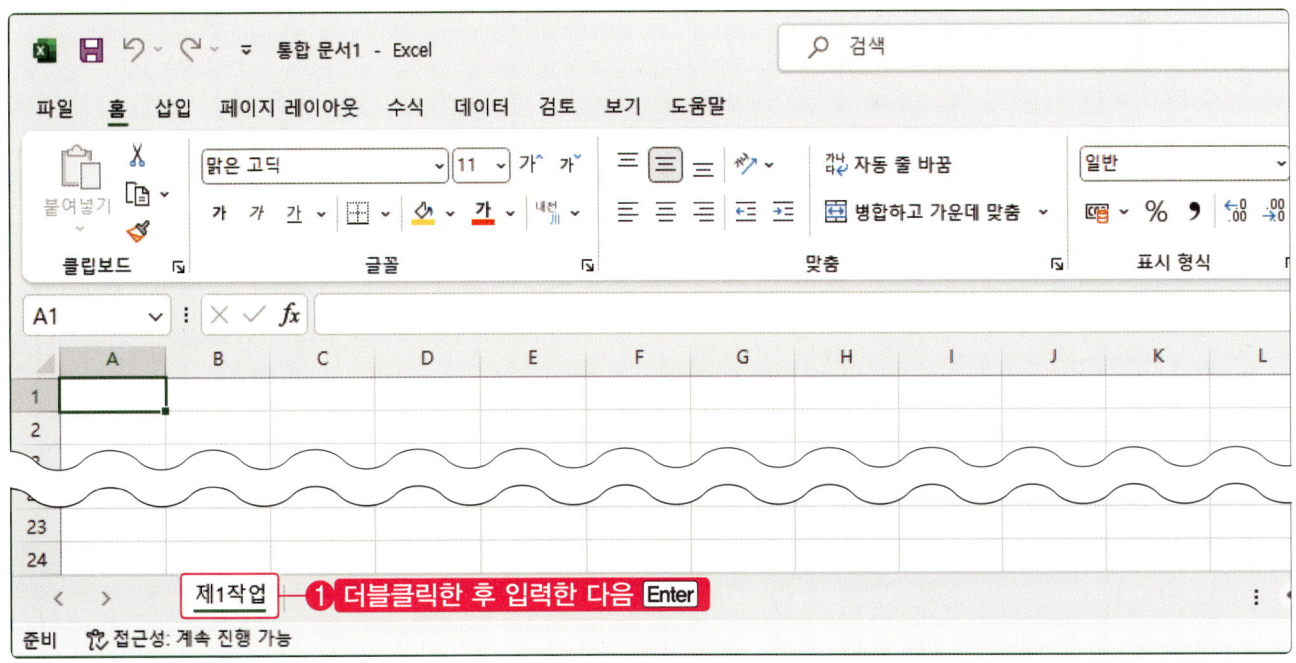

> 시트 탭에서 〔Sheet1〕 시트를 선택한 후 〔홈〕 탭-〔셀〕 그룹에서 〔서식〕을 클릭한 다음 〔시트 이름 바꾸기〕를 클릭하거나 〔Sheet1〕 시트의 바로 가기 메뉴에서 〔이름 바꾸기〕를 클릭하여 시트 이름을 바꿀 수도 있습니다.

제17회 ITQ 실전모의문제

과목	코드	문제유형	시험시간	수험번호	성명
한글엑셀	1122	B	60분		

수험자 유의사항

- 수험자는 문제지를 받는 즉시 문제지와 <u>수험표상의 시험과목(프로그램)이 동일한지 반드시 확인</u>하여야 합니다.
- 파일명은 본인의 "수험번호-성명"으로 입력하여 답안폴더(내 PC\문서\ITQ)에 하나의 파일로 저장해야 하며, 답안문서 파일명이 "수험번호-성명"과 일치하지 않거나, 답안파일을 전송하지 않아 미제출로 처리될 경우 실격 처리합니다(예:12345678-홍길동.xlsx).
- 답안 작성을 마치면 파일을 저장하고, '답안 전송' 버튼을 선택하여 감독위원 PC로 답안을 전송하십시오. 수험생 정보와 저장한 파일명이 다를 경우 전송되지 않으므로 주의하시기 바랍니다.
- 답안 작성 중에도 <u>주기적으로 저장하고, '답안 전송'</u>하여야 문제 발생을 줄일 수 있습니다. 작업한 내용을 저장하지 않고 전송할 경우 이전에 저장된 내용이 전송되오니 이점 유의하시기 바랍니다.
- 답안문서는 지정된 경로 외의 다른 보조기억장치에 저장하는 경우, 지정된 시험 시간 외에 작성된 파일을 활용할 경우, 기타 통신수단(이메일, 메신저, 네트워크 등)을 이용하여 타인에게 전달 또는 외부 반출하는 경우는 부정 처리합니다.
- 시험 중 부주의 또는 고의로 시스템을 파손한 경우는 수험자가 변상해야 하며, 〈수험자 유의사항〉에 기재된 방법대로 이행하지 않아 생기는 불이익은 수험생 당사자의 책임임을 알려 드립니다.
- 문제의 조건은 MS오피스 2021 버전으로 설정되어 있으며 MS오피스 2016은 【 】에 표기되어 있습니다. 이와 관련하여 작성한 답안의 출력형태가 문제지와 다를 수 있습니다.
- 시험을 완료한 수험자는 답안파일이 전송되었는지 확인한 후 감독위원의 지시에 따라 문제지를 제출하고 퇴실합니다.

답안 작성요령

- 온라인 답안 작성 절차
  수험자 등록 ⇒ 시험 시작 ⇒ 답안파일 저장 ⇒ 답안 전송 ⇒ 시험 종료
- 문제는 총 4단계, 즉 제1작업부터 제4작업까지 구성되어 있으며 반드시 제1작업부터 순서대로 작성하고 조건대로 작업하시오.
- 모든 작업시트의 A열은 열 너비 '1'로, 나머지 열은 적당하게 조절하시오.
- 모든 작업시트의 테두리는 ≪출력형태≫와 같이 작업하시오.
- 해당 작업란에서는 각각 제시된 조건에 따라 ≪출력형태≫와 같이 작업하시오.
- 답안 시트 이름은 "제1작업", "제2작업", "제3작업", "제4작업"이어야 하며 답안 시트 이외의 것은 감점 처리됩니다.
- 각 시트를 파일로 나누어 작업해서 저장할 경우 실격 처리됩니다.

kpc 한국생산성본부

〔작성요령〕 ◦ 답안 시트 이름은 "제1작업", "제2작업", "제3작업", "제4작업"이어야 하며 답안 시트 이외의 것은 감점처리됩니다.

4 시트를 삽입하기 위해 시트 탭에서 〔**새 시트(+)**〕**를 클릭**합니다.

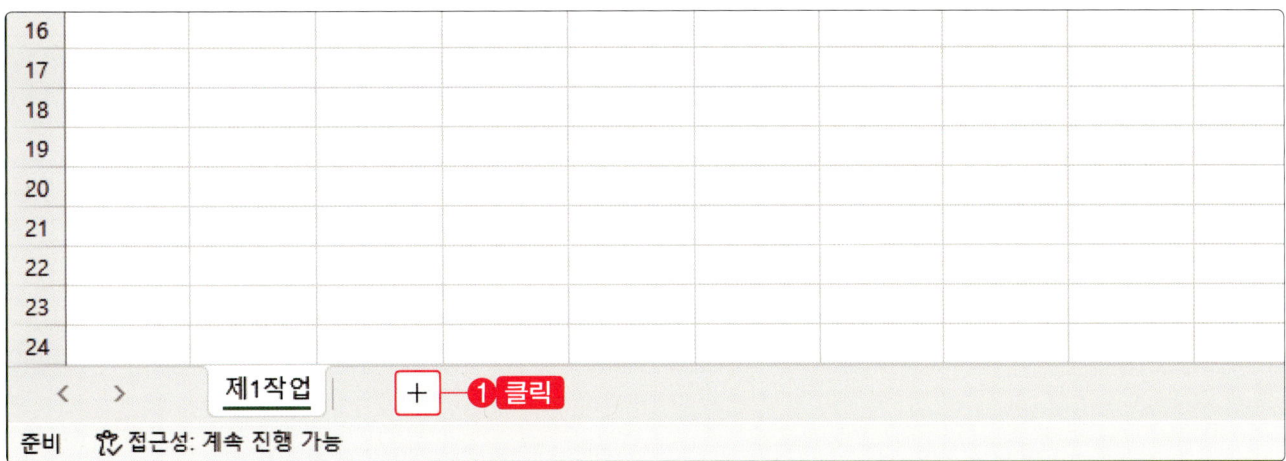

5 새 시트가 삽입되면 시트 이름을 바꾸기 위해 시트 탭에서 〔Sheet2〕 **시트를 더블클릭**한 후 '**제2작업**'을 **입력**한 다음 Enter를 **누릅니다**.

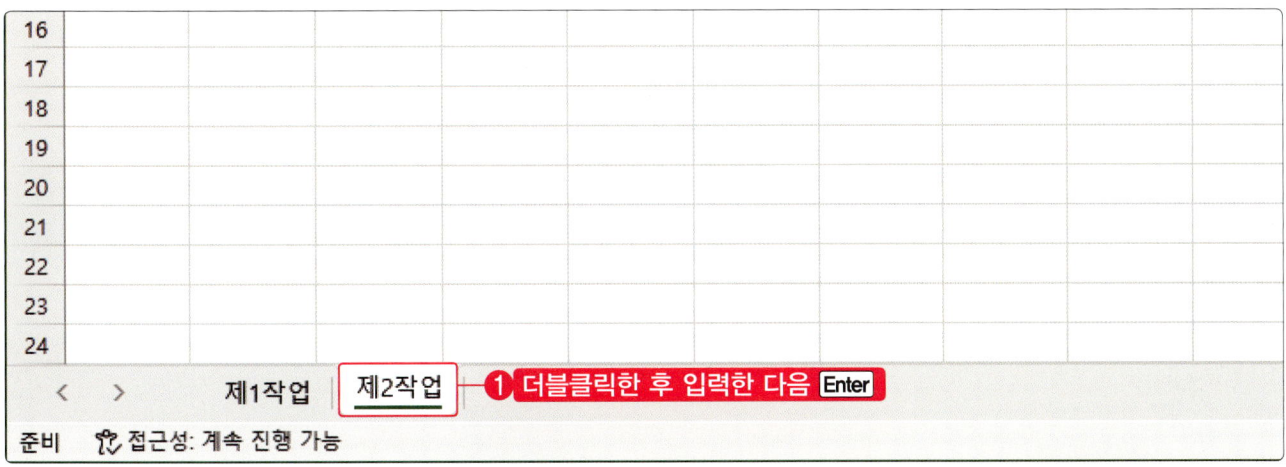

6 같은 방법으로 다음과 같이 **시트를 1개 더 삽입**한 후 **시트 이름(제3작업)을 바꿉**니다.

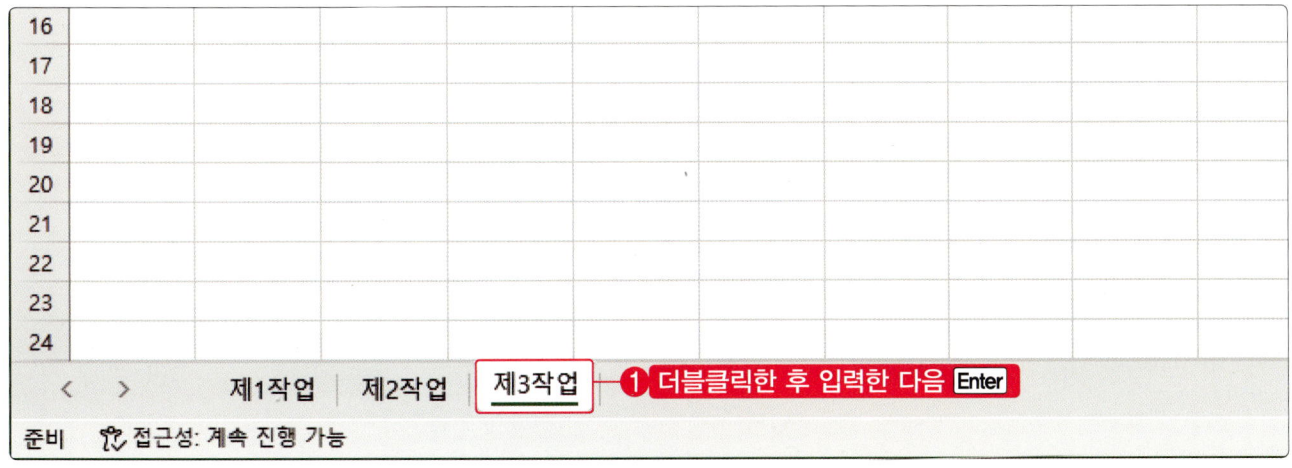

〔제4작업〕 시트는 시험의 '〔제4작업〕 그래프'에서 삽입합니다.

[제4작업] 그래프 (100점)

☞ "제1작업" 시트를 이용하여 조건에 따라 ≪출력형태≫와 같이 작업하시오.

≪조건≫

(1) 차트 종류 ⇒ <묶은 세로 막대형>으로 작업하시오.
(2) 데이터 범위 ⇒ "제1작업" 시트의 내용을 이용하여 작업하시오.
(3) 위치 ⇒ "새 시트"로 이동하고, "제4작업"으로 시트 이름을 바꾸시오.
(4) 차트 디자인 도구 ⇒ 레이아웃 3, 스타일 1을 선택하여 ≪출력형태≫에 맞게 작업하시오.
(5) 영역 서식 ⇒ 차트 : 글꼴(굴림, 11pt), 채우기 효과(질감-분홍 박엽지)
     그림 : 채우기(흰색, 배경1)
(6) 제목 서식 ⇒ 차트 제목 : 글꼴(굴림, 굵게, 20pt), 채우기(흰색, 배경1), 테두리
(7) 서식 ⇒ 상영횟수(단위:천회) 계열의 차트 종류를 <표식이 있는 꺾은선형>으로 변경한 후 보조 축으로 지정하시오.
    계열 : ≪출력형태≫를 참조하여 표식(세모, 크기 10)과 레이블 값을 표시하시오.
    눈금선 : 선 스타일-파선
    축 : ≪출력형태≫를 참조하시오.
(8) 범례 ⇒ 범례명을 변경하고 ≪출력형태≫를 참조하시오.
(9) 도형 ⇒ '모서리가 둥근 사각형 설명선'을 삽입한 후 ≪출력형태≫와 같이 내용을 입력하시오.
(10) 나머지 사항은 ≪출력형태≫에 맞게 작성하시오.

≪출력형태≫

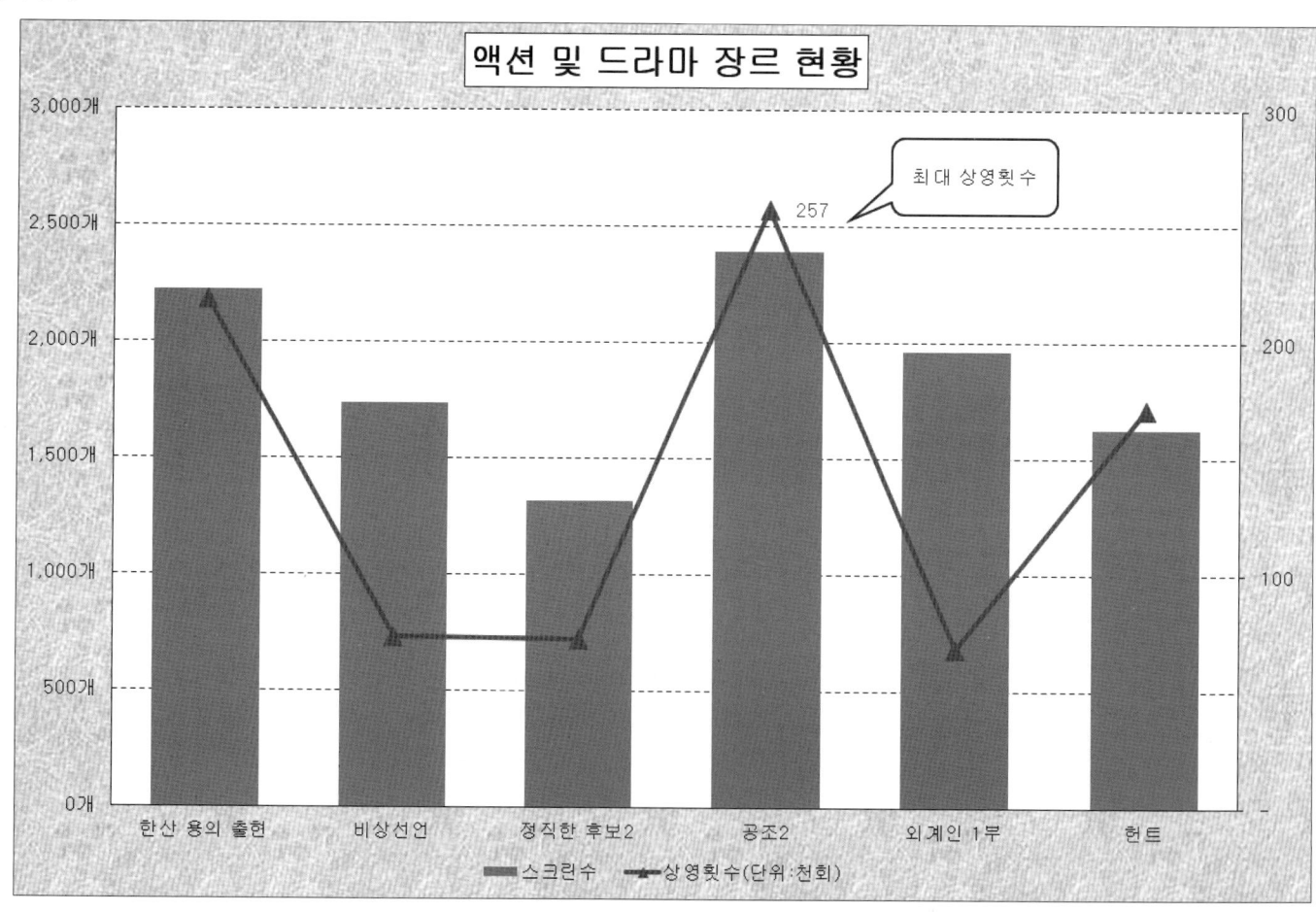

주의 ☞ 시트명 순서가 차례대로 "제1작업", "제2작업", "제3작업", "제4작업"이 되도록 할 것.

〔작성요령〕 • 모든 작업시트의 A열은 열 너비 '1'로, 나머지 열은 적당하게 조절하시오.

7 모든 시트의 A열 너비를 변경하기 위해 시트 탭에서 〔제1작업〕 시트를 선택한 후 Shift를 누른 상태에서 〔제3작업〕 시트를 선택한 다음 A열 머리글의 바로 가기 메뉴에서 〔열 너비〕를 클릭합니다.

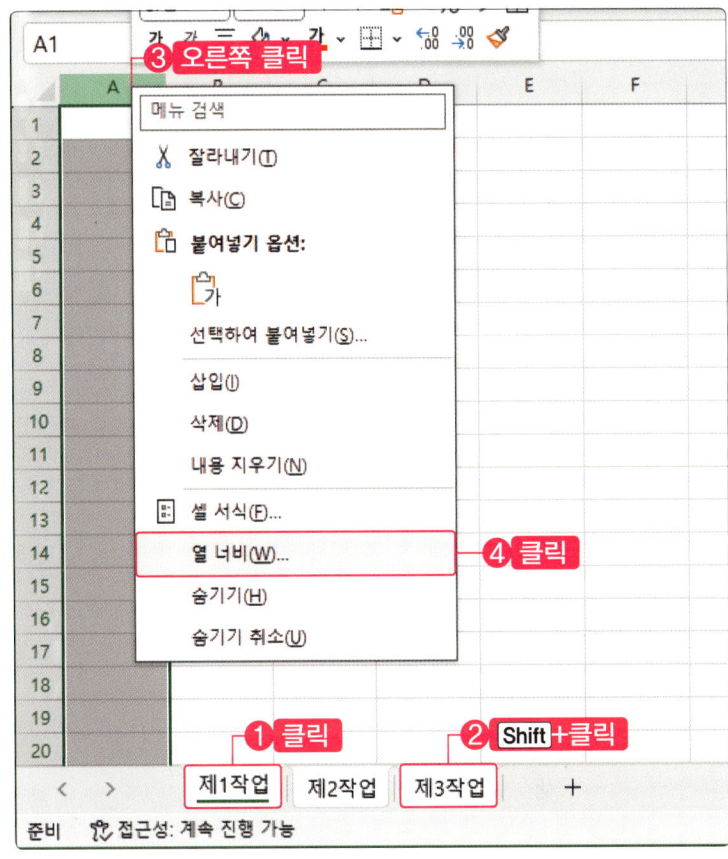

- 〔제1작업〕 시트의 바로 가기 메뉴에서 〔모든 시트 선택〕을 클릭하여 모든 시트를 그룹화할 수도 있습니다.
- 시트를 그룹화한다는 것은 여러 시트를 선택한다는 것입니다. 시트를 그룹화하면 제목 표시줄에 '〔그룹〕'이라고 표시되며 모든 시트를 그룹화한 후 하나의 시트에서 작업하면 다른 모든 시트에도 똑같이 작업됩니다. 모든 시트의 A열 너비를 변경하기 위해 모든 시트를 그룹화한 것입니다.
- A열 머리글을 선택한 후 〔홈〕 탭-〔셀〕 그룹에서 〔서식〕을 클릭한 다음 〔열 너비〕를 클릭하여 A열 너비를 변경할 수도 있습니다.

시트 선택하기

- **하나의 시트 선택** : 시트 탭에서 시트를 클릭합니다.
- **연속적인 시트 선택** : 시트 탭에서 첫 번째 시트를 선택한 후 Shift를 누른 상태에서 마지막 시트를 선택합니다.
- **비연속적인 시트 선택** : 시트 탭에서 첫 번째 시트를 선택한 후 Ctrl을 누른 상태에서 다른 시트를 선택합니다.

8 〔열 너비〕 대화상자가 나타나면 **열 너비(1)를 입력**한 후 〔확인〕 단추를 클릭합니다.

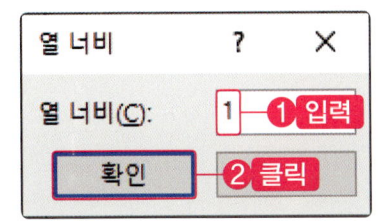

[제2작업] 필터 및 서식 (80점)

☞ "제1작업" 시트의 「B4:H12」영역을 복사하여 "제2작업" 시트의 「B2」셀부터 모두 붙여넣기를 한 후 다음의 조건과 같이 작업하시오.

≪조건≫
(1) 고급필터 - 코드가 'A'로 시작하거나, 상영횟수(단위:천회)가 '200' 이상인 자료의 영화명, 장르, 상영횟수(단위:천회), 스크린수 데이터만 추출하시오.
- 조건 범위 : 「B14」셀부터 입력하시오.
- 복사 위치 : 「B18」셀부터 나타나도록 하시오.

(2) 표 서식 - 고급필터의 결과셀을 채우기 없음으로 설정한 후 '표 스타일 보통 6'의 서식을 적용하시오.
- 머리글 행, 줄무늬 행을 적용하시오.

[제3작업] 피벗 테이블 (80점)

☞ "제1작업" 시트를 이용하여 "제3작업" 시트에 조건에 따라 ≪출력형태≫와 같이 작업하시오.

≪조건≫
(1) 개봉일 및 장르별 영화명의 개수와 상영횟수(단위:천회)의 평균을 구하시오.
(2) 개봉일은 그룹화하고, 장르를 ≪출력형태≫와 같이 정렬하시오.
(3) 레이블이 있는 셀 병합 및 가운데 맞춤 적용 및 빈 셀은 '**'로 표시하시오.
(4) 행의 총합계는 지우고, 나머지 사항은 ≪출력형태≫에 맞게 작성하시오.

≪출력형태≫

	장르						
		액션		애니메이션		드라마	
개봉일	개수 : 영화명	평균 : 상영횟수(단위:천회)	개수 : 영화명	평균 : 상영횟수(단위:천회)	개수 : 영화명	평균 : 상영횟수(단위:천회)
7월	1	68	1	79	1	218
8월	1	171	**	**	1	73
9월	1	257	1	11	1	72
총합계	3	165	2	45	3	121

<조건> ○ 모든 데이터의 서식에는 글꼴(굴림, 11pt), 정렬은 숫자 및 회계 서식은 오른쪽 정렬, 나머지 서식은 가운데 정렬로 작성하며 예외적인 것은 ≪출력형태≫를 참조하시오.

9 모든 시트의 모든 셀에 글꼴 서식과 맞춤 서식을 지정하기 위해 [모두 선택( )] 단추를 클릭한 후 [홈] 탭-[글꼴] 그룹에서 **글꼴(굴림)과 글꼴 크기(11)를 선택**한 다음 [맞춤] 그룹에서 **[가운데 맞춤(≡)]을 클릭**합니다.

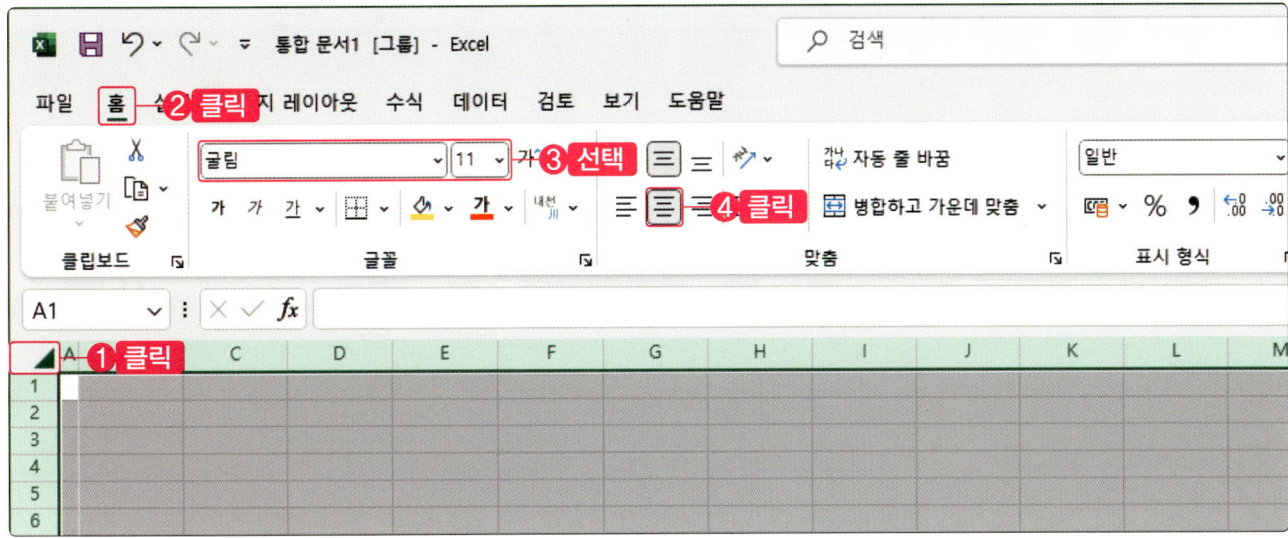

시험에서 [제1작업]의 첫 번째 조건을 보면 '모든 데이터의 서식에는 글꼴(굴림, 11pt), 정렬은 숫자 및 회계 서식은 오른쪽 정렬(≡), 나머지 서식은 가운데 정렬(≡)로 작성하며 예외적인 것은 ≪출력형태≫를 참조하시오.'와 같이 명시되어 있습니다. 맞춤 서식은 일반적으로 가운데 맞춤이 더 많으므로 먼저 가운데 맞춤을 지정한 후 가운데 맞춤이 아닌 셀은 따로 지정합니다.

한가지 더!

셀 선택하기
- 하나의 셀 선택 : 셀을 클릭합니다.
- 연속적인 셀 선택 : 셀 범위를 드래그하거나 첫 번째 셀을 선택한 후 [Shift]를 누른 상태에서 마지막 셀을 선택합니다.
- 비연속적인 셀 선택 : 셀을 선택한 후 [Ctrl]을 누른 상태에서 다른 셀을 선택합니다.
- 모든 셀 선택 : [모두 선택( )] 단추를 클릭하거나 [Ctrl]+[A]를 누릅니다.

10 모든 시트의 모든 셀이 선택된 것을 해제하기 위해 **A1셀을 선택**한 후 시트 탭에서 **[제3작업] 시트를 선택**한 다음 **[제1작업] 시트를 선택**합니다.

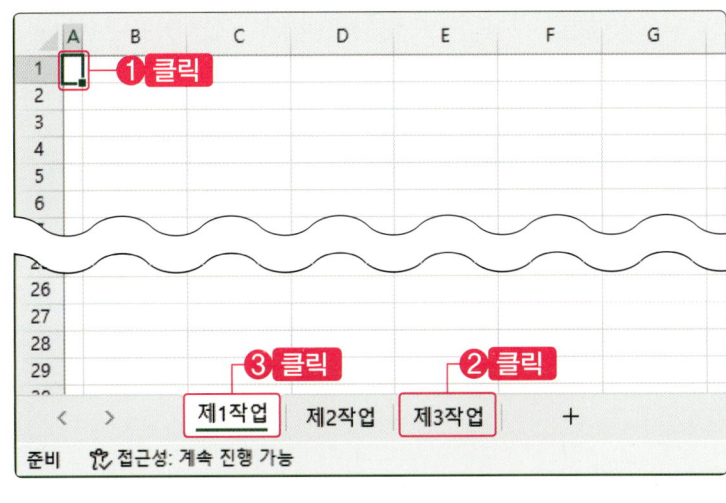

[제1작업] 시트의 바로 가기 메뉴에서 [시트 그룹 해제]를 클릭하여 모든 시트가 그룹화된 것을 해제할 수도 있습니다.

[제1작업] 표 서식 작성 및 값 계산 (240점)

☞ 다음은 '일반영화 박스오피스 현황'에 대한 자료이다. 자료를 입력하고 조건에 맞도록 작업하시오.

≪출력형태≫

코드	영화명	장르	관람가능	개봉일	상영횟수 (단위:천회)	스크린수	감정포인트	상영횟수 순위
D1251	한산 용의 출현	드라마	12세이상	2022-07-27	218	2,223	(1)	(2)
D1261	비상선언	드라마	12세이상	2022-08-03	73	1,734	(1)	(2)
A2312	미니언즈2	애니메이션	전체관람가	2022-07-20	79	1,394	(1)	(2)
D1242	정직한 후보2	드라마	12세이상	2022-09-28	72	1,318	(1)	(2)
C1552	공조2	액션	15세이상	2022-09-07	257	2,389	(1)	(2)
C1223	외계인 1부	액션	12세이상	2022-07-20	68	1,959	(1)	(2)
C1571	헌트	액션	15세이상	2022-08-10	171	1,625	(1)	(2)
A2313	극장판 헬로카봇	애니메이션	전체관람가	2022-09-28	11	790	(1)	(2)
12세이상 관람가능 개수			(3)			최대 스크린수		(5)
액션 장르 스크린수 평균			(4)			코드	D1251	영화명	(6)

≪조건≫

○ 모든 데이터의 서식에는 글꼴(굴림, 11pt), 정렬은 숫자 및 회계 서식은 오른쪽 정렬, 나머지 서식은 가운데 정렬로 작성하며 예외적인 것은 ≪출력형태≫를 참조하시오.
○ 제 목 ⇒ 도형(육각형)과 그림자(오프셋 오른쪽)를 이용하여 작성하고
　　　　　"일반영화 박스오피스 현황"을 입력한 후 다음 서식을 적용하시오
　　　　　(글꼴-굴림, 24pt, 검정, 굵게, 채우기-노랑).
○ 임의의 셀에 결재란을 작성하여 그림으로 복사 기능을 이용하여 붙이기 하시오(단, 원본 삭제).
○ 「B4:J4, G14, I14」영역은 '주황'으로 채우기 하시오.
○ 유효성 검사를 이용하여 「H14」셀에 코드(「B5:B12」영역)가 선택 표시되도록 하시오.
○ 셀 서식 ⇒ 「H5:H12」영역에 셀 서식을 이용하여 숫자 뒤에 '개'를 표시하시오(예 : 2,223개).
○ 「D5:D12」영역에 대해 '장르'로 이름정의를 하시오.

☞ (1)~(6) 셀은 반드시 **주어진 함수를 이용**하여 값을 구하시오(결과값을 직접 입력하면 해당 셀은 0점 처리됨).

(1) 감정포인트 ⇒ 코드의 마지막 글자가 1이면 '몰입감', 2이면 '즐거움', 3이면 '상상력'으로 표시하시오
　　　　　　　　(CHOOSE, RIGHT 함수).
(2) 상영횟수 순위 ⇒ 상영횟수(단위:천회)의 내림차순 순위를 구한 결과값에 '위'를 붙이시오
　　　　　　　　(RANK.EQ 함수, & 연산자)(예 : 1위).
(3) 12세이상 관람가능 개수 ⇒ 조건은 입력데이터를 이용하시오(DCOUNTA 함수).
(4) 액션 장르 스크린수 평균 ⇒ 정의된 이름(장르)을 이용하여 구하시오(SUMIF, COUNTIF 함수).
(5) 최대 스크린수 ⇒ (MAX 함수)
(6) 영화명 ⇒ 「H14」셀에서 선택한 코드에 대한 영화명을 구하시오(VLOOKUP 함수).
(7) 조건부 서식의 수식을 이용하여 상영횟수(단위:천회)가 '100' 이상인 행 전체에 다음의 서식을 적용하시오
　　(글꼴 : 파랑, 굵게).

STEP 03 답안 저장하고 전송하기

수험자 유의사항: 파일명은 본인의 "수험번호-성명"으로 입력하여 답안폴더(내 PC\문서\ITQ)에 하나의 파일로 저장해야하며, 답안문서 파일명이 "수험번호-성명"과 일치하지 않거나, 답안파일을 전송하지 않아 미제출로 처리될 경우 실격 처리합니다(예:12345678-홍길동.xlsx).

1 답안을 저장하기 위해 [파일] 탭에서 [다른 이름으로 저장]을 클릭한 후 [찾아보기]를 클릭합니다.

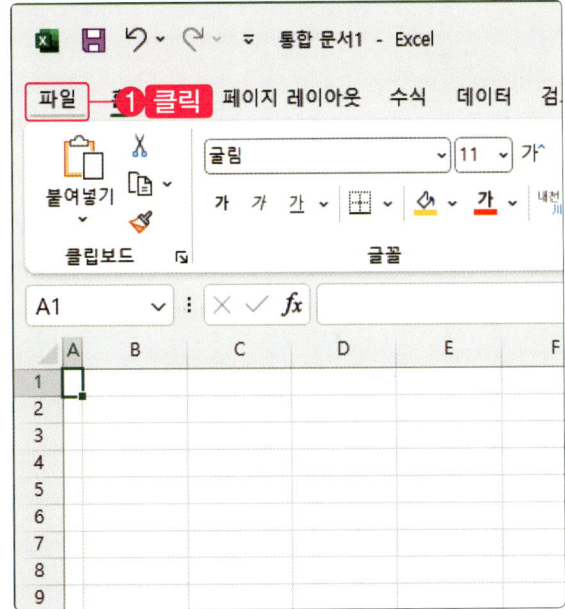
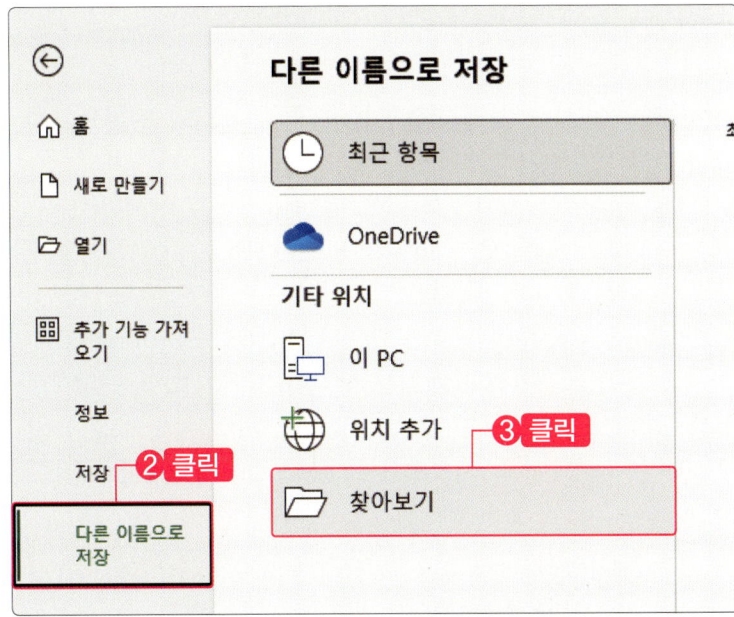

새 문서를 만든 후 답안을 작성한 경우에는 [파일] 탭에서 [다른 이름으로 저장]을 클릭한 후 [찾아보기]를 클릭하거나 Ctrl+S를 누르면 답안을 저장할 수 있습니다.

2 [다른 이름으로 저장] 대화상자가 나타나면 **위치(내 PC\문서\ITQ)를 지정**한 후 **파일 이름(12345678-홍길동)을 입력**한 다음 [**저장**] 단추를 클릭합니다.

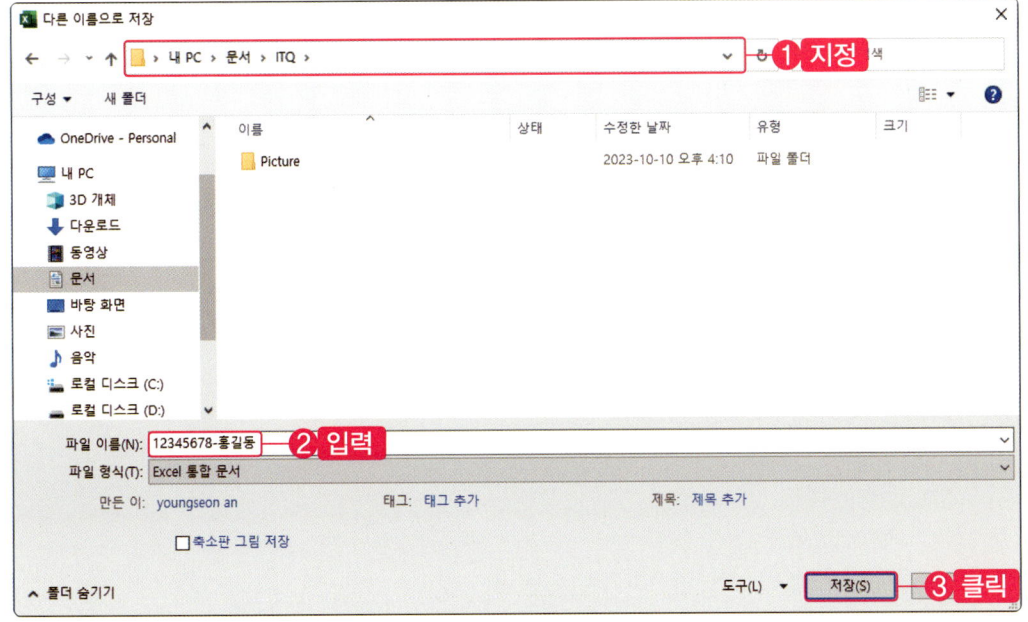

시험에서는 본인의 수험번호와 성명을 조합하여 '수험번호-성명' 형식의 파일 이름을 입력합니다.

제16회 ITQ 실전모의문제

과목	코드	문제유형	시험시간	수험번호	성명
한글엑셀	1122	A	60분		

수험자 유의사항

- 수험자는 문제지를 받는 즉시 문제지와 <u>수험표상의 시험과목(프로그램)이 동일한지 반드시 확인</u>하여야 합니다.

- 파일명은 본인의 "수험번호-성명"으로 입력하여 답안폴더(내 PC\문서\ITQ)에 하나의 파일로 저장해야 하며, 답안문서 파일명이 "수험번호-성명"과 일치하지 않거나, 답안파일을 전송하지 않아 미제출로 처리될 경우 실격 처리합니다(예:12345678-홍길동.xlsx).

- 답안 작성을 마치면 파일을 저장하고, '답안 전송' 버튼을 선택하여 감독위원 PC로 답안을 전송하십시오. 수험생 정보와 저장한 파일명이 다를 경우 전송되지 않으므로 주의하시기 바랍니다.

- 답안 작성 중에도 주기적으로 저장하고, '답안 전송'하여야 문제 발생을 줄일 수 있습니다. 작업한 내용을 저장하지 않고 전송할 경우 이전에 저장된 내용이 전송되오니 이점 유의하시기 바랍니다.

- 답안문서는 지정된 경로 외의 다른 보조기억장치에 저장하는 경우, 지정된 시험 시간 외에 작성된 파일을 활용할 경우, 기타 통신수단(이메일, 메신저, 네트워크 등)을 이용하여 타인에게 전달 또는 외부 반출하는 경우는 부정 처리합니다.

- 시험 중 부주의 또는 고의로 시스템을 파손한 경우는 수험자가 변상해야 하며, 〈수험자 유의사항〉에 기재된 방법대로 이행하지 않아 생기는 불이익은 수험생 당사자의 책임임을 알려 드립니다.

- 문제의 조건은 MS오피스 2021 버전으로 설정되어 있으며 MS오피스 2016은 【 】에 표기되어 있습니다. 이와 관련하여 작성한 답안의 출력형태가 문제지와 다를 수 있습니다.

- 시험을 완료한 수험자는 답안파일이 전송되었는지 확인한 후 감독위원의 지시에 따라 문제지를 제출하고 퇴실합니다.

답안 작성요령

- 온라인 답안 작성 절차
  수험자 등록 ⇒ 시험 시작 ⇒ 답안파일 저장 ⇒ 답안 전송 ⇒ 시험 종료

- 문제는 총 4단계, 즉 제1작업부터 제4작업까지 구성되어 있으며 반드시 제1작업부터 순서대로 작성하고 조건대로 작업하시오.

- 모든 작업시트의 A열은 열 너비 '1'로, 나머지 열은 적당하게 조절하시오.

- 모든 작업시트의 테두리는 ≪출력형태≫와 같이 작업하시오.

- 해당 작업란에서는 각각 제시된 조건에 따라 ≪출력형태≫와 같이 작업하시오.

- 답안 시트 이름은 "제1작업", "제2작업", "제3작업", "제4작업"이어야 하며 답안 시트 이외의 것은 감점 처리됩니다.

- 각 시트를 파일로 나누어 작업해서 저장할 경우 실격 처리됩니다.

kpc 한국생산성본부

3 다음과 같이 답안이 저장됩니다.

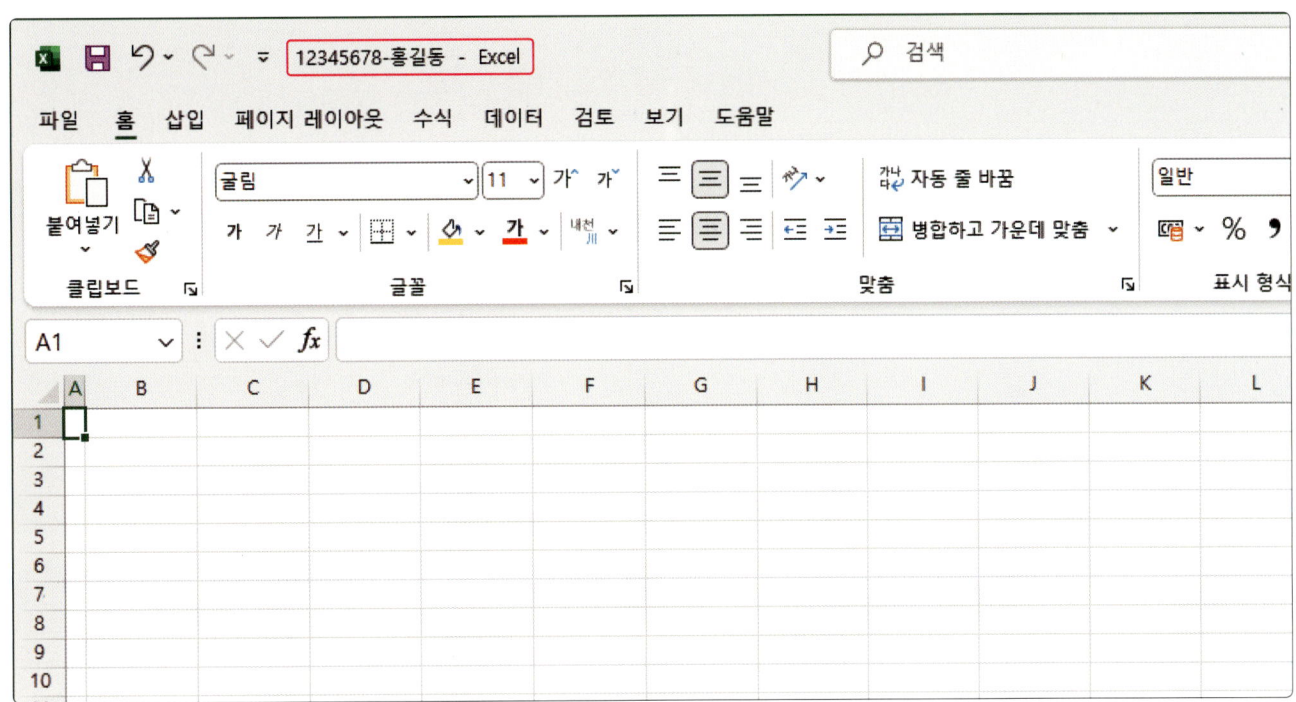

시험에서 위치를 잘못 선택하거나 파일 이름을 잘못 입력하여 답안을 저장한 경우에는 [파일] 탭에서 [다른 이름으로 저장]을 클릭한 후 [찾아보기]를 클릭하거나 를 눌러 답안을 다시 저장한 후 잘못 저장한 답안을 삭제합니다.

4 답안을 전송하기 위해 KOAS 수험자용 프로그램에서 [답안 전송] 단추를 클릭합니다.

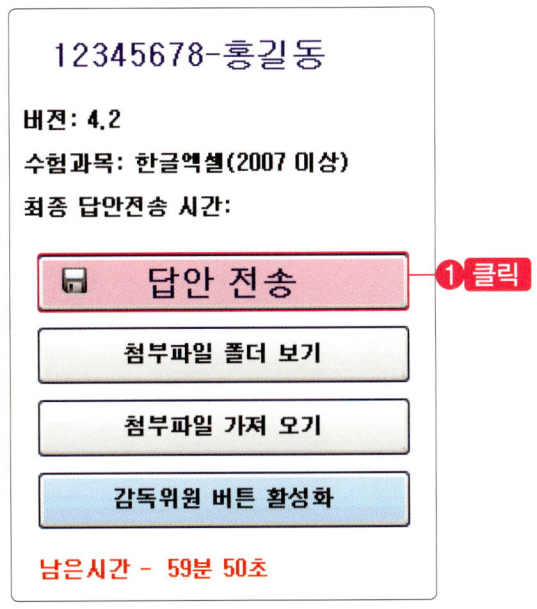

- 답안을 작성하는 도중에 주기적으로 [파일] 탭에서 [저장]을 클릭하거나 Ctrl+S를 눌러 답안을 저장한 후 감독위원 PC로 전송해 두면 오류가 발생한 경우, 전송된 답안을 불러와서 복구할 수 있습니다. 전송된 답안은 KOAS 수험자용 프로그램에서 [답안 가져오기] 단추를 클릭하여 불러오므로 오류가 발생한 경우, 감독위원에게 문의합니다.
- [첨부파일 폴더 보기] 단추를 클릭하면 답안을 작성할 때 사용할 그림이 있는지 확인할 수 있습니다.

[제4작업] 그래프 (100점)

☞ "제1작업" 시트를 이용하여 조건에 따라 ≪출력형태≫와 같이 작업하시오.

≪조건≫

(1) 차트 종류 ⇒ <묶은 세로 막대형>으로 작업하시오.
(2) 데이터 범위 ⇒ "제1작업" 시트의 내용을 이용하여 작업하시오.
(3) 위치 ⇒ "새 시트"로 이동하고, "제4작업"으로 시트 이름을 바꾸시오.
(4) 차트 디자인 도구 ⇒ 레이아웃 3, 스타일 1을 선택하여 ≪출력형태≫에 맞게 작업하시오.
(5) 영역 서식 ⇒ 차트 : 글꼴(굴림, 11pt), 채우기 효과(질감-파랑 박엽지)
      그림 : 채우기(흰색, 배경1)
(6) 제목 서식 ⇒ 차트 제목 : 글꼴(굴림, 굵게, 20pt), 채우기(흰색, 배경1), 테두리
(7) 서식 ⇒ 수강인원 계열의 차트 종류를 <표식이 있는 꺾은선형>으로 변경한 후 보조 축으로 지정하시오.
   계열 : ≪출력형태≫를 참조하여 표식(세모, 크기 10)과 레이블 값을 표시하시오.
   눈금선 : 선 스타일-파선
   축 : ≪출력형태≫를 참조하시오.
(8) 범례 ⇒ 범례명을 변경하고 ≪출력형태≫를 참조하시오.
(9) 도형 ⇒ '모서리가 둥근 사각형 설명선'을 삽입한 후 ≪출력형태≫와 같이 내용을 입력하시오.
(10) 나머지 사항은 ≪출력형태≫에 맞게 작성하시오.

≪출력형태≫

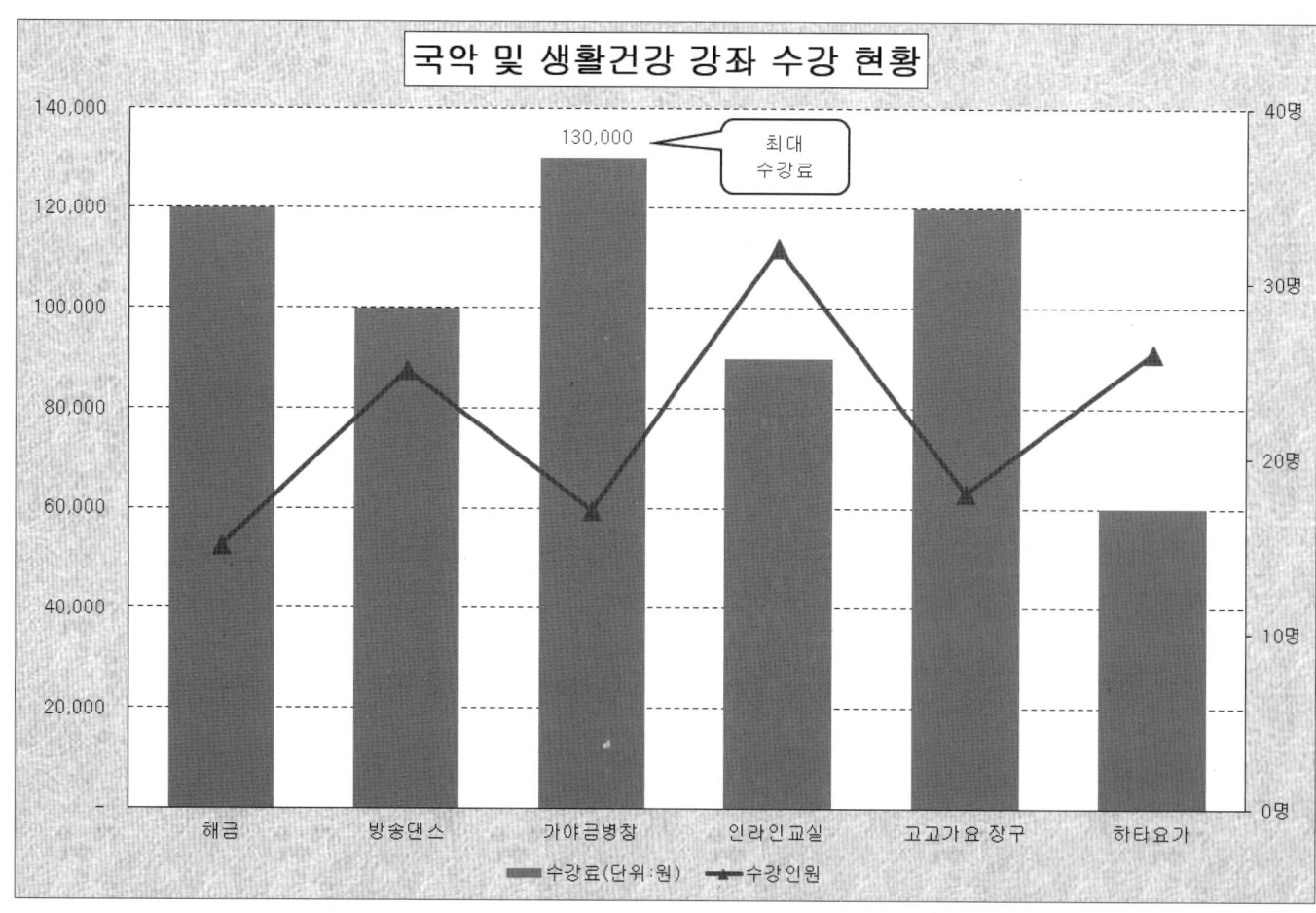

주의 ☞ 시트명 순서가 차례대로 "제1작업", "제2작업", "제3작업", "제4작업"이 되도록 할 것.

5 지금 전송할 것인지 묻는 대화상자가 나타나면 〔예〕 단추를 클릭합니다.

6 〔답안전송〕 대화상자가 나타나면 **파일 목록(12345678-홍길동.xlsx)과 존재(있음)를 확인**한 후 〔답안전송〕을 클릭합니다.

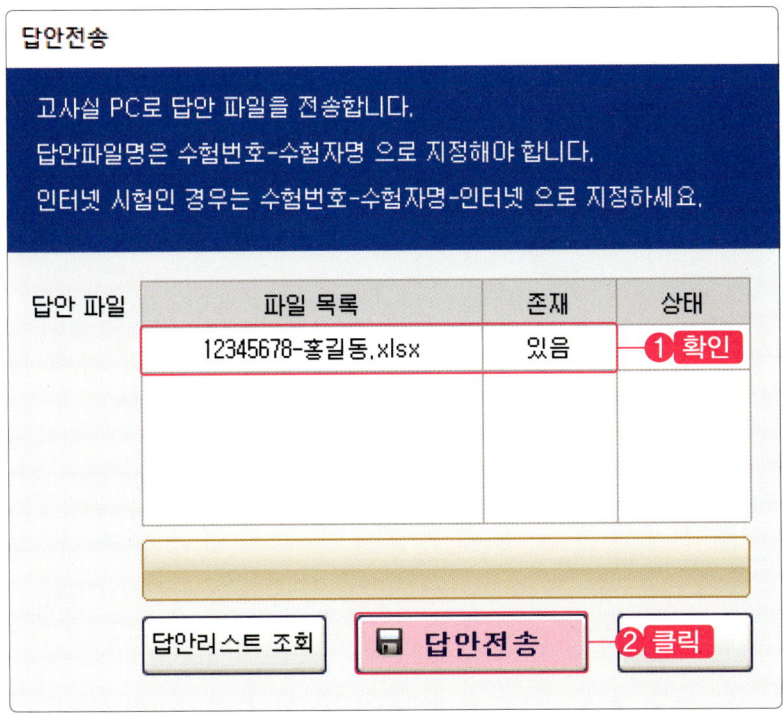

7 답안파일 전송을 성공하였다는 메시지가 나타나면 〔확인〕 단추을 클릭합니다.

8 〔답안전송〕 대화상자가 다시 나타나면 〔상태〕에 '성공'이 표시되는지 확인한 후 〔닫기〕 단추를 클릭합니다.

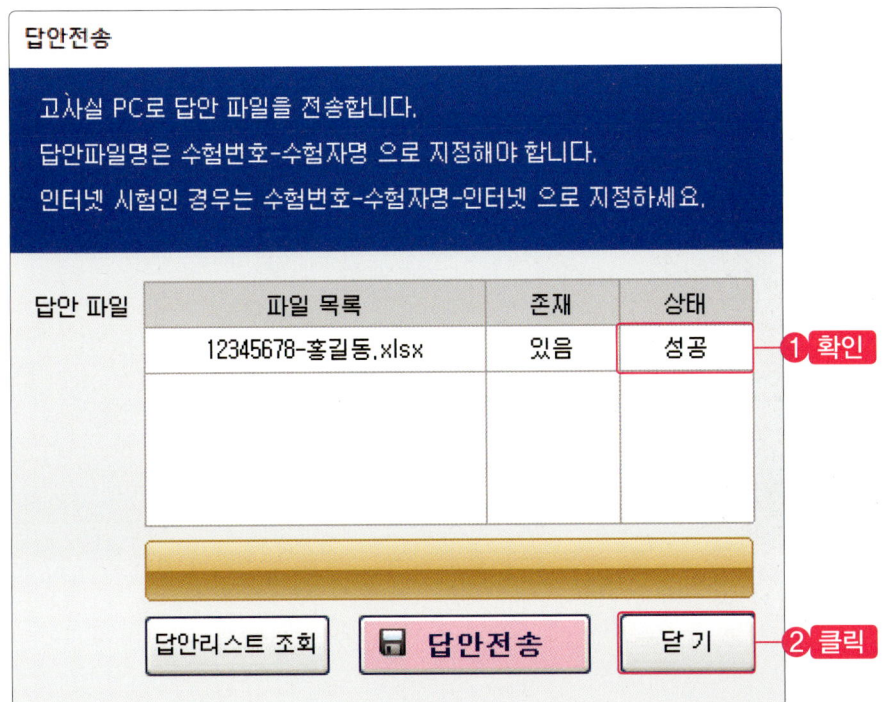

[제2작업] 필터 및 서식 (80점)

☞ "제1작업" 시트의 「B4:H12」 영역을 복사하여 "제2작업" 시트의 「B2」 셀부터 모두 붙여넣기를 한 후 다음의 조건과 같이 작업하시오.

≪조건≫

(1) 고급필터 - 구분이 '회화'이거나 개강일이 '2023-04-10' 이후(해당일 포함)인 자료의 강좌코드, 수강인원, 개강일, 수강료(단위:원) 데이터만 추출하시오.
 - 조건 범위 : 「B14」 셀부터 입력하시오.
 - 복사 위치 : 「B18」 셀부터 나타나도록 하시오.

(2) 표 서식 - 고급필터의 결과셀을 채우기 없음으로 설정한 후 '표 스타일 보통 7'의 서식을 적용하시오.
 - 머리글 행, 줄무늬 행을 적용하시오.

[제3작업] 피벗 테이블 (80점)

☞ "제1작업" 시트를 이용하여 "제3작업" 시트에 조건에 따라 ≪출력형태≫와 같이 작업하시오.

≪조건≫

(1) 총강의시간 및 구분별 강좌명의 개수와 수강료(단위:원)의 평균을 구하시오.
(2) 총강의시간을 그룹화하고, 구분을 ≪출력형태≫와 같이 정렬하시오.
(3) 레이블이 있는 셀 병합 및 가운데 맞춤 적용 및 빈 셀은 '***'로 표시하시오.
(4) 행의 총합계는 지우고, 나머지 사항은 ≪출력형태≫에 맞게 작성하시오.

≪출력형태≫

	구분						
		회화		생활건강		국악	
총강의시간	개수 : 강좌명	평균 : 수강료(단위:원)	개수 : 강좌명	평균 : 수강료(단위:원)	개수 : 강좌명	평균 : 수강료(단위:원)
9-16	1	80,000	1	90,000	***	***
17-24	1	95,000	***	***	1	120,000
25-32	***	***	2	80,000	2	125,000
총합계	2	87,500	3	83,333	3	123,333

실전문제유형

1 다음과 같이 새 문서를 만든 후 답안 작성을 준비해 보세요.

▶ 완성파일 : Part 01\Chapter 01\문제01_완성.xlsx

《조건》

- 파일명은 본인의 "수험번호-성명"으로 입력하여 답안폴더(내 PC\문서\ITQ)에 하나의 파일로 저장해야 하며, 답안문서 파일명이 "수험번호-성명"과 일치하지 않거나, 답안파일을 전송하지 않아 미제출로 처리될 경우 실격 처리합니다(예:12345678-홍길동.xlsx).
- 모든 작업시트의 A열은 열 너비 '1'로, 나머지 열은 적당하게 조절하시오.
- 답안 시트 이름은 "제1작업", "제2작업", "제3작업", "제4작업"이어야 하며 답안 시트 이외의 것은 감점 처리됩니다.
- 모든 데이터의 서식에는 글꼴(굴림, 11pt), 정렬은 숫자 및 회계 서식은 오른쪽 정렬, 나머지 서식은 가운데 정렬로 작성하며 예외적인 것은 《출력형태》를 참조하시오.

《출력형태》

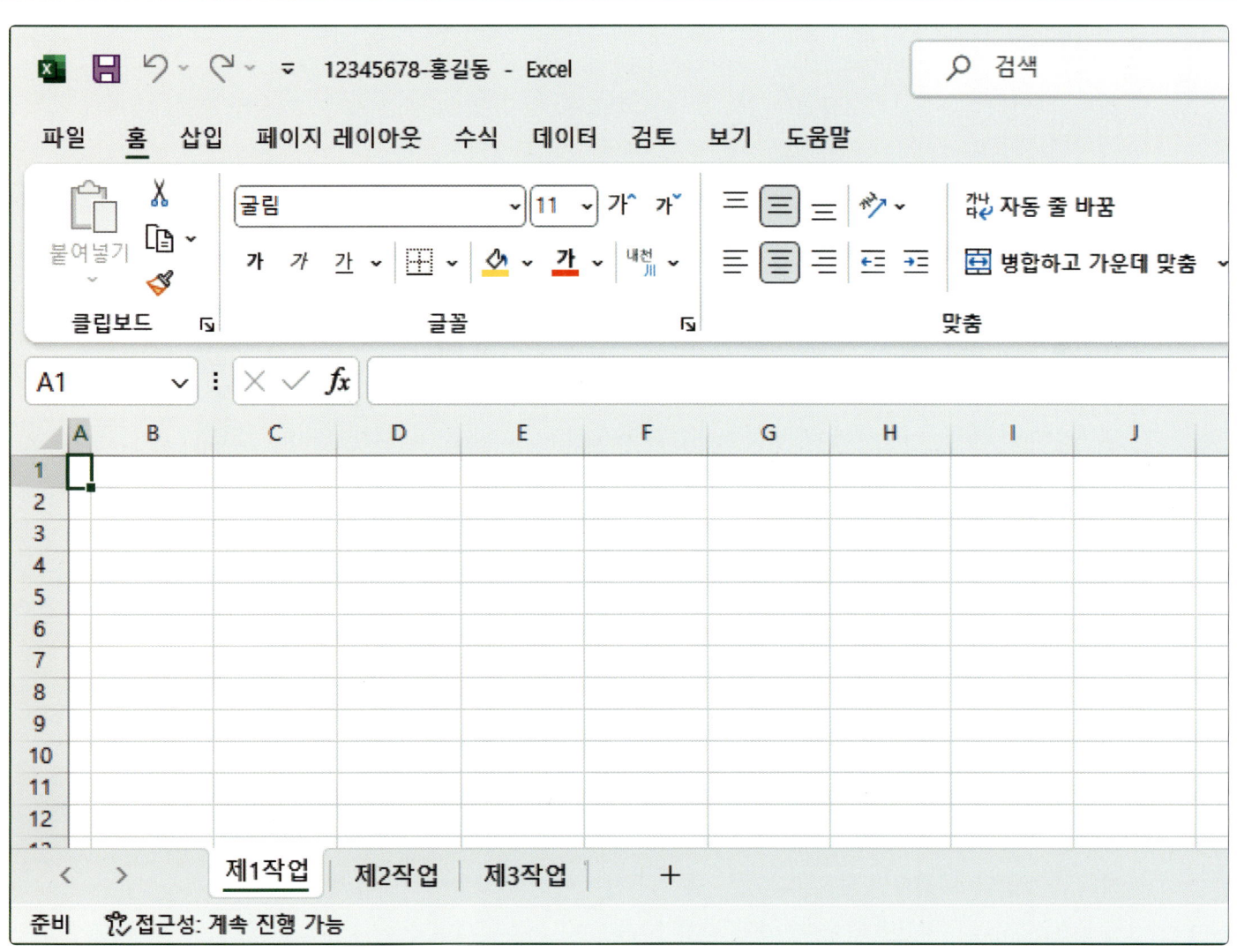

[제1작업] 표 서식 작성 및 값 계산 (240점)

☞ 다음은 '청소년 수련관 수강 현황'에 대한 자료이다. 자료를 입력하고 조건에 맞도록 작업하시오.

《출력형태》

강좌코드	강좌명	구분	수강인원	총강의시간	개강일	수강료(단위:원)	강의실	강사료(단위:원)
SG7-151	해금	국악	15	26	2023-04-10	120,000	(1)	(2)
VE2-262	방송댄스	생활건강	25	25	2023-04-11	100,000	(1)	(2)
AE5-661	가야금병창	국악	17	30	2023-04-03	130,000	(1)	(2)
EV2-142	인라인교실	생활건강	32	12	2023-04-06	90,000	(1)	(2)
MP4-631	고고가요 장구	국악	18	22	2023-04-13	120,000	(1)	(2)
UT3-413	인물연필화	회화	21	15	2023-04-07	80,000	(1)	(2)
PE3-283	문인화	회화	29	17	2023-04-07	95,000	(1)	(2)
YT6-782	하타요가	생활건강	26	28	2023-04-03	60,000	(1)	(2)
국악 강좌의 수강인원 합계			(3)		최대 수강인원			(5)
국악 강좌의 평균 수강료(단위:원)			(4)		강좌코드	SG7-151	총강의시간	(6)

(결재: 담당, 대리, 과장)

《조건》

○ 모든 데이터의 서식에는 글꼴(굴림, 11pt), 정렬은 숫자 및 회계 서식은 오른쪽 정렬, 나머지 서식은 가운데 정렬로 작성하며 예외적인 것은 《출력형태》를 참조하시오.
○ 제 목 ⇒ 도형(평행 사변형)과 그림자(오프셋 오른쪽)를 이용하여 작성하고
　　　　　　"청소년 수련관 수강 현황"을 입력한 후 다음 서식을 적용하시오
　　　　　　(글꼴-굴림, 24pt, 검정, 굵게, 채우기-노랑).
○ 임의의 셀에 결재란을 작성하여 그림으로 복사 기능을 이용하여 붙이기 하시오(단, 원본 삭제).
○ 「B4:J4, G14, I14」 영역은 '주황'으로 채우기 하시오.
○ 유효성 검사를 이용하여 「H14」 셀에 강좌코드(「B5:B12」 영역)가 선택 표시되도록 하시오.
○ 셀 서식 ⇒ 「E5:E12」 영역에 셀 서식을 이용하여 숫자 뒤에 '명'을 표시하시오(예 : 15명).
○ 「E5:E12」 영역에 대해 '수강인원'으로 이름정의를 하시오.

☞ (1)~(6) 셀은 반드시 **주어진 함수를 이용**하여 값을 구하시오(결과값을 직접 입력하면 해당 셀은 0점 처리됨).

(1) 강의실 ⇒ 강좌코드의 마지막 글자가 1이면 '마루실', 2이면 '혜윰실', 3이면 '다목적실'로 나타내시오
　　(CHOOSE, RIGHT함수).
(2) 강사료(단위:원) ⇒ 「총강의시간×시간당 강사료」로 계산하되, 시간당 강사료는 수강인원이 30 이상이면 '50,000',
　　20 이상이면 '40,000', 그 외에는 '30,000'으로 구하시오(IF 함수).
(3) 국악 강좌의 수강인원 합계 ⇒ 조건은 입력데이터를 이용하시오(DSUM 함수).
(4) 국악 강좌의 평균 수강료(단위:원) ⇒ 반올림하여 천 단위까지 구하시오. 단, 조건은 입력데이터를 이용
　　하시오(ROUND, DAVERAGE 함수)(예 : 215,755→ 216,000).
(5) 최대 수강인원 ⇒ 정의된 이름(수강인원)을 이용하여 구한 결과값에 '명'을 붙이시오
　　(MAX 함수, & 연산자)(예 : 1명).
(6) 총강의시간 ⇒ 「H14」셀에서 선택한 강좌코드에 대한 총강의시간을 구하시오(VLOOKUP 함수).
(7) 조건부 서식을 이용하여 총강의시간 셀에 데이터 막대 스타일(연한 녹색)을 최소값 및 최대값으로 적용하시오.

2 다음과 같이 새 문서를 만든 후 답안 작성을 준비해 보세요.

▶ 완성파일 : Part 01\Chapter 01\문제02_완성.xlsx

《조건》

- 파일명은 본인의 "수험번호-성명"으로 입력하여 답안폴더(내 PC\문서\ITQ)에 하나의 파일로 저장해야 하며, 답안문서 파일명이 "수험번호-성명"과 일치하지 않거나, 답안파일을 전송하지 않아 미제출로 처리될 경우 실격 처리합니다(예:12345678-홍길동.xlsx).
- 모든 작업시트의 A열은 열 너비 '1'로, 나머지 열은 적당하게 조절하시오.
- 답안 시트 이름은 "제1작업", "제2작업", "제3작업", "제4작업"이어야 하며 답안 시트 이외의 것은 감점 처리됩니다.
- 모든 데이터의 서식에는 글꼴(돋움, 11pt), 정렬은 숫자 및 회계 서식은 오른쪽 정렬, 나머지 서식은 가운데 정렬로 작성하며 예외적인 것은 ≪출력형태≫를 참조하시오.

《출력형태》

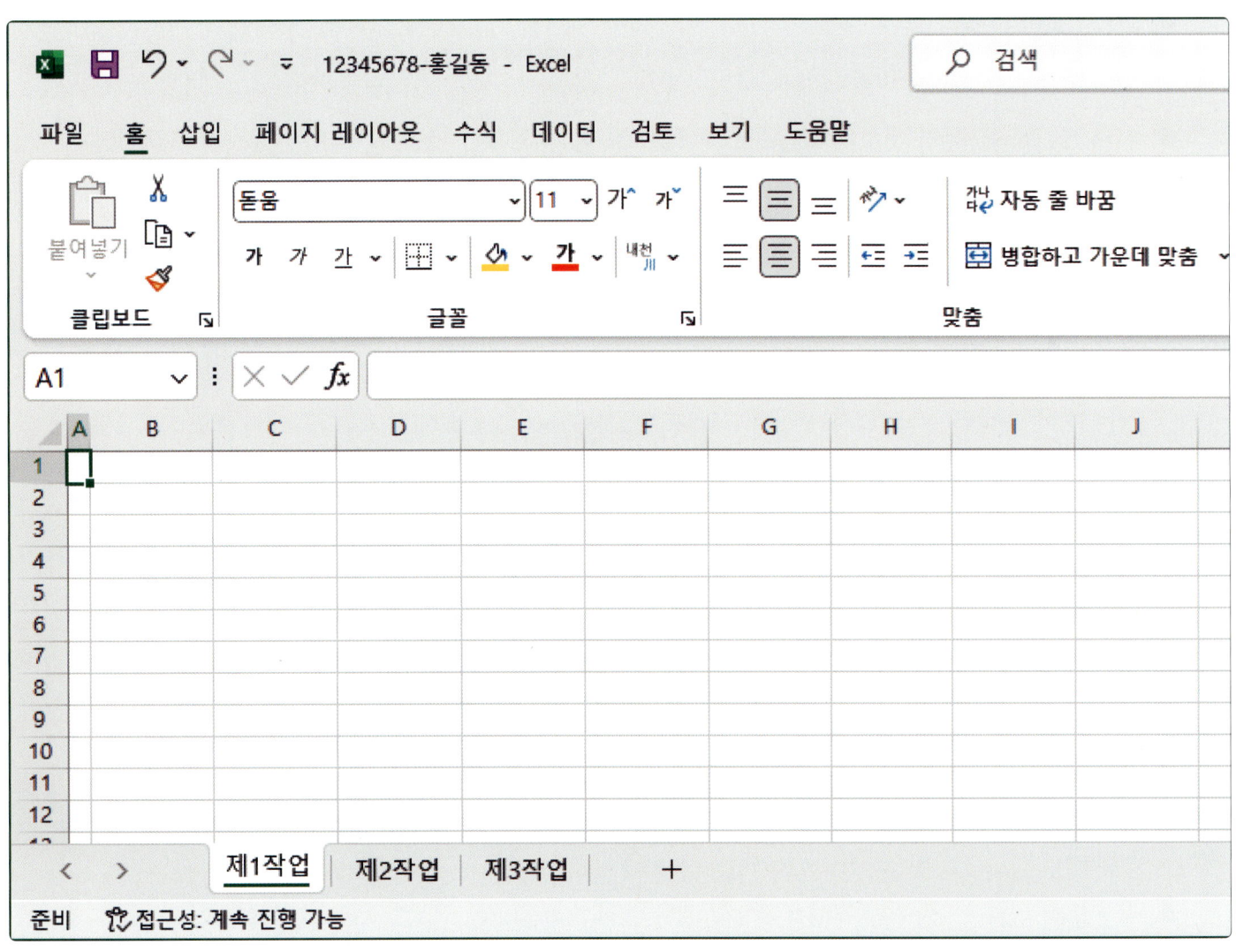

제15회 ITQ 실전모의문제

과목	코드	문제유형	시험시간	수험번호	성명
한글엑셀	1122	C	60분		

수험자 유의사항

- 수험자는 문제지를 받는 즉시 문제지와 <u>수험표상의 시험과목(프로그램)이 동일한지 반드시 확인</u>하여야 합니다.

- 파일명은 본인의 "수험번호-성명"으로 입력하여 답안폴더(내 PC\문서\ITQ)에 하나의 파일로 저장해야 하며, 답안문서 파일명이 "수험번호-성명"과 일치하지 않거나, 답안파일을 전송하지 않아 미제출로 처리될 경우 실격 처리합니다(예:12345678-홍길동.xlsx).

- 답안 작성을 마치면 파일을 저장하고, '답안 전송' 버튼을 선택하여 감독위원 PC로 답안을 전송하십시오. 수험생 정보와 저장한 파일명이 다를 경우 전송되지 않으므로 주의하시기 바랍니다.

- 답안 작성 중에도 <u>주기적으로 저장하고, '답안 전송'</u>하여야 문제 발생을 줄일 수 있습니다. 작업한 내용을 저장하지 않고 전송할 경우 이전에 저장된 내용이 전송되오니 이점 유의하시기 바랍니다.

- 답안문서는 지정된 경로 외의 다른 보조기억장치에 저장하는 경우, 지정된 시험 시간 외에 작성된 파일을 활용할 경우, 기타 통신수단(이메일, 메신저, 네트워크 등)을 이용하여 타인에게 전달 또는 외부 반출하는 경우는 부정 처리합니다.

- 시험 중 부주의 또는 고의로 시스템을 파손한 경우는 수험자가 변상해야 하며, 〈수험자 유의사항〉에 기재된 방법대로 이행하지 않아 생기는 불이익은 수험생 당사자의 책임임을 알려 드립니다.

- 문제의 조건은 MS오피스 2021 버전으로 설정되어 있으며 MS오피스 2016은【 】에 표기되어 있습니다. 이와 관련하여 작성한 답안의 출력형태가 문제지와 다를 수 있습니다.

- 시험을 완료한 수험자는 답안파일이 전송되었는지 확인한 후 감독위원의 지시에 따라 문제지를 제출하고 퇴실합니다.

답안 작성요령

- 온라인 답안 작성 절차
  수험자 등록 ⇒ 시험 시작 ⇒ 답안파일 저장 ⇒ 답안 전송 ⇒ 시험 종료

- 문제는 총 4단계, 즉 제1작업부터 제4작업까지 구성되어 있으며 반드시 제1작업부터 순서대로 작성하고 조건대로 작업하시오.

- 모든 작업시트의 A열은 열 너비 '1'로, 나머지 열은 적당하게 조절하시오.

- 모든 작업시트의 테두리는 ≪출력형태≫와 같이 작업하시오.

- 해당 작업란에서는 각각 제시된 조건에 따라 ≪출력형태≫와 같이 작업하시오.

- 답안 시트 이름은 "제1작업", "제2작업", "제3작업", "제4작업"이어야 하며 답안 시트 이외의 것은 감점 처리됩니다.

- 각 시트를 파일로 나누어 작업해서 저장할 경우 실격 처리됩니다.

kpc 한국생산성본부

표 서식 작성

- ◆데이터 입력하고 셀 병합하기
- ◆셀 테두리 지정하기
- ◆제목 작성하기
- ◆데이터 유효성 검사 설정하기
- ◆열 너비 및 행 높이 지정하기
- ◆셀 서식 지정하기
- ◆결재란 작성하기
- ◆이름 정의하기

▶소스파일 : Part 01\Chapter 02\Ch02.xlsx   ▶완성파일 : Part 01\Chapter 02\Ch02_완성.xlsx

☞ 다음은 '컵라면 가격 및 판매수량'에 대한 자료이다. 자료를 입력하고 조건에 맞도록 작업하시오.

출력 형태

제품코드	제품명	제조사	용기	판매가격	환산가격(1g)	판매수량(단위:개)	순위	뚜껑
NG43-411	너구리	농심	종이(외면)	1,240	6.8	1,562	(1)	(2)
NP96-451	신라면	농심	폴리스틸렌	800	7.7	2,465	(1)	(2)
PL11-542	롯데라면컵	팔도	종이(외면)	750	7.6	954	(1)	(2)
RT27-251	진라면순한맛	오뚜기	종이(외면)	950	7.0	2,056	(1)	(2)
DT49-211	참깨라면	오뚜기	종이(외면)	840	8.6	1,625	(1)	(2)
PL13-252	손짬뽕컵	팔도	폴리스틸렌수지	1,280	11.0	865	(1)	(2)
PL11-422	공화춘짬뽕	팔도	폴리스틸렌	1,280	11.1	1,245	(1)	(2)
NA21-451	육개장	농심	폴리스틸렌	850	11.0	1,432	(1)	(2)
종이(외면) 용기 제품의 개수				(3)		최저 판매수량(단위:개)		(5)
오뚜기 제품의 판매가격 평균				(4)		제품코드	NG43-411	판매가격	(6)

확인 | 담당 | 대리 | 과장

조건

○ 모든 데이터의 서식에는 글꼴(굴림, 11pt), 정렬은 숫자 및 회계 서식은 오른쪽 정렬, 나머지 서식은 가운데 정렬로 작성하며 예외적인 것은 ≪출력형태≫를 참조하시오.
○ 제 목 ⇒ 도형(사다리꼴)과 그림자(오프셋 오른쪽)를 이용하여 작성하고
  "컵라면 가격 및 판매수량"을 입력한 후 다음 서식을 적용하시오
  (글꼴-굴림, 24pt, 검정, 굵게, 채우기-노랑).
○ 임의의 셀에 결재란을 작성하여 그림으로 복사 기능을 이용하여 붙이기 하시오(단, 원본 삭제).
○ 「B4:J4, G14, I14」 영역은 '주황'으로 채우기 하시오.
○ 유효성 검사를 이용하여 「H14」셀에 제품코드(「B5:B12」 영역)가 선택 표시되도록 하시오.
○ 셀 서식 ⇒ 「F5:F12」 영역에 셀 서식을 이용하여 숫자 뒤에 '원'을 표시하시오(예 : 1,240원).
○ 「F5:F12」 영역에 대해 '판매가격'으로 이름정의를 하시오.

[제4작업] 그래프 (100점)

☞ "제1작업" 시트를 이용하여 조건에 따라 ≪출력형태≫와 같이 작업하시오.

≪조건≫

(1) 차트 종류 ⇒ <묶은 세로 막대형>으로 작업하시오.
(2) 데이터 범위 ⇒ "제1작업" 시트의 내용을 이용하여 작업하시오.
(3) 위치 ⇒ "새 시트"로 이동하고, "제4작업"으로 시트 이름을 바꾸시오.
(4) 차트 디자인 도구 ⇒ 레이아웃 3, 스타일 1을 선택하여 ≪출력형태≫에 맞게 작업하시오.
(5) 영역 서식 ⇒ 차트 : 글꼴(굴림, 11pt), 채우기 효과(질감-분홍 박엽지)
    그림 : 채우기(흰색, 배경1)
(6) 제목 서식 ⇒ 차트 제목 : 글꼴(굴림, 굵게, 20pt), 채우기(흰색, 배경1), 테두리
(7) 서식 ⇒ 가입연수 계열의 차트 종류를 <표식이 있는 꺾은선형>으로 변경한 후 보조 축으로 지정하시오.
    계열 : ≪출력형태≫를 참조하여 표식(세모, 크기 10)과 레이블 값을 표시하시오.
    눈금선 : 선 스타일-파선
    축 : ≪출력형태≫를 참조하시오.
(8) 범례 ⇒ 범례명을 변경하고 ≪출력형태≫를 참조하시오.
(9) 도형 ⇒ '모서리가 둥근 사각형 설명선'을 삽입한 후 ≪출력형태≫와 같이 내용을 입력하시오.
(10) 나머지 사항은 ≪출력형태≫에 맞게 작성하시오.

≪출력형태≫

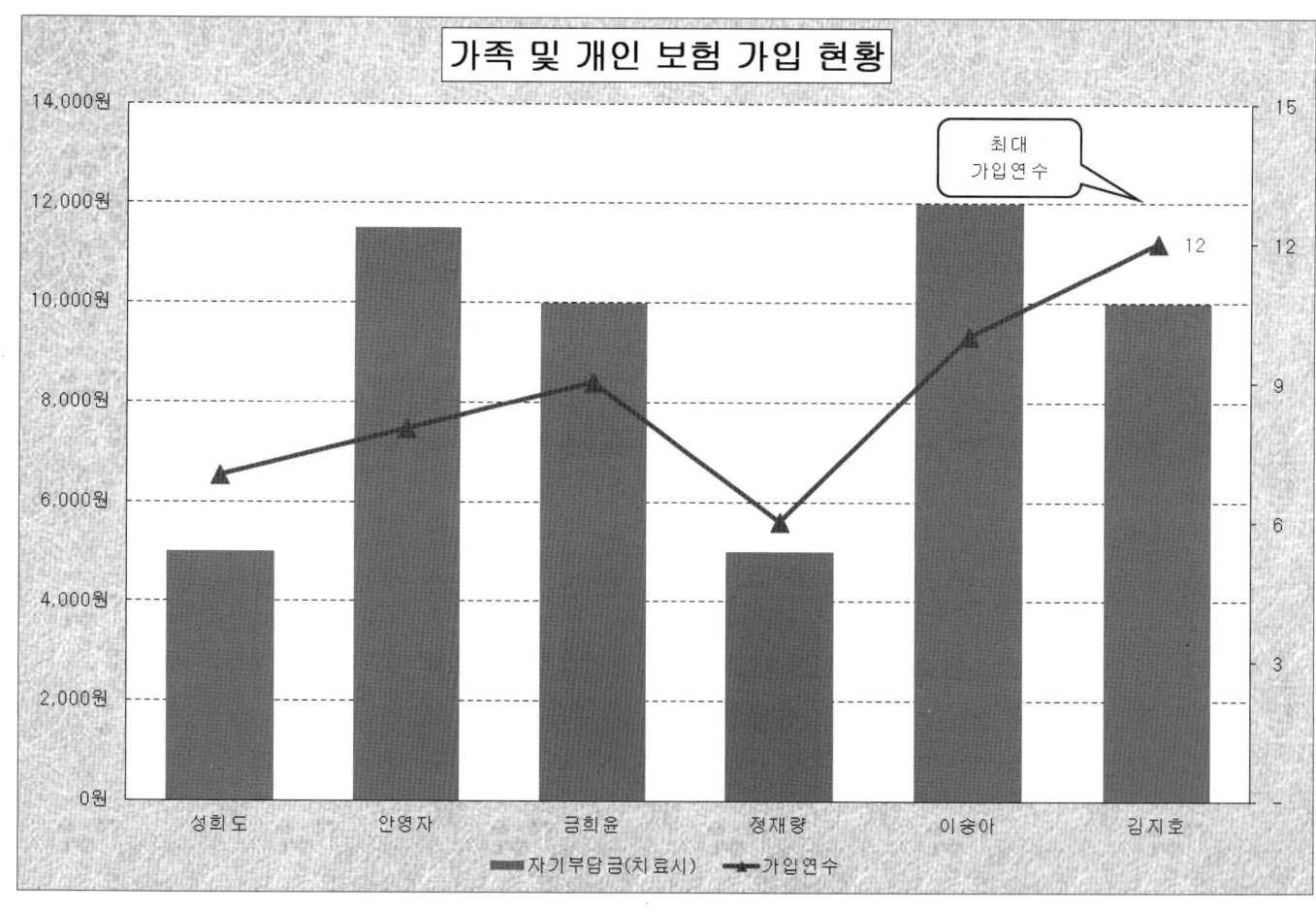

주의 ☞ 시트명 순서가 차례대로 "제1작업", "제2작업", "제3작업", "제4작업"이 되도록 할 것.

체크! 체크!

[표 서식 작성]

- **데이터 입력 및 셀 서식 지정하기**
  - 각 셀에 내용을 입력한 후 열 너비 및 행 높이를 지정하고 테두리를 지정합니다.
    (열 너비 및 행 높이, 테두리는 〈출력형태〉를 참고하여 지정합니다.
  - 셀 서식(표시 형식)을 지정합니다.

- **제목 및 결재란 작성하기**
  - 도형을 이용하여 제목을 작성하고 글꼴, 글꼴 크기, 속성, 맞춤 등을 지정한 후 결재란을 작성합니다.
    (결재란은 그림으로 복사한 후 원본을 삭제합니다.)

- **데이터 유효성 검사 및 이름 정의하기**
  - 데이터 유효성 검사 및 이름을 정의합니다.

STEP 01 데이터 입력하고 셀 병합하기

[작성요령] ◦ 모든 작업시트의 테두리는 ≪출력형태≫와 같이 작업하시오.
〈조건〉 ◦ 「B4:J4, G14, I14」 영역은 '주황'으로 채우기 하시오.

1 다음과 같이 B4셀부터 **데이터를 입력**합니다.

제품코드	제품명	제조사	용기	판매가격	환산가격 (1g)	판매수량 (단위:개)	순위	뚜껑
NG43-411	너구리	농심	종이(외면)	1240	6.8	1562		
NP96-451	신라면	농심	폴리스틸렌	800	7.7	2465		
PL11-542	롯데라면컵	팔도	종이(외면)	750	7.6	954		
RT27-251	진라면순한맛	오뚜기	종이(외면)	950	7.0	2056		
DT49-211	참깨라면	오뚜기	종이(외면)	840	8.6	1625		
PL13-252	손짬뽕컵	팔도	폴리스틸렌수지	1280	11.0	865		
PL11-422	공화춘짬뽕	팔도	폴리스틸렌	1280	11.1	1245		
NA21-451	육개장	농심	폴리스틸렌	850	11.0	1432		
종이(외면) 용기 제품의 개수					최저 판매수량(단위:개)			
오뚜기 제품의 판매가격 평균					제품코드		판매가격	

[제2작업] 필터 및 서식 (80점)

☞ "제1작업" 시트의 「B4:H12」영역을 복사하여 "제2작업" 시트의 「B2」셀부터 모두 붙여넣기를 한 후 다음의 조건과 같이 작업하시오.

≪조건≫

(1) 고급필터 - 생년월일이 '1990-01-01' 이후(해당일 포함)이거나 구분이 '단체'인 자료의 사원코드,
　　　　　가입연수, 월 보험료(단위:원), 자기부담금(치료시) 데이터만 추출하시오.
　　　　- 조건 범위 : 「B14」셀부터 입력하시오.
　　　　- 복사 위치 : 「B18」셀부터 나타나도록 하시오.

(2) 표 서식 - 고급필터의 결과셀을 채우기 없음으로 설정한 후 '표 스타일 보통 7'의 서식을 적용하시오.
　　　　- 머리글 행, 줄무늬 행을 적용하시오.

[제3작업] 피벗 테이블 (80점)

☞ "제1작업" 시트를 이용하여 "제3작업" 시트에 조건에 따라 ≪출력형태≫와 같이 작업하시오.

≪조건≫

(1) 가입연수 및 구분별 사원명의 개수와 월 보험료(단위:원)의 평균을 구하시오.
(2) 가입연수를 그룹화하고, 구분을 ≪출력형태≫와 같이 정렬하시오.
(3) 레이블이 있는 셀 병합 및 가운데 맞춤 적용 및 빈 셀은 '***'로 표시하시오.
(4) 행의 총합계는 지우고, 나머지 사항은 ≪출력형태≫에 맞게 작성하시오.

≪출력형태≫

A	B	C	D	E	F	G	H
1							
2		구분 ↓					
3			단체		개인		가족	
4	가입연수 ▼	개수 : 사원명	평균 : 월 보험료(단위:원)	개수 : 사원명	평균 : 월 보험료(단위:원)	개수 : 사원명	평균 : 월 보험료(단위:원)
5	6-8	***	***	1	82,000	2	79,500
6	9-11	1	57,000	1	26,000	1	32,000
7	12-14	1	43,600	1	25,000	***	***
8	총합계	2	50,300	3	44,333	3	63,667

〈조건〉 • 모든 작업시트의 테두리는 ≪출력형태≫와 같이 작업하시오.

- 모든 셀에 글꼴(굴림), 글꼴 크기(11), 가운데 맞춤이 지정되어 있습니다.
- ≪출력형태≫에서 '(1)'~'(6)'이 입력되어 있는 셀은 함수를 사용하여 값을 구할 셀을 나타낸 것이고, H14셀의 데이터는 데이터 유효성 검사를 설정하여 입력하므로 여기서는 입력하지 않습니다.
- Alt+Enter를 사용하면 하나의 셀에 두 줄 이상 입력할 수 있습니다. G4셀의 데이터는 '환산가격'을 입력한 후 Alt+Enter를 눌러 줄을 바꾼 다음 '(1g)'을 입력한 것입니다. H4셀의 데이터도 같은 방법으로 입력합니다.
- '종이(외면) 용기 제품의 개수'는 B13셀, '오뚜기 제품의 판매가격 평균'은 B14셀, '최저 판매수량(단위: 개)'는 G13셀에 입력합니다.
- 셀을 선택한 후 F2를 누르거나 셀을 더블클릭하면 데이터를 수정할 수 있습니다.

2 맞춤 서식을 지정하기 위해 **B13:D13셀 범위, B14:D14셀 범위, F13:F14셀 범위, G13:I13셀 범위를 선택**한 후 [홈] 탭-[맞춤] 그룹에서 **[병합하고 가운데 맞춤(圉)]**을 클릭합니다.

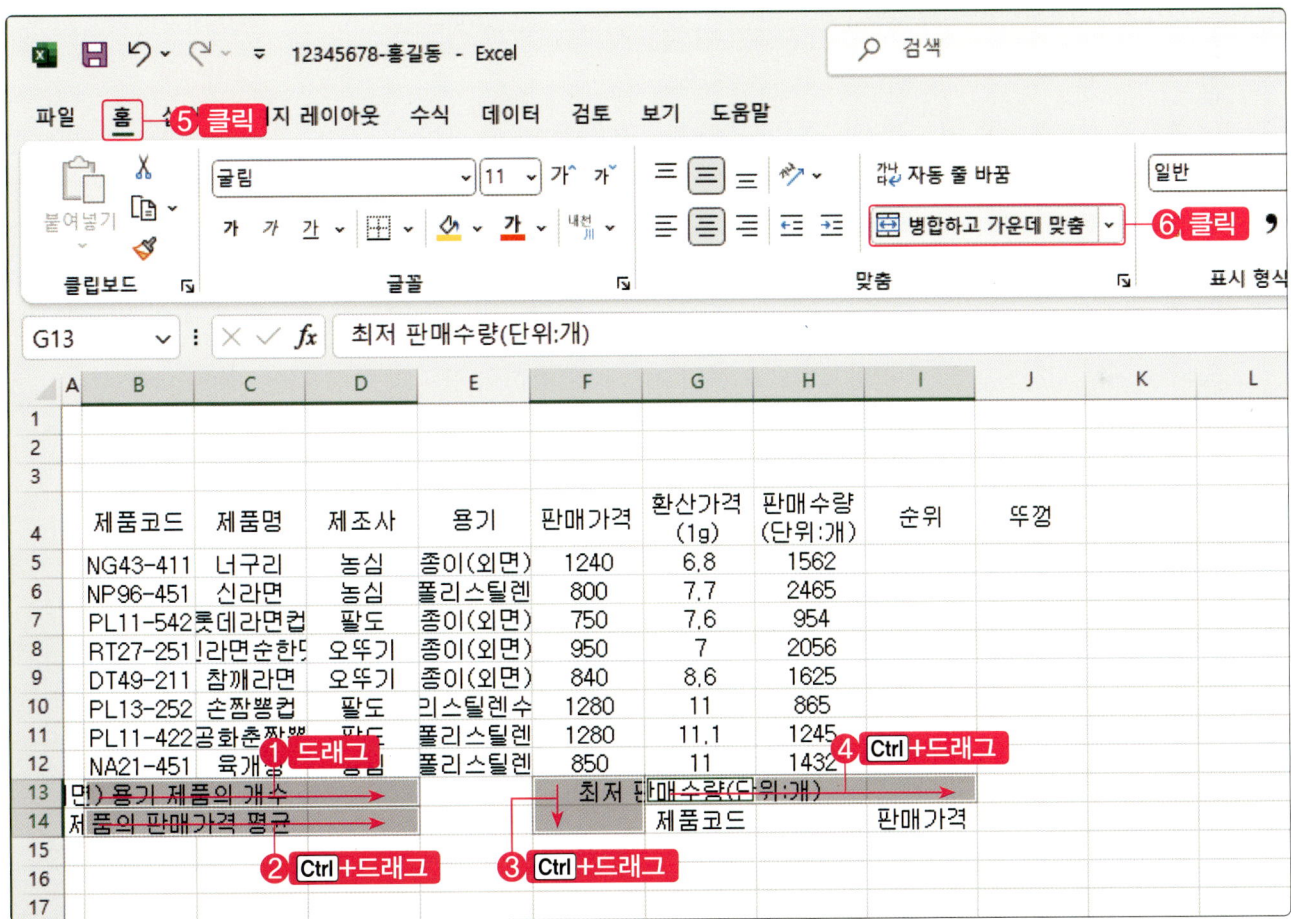

셀 서식은 셀과 데이터를 원하는 모양으로 변경할 수 있는 기능으로 글꼴 서식, 맞춤 서식, 테두리 서식, 채우기 서식, 표시 형식이 있습니다.

[제1작업] 표 서식 작성 및 값 계산 (240점)

☞ 다음은 '사원 실비보험 가입 현황'에 대한 자료이다. 자료를 입력하고 조건에 맞도록 작업하시오.

≪출력형태≫

		사원 실비보험 가입 현황					결재	담당	팀장	센터장

사원코드	사원명	생년월일	가입연수	구분	월 보험료 (단위:원)	자기부담금 (치료시)	근무지	나이
SK8-122	정은지	1982-04-12	14	단체	43,600	10,000	(1)	(2)
DP8-234	성희도	1979-03-16	7	가족	50,000	5,000	(1)	(2)
EP7-145	안영자	1984-01-07	8	가족	109,000	11,500	(1)	(2)
SP7-165	금희윤	1976-05-14	9	개인	26,000	10,000	(1)	(2)
DP7-221	박승호	1991-08-15	11	단체	57,000	5,000	(1)	(2)
EP8-145	정재량	1990-12-03	6	개인	82,000	5,000	(1)	(2)
DP6-288	이승아	1989-09-19	10	가족	32,000	12,000	(1)	(2)
EP6-137	김지호	1985-04-08	12	개인	25,000	10,000	(1)	(2)
월 보험료(단위:원) 최고 금액			(3)		단체 가입자 수			(5)
10년 이상된 가입자 수			(4)		사원코드	SK8-122	가입연수	(6)

≪조건≫

○ 모든 데이터의 서식에는 글꼴(굴림, 11pt), 정렬은 숫자 및 회계 서식은 오른쪽 정렬, 나머지 서식은 가운데 정렬로 작성하며 예외적인 것은 ≪출력형태≫를 참조하시오.
○ 제 목 ⇒ 도형(십자형)과 그림자(오프셋 오른쪽)를 이용하여 작성하고
 "사원 실비보험 가입 현황"을 입력한 후 다음 서식을 적용하시오
 (글꼴-굴림, 24pt, 검정, 굵게, 채우기-노랑).
○ 임의의 셀에 결재란을 작성하여 그림으로 복사 기능을 이용하여 붙이기 하시오(단, 원본 삭제).
○ 「B4:J4, G14, I14」 영역은 '주황'으로 채우기 하시오.
○ 유효성 검사를 이용하여 「H14」 셀에 사원코드(「B5:B12」 영역)가 선택 표시되도록 하시오.
○ 셀 서식 ⇒ 「H5:H12」 영역에 셀 서식을 이용하여 숫자 뒤에 '원'을 표시하시오(예 : 10,000원).
○ 「G5:G12」 영역에 대해 '보험료'로 이름정의를 하시오.

☞ (1)~(6) 셀은 반드시 **주어진 함수를 이용**하여 값을 구하시오(결과값을 직접 입력하면 해당 셀은 0점 처리됨).

(1) 근무지 ⇒ 사원코드의 첫 번째 글자가 S이면 '본부', D이면 '연수원', 그 외에는 '센터'로 구하시오.
 (IF, LEFT 함수).
(2) 나이 ⇒ 「현재 시스템의 연도-생년월일의 연도」로 구하시오(TODAY, YEAR 함수).
(3) 월 보험료(단위:원) 최고 금액 ⇒ 정의된 이름(보험료)을 이용하여 구하시오(MAX 함수).
(4) 10년 이상된 가입자 수 ⇒ 가입연수가 10 이상인 수를 구한 결과값 뒤에 '명'을 붙이오
 (COUNTIF 함수, & 연산자)(예 : 2명).
(5) 단체 가입자 수 ⇒ 조건은 입력 데이터를 이용하시오(DCOUNTA 함수).
(6) 가입연수 ⇒ 「H14」셀에서 선택한 사원코드에 대한 가입연수를 구하시오(VLOOKUP 함수).
(7) 조건부 서식의 수식을 이용하여 가입연수가 '10' 이상인 행 전체에 다음의 서식을 적용하시오
 (글꼴 : 파랑, 굵게).

STEP 02 열 너비 및 행 높이 지정하기

〔작성요령〕 모든 작업시트의 A열은 열 너비 '1'로, 나머지 열은 적당하게 조절하시오.

1 B열의 열 너비를 조절하기 위해 B열과 C열 머리글 사이에 **마우스 포인터를 위치**시킨 후 **더블클릭**합니다.

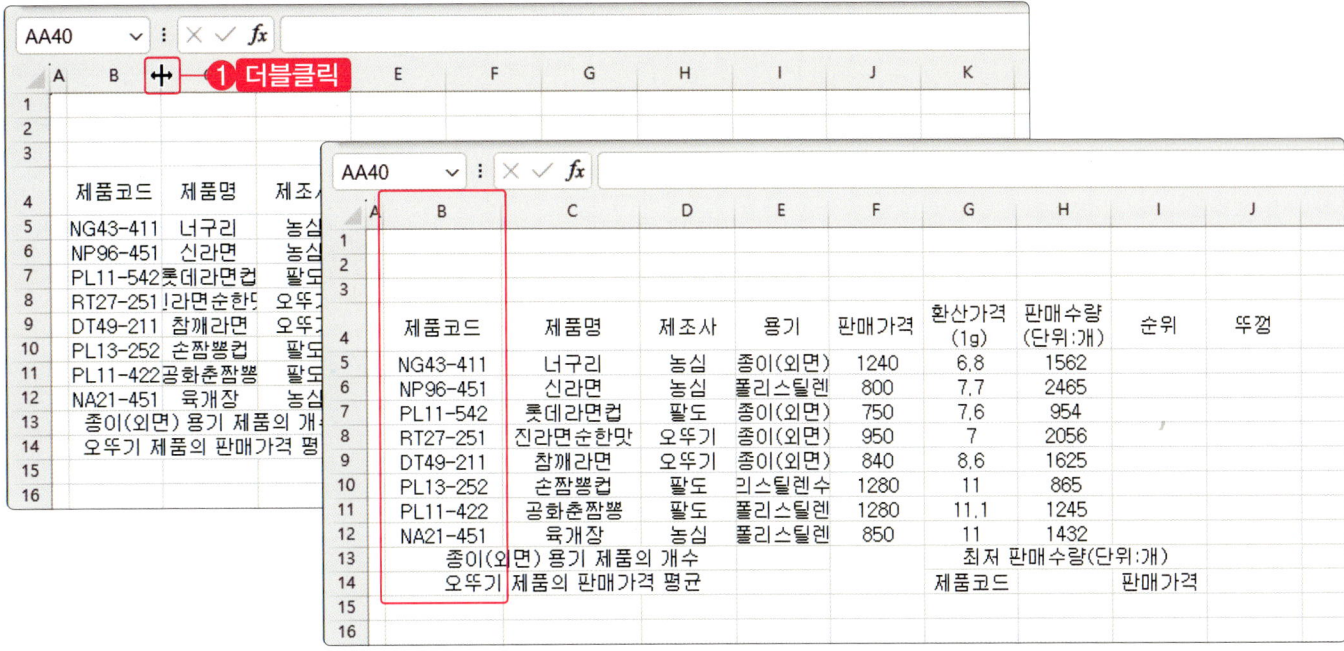

- 열의 너비는 ≪출력형태≫를 참고하여 조절합니다.
- 〔머리글〕 사이를 더블클릭하면 B열에 입력된 데이터 중 가장 긴 데이터의 길이에 맞추어 열 너비가 자동으로 조절됩니다.

2 같은 방법으로 ≪출력형태≫를 참고하여 **다른 열들의 열 너비를 조절**합니다.

- C:J 열 머리글을 드래그한 후 머리글 사이를 더블클릭하면 한 번에 열의 너비를 조절할 수 있습니다.
- 열의 너비는 ≪출력형태≫를 참고하여 조절합니다.

제14회 ITQ 실전모의문제

과목	코드	문제유형	시험시간	수험번호	성명
한글엑셀	1122	B	60분		

수험자 유의사항

- 수험자는 문제지를 받는 즉시 문제지와 <u>수험표상의 시험과목(프로그램)이 동일한지 반드시 확인</u>하여야 합니다.

- 파일명은 본인의 "수험번호-성명"으로 입력하여 답안폴더(내 PC₩문서₩ITQ)에 하나의 파일로 저장해야 하며, 답안문서 파일명이 "수험번호-성명"과 일치하지 않거나, 답안파일을 전송하지 않아 미제출로 처리될 경우 실격 처리합니다(예:12345678-홍길동.xlsx).

- 답안 작성을 마치면 파일을 저장하고, '답안 전송' 버튼을 선택하여 감독위원 PC로 답안을 전송하십시오. 수험생 정보와 저장한 파일명이 다를 경우 전송되지 않으므로 주의하시기 바랍니다.

- 답안 작성 중에도 <u>주기적으로 저장하고, '답안 전송'</u>하여야 문제 발생을 줄일 수 있습니다. 작업한 내용을 저장하지 않고 전송할 경우 이전에 저장된 내용이 전송되오니 이점 유의하시기 바랍니다.

- 답안문서는 지정된 경로 외의 다른 보조기억장치에 저장하는 경우, 지정된 시험 시간 외에 작성된 파일을 활용할 경우, 기타 통신수단(이메일, 메신저, 네트워크 등)을 이용하여 타인에게 전달 또는 외부 반출하는 경우는 부정 처리합니다.

- 시험 중 부주의 또는 고의로 시스템을 파손한 경우는 수험자가 변상해야 하며, 〈수험자 유의사항〉에 기재된 방법대로 이행하지 않아 생기는 불이익은 수험생 당사자의 책임임을 알려 드립니다.

- 문제의 조건은 MS오피스 2021 버전으로 설정되어 있으며 MS오피스 2016은 【 】에 표기되어 있습니다. 이와 관련하여 작성한 답안의 출력형태가 문제지와 다를 수 있습니다.

- 시험을 완료한 수험자는 답안파일이 전송되었는지 확인한 후 감독위원의 지시에 따라 문제지를 제출하고 퇴실합니다.

답안 작성요령

- 온라인 답안 작성 절차
  수험자 등록 ⇒ 시험 시작 ⇒ 답안파일 저장 ⇒ 답안 전송 ⇒ 시험 종료

- 문제는 총 4단계, 즉 제1작업부터 제4작업까지 구성되어 있으며 반드시 제1작업부터 순서대로 작성하고 조건대로 작업하시오.

- 모든 작업시트의 A열은 열 너비 '1'로, 나머지 열은 적당하게 조절하시오.

- 모든 작업시트의 테두리는 ≪출력형태≫와 같이 작업하시오.

- 해당 작업란에서는 각각 제시된 조건에 따라 ≪출력형태≫와 같이 작업하시오.

- 답안 시트 이름은 "제1작업", "제2작업", "제3작업", "제4작업"이어야 하며 답안 시트 이외의 것은 감점 처리됩니다.

- 각 시트를 파일로 나누어 작업해서 저장할 경우 실격 처리됩니다.

kpc 한국생산성본부

3 1:3행을 드래그하여 블록으로 설정한 후 행 머리글의 바로 가기 메뉴에서 [행 높이]를 클릭합니다.

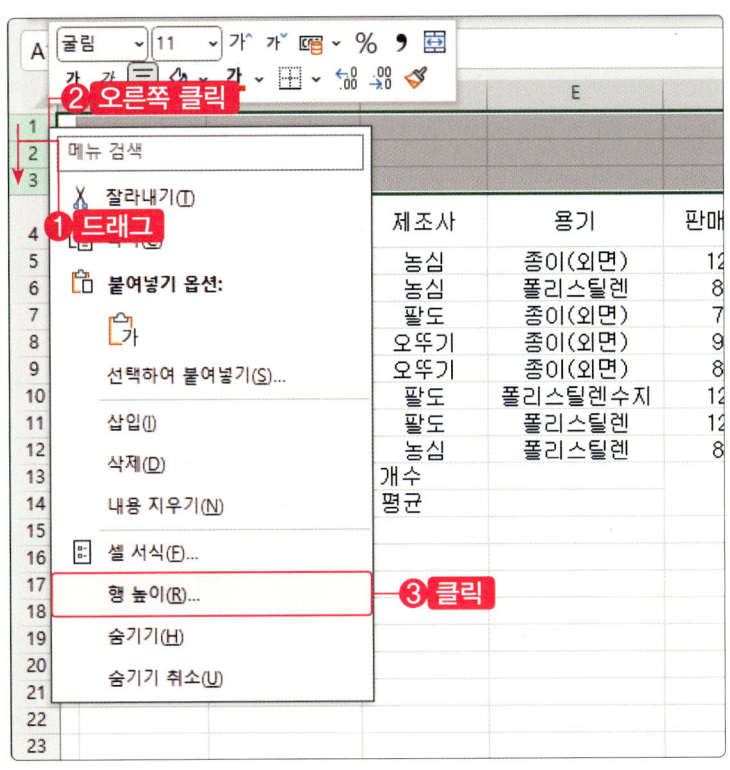

4 [행 높이] 대화상자가 나타나면 행 높이(23)를 입력한 후 [확인] 단추를 클릭합니다.

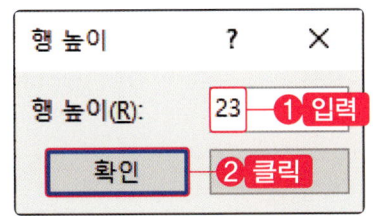

5 같은 방법으로 4행의 행 높이를 '35', 5:14행의 행 높이를 '21'로 지정합니다.

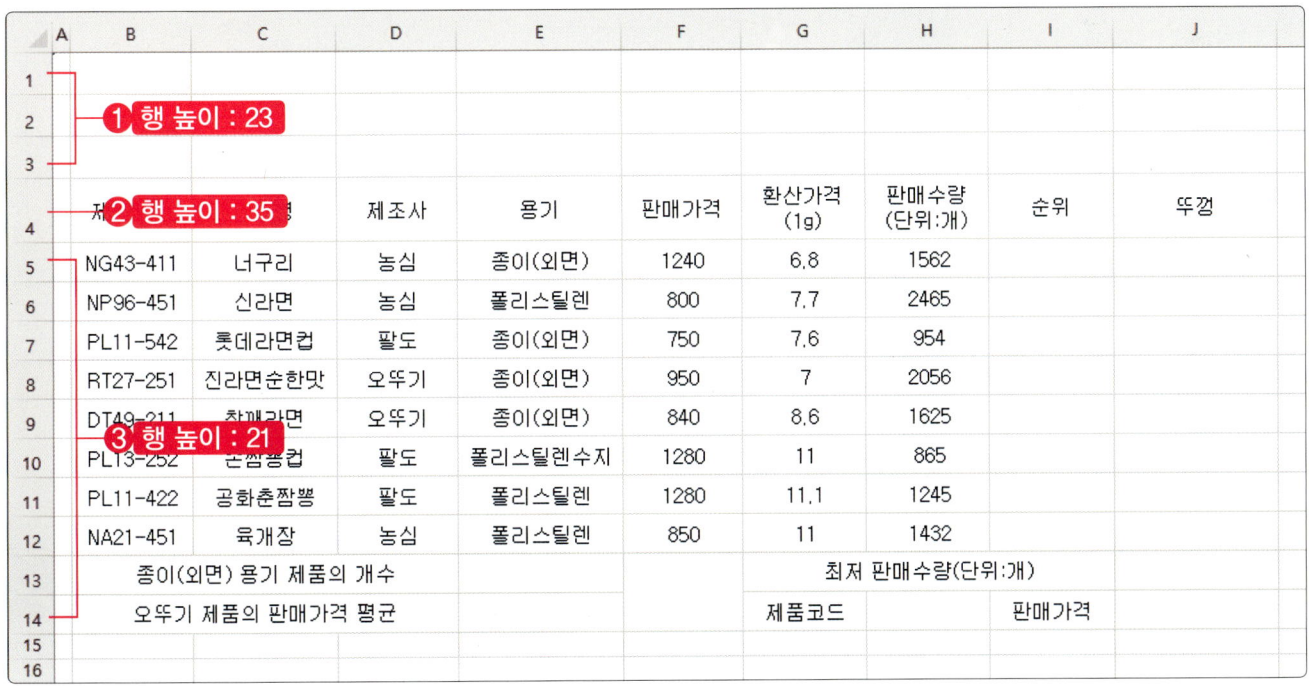

> 행의 높이는 별도의 조건이 없기 때문에 ≪출력형태≫를 참고하여 조절합니다.

[제4작업] 그래프 (100점)

☞ "제1작업" 시트를 이용하여 조건에 따라 ≪출력형태≫와 같이 작업하시오.

≪조건≫

(1) 차트 종류 ⇒ <묶은 세로 막대형>으로 작업하시오.
(2) 데이터 범위 ⇒ "제1작업" 시트의 내용을 이용하여 작업하시오.
(3) 위치 ⇒ "새 시트"로 이동하고, "제4작업"으로 시트 이름을 바꾸시오.
(4) 차트 디자인 도구 ⇒ 레이아웃 3, 스타일 1을 선택하여 ≪출력형태≫에 맞게 작업하시오.
(5) 영역 서식 ⇒ 차트 : 글꼴(굴림, 11pt), 채우기 효과(질감-파랑 박엽지)
　　　　　　　 그림 : 채우기(흰색, 배경1)
(6) 제목 서식 ⇒ 차트 제목 : 글꼴(굴림, 굵게, 20pt), 채우기(흰색, 배경1), 테두리
(7) 서식 ⇒ 메뉴수 계열의 차트 종류를 <표식이 있는 꺾은선형>으로 변경한 후 보조 축으로 지정하시오.
　　계열 : ≪출력형태≫를 참조하여 표식(세모, 크기 10)과 레이블 값을 표시하시오.
　　눈금선 : 선 스타일-파선
　　축 : ≪출력형태≫를 참조하시오.
(8) 범례 ⇒ 범례명을 변경하고 ≪출력형태≫를 참조하시오.
(9) 도형 ⇒ '모서리가 둥근 사각형 설명선'을 삽입한 후 ≪출력형태≫와 같이 내용을 입력하시오.
(10) 나머지 사항은 ≪출력형태≫에 맞게 작성하시오.

≪출력형태≫

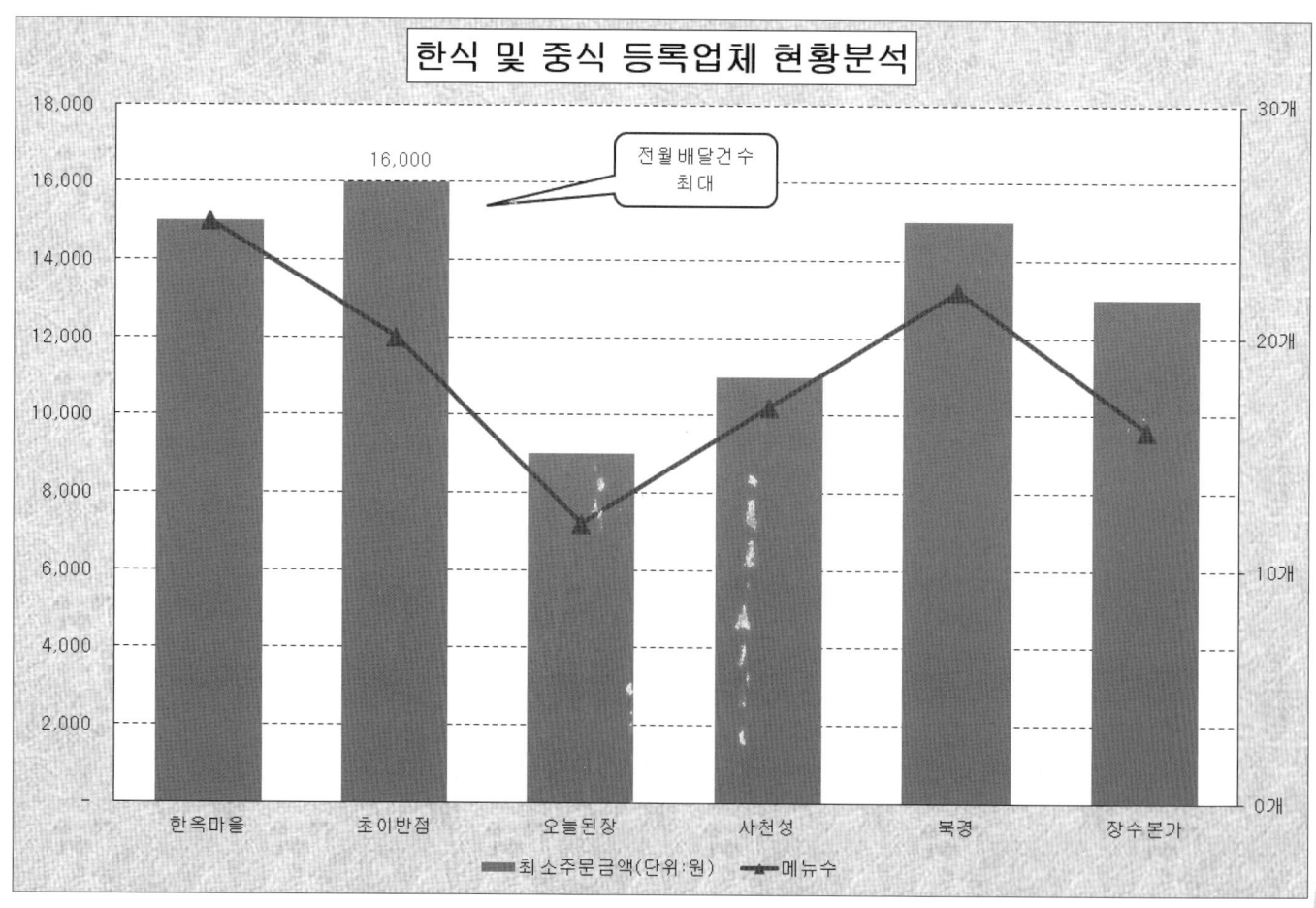

주의 ☞ 시트명 순서가 차례대로 "제1작업", "제2작업", "제3작업", "제4작업"이 되도록 할 것.

STEP 03 셀 테두리 지정하기

[작성요령] • 모든 작업시트의 테두리는 ≪출력형태≫와 같이 작업하시오.

1 테두리 서식을 지정하기 위해 **B4:J14셀 범위를 선택**한 후 [홈] 탭-[글꼴] 그룹에서 [**추가 옵션(⌐)**]을 **클릭**합니다.

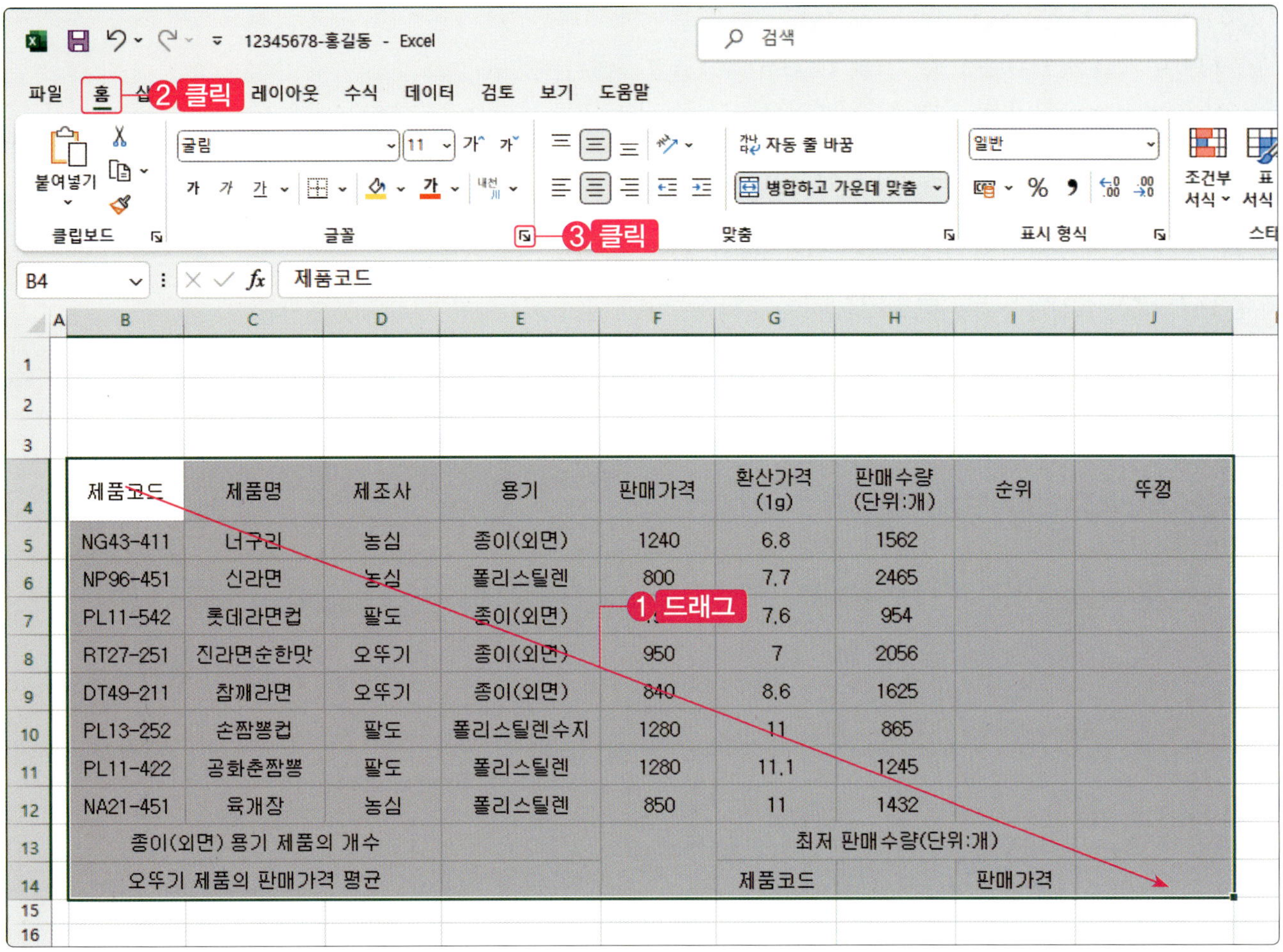

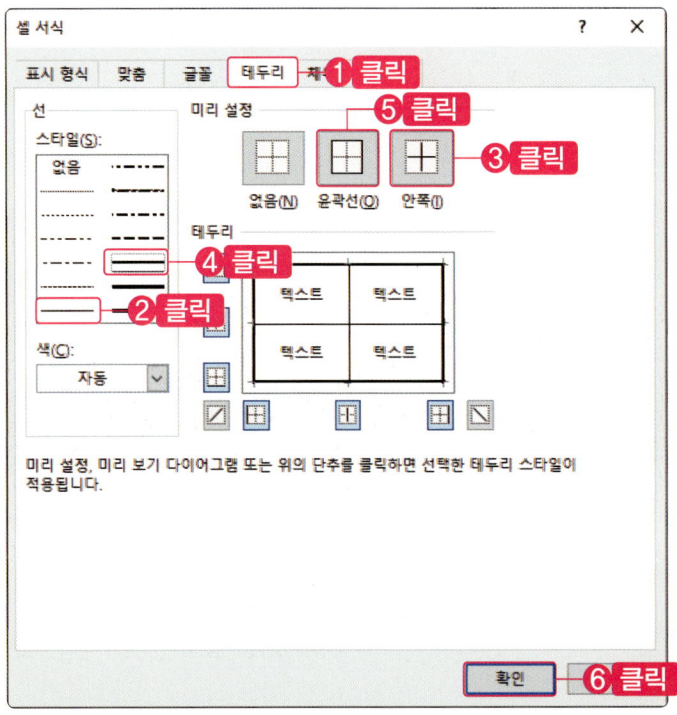

2 [셀 서식] 대화상자의 [글꼴] 탭이 나타나면 [**테두리**] **탭을 클릭**한 후 **선 스타일(━)을 선택**한 다음 [**안쪽(⊞)**]을 **클릭**합니다. 그런 다음 다시 **선 스타일(━)을 선택**한 후 [**윤곽선(⊞)**]을 **클릭**한 다음 [**확인**] 단추를 **클릭**합니다.

[제2작업] 필터 및 서식 (80점)

☞ "제1작업" 시트의 「B4:H12」영역을 복사하여 "제2작업" 시트의 「B2」셀부터 모두 붙여넣기를 한 후 다음의 조건과 같이 작업하시오.

≪조건≫

(1) 고급필터 - 분류가 '서양식'이거나 등록일이 '2021-09-01' 전인(해당일 미포함) 자료의 코드번호, 업체명, 메뉴수, 전월배달건수 데이터만 추출하시오.
- 조건 범위 : 「B14」 셀부터 입력하시오.
- 복사 위치 : 「B18」 셀부터 나타나도록 하시오.

(2) 표 서식 - 고급필터의 결과셀을 채우기 없음으로 설정한 후 '표 스타일 보통 7'의 서식을 적용하시오.
- 머리글 행, 줄무늬 행을 적용하시오.

[제3작업] 피벗 테이블 (80점)

☞ "제1작업" 시트를 이용하여 "제3작업" 시트에 조건에 따라 ≪출력형태≫와 같이 작업하시오.

≪조건≫

(1) 메뉴수 및 분류별 업체명의 개수와 최소주문금액(단위:원)의 평균을 구하시오.
(2) 메뉴수를 그룹화하고, 분류를 ≪출력형태≫와 같이 정렬하시오.
(3) 레이블이 있는 셀 병합 및 가운데 맞춤 적용 및 빈 셀은 '***'로 표시하시오.
(4) 행의 총합계는 지우고, 나머지 사항은 ≪출력형태≫에 맞게 작성하시오.

≪출력형태≫

	분류	한식		중식		서양식	
메뉴수	개수 : 업체명	평균 : 최소주문금액(단위:원)	개수 : 업체명	평균 : 최소주문금액(단위:원)	개수 : 업체명	평균 : 최소주문금액(단위:원)
1-10	***	***	***	***	1	9,900
11-20	2	11,000	2	13,500	1	15,000
21-30	1	15,000	1	15,000	***	***
총합계	3	12,333	3	14,000	2	12,450

3 B4:J4셀 범위와 B12:J12셀 범위를 선택한 후 〔홈〕 탭-〔글꼴〕 그룹에서 〔추가 옵션(⤢)〕을 클릭합니다.

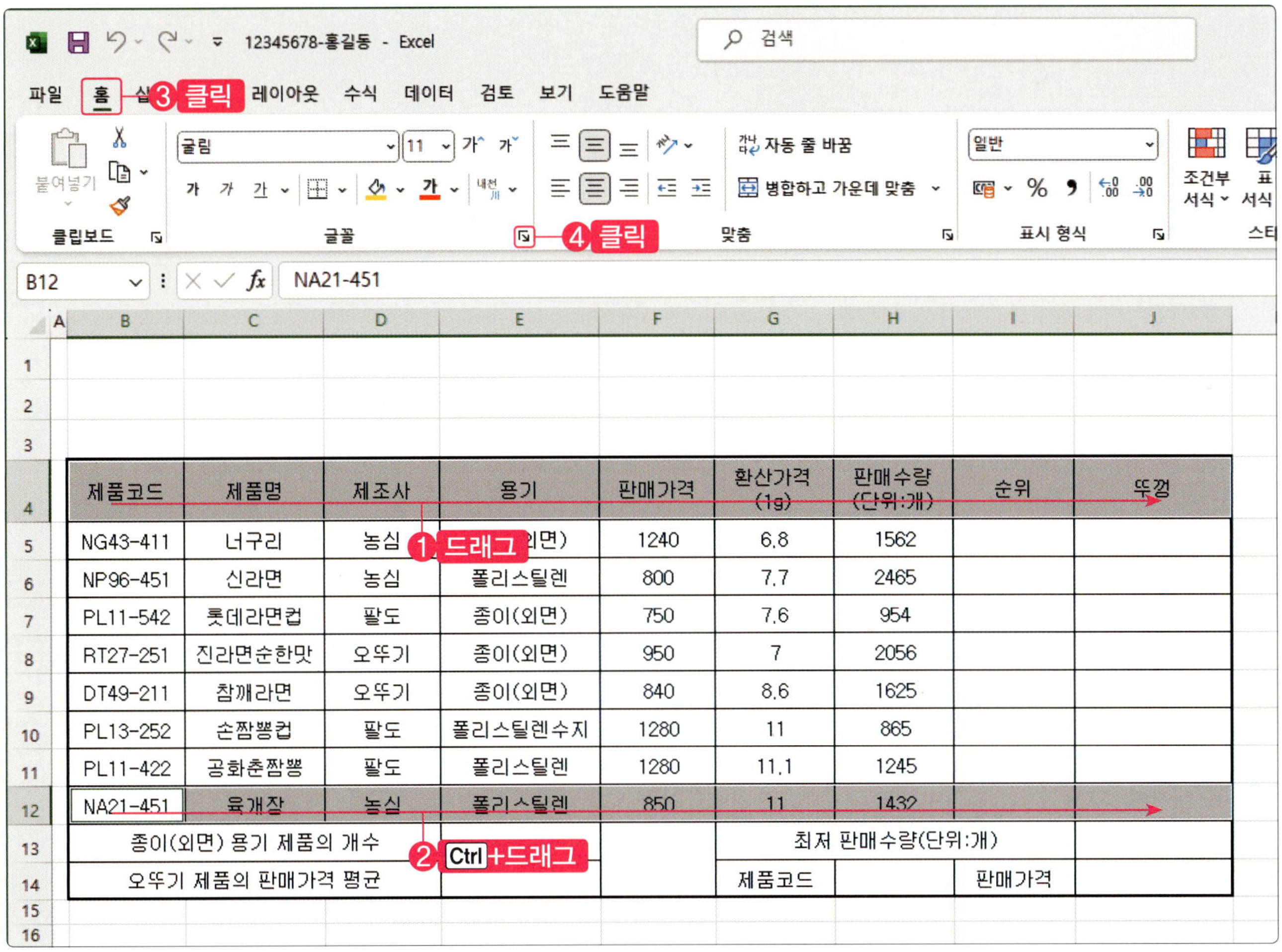

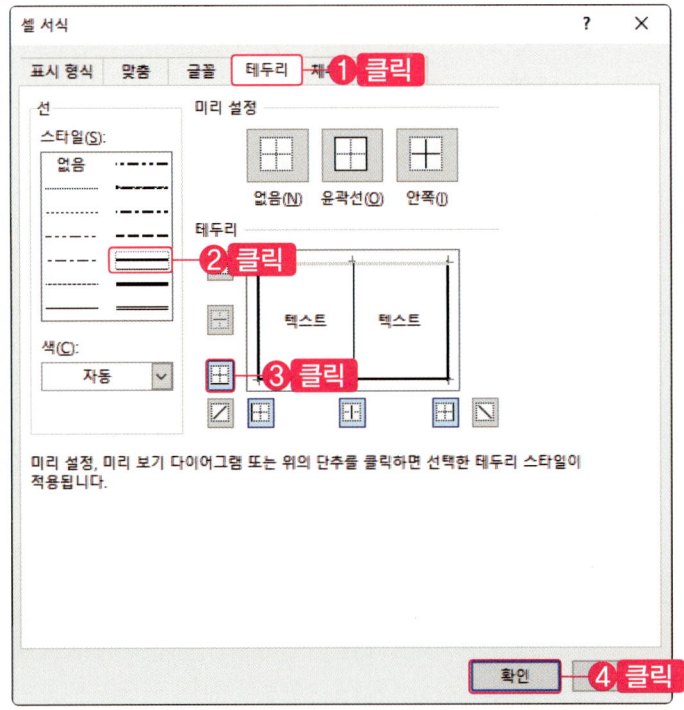

4 〔셀 서식〕 대화상자의 〔글꼴〕 탭이 나타나면 〔테두리〕 탭을 클릭한 후 선 스타일(─)을 선택한 다음 〔아래쪽(⊞)〕을 클릭한 다음 〔확인〕 단추를 클릭합니다.

[제1작업] 표 서식 작성 및 값 계산 (240점)

☞ 다음은 '미래 배달앱 등록업체 관리 현황'에 대한 자료이다. 자료를 입력하고 조건에 맞도록 작업하시오.

≪출력형태≫

코드번호	업체명	분류	등록일	메뉴수	최소주문금액 (단위:원)	전월배달건수	최소 배달비	등급
KA1-001	한옥마을	한식	2022-03-10	25	15,000	295	(1)	(2)
CH2-001	초이반점	중식	2020-12-20	20	16,000	422	(1)	(2)
WE2-001	영파스타	서양식	2021-10-10	15	15,000	198	(1)	(2)
KA3-002	오늘된장	한식	2022-05-20	12	9,000	343	(1)	(2)
CH3-002	사천성	중식	2021-08-10	17	11,000	385	(1)	(2)
CH1-003	북경	중식	2021-11-20	22	15,000	225	(1)	(2)
WE1-002	버텍스	서양식	2022-02-10	9	9,900	398	(1)	(2)
KA2-003	장수본가	한식	2022-01-20	16	13,000	415	(1)	(2)
한식 업체 개수			(3)		최소 메뉴수			(5)
한식 전월배달건수 합계			(4)		코드번호	KA1-001	전월배달건수	(6)

제목 상단: 결재 / 팀장 / 부장 / 사장

≪조건≫

○ 모든 데이터의 서식에는 글꼴(굴림, 11pt), 정렬은 숫자 및 회계 서식은 오른쪽 정렬, 나머지 서식은 가운데 정렬로 작성하며 예외적인 것은 ≪출력형태≫를 참조하시오.
○ 제　목 ⇒ 도형(사다리꼴)과 그림자(오프셋 오른쪽)를 이용하여 작성하고
　　　　　　"미래 배달앱 등록업체 관리 현황"을 입력한 후 다음 서식을 적용하시오
　　　　　　(글꼴-굴림, 24pt, 검정, 굵게, 채우기-노랑).
○ 임의의 셀에 결재란을 작성하여 그림으로 복사 기능을 이용하여 붙이기 하시오(단, 원본 삭제).
○ 「B4:J4, G14, I14」 영역은 '주황'으로 채우기 하시오.
○ 유효성 검사를 이용하여 「H14」 셀에 코드번호(「B5:B12」 영역)가 선택 표시되도록 하시오.
○ 셀 서식 ⇒ 「F5:F12」 영역에 셀 서식을 이용하여 숫자 뒤에 '개'를 표시하시오(예 : 25개).
○ 「F5:F12」 영역에 대해 '메뉴수'로 이름정의를 하시오.

☞ (1)~(6) 셀은 반드시 **주어진 함수를 이용**하여 값을 구하시오(결과값을 직접 입력하면 해당 셀은 0점 처리됨).

(1) 최소배달비 ⇒ 코드번호 세 번째 값이 1이면 '2,000', 2이면 '1,000', 3이면 '0'으로 구하시오
　　　　　　　　(CHOOSE, MID 함수).
(2) 등급 ⇒ 메뉴수가 15 이상이고, 전월배달건수가 300 이상이면 'A', 그 외에는 'B'로 구하시오
　　　　　(IF, AND 함수).
(3) 한식 업체 개수 ⇒ 결과값에 '개'를 붙이시오(COUNTIF 함수, & 연산자)(예 : 1개).
(4) 한식 전월배달건수 합계 ⇒ 조건은 입력 데이터를 이용하시오(DSUM 함수).
(5) 최소 메뉴수 ⇒ 정의된 이름(메뉴수)을 이용하여 구하시오(MIN 함수).
(6) 전월배달건수 ⇒ 「H14」 셀에서 선택한 코드번호에 대한 전월배달건수를 구하시오(VLOOKUP 함수).
(7) 조건부 서식의 수식을 이용하여 전월배달건수가 '300' 미만인 행 전체에 다음의 서식을 적용하시오
　　(글꼴 : 파랑, 굵게).

5 F13셀을 선택한 후 [홈] 탭-[글꼴] 그룹에서 [추가 옵션(⌐)]을 클릭합니다.

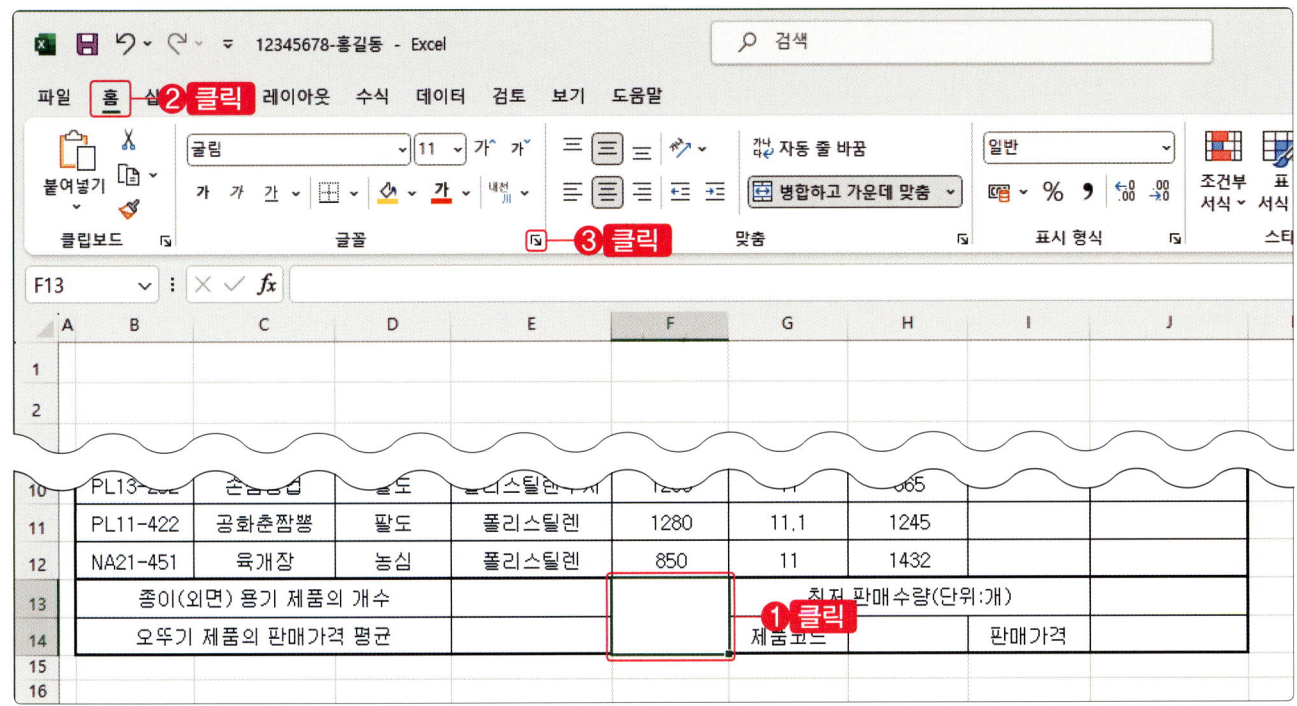

6 [셀 서식] 대화상자의 [글꼴] 탭이 나타나면 [테두리] 탭을 클릭한 후 **선 스타일(―)** 을 선택한 다음 ◪와 ◪를 클릭하고 [확인] 단추를 클릭합니다.

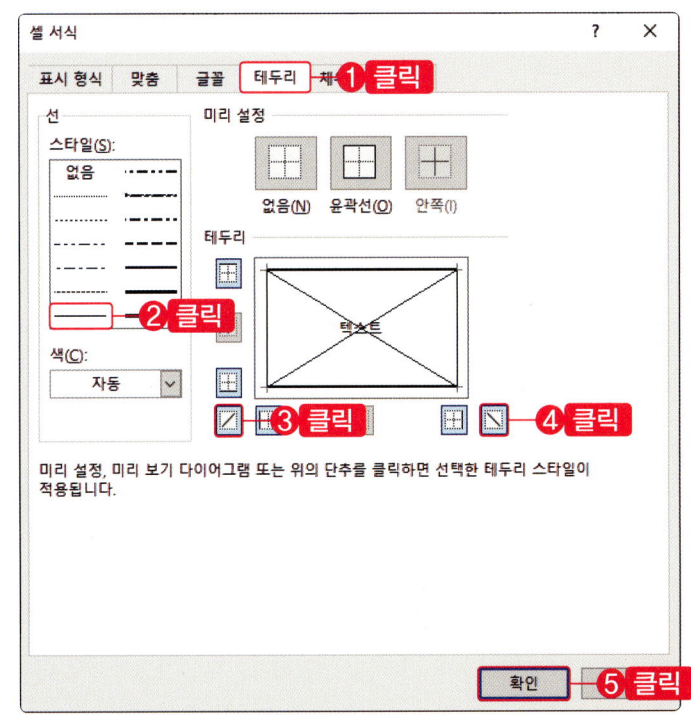

7 다음과 같이 대각선 셀 테두리가 지정됩니다.

7	PL11-542	롯데라면컵	팔도	종이(외면)	750	7.6	954	
8	RT27-251	진라면순한맛	오뚜기	종이(외면)	950	7	2056	
9	DT49-211	참깨라면	오뚜기	종이(외면)	840	8.6	1625	
10	PL13-252	손짬뽕컵	팔도	폴리스틸렌수지	1280	11	865	
11	PL11-422	공화춘짬뽕	팔도	폴리스틸렌	1280	11.1	1245	
12	NA21-451	육개장	농심	폴리스틸렌	850	11	1432	
13	종이(외면) 용기 제품의 개수				⊠		최저 판매수량(단위:개)	
14	오뚜기 제품의 판매가격 평균						제품코드	판매가격
15								
16								

제13회 ITQ 실전모의문제

과목	코드	문제유형	시험시간	수험번호	성명
한글엑셀	1122	A	60분		

수험자 유의사항

- 수험자는 문제지를 받는 즉시 문제지와 수험표상의 시험과목(프로그램)이 동일한지 반드시 확인하여야 합니다.

- 파일명은 본인의 "수험번호-성명"으로 입력하여 답안폴더(내 PC₩문서₩ITQ)에 하나의 파일로 저장해야 하며, 답안문서 파일명이 "수험번호-성명"과 일치하지 않거나, 답안파일을 전송하지 않아 미제출로 처리될 경우 실격 처리합니다(예:12345678-홍길동.xlsx).

- 답안 작성을 마치면 파일을 저장하고, '답안 전송' 버튼을 선택하여 감독위원 PC로 답안을 전송하십시오. 수험생 정보와 저장한 파일명이 다를 경우 전송되지 않으므로 주의하시기 바랍니다.

- 답안 작성 중에도 주기적으로 저장하고, '답안 전송'하여야 문제 발생을 줄일 수 있습니다. 작업한 내용을 저장하지 않고 전송할 경우 이전에 저장된 내용이 전송되오니 이점 유의하시기 바랍니다.

- 답안문서는 지정된 경로 외의 다른 보조기억장치에 저장하는 경우, 지정된 시험 시간 외에 작성된 파일을 활용할 경우, 기타 통신수단(이메일, 메신저, 네트워크 등)을 이용하여 타인에게 전달 또는 외부 반출하는 경우는 부정 처리합니다.

- 시험 중 부주의 또는 고의로 시스템을 파손한 경우는 수험자가 변상해야 하며, 〈수험자 유의사항〉에 기재된 방법대로 이행하지 않아 생기는 불이익은 수험생 당사자의 책임임을 알려 드립니다.

- 문제의 조건은 MS오피스 2021 버전으로 설정되어 있으며 MS오피스 2016은 【 】에 표기되어 있습니다. 이와 관련하여 작성한 답안의 출력형태가 문제지와 다를 수 있습니다.

- 시험을 완료한 수험자는 답안파일이 전송되었는지 확인한 후 감독위원의 지시에 따라 문제지를 제출하고 퇴실합니다.

답안 작성요령

- 온라인 답안 작성 절차
  수험자 등록 ⇒ 시험 시작 ⇒ 답안파일 저장 ⇒ 답안 전송 ⇒ 시험 종료

- 문제는 총 4단계, 즉 제1작업부터 제4작업까지 구성되어 있으며 반드시 제1작업부터 순서대로 작성하고 조건대로 작업하시오.

- 모든 작업시트의 A열은 열 너비 '1'로, 나머지 열은 적당하게 조절하시오.

- 모든 작업시트의 테두리는 ≪출력형태≫와 같이 작업하시오.

- 해당 작업란에서는 각각 제시된 조건에 따라 ≪출력형태≫와 같이 작업하시오.

- 답안 시트 이름은 "제1작업", "제2작업", "제3작업", "제4작업"이어야 하며 답안 시트 이외의 것은 감점 처리됩니다.

- 각 시트를 파일로 나누어 작업해서 저장할 경우 실격 처리됩니다.

kpc 한국생산성본부

STEP 04 셀 서식 지정하기

〈조건〉
- 「B4:J4, G14, I14」 영역은 '주황'으로 채우기 하시오.
- 셀 서식 ⇒ 「F5:F12」영역에 셀 서식을 이용하여 숫자 뒤에 '원'을 표시하시오(예 : 1,240원).

1 채우기 서식을 지정하기 위해 **B4:J4셀 범위, G14셀, I14셀을 선택**한 후 [홈] 탭-[글꼴] 그룹에서 [채우기 색]의 [목록(▼)] 단추를 클릭한 다음 [주황]을 클릭합니다.

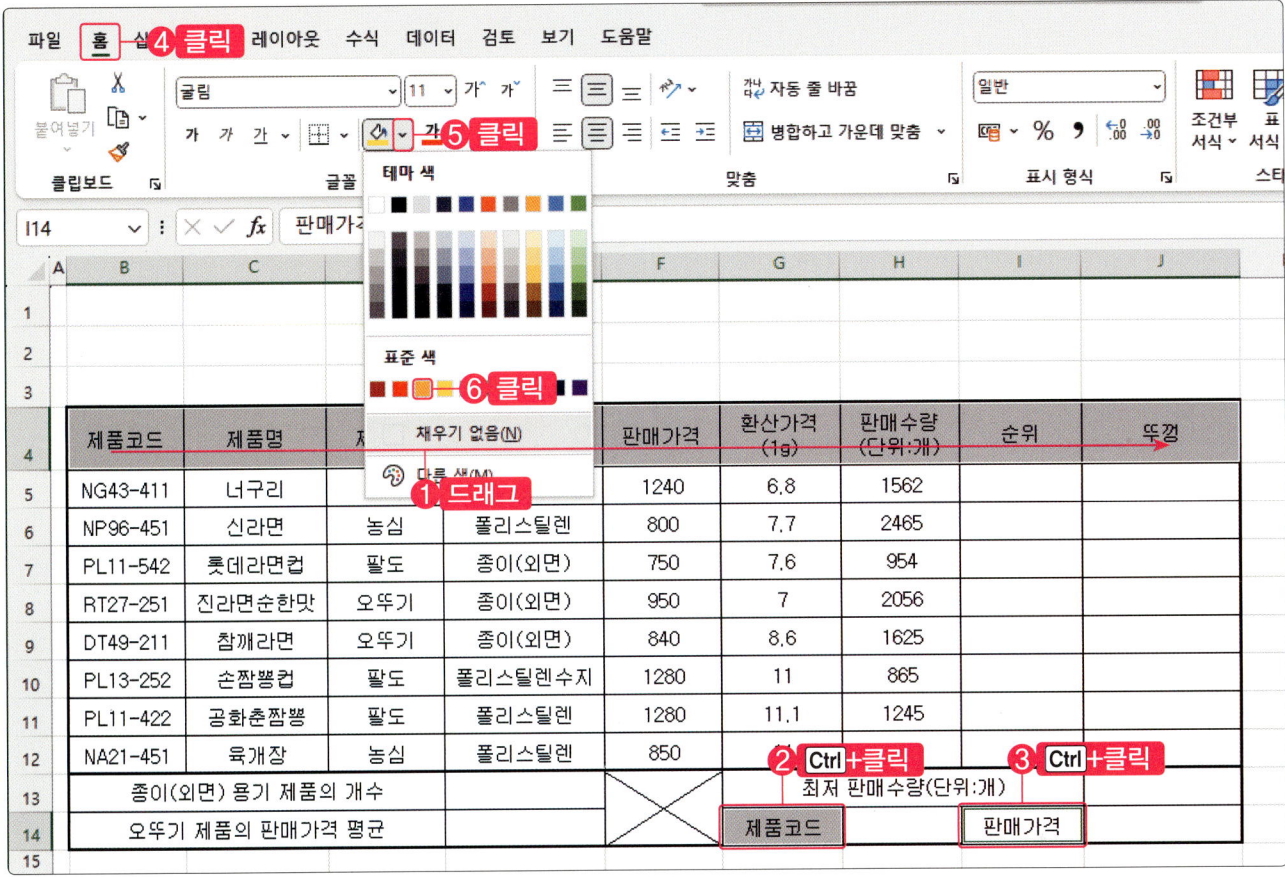

2 표시 형식을 지정하기 위해 **G5:G12셀 범위를 선택**한 후 [홈] 탭-[표시 형식] 그룹에서 [**추가 옵션(▫)**]을 클릭합니다.

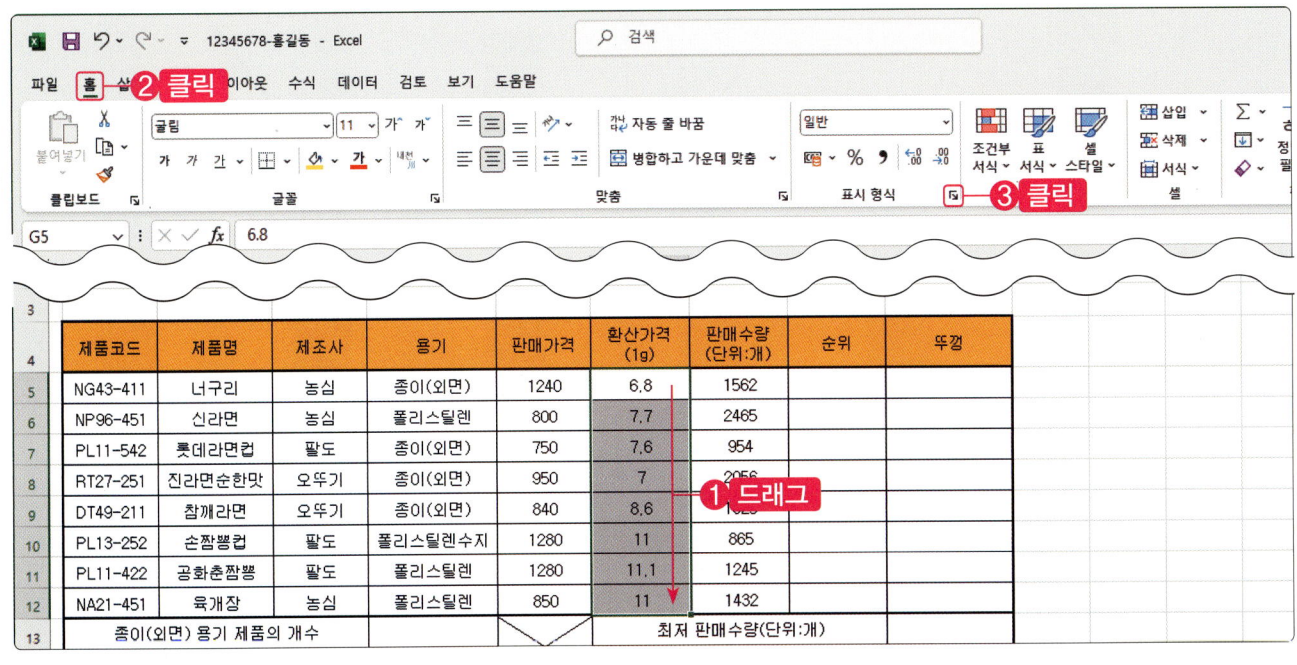

[제4작업] 그래프 (100점)

☞ "제1작업" 시트를 이용하여 조건에 따라 ≪출력형태≫와 같이 작업하시오.

≪조건≫

(1) 차트 종류 ⇒ <묶은 세로 막대형>으로 작업하시오.
(2) 데이터 범위 ⇒ "제1작업" 시트의 내용을 이용하여 작업하시오.
(3) 위치 ⇒ "새 시트"로 이동하고, "제4작업"으로 시트 이름을 바꾸시오.
(4) 차트 디자인 도구 ⇒ 레이아웃 3, 스타일 1을 선택하여 ≪출력형태≫에 맞게 작업하시오.
(5) 영역 서식 ⇒ 차트 : 글꼴(굴림, 11pt), 채우기 효과(질감-분홍 박엽지)
　　　　　　　　그림 : 채우기(흰색, 배경1)
(6) 제목 서식 ⇒ 차트 제목 : 글꼴(굴림, 굵게, 20pt), 채우기(흰색, 배경1), 테두리
(7) 서식 ⇒ 출발인원 계열의 차트 종류를 <표식이 있는 꺾은선형>으로 변경한 후 보조 축으로 지정하시오.
　　계열 : ≪출력형태≫를 참조하여 표식(마름모, 크기 10)과 레이블 값을 표시하시오.
　　눈금선 : 선 스타일-파선
　　축 : ≪출력형태≫를 참조하시오.
(8) 범례 ⇒ 범례명을 변경하고 ≪출력형태≫를 참조하시오.
(9) 도형 ⇒ '모서리가 둥근 사각형 설명선'을 삽입한 후 ≪출력형태≫와 같이 내용을 입력하시오.
(10) 나머지 사항은 ≪출력형태≫에 맞게 작성하시오.

≪출력형태≫

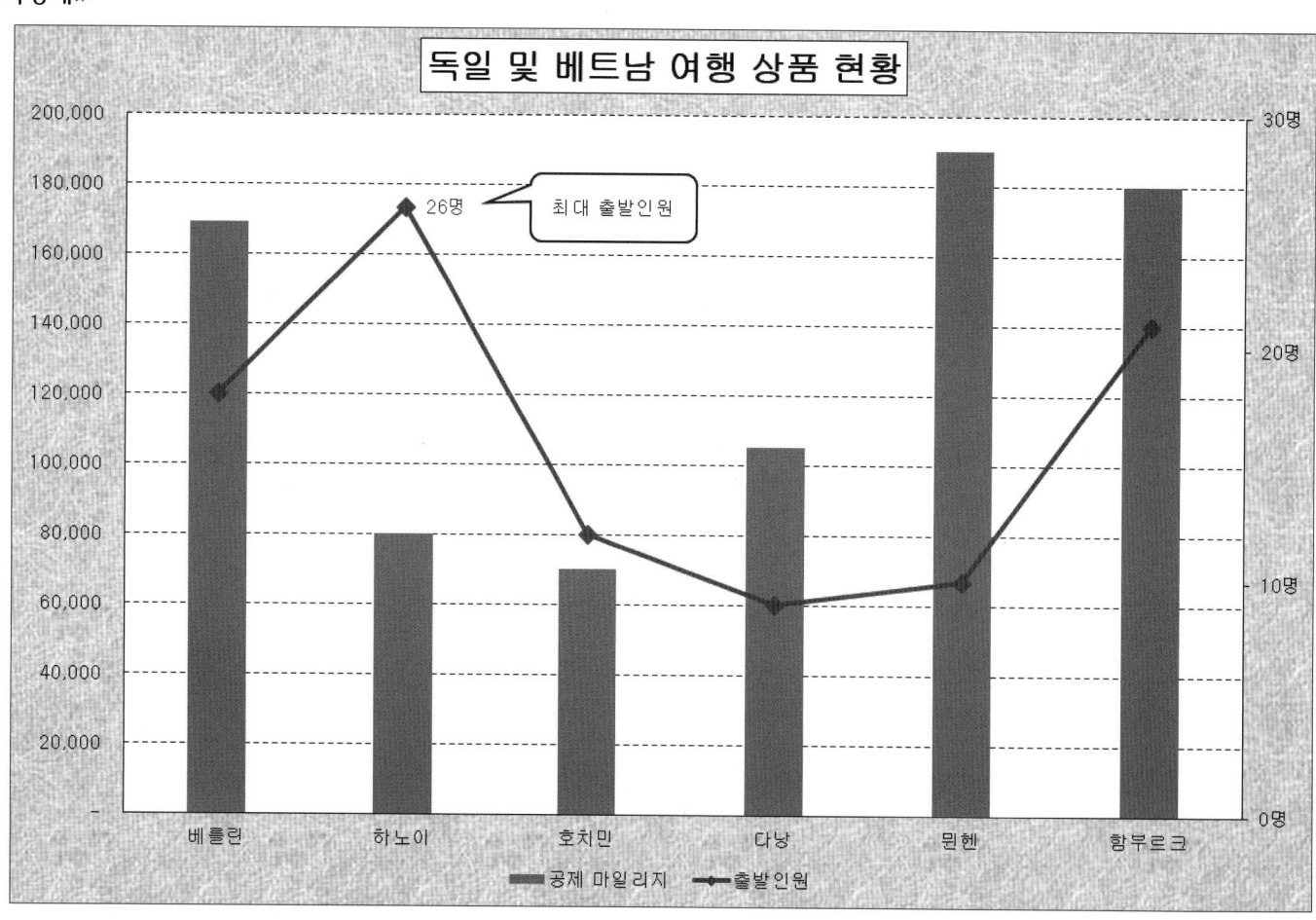

주의 ☞ 시트명 순서가 차례대로 "제1작업", "제2작업", "제3작업", "제4작업"이 되도록 할 것.

〈조건〉 ◦ 셀 서식 ⇒ 「F5:F12」영역에 셀 서식을 이용하여 숫자 뒤에 '원'을 표시하시오(예 : 1,240원).

3 〔셀 서식〕 대화상자의 〔표시 형식〕 탭이 나타나면 **범주(숫자)를 선택**한 후 **소수 자릿수(1)를 지정**한 다음 〔확인〕 단추를 클릭합니다.

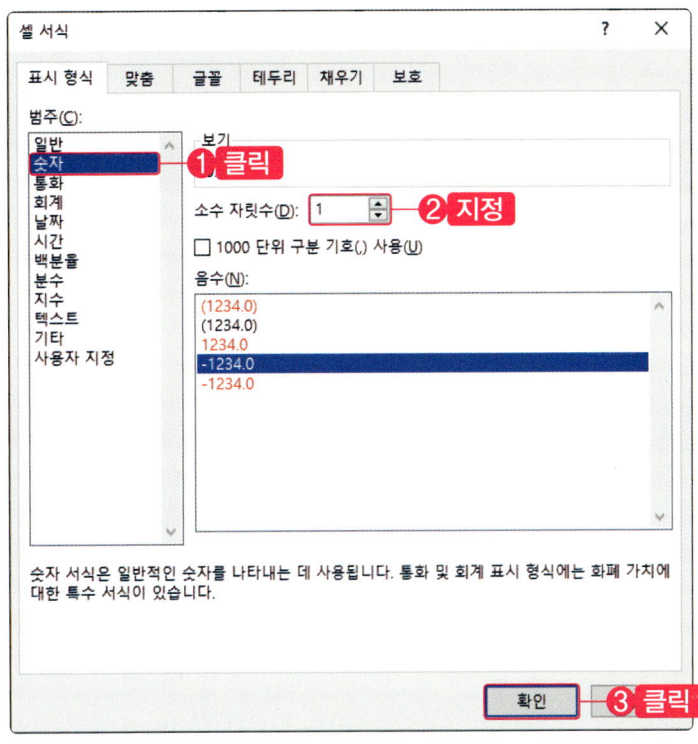

4 표시 형식을 지정하기 위해 **F5:F12셀 범위와 H5:H12셀 범위를 선택**한 후 〔홈〕 탭-〔표시 형식〕 그룹에서 〔**쉼표 스타일(,)**〕을 클릭합니다.

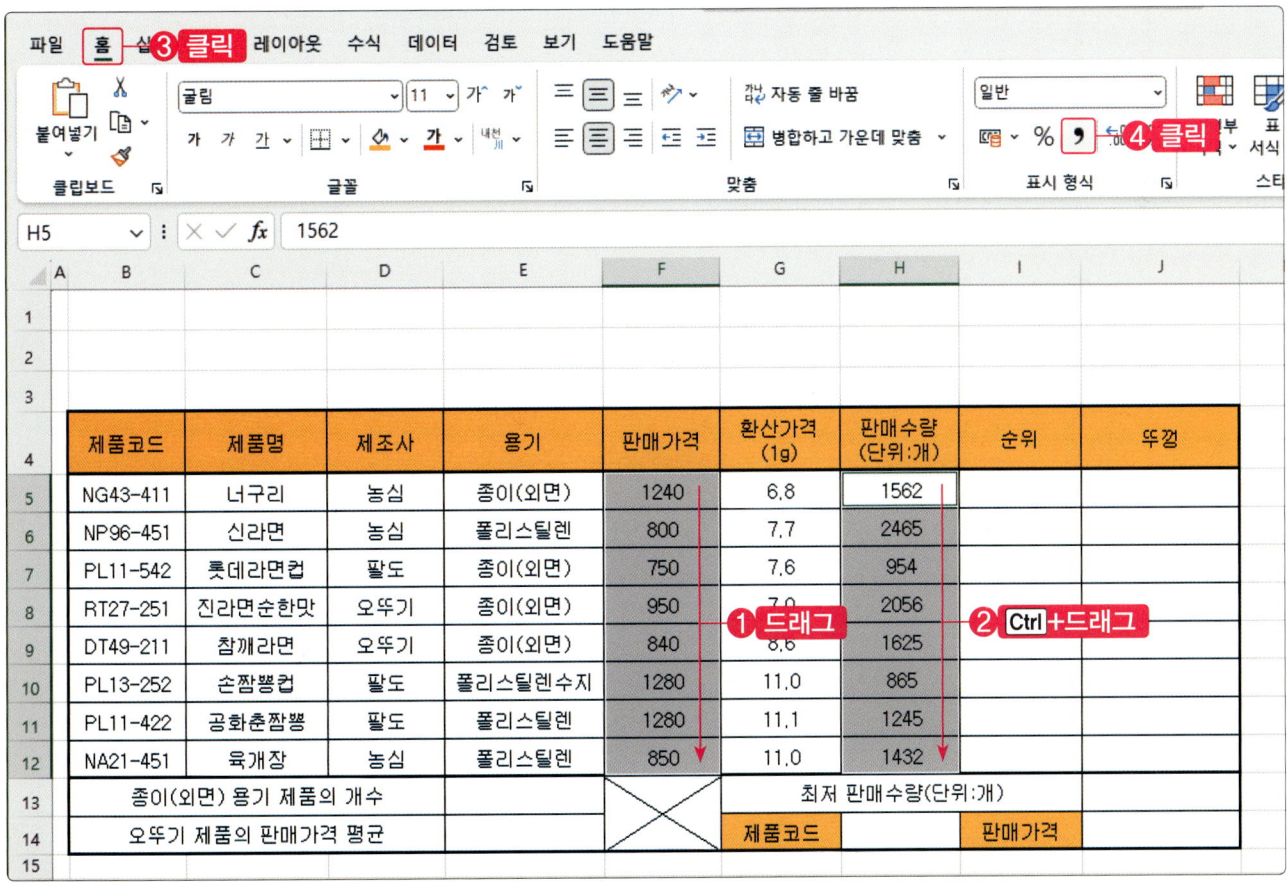

〔쉼표 스타일(,)〕은 천 단위 구분 기호(,)를 사용하여 셀 값을 표시합니다.

[제2작업] 목표값 찾기 및 필터 (80점)

☞ "제1작업" 시트의 「B4:H12」영역을 복사하여 "제2작업" 시트의 「B2」셀부터 모두 붙여넣기를 한 후 다음의 조건과 같이 작업하시오.

≪조건≫

(1) 목표값 찾기 - 「B11:G11」 셀을 병합하고 가운데 맞춤한 후 "출발인원 전체평균"을 입력하고, 「H11」 셀에 출발인원의 전체평균을 구하시오. 단, 조건은 입력데이터를 이용하시오 (AVERAGE 함수, 테두리).
- '출발인원 전체평균'이 '20'이 되려면 베를린의 출발인원이 얼마가 되어야 하는지 목표값을 구하시오.

(2) 고급필터 - 상품코드가 'F'로 시작하거나 공제 마일리지가 '100,000' 이하인 자료의 여행지, 일정(일), 출발인원, 공제 마일리지 데이터만 추출하시오.
- 조건 범위 : 「B14」 셀부터 입력하시오.
- 복사 위치 : 「B18」 셀부터 나타나도록 하시오.

[제3작업] 정렬 및 부분합 (80점)

☞ "제1작업" 시트의 「B4:H12」영역을 복사하여 "제3작업" 시트의 「B2」셀부터 모두 붙여넣기를 한 후 다음의 조건과 같이 작업하시오.

≪조건≫

(1) 부분합 - ≪출력형태≫처럼 정렬하고, 여행지의 개수와 출발인원의 평균을 구하시오.
(2) 개요【윤곽】 - 지우시오.
(3) 나머지 사항은 ≪출력형태≫에 맞게 작성하시오.

≪출력형태≫

	B	C	D	E	F	G	H
1							
2	상품코드	여행지	국가	항공사	일정(일)	출발인원	공제 마일리지
3	HA-355	하노이	베트남	블루항공	5	26명	80,000
4	HE-342	호치민	베트남	그린항공	6	12명	70,000
5	PA-767	다낭	베트남	하나항공	4	9명	105,000
6			베트남 평균			16명	
7		3	베트남 개수				
8	FA-516	뉴욕	미국	하나항공	8	32명	155,000
9	FR-648	보스턴	미국	그린항공	5	27명	125,000
10			미국 평균			30명	
11		2	미국 개수				
12	KE-874	베를린	독일	하나항공	7	18명	169,000
13	HA-942	뮌헨	독일	블루항공	7	10명	190,000
14	LE-621	함부르크	독일	블루항공	3	21명	180,000
15			독일 평균			16명	
16		3	독일 개수				
17			전체 평균			19명	
18		8	전체 개수				

<조건> ◦ 셀 서식 ⇒ 「F5:F12」영역에 셀 서식을 이용하여 숫자 뒤에 '원'을 표시하시오(예 : 1,240원).

5 F5:F12셀 범위를 선택한 후 [홈] 탭-[표시 형식] 그룹에서 [추가 옵션(⤡)]을 클릭합니다.

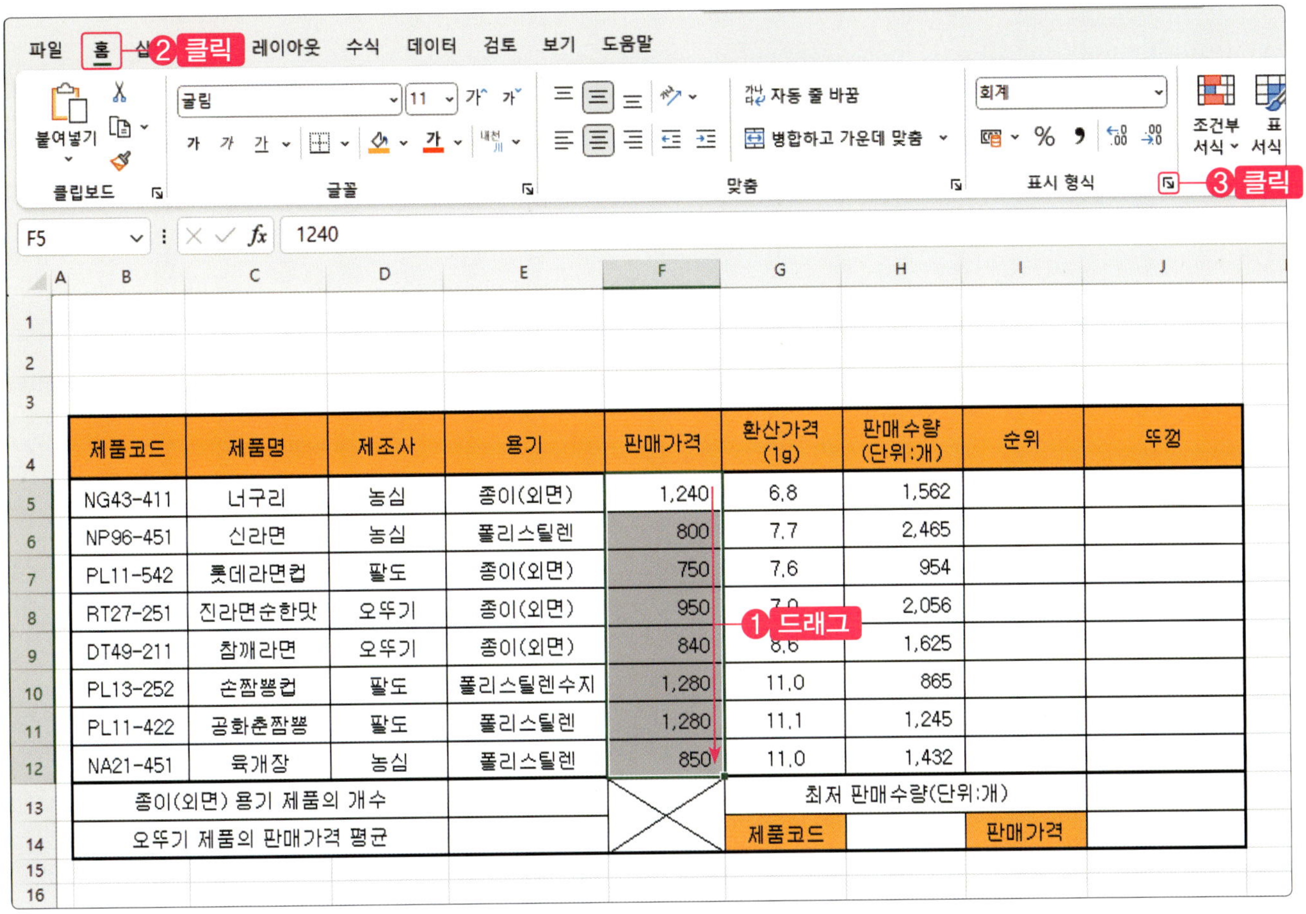

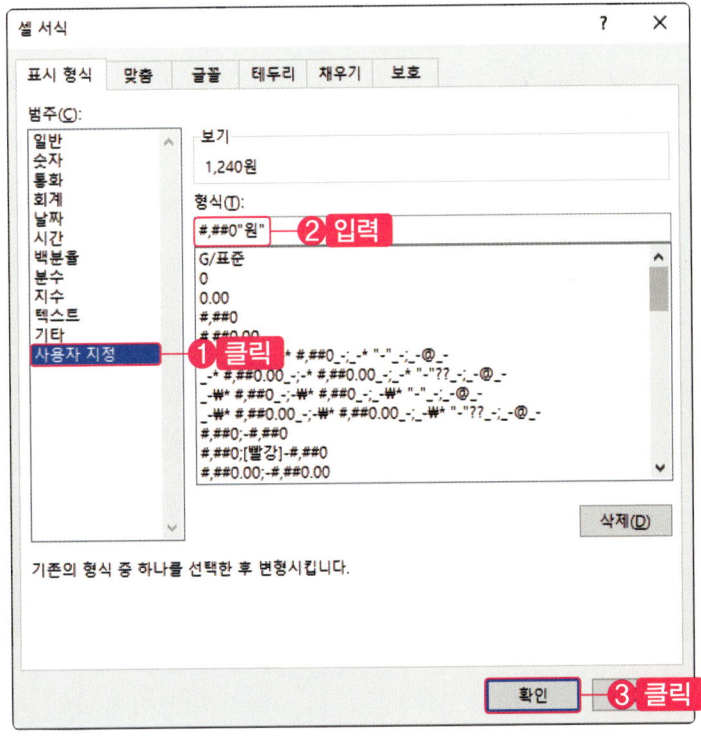

6 [셀 서식] 대화상자의 [표시 형식] 탭이 나타나면 **범주(사용자 지정)를 선택**한 후 **형식(#,##0"원")을 입력**한 다음 [확인] 단추를 클릭합니다.

> 문자를 큰따옴표("")로 묶으면 그대로 표시합니다.

[제1작업] 표 서식 작성 및 값 계산 (240점)

☞ 다음은 '제이여행 마일리지 투어 상품'에 대한 자료이다. 자료를 입력하고 조건에 맞도록 작업하시오.

《출력형태》

	A	B	C	D	E	F	G	H	I	J
1								확인	담당	대리	과장
2		제이여행 마일리지 투어 상품									
3											
4		상품코드	여행지	국가	항공사	일정(일)	출발인원	공제 마일리지	순위	비고
5		KE-874	베를린	독일	하나항공	7	18	169,000	(1)	(2)
6		HA-355	하노이	베트남	블루항공	5	26	80,000	(1)	(2)
7		FA-516	뉴욕	미국	하나항공	8	32	155,000	(1)	(2)
8		HE-342	호치민	베트남	그린항공	6	12	70,000	(1)	(2)
9		PA-767	다낭	베트남	하나항공	4	9	105,000	(1)	(2)
10		FR-648	보스턴	미국	그린항공	5	27	125,000	(1)	(2)
11		HA-942	뮌헨	독일	블루항공	7	10	190,000	(1)	(2)
12		LE-621	함부르크	독일	블루항공	3	21	180,000	(1)	(2)
13		블루항공 여행 개수			(3)			최대 공제 마일리지		(5)
14		독일 지역의 출발인원 평균			(4)		여행지	베를린	일정(일)	(6)
15											

《조건》

○ 모든 데이터의 서식에는 글꼴(굴림, 11pt), 정렬은 숫자 및 회계 서식은 오른쪽 정렬, 나머지 서식은 가운데 정렬로 작성하며 예외적인 것은 《출력형태》를 참조하시오.
○ 제 목 ⇒ 도형(정육면체)과 그림자(오프셋 오른쪽)를 이용하여 작성하고
   "제이여행 마일리지 투어 상품"을 입력한 후 다음 서식을 적용하시오
   (글꼴-굴림, 24pt, 검정, 굵게, 채우기-노랑).
○ 임의의 셀에 결재란을 작성하여 그림으로 복사 기능을 이용하여 붙이기 하시오(단, 원본 삭제).
○ 「B4:J4, G14, I14」 영역은 '주황'으로 채우기 하시오.
○ 유효성 검사를 이용하여 「H14」셀에 여행지(「C5:C12」 영역)가 선택 표시되도록 하시오.
○ 셀 서식 ⇒ 「G5:G12」영역에 셀 서식을 이용하여 숫자 뒤에 '명'을 표시하시오(예 : 18명).
○ 「E5:E12」영역에 대해 '항공사'로 이름정의를 하시오.

☞ (1)~(6) 셀은 반드시 **주어진 함수를 이용**하여 값을 구하시오(결과값을 직접 입력하면 해당 셀은 0점 처리됨).

(1) 순위 ⇒ 출발인원의 내림차순 순위를 구한 결과값에 '위'를 붙이시오
     (RANK.EQ 함수, & 연산자)(예 : 1위).
(2) 비고 ⇒ 상품코드의 첫 글자가 F이면 '자유여행', 그 외에는 공백으로 구하시오(IF, LEFT 함수).
(3) 블루항공 여행 개수 ⇒ 정의된 이름(항공사)을 이용하여 구하시오(COUNTIF 함수).
(4) 독일 지역의 출발인원 평균 ⇒ 올림하여 정수로 구하시오. 단, 조건은 입력데이터를 이용하시오
     (ROUNDUP, DAVERAGE 함수)(예 : 27.3 → 28).
(5) 최대 공제 마일리지 ⇒ (MAX 함수)
(6) 일정(일) ⇒ 「H14」셀에서 선택한 여행지에 대한 일정(일)을 표시하시오(VLOOKUP 함수).
(7) 조건부 서식을 이용하여 출발인원 셀에 데이터 막대 스타일(녹색)을 최소값 및 최대값으로 적용하시오.

사용자 지정 표시 형식

사용자 지정 표시 형식은 사용자가 직접 표시 형식을 지정하여 숫자, 날짜, 시간 등을 원하는 형식으로 표시할 수 있는 표시 형식으로 [셀 서식] 대화상자의 [표시 형식] 탭에서 범주를 '사용자 지정'으로 선택하면 지정할 수 있습니다. 다음은 사용자 지정 표시 형식에 사용되는 주요 서식 코드입니다.

서식 코드	설명
#	• 숫자의 자릿수가 형식에 지정된 자릿수보다 많은 경우, 숫자를 반올림하여 형식에 지정된 소수 자릿수로 표시합니다. ❶ • 숫자의 자릿수가 형식에 지정된 자릿수보다 적은 경우, 숫자를 그대로 표시합니다. ❷
0	• 숫자의 자릿수가 형식에 지정된 자릿수보다 많은 경우, 숫자를 반올림하여 형식에 지정된 소수 자릿수로 표시합니다. ❸ • 숫자의 자릿수가 형식에 지정된 자릿수보다 적은 경우, 숫자를 형식에 지정된 자릿수만큼 0을 표시합니다. ❹
,	• 천 단위마다 천 단위 구분 기호(,)를 표시합니다. ❺ • 쉼표 서식 코드 다음에 다른 서식 코드가 없는 경우, 천 단위로 나눈 값을 반올림하여 표시합니다. ❻
@	• 문자의 표시 위치를 지정합니다. ❼

	A	B	C	D
2		데이터	형식	결과값
3	❶	12.56	#.#	12.6
4	❷	12.56	###.###	12.56
5	❸	12.56	0.00	12.56
6	❹	12.56	000.000	012.560
7	❺	456789	#,##0	456,789
8	❻	456789	#,	457
9	❼	아슬란	@" 주식회사"	아슬란 주식회사

7 맞춤 서식을 지정하기 위해 **F5:G12셀 범위를 선택**한 후 [홈] 탭-[맞춤] 그룹에서 [**오른쪽 맞춤(≡)**]을 **클릭**합니다.

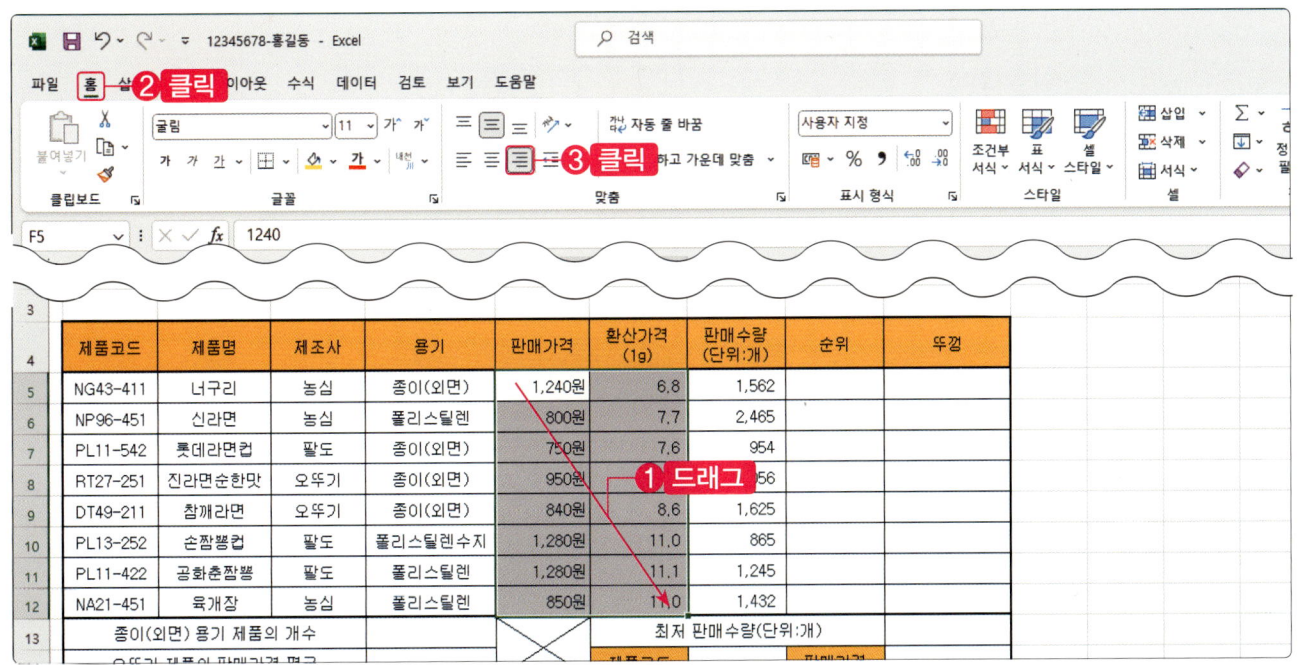

제12회 ITQ 실전모의문제

과목	코드	문제유형	시험시간	수험번호	성명
한글엑셀	1122	C	60분		

수험자 유의사항

- 수험자는 문제지를 받는 즉시 문제지와 **수험표상의 시험과목(프로그램)이 동일한지 반드시 확인**하여야 합니다.

- 파일명은 본인의 "수험번호-성명"으로 입력하여 답안폴더(내 PC₩문서₩ITQ)에 하나의 파일로 저장해야 하며, 답안문서 파일명이 "수험번호-성명"과 일치하지 않거나, 답안파일을 전송하지 않아 미제출로 처리될 경우 실격 처리합니다(예:12345678-홍길동.xlsx).

- 답안 작성을 마치면 파일을 저장하고, '답안 전송' 버튼을 선택하여 감독위원 PC로 답안을 전송하십시오. 수험생 정보와 저장한 파일명이 다를 경우 전송되지 않으므로 주의하시기 바랍니다.

- 답안 작성 중에도 **주기적으로 저장하고, '답안 전송'**하여야 문제 발생을 줄일 수 있습니다. 작업한 내용을 저장하지 않고 전송할 경우 이전에 저장된 내용이 전송되오니 이점 유의하시기 바랍니다.

- 답안문서는 지정된 경로 외의 다른 보조기억장치에 저장하는 경우, 지정된 시험 시간 외에 작성된 파일을 활용할 경우, 기타 통신수단(이메일, 메신저, 네트워크 등)을 이용하여 타인에게 전달 또는 외부 반출하는 경우는 부정 처리합니다.

- 시험 중 부주의 또는 고의로 시스템을 파손한 경우는 수험자가 변상해야 하며, 〈수험자 유의사항〉에 기재된 방법대로 이행하지 않아 생기는 불이익은 수험생 당사자의 책임임을 알려 드립니다.

- 문제의 조건은 MS오피스 2021 버전으로 설정되어 있으며 MS오피스 2016은 【 】에 표기되어 있습니다. 이와 관련하여 작성한 답안의 출력형태가 문제지와 다를 수 있습니다.

- 시험을 완료한 수험자는 답안파일이 전송되었는지 확인한 후 감독위원의 지시에 따라 문제지를 제출하고 퇴실합니다.

답안 작성요령

- 온라인 답안 작성 절차
  수험자 등록 ⇒ 시험 시작 ⇒ 답안파일 저장 ⇒ 답안 전송 ⇒ 시험 종료

- 문제는 총 4단계, 즉 제1작업부터 제4작업까지 구성되어 있으며 반드시 제1작업부터 순서대로 작성하고 조건대로 작업하시오.

- 모든 작업시트의 A열은 열 너비 '1'로, 나머지 열은 적당하게 조절하시오.

- 모든 작업시트의 테두리는 ≪출력형태≫와 같이 작업하시오.

- 해당 작업란에서는 각각 제시된 조건에 따라 ≪출력형태≫와 같이 작업하시오.

- 답안 시트 이름은 "제1작업", "제2작업", "제3작업", "제4작업"이어야 하며 답안 시트 이외의 것은 감점 처리됩니다.

- 각 시트를 파일로 나누어 작업해서 저장할 경우 실격 처리됩니다.

kpc 한국생산성본부

STEP 05 제목 작성하기

〈조건〉 · 제 목 ⇒ 도형(사다리꼴)과 그림자(오프셋 오른쪽)를 이용하여 작성하고
"컵라면 가격 및 판매수량"을 입력한 후 다음 서식을 적용하시오
(글꼴-굴림, 24pt, 검정, 굵게, 채우기-노랑).

1 도형을 삽입하기 위해 [삽입] 탭-[일러스트레이션] 그룹에서 [도형]을 클릭한 후 [사다리꼴(△)]을 클릭합니다.

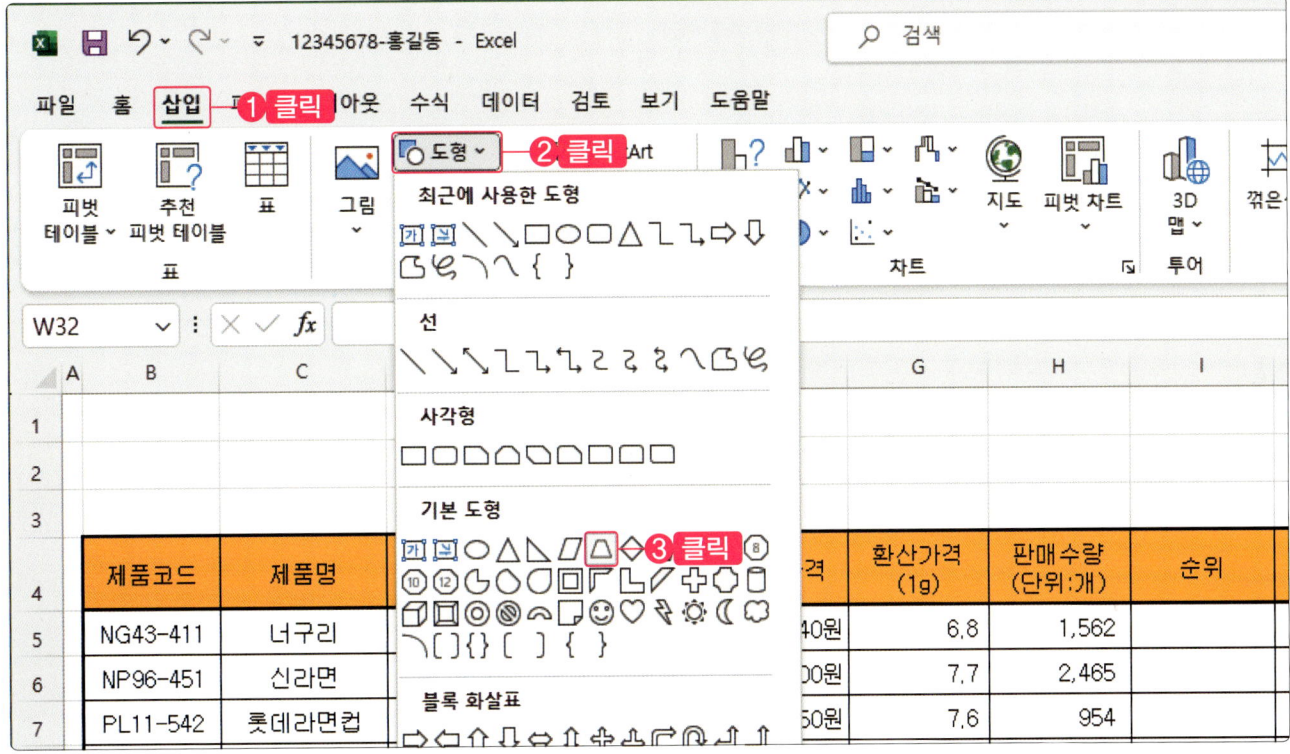

2 마우스 포인터가 + 모양으로 변경되면 다음과 같이 드래그하여 도형을 삽입합니다.

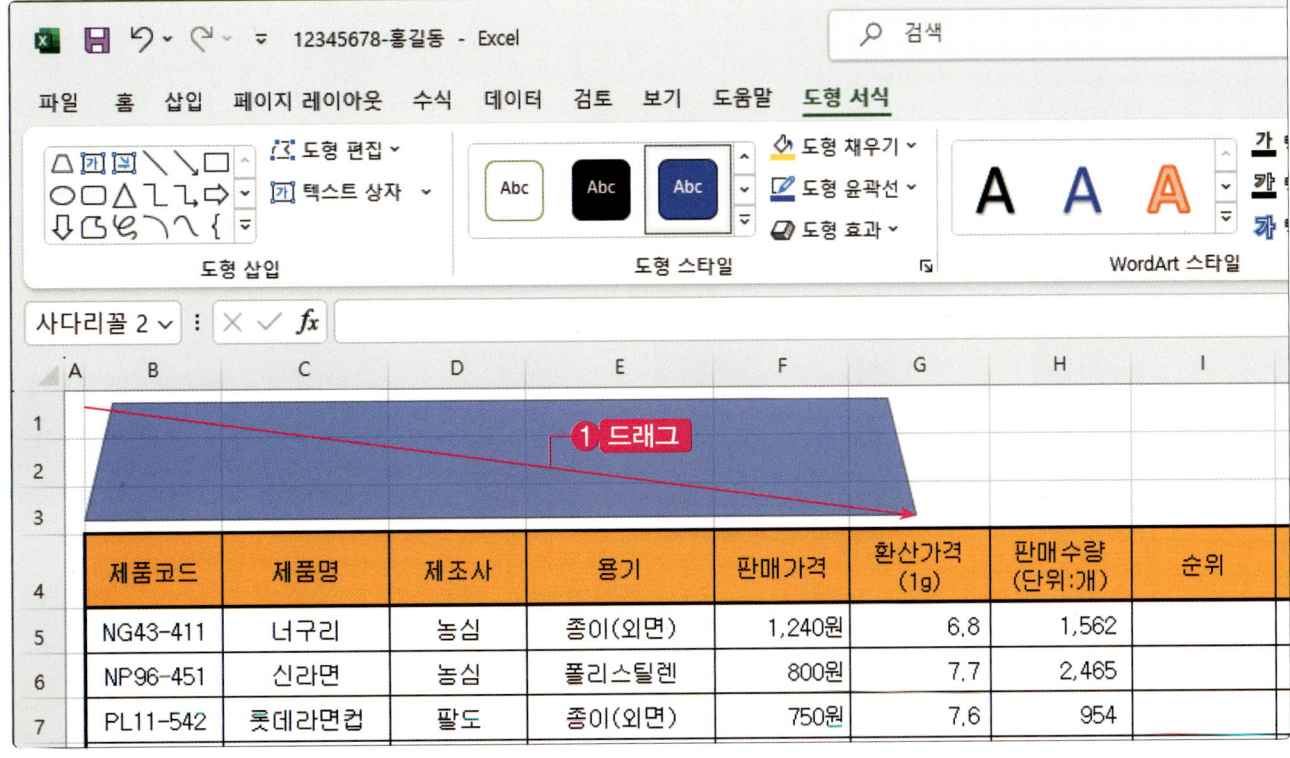

[제4작업] 그래프 (100점)

☞ "제1작업" 시트를 이용하여 조건에 따라 ≪출력형태≫와 같이 작업하시오.

≪조건≫

(1) 차트 종류 ⇒ <묶은 세로 막대형>으로 작업하시오.
(2) 데이터 범위 ⇒ "제1작업" 시트의 내용을 이용하여 작업하시오.
(3) 위치 ⇒ "새 시트"로 이동하고, "제4작업"으로 시트 이름을 바꾸시오.
(4) 차트 디자인 도구 ⇒ 레이아웃 3, 스타일 1을 선택하여 ≪출력형태≫에 맞게 작업하시오.
(5) 영역 서식 ⇒ 차트 : 글꼴(굴림, 11pt), 채우기 효과(질감-파랑 박엽지)
  그림 : 채우기(흰색, 배경1)
(6) 제목 서식 ⇒ 차트 제목 : 글꼴(굴림, 굵게, 20pt), 채우기(흰색, 배경1), 테두리
(7) 서식 ⇒ 판매수량(단위:점) 계열의 차트 종류를 <표식이 있는 꺾은선형>으로 변경한 후 보조 축으로 지정하시오.
  계열 : ≪출력형태≫를 참조하여 표식(마름모, 크기 10)과 레이블 값을 표시하시오.
  눈금선 : 선 스타일-파선
  축 : ≪출력형태≫를 참조하시오.
(8) 범례 ⇒ 범례명을 변경하고 ≪출력형태≫를 참조하시오.
(9) 도형 ⇒ '모서리가 둥근 사각형 설명선'을 삽입한 후 ≪출력형태≫와 같이 내용을 입력하시오.
(10) 나머지 사항은 ≪출력형태≫에 맞게 작성하시오.

≪출력형태≫

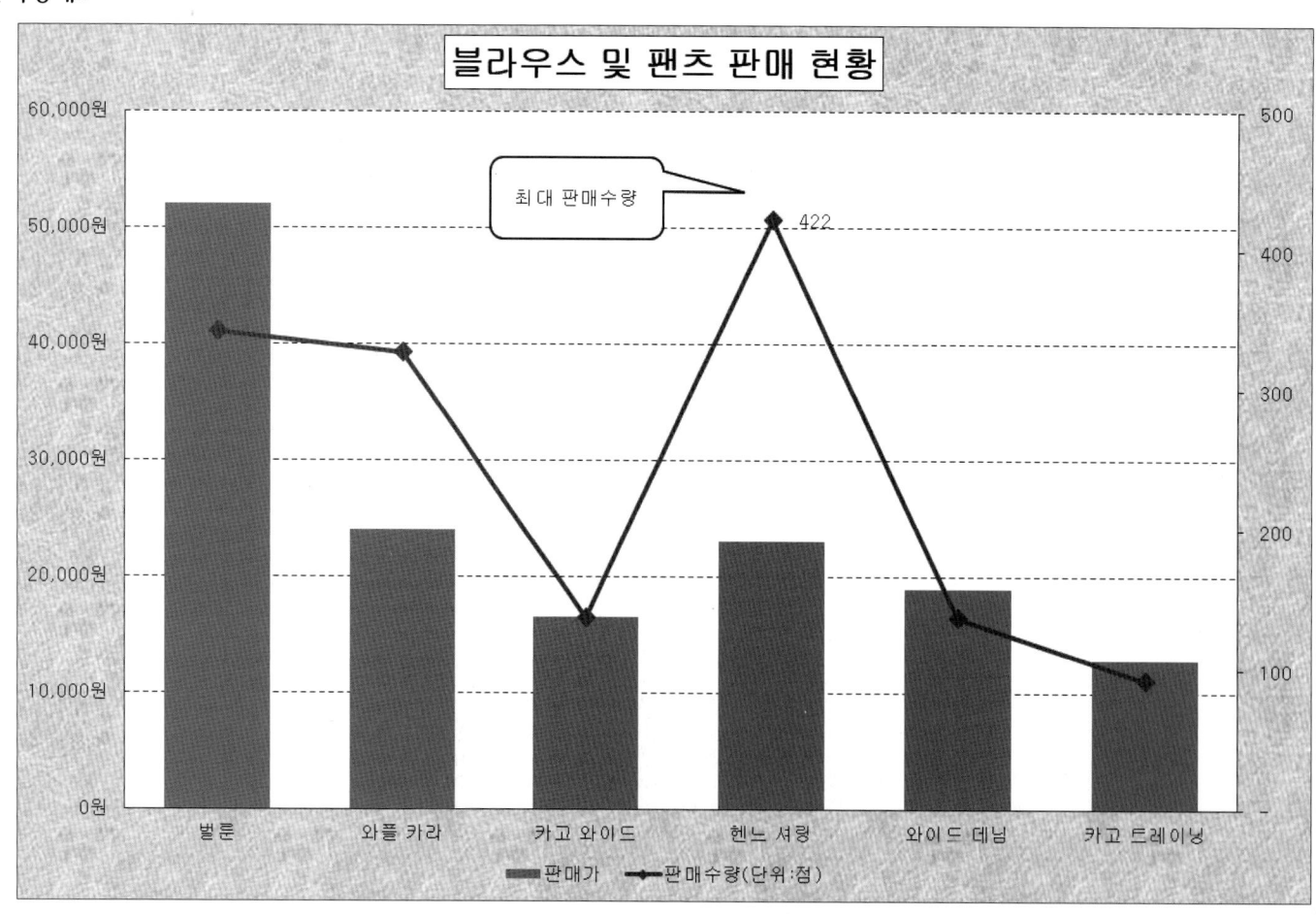

주의 ☞ 시트명 순서가 차례대로 "제1작업", "제2작업", "제3작업", "제4작업"이 되도록 할 것.

〈조건〉 • 제 목 ⇒ 도형(사다리꼴)과 그림자(오프셋 오른쪽)를 이용하여 작성하고
"컵라면 가격 및 판매수량"을 입력한 후 다음 서식을 적용하시오
(글꼴-굴림, 24pt, 검정, 굵게, 채우기-노랑).

3 도형이 삽입되면 도형에 **텍스트(컵라면 가격 및 판매수량)를 입력**합니다. 그런 다음 도형에 글꼴 서식과 맞춤 서식을 지정하기 위해 **도형을 선택**한 후 [홈] 탭-[글꼴] 그룹에서 **글꼴(굴림), 글꼴 크기(24), [굵게(가)], 글꼴 색(검정, 텍스트 1)을 선택**한 다음 [맞춤] 그룹에서 [**가운데 맞춤(세로)(≡)**]과 [**가운데 맞춤(가로)(≡)**]을 클릭합니다.

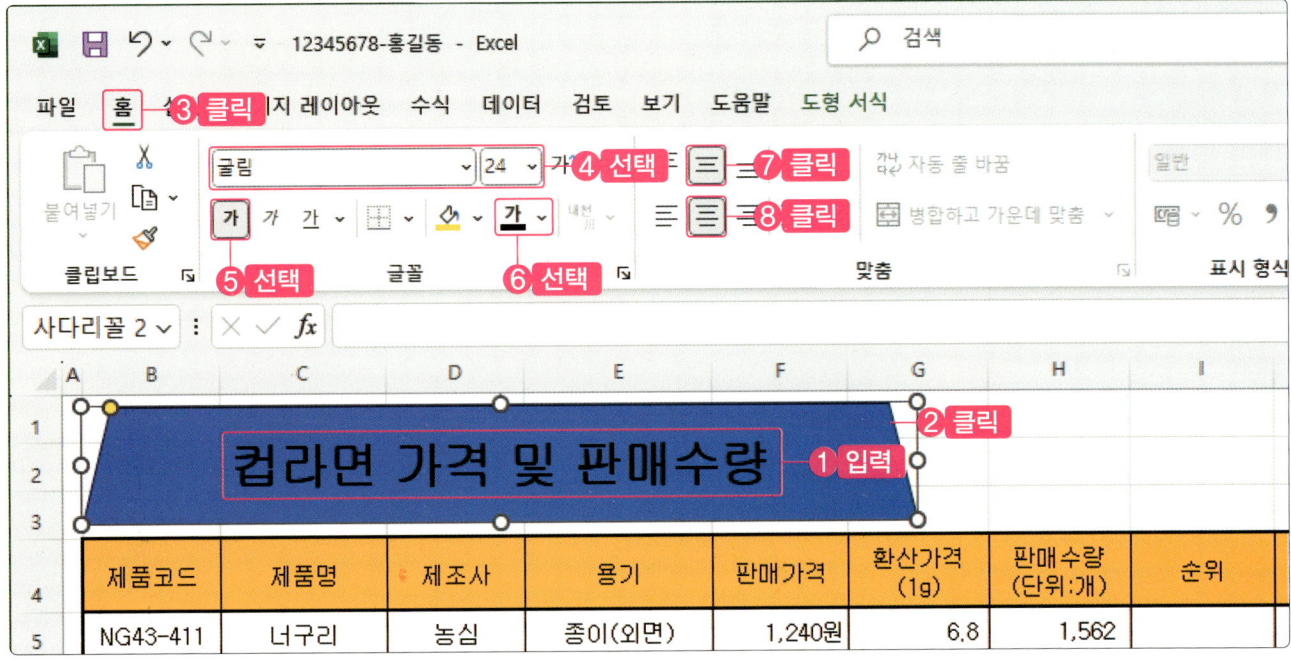

4 도형에 채우기 색을 지정하기 위해 [도형 서식] 정황 탭-[도형 스타일] 그룹에서 [**도형 채우기**]의 [목록(˅)] 단추를 클릭한 후 [노랑]을 클릭합니다.

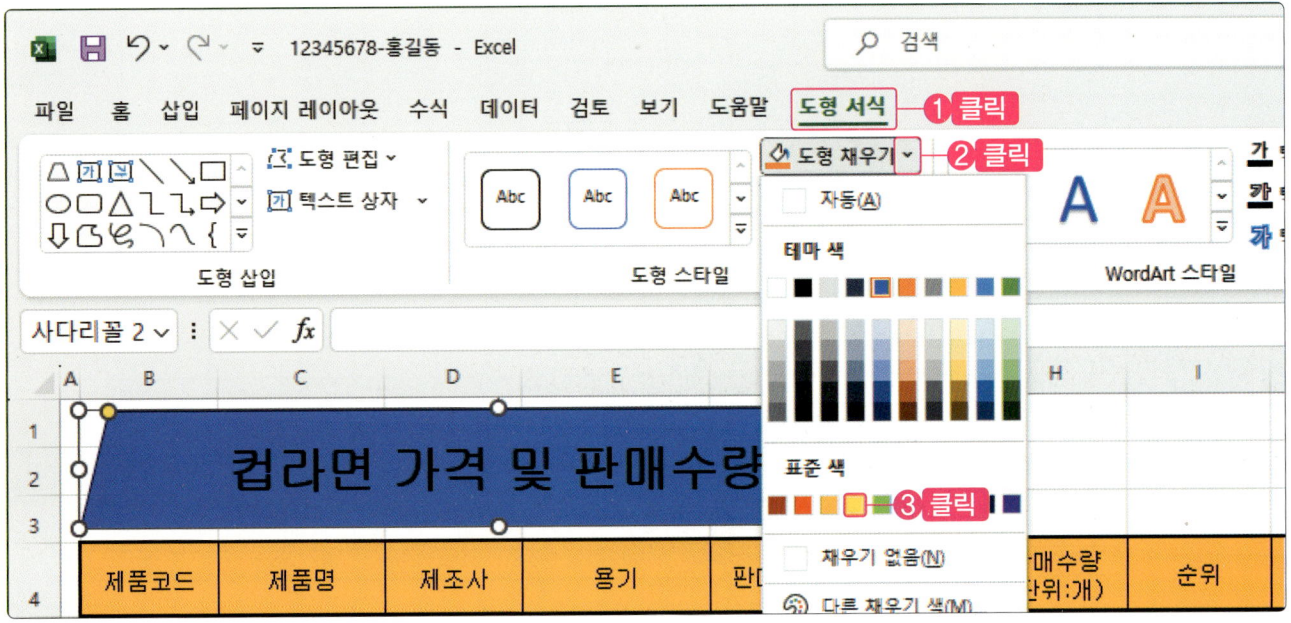

도형을 선택한 후 [홈] 탭-[글꼴] 그룹에서 [채우기 색]의 [목록(˅)] 단추를 클릭한 다음 [노랑]을 클릭하여 도형에 채우기 색을 지정할 수도 있습니다.

[제2작업] 목표값 찾기 및 필터 (80점)

☞ "제1작업" 시트의 「B4:H12」영역을 복사하여 "제2작업" 시트의 「B2」셀부터 모두 붙여넣기를 한 후 다음의 조건과 같이 작업하시오.

≪조건≫

(1) 목표값 찾기 - 「B11:G11」 셀을 병합하고 가운데 맞춤한 후 "판매수량(단위:점) 전체평균"을 입력하고, 「H11」셀에 판매수량(단위:점)의 전체평균을 구하시오(. 단, 조건은 입력데이터를 이용하시오 (AVERAGE 함수, 테두리).
- '판매수량(단위:점) 전체평균'이 '241'이 되려면 벌룬의 판매수량(단위:점)이 얼마가 되어야 하는지 목표값을 구하시오.

(2) 고급필터 - 제품코드가 'F'로 시작하거나 재고수량(단위:점)이 '100' 이하인 자료의 제품명, 판매수량(단위:점), 판매가, 제조사 데이터만 추출하시오.
- 조건 범위 : 「B14」 셀부터 입력하시오.
- 복사 위치 : 「B18」 셀부터 나타나도록 하시오.

[제3작업] 정렬 및 부분합 (80점)

☞ "제1작업" 시트의 「B4:H12」영역을 복사하여 "제3작업" 시트의 「B2」셀부터 모두 붙여넣기를 한 후 다음의 조건과 같이 작업하시오.

≪조건≫

(1) 부분합 - ≪출력형태≫처럼 정렬하고, 제품명의 개수와 판매수량(단위:점)의 평균을 구하시오.
(2) 개요【윤곽】 - 지우시오.
(3) 나머지 사항은 ≪출력형태≫에 맞게 작성하시오.

≪출력형태≫

	B	C	D	E	F	G	H
2	제품코드	제품명	구분	판매수량(단위:점)	재고수량(단위:점)	판매가	제조사
3	DS311	카고 와이드	팬츠	137	84	16,500	기린
4	DE721	와이드 데님	팬츠	137	65	18,900	달팽이
5	FE621	카고 트레이닝	팬츠	92	220	12,800	달팽이
6			팬츠 평균	122			
7		3	팬츠 개수				
8	SS161	맨아이 플라워	원피스	219	321	48,000	달팽이
9	DE321	로렌 뷔스티에	원피스	209	121	75,000	기린
10			원피스 평균	214			
11		2	원피스 개수				
12	SS148	벌룬	블라우스	342	216	52,000	기린
13	ST123	와플 카라	블라우스	327	130	24,000	우주
14	FT977	헨느 셔링	블라우스	422	228	23,000	우주
15			블라우스 평균	364			
16		3	블라우스 개수				
17			전체 평균	236			
18		8	전체 개수				

〈조건〉 • 제 목 ⇒ 도형(사다리꼴)과 그림자(오프셋 오른쪽)를 이용하여 작성하고
"컵라면 가격 및 판매수량"을 입력한 후 다음 서식을 적용하시오
(글꼴-굴림, 24pt, 검정, 굵게, 채우기-노랑).

5 도형에 도형 효과를 지정하기 위해 [도형 서식] 정황 탭-[도형 스타일] 그룹에서 **[도형 효과]**를 **클릭**한 후 [그림자]-**[오프셋 오른쪽(□)]**을 클릭합니다.

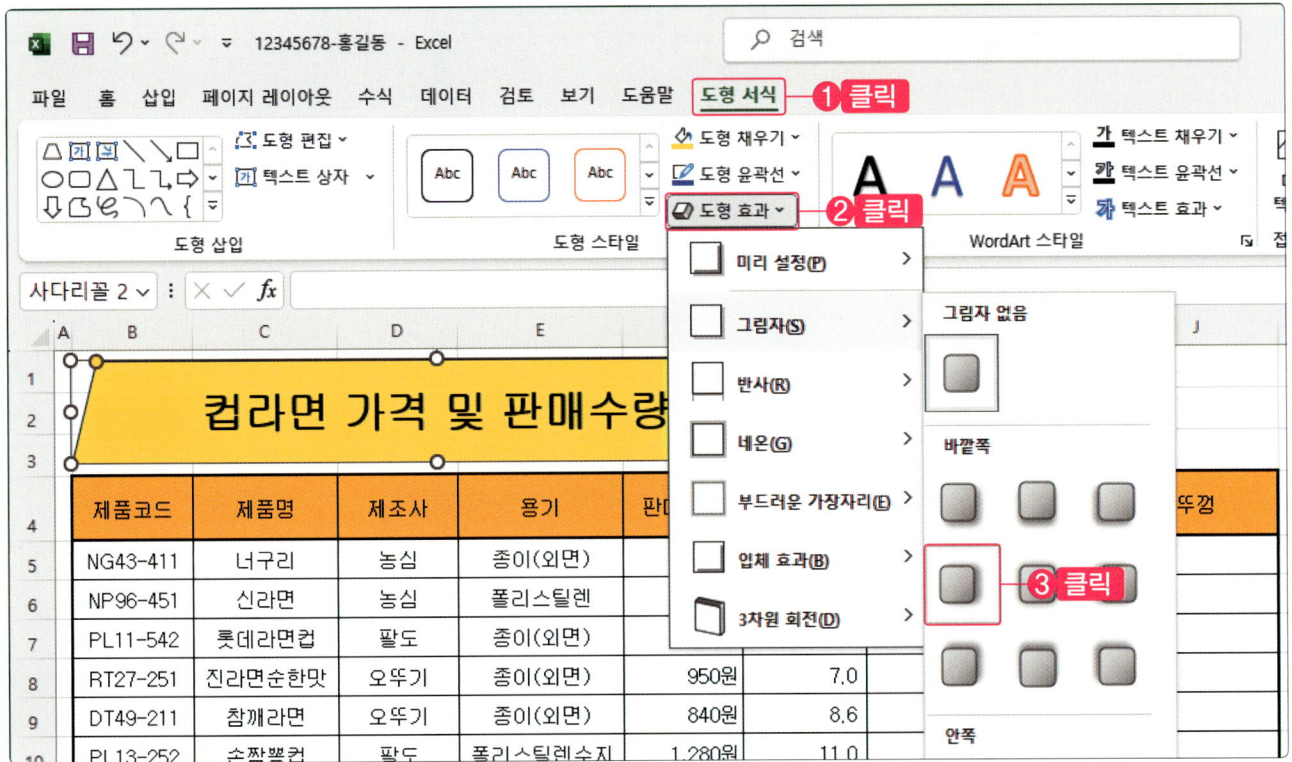

6 다음과 같이 도형에 도형 효과가 지정됩니다.

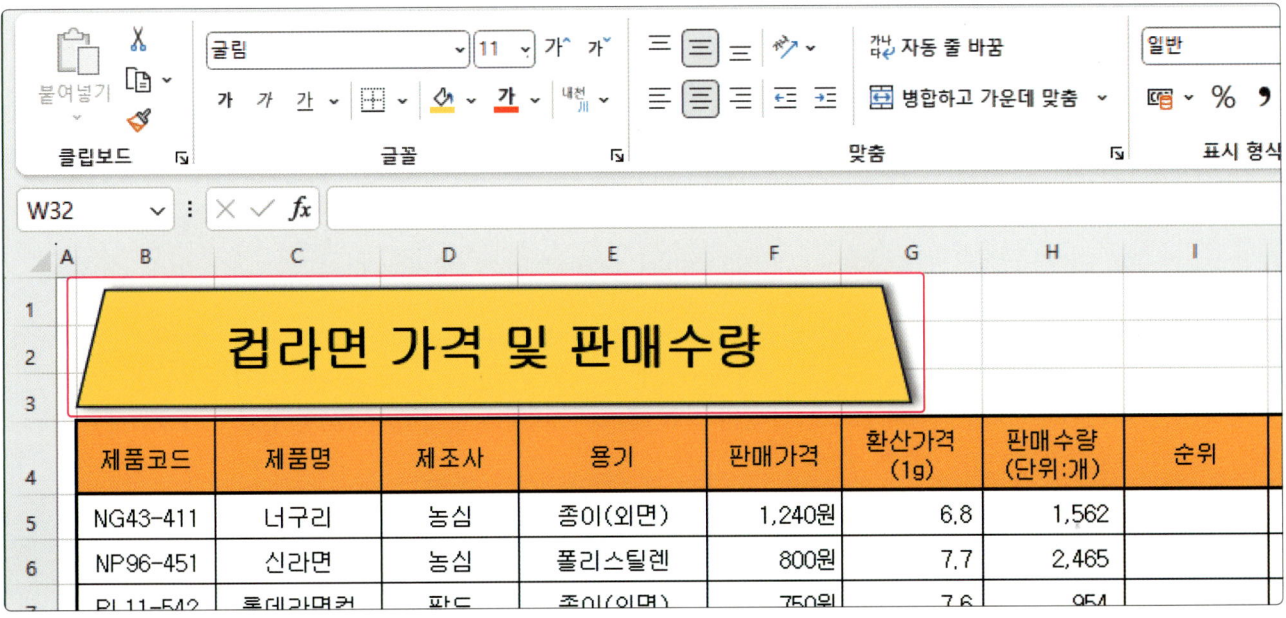

도형으로 마우스 포인터를 가져가서 마우스 포인터가 ✥ 모양으로 변경되었을 때 드래그하면 도형의 위치를 조정할 수 있고, 도형을 선택한 후 도형의 크기 조정 핸들(O)을 드래그하면 도형의 크기를 조정할 수 있습니다.

[제1작업] 표 서식 작성 및 값 계산 (240점)

☞ 다음은 '마리 의류 판매 현황'에 대한 자료이다. 자료를 입력하고 조건에 맞도록 작업하시오.

≪출력형태≫

제품코드	제품명	구분	판매수량 (단위:점)	재고수량 (단위:점)	판매가	제조사	판매순위	비고
SS148	벌룬	블라우스	342	216	52,000	기린	(1)	(2)
ST123	와플 카라	블라우스	327	130	24,000	우주	(1)	(2)
DS311	카고 와이드	팬츠	137	84	16,500	기린	(1)	(2)
SS161	앤아이 플라워	원피스	219	321	48,000	달팽이	(1)	(2)
FT977	헨느 셔링	블라우스	422	228	23,000	우주	(1)	(2)
DE721	와이드 데님	팬츠	137	65	18,900	달팽이	(1)	(2)
FE621	카고 트레이닝	팬츠	92	220	12,800	달팽이	(1)	(2)
DE321	로렌 뷔스티에	원피스	209	121	75,000	기린	(1)	(2)
블라우스 제품 판매수량(단위:점) 평균			(3)		원피스 제품의 개수			(5)
최저 판매가			(4)		제품명	벌룬	재고수량 (단위:점)	(6)

상단 우측: 확인 / 사원 / 대리 / 과장

≪조건≫

○ 모든 데이터의 서식에는 글꼴(굴림, 11pt), 정렬은 숫자 및 회계 서식은 오른쪽 정렬, 나머지 서식은 가운데 정렬로 작성하며 예외적인 것은 ≪출력형태≫를 참조하시오.
○ 제 목 ⇒ 도형(사다리꼴)과 그림자(오프셋 오른쪽)를 이용하여 작성하고
　　　　　 "마리 의류 판매 현황"을 입력한 후 다음 서식을 적용하시오
　　　　　 (글꼴-굴림, 24pt, 검정, 굵게, 채우기-노랑).
○ 임의의 셀에 결재란을 작성하여 그림으로 복사 기능을 이용하여 붙이기 하시오(단, 원본 삭제).
○ 「B4:J4, G14, I14」 영역은 '주황'으로 채우기 하시오.
○ 유효성 검사를 이용하여 「H14」셀에 제품명(「C5:C12」 영역)이 선택 표시되도록 하시오.
○ 셀 서식 ⇒ 「G5:G12」영역에 셀 서식을 이용하여 숫자 뒤에 '원'을 표시하시오(예 : 52,000원).
○ 「G5:G12」영역에 대해 '판매가'로 이름정의를 하시오.

☞ (1)~(6) 셀은 반드시 **주어진 함수를 이용**하여 값을 구하시오(결과값을 직접 입력하면 해당 셀은 0점 처리됨).

(1) 판매순위 ⇒ 판매수량(단위:점)의 내림차순 순위를 구한 결과값에 '위'를 붙이시오
　　　　　　 (RANK.EQ 함수, & 연산자)(예 : 1위).
(2) 비고 ⇒ 재고수량(단위:점)이 200 이상이거나 판매가가 50,000 이상이면 '20% 할인', 그 외에는 공백으로
　　　　　 표시하시오(IF, OR 함수).
(3) 블라우스 제품 판매수량(단위:점) 평균 ⇒ 내림하여 정수로 구하시오. 단, 조건은 입력데이터를 이용하시오
　　　　　　　　　　　　　　　　　　　　　(ROUNDDOWN, DAVERAGE함수)(예 : 256.8 → 256).
(4) 최저 판매가 ⇒ 정의된 이름(판매가)을 이용하여 구하시오(MIN 함수).
(5) 원피스 제품의 개수 ⇒ (COUNTIF 함수)
(6) 재고수량(단위:점) ⇒ 「H14」셀에서 선택한 제품명에 대한 재고수량(단위:점)을 구하시오(VLOOKUP 함수).
(7) 조건부 서식의 수식을 이용하여 판매가가 '40,000' 이상인 행 전체에 다음의 서식을 적용하시오
　　(글꼴 : 파랑, 굵게).

STEP 06 결재란 작성하기

〔조건〕 임의의 셀에 결재란을 작성하여 그림으로 복사 기능을 이용하여 붙이기 하시오(단, 원본 삭제).

1 결재란을 작성하기 위해 M3:O3셀에 내용(담당, 대리, 과장)을 입력한 후 L3:L4셀 범위를 선택한 다음 〔홈〕 탭-〔맞춤〕 그룹에서 〔**병합하고 가운데 맞춤(**🔲**)**〕을 클릭합니다.

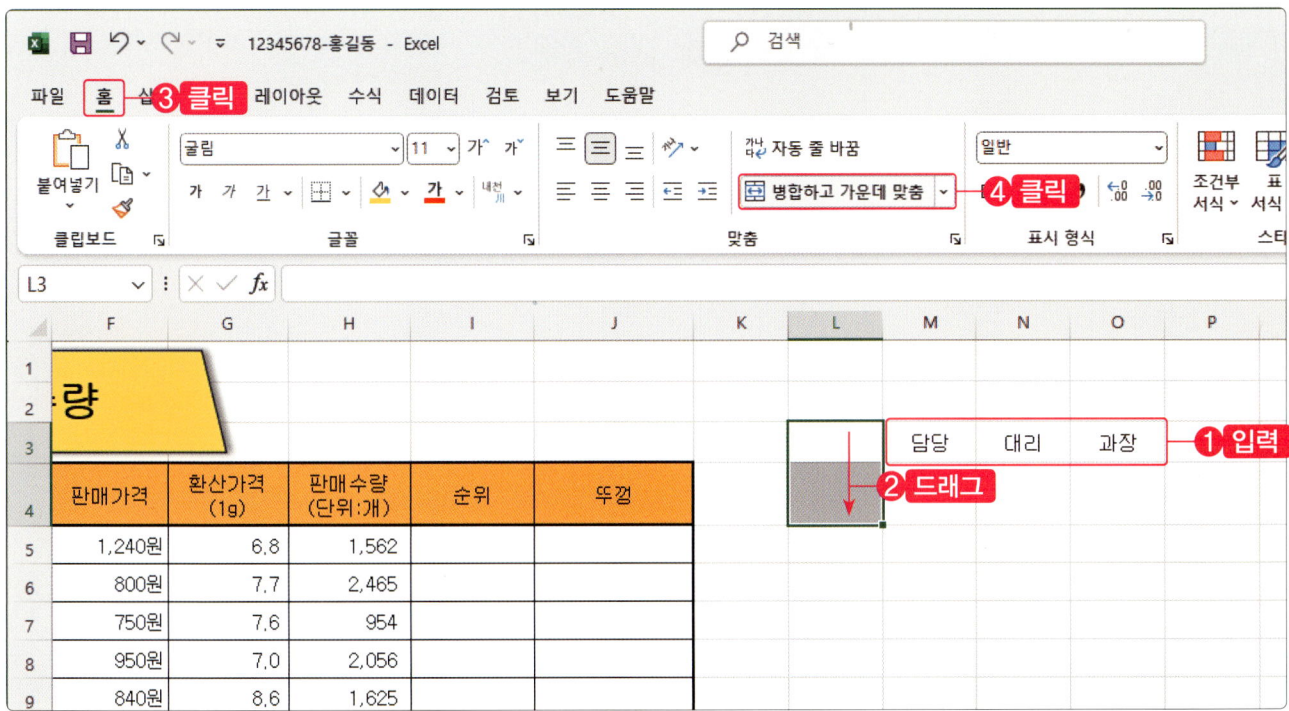

2 ≪출력형태≫를 참고하여 **병합된 셀에 '확인'을 입력**합니다. 그런 다음 L3:O4셀 범위를 선택한 후 〔홈〕 탭-〔글꼴〕 그룹에서 〔테두리〕의 〔목록(˅)〕을 클릭한 다음 〔**모든 테두리(**⊞**)**〕을 클릭합니다.

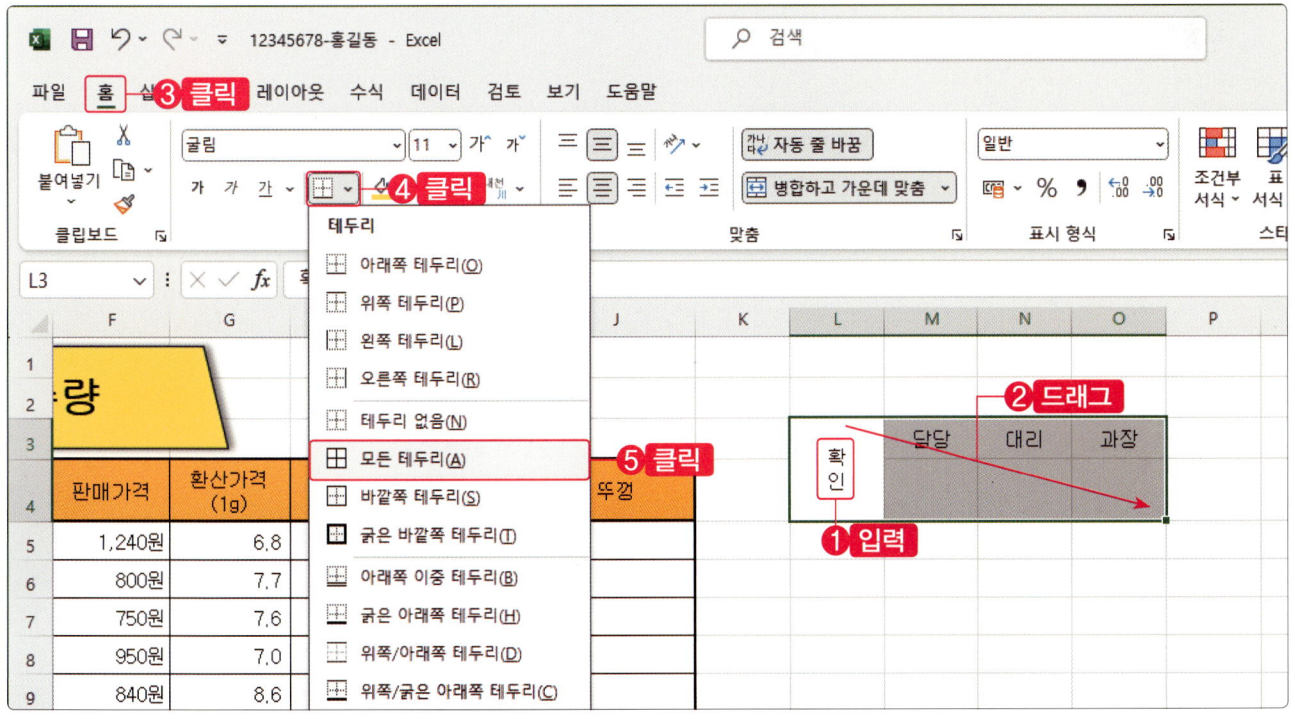

'확'을 입력한 후 Alt+Enter를 눌러 줄을 바꾼 다음 '인'을 입력하고 Enter를 누릅니다.

제11회 ITQ 실전모의문제

과목	코드	문제유형	시험시간	수험번호	성명
한글엑셀	1122	B	60분		

수험자 유의사항

- 수험자는 문제지를 받는 즉시 문제지와 수험표상의 시험과목(프로그램)이 동일한지 반드시 확인하여야 합니다.

- 파일명은 본인의 "수험번호-성명"으로 입력하여 답안폴더(내 PC\문서\ITQ)에 하나의 파일로 저장해야 하며, 답안문서 파일명이 "수험번호-성명"과 일치하지 않거나, 답안파일을 전송하지 않아 미제출로 처리될 경우 실격 처리합니다(예:12345678-홍길동.xlsx).

- 답안 작성을 마치면 파일을 저장하고, '답안 전송' 버튼을 선택하여 감독위원 PC로 답안을 전송하십시오. 수험생 정보와 저장한 파일명이 다를 경우 전송되지 않으므로 주의하시기 바랍니다.

- 답안 작성 중에도 주기적으로 저장하고, '답안 전송'하여야 문제 발생을 줄일 수 있습니다. 작업한 내용을 저장하지 않고 전송할 경우 이전에 저장된 내용이 전송되오니 이점 유의하시기 바랍니다.

- 답안문서는 지정된 경로 외의 다른 보조기억장치에 저장하는 경우, 지정된 시험 시간 외에 작성된 파일을 활용할 경우, 기타 통신수단(이메일, 메신저, 네트워크 등)을 이용하여 타인에게 전달 또는 외부 반출하는 경우는 부정 처리합니다.

- 시험 중 부주의 또는 고의로 시스템을 파손한 경우는 수험자가 변상해야 하며, 〈수험자 유의사항〉에 기재된 방법대로 이행하지 않아 생기는 불이익은 수험생 당사자의 책임임을 알려 드립니다.

- 문제의 조건은 MS오피스 2021 버전으로 설정되어 있으며 MS오피스 2016은 【 】에 표기되어 있습니다. 이와 관련하여 작성한 답안의 출력형태가 문제지와 다를 수 있습니다.

- 시험을 완료한 수험자는 답안파일이 전송되었는지 확인한 후 감독위원의 지시에 따라 문제지를 제출하고 퇴실합니다.

답안 작성요령

- 온라인 답안 작성 절차
  수험자 등록 ⇒ 시험 시작 ⇒ 답안파일 저장 ⇒ 답안 전송 ⇒ 시험 종료

- 문제는 총 4단계, 즉 제1작업부터 제4작업까지 구성되어 있으며 반드시 제1작업부터 순서대로 작성하고 조건대로 작업하시오.

- 모든 작업시트의 A열은 열 너비 '1'로, 나머지 열은 적당하게 조절하시오.

- 모든 작업시트의 테두리는 ≪출력형태≫와 같이 작업하시오.

- 해당 작업란에서는 각각 제시된 조건에 따라 ≪출력형태≫와 같이 작업하시오.

- 답안 시트 이름은 "제1작업", "제2작업", "제3작업", "제4작업"이어야 하며 답안 시트 이외의 것은 감점 처리됩니다.

- 각 시트를 파일로 나누어 작업해서 저장할 경우 실격 처리됩니다.

kpc 한국생산성본부

〈조건〉 임의의 셀에 결재란을 작성하여 그림으로 복사 기능을 이용하여 붙이기 하시오(단, 원본 삭제).

3 ≪출력형태≫를 참고하여 **L열의 열 너비를 '4', M:O열의 열 너비를 '10.5'로 지정**합니다.

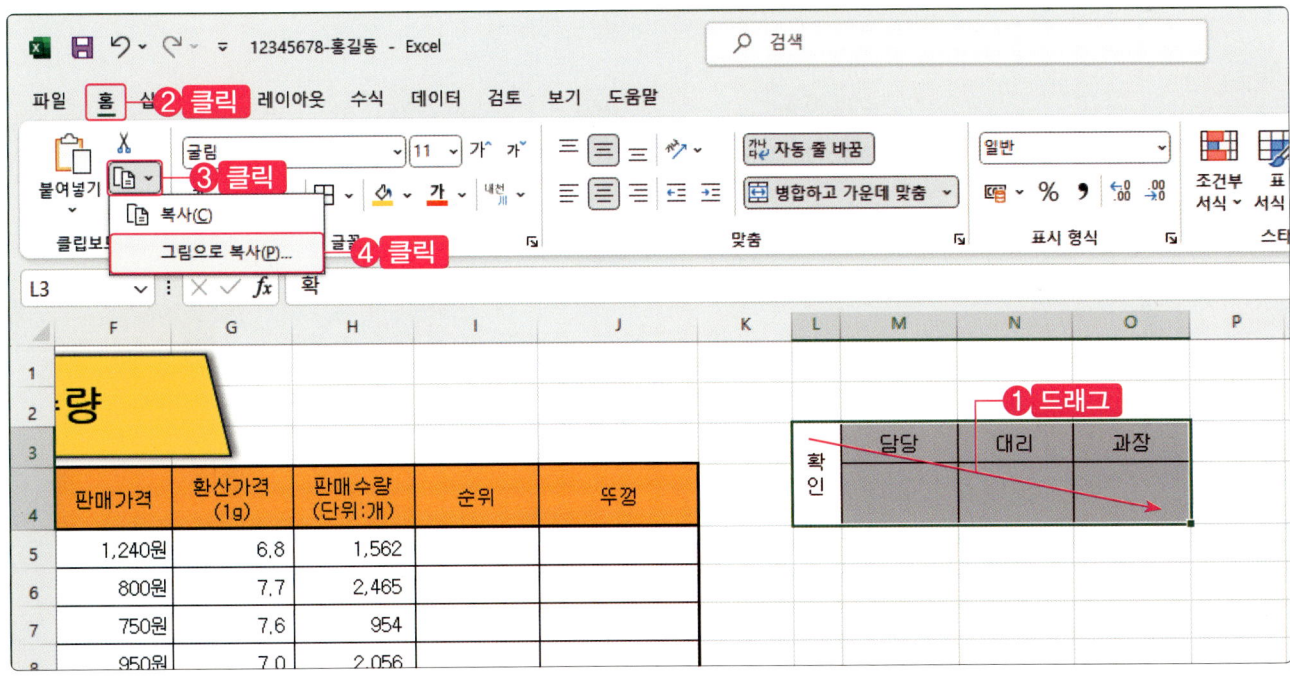

열의 너비는 별도의 조건이 없기 때문에 ≪출력형태≫를 참고하여 조절합니다.

4 결재란을 그림으로 복사하기 위해 **L3:O4셀 범위를 선택**한 후 〔홈〕 탭-〔클립보드〕 그룹에서 〔**복사**〕의 〔**목록(·)**〕 **단추를 클릭**한 다음 〔**그림으로 복사**〕를 **클릭**합니다.

5 〔그림 복사〕 대화상자가 나타나면 **모양(화면에 표시된 대로)을 선택**한 후 **형식(그림)을 선택**한 다음 〔**확인**〕 **단추를 클릭**합니다.

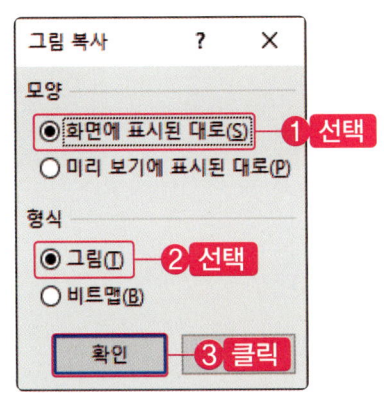

[제4작업] 그래프 (100점)

☞ "제1작업" 시트를 이용하여 조건에 따라 ≪출력형태≫와 같이 작업하시오.

≪조건≫

(1) 차트 종류 ⇒ <묶은 세로 막대형>으로 작업하시오.
(2) 데이터 범위 ⇒ "제1작업" 시트의 내용을 이용하여 작업하시오.
(3) 위치 ⇒ "새 시트"로 이동하고, "제4작업"으로 시트 이름을 바꾸시오.
(4) 차트 디자인 도구 ⇒ 레이아웃 3, 스타일 1을 선택하여 ≪출력형태≫에 맞게 작업하시오.
(5) 영역 서식 ⇒ 차트 : 글꼴(굴림, 11pt), 채우기 효과(질감-분홍 박엽지)
             그림 : 채우기(흰색, 배경1)
(6) 제목 서식 ⇒ 차트 제목 : 글꼴(굴림, 굵게, 20pt), 채우기(흰색, 배경1), 테두리
(7) 서식 ⇒ 판매가격(원) 계열의 차트 종류를 <표식이 있는 꺾은선형>으로 변경한 후 보조 축으로 지정하시오.
    계열 : ≪출력형태≫를 참조하여 표식(마름모, 크기 10)과 레이블 값을 표시하시오.
    눈금선 : 선 스타일-파선
    축 : ≪출력형태≫를 참조하시오.
(8) 범례 ⇒ 범례명을 변경하고 ≪출력형태≫를 참조하시오.
(9) 도형 ⇒ '모서리가 둥근 사각형 설명선'을 삽입한 후 ≪출력형태≫와 같이 내용을 입력하시오.
(10) 나머지 사항은 ≪출력형태≫에 맞게 작성하시오.

≪출력형태≫

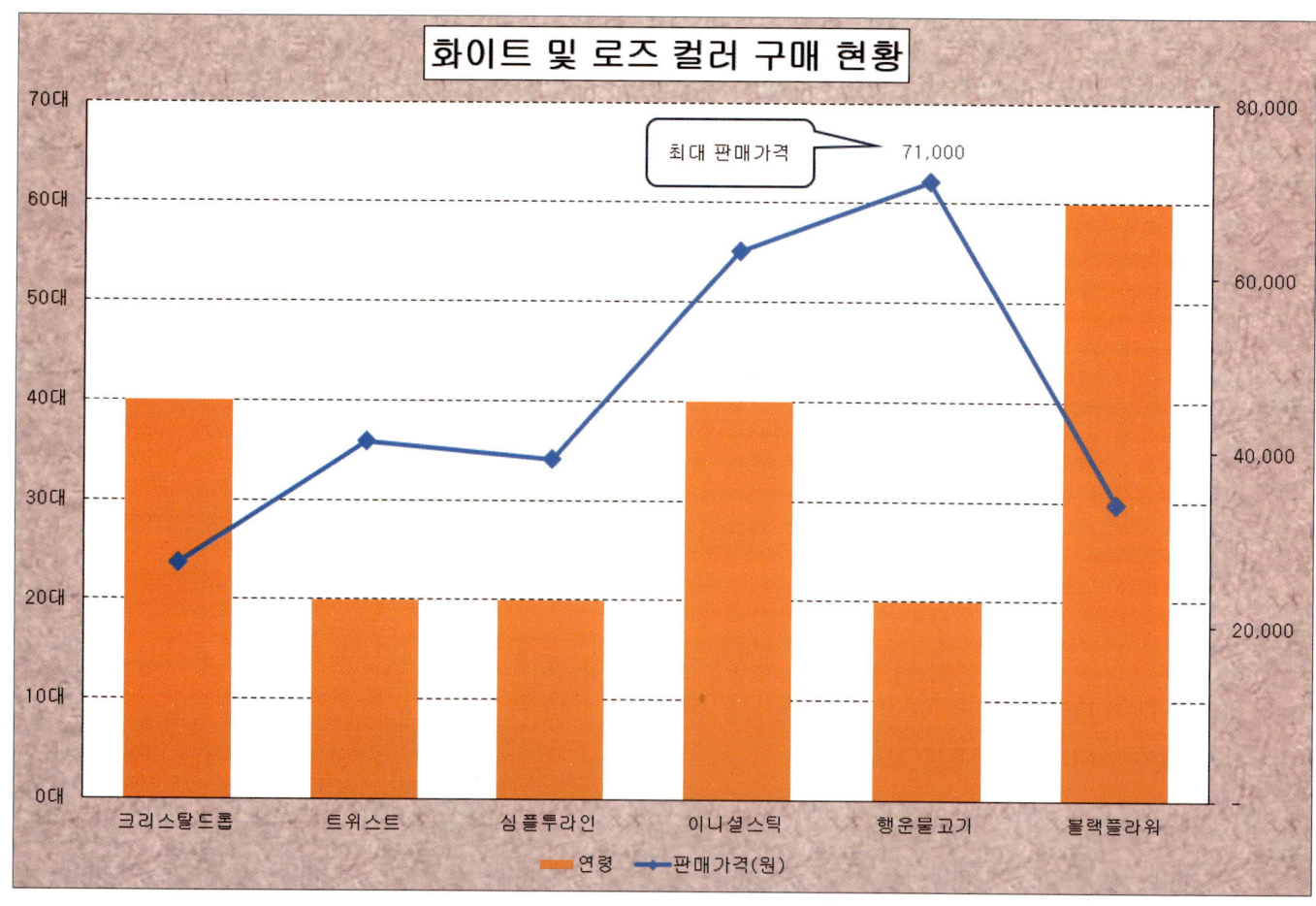

주의 ☞ 시트명 순서가 차례대로 "제1작업", "제2작업", "제3작업", "제4작업"이 되도록 할 것.

〈조건〉 임의의 셀에 결재란을 작성하여 그림으로 복사 기능을 이용하여 붙이기 하시오(단, 원본 삭제).

6 H1셀을 선택한 후 〔홈〕 탭-〔클립보드〕 그룹에서 〔붙여넣기(📋)〕를 클릭합니다.

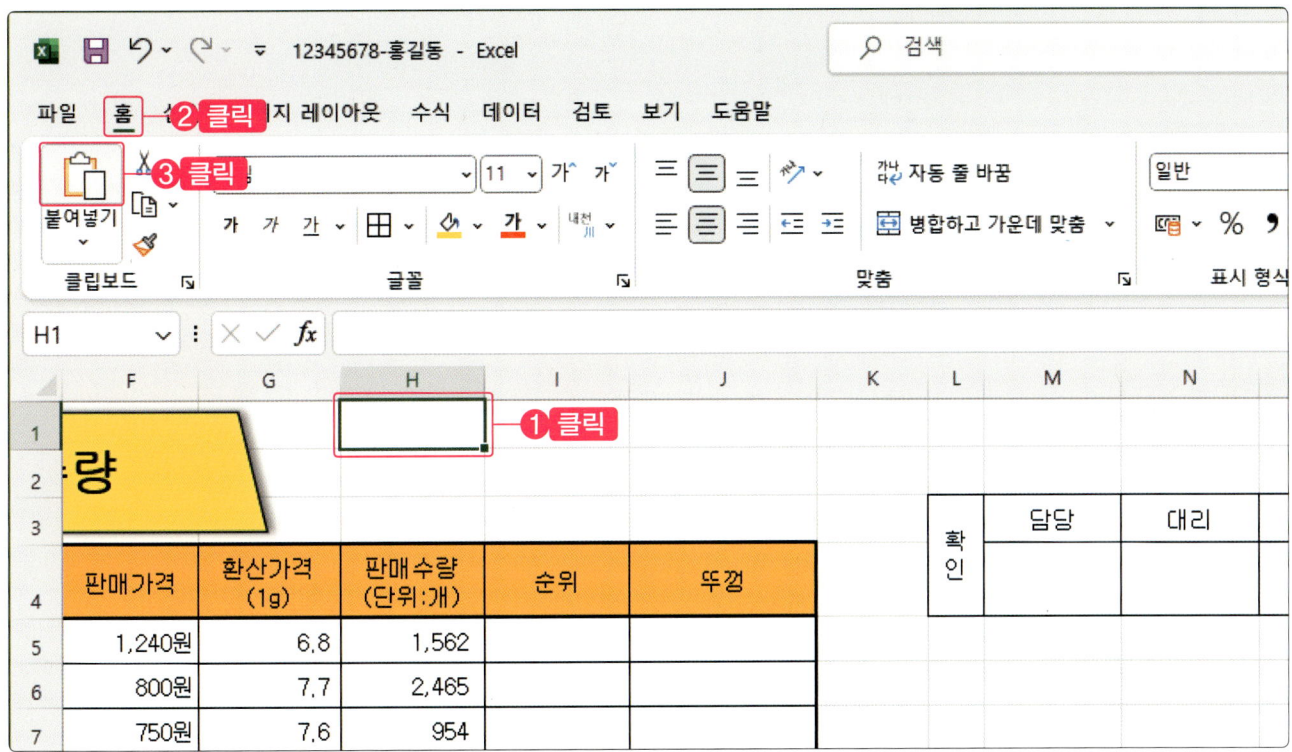

7 ≪출력형태≫를 참고하여 방향키(←,→,↑,↓) 또는 마우스를 이용하여 **결재란의 위치를 조절**합니다.

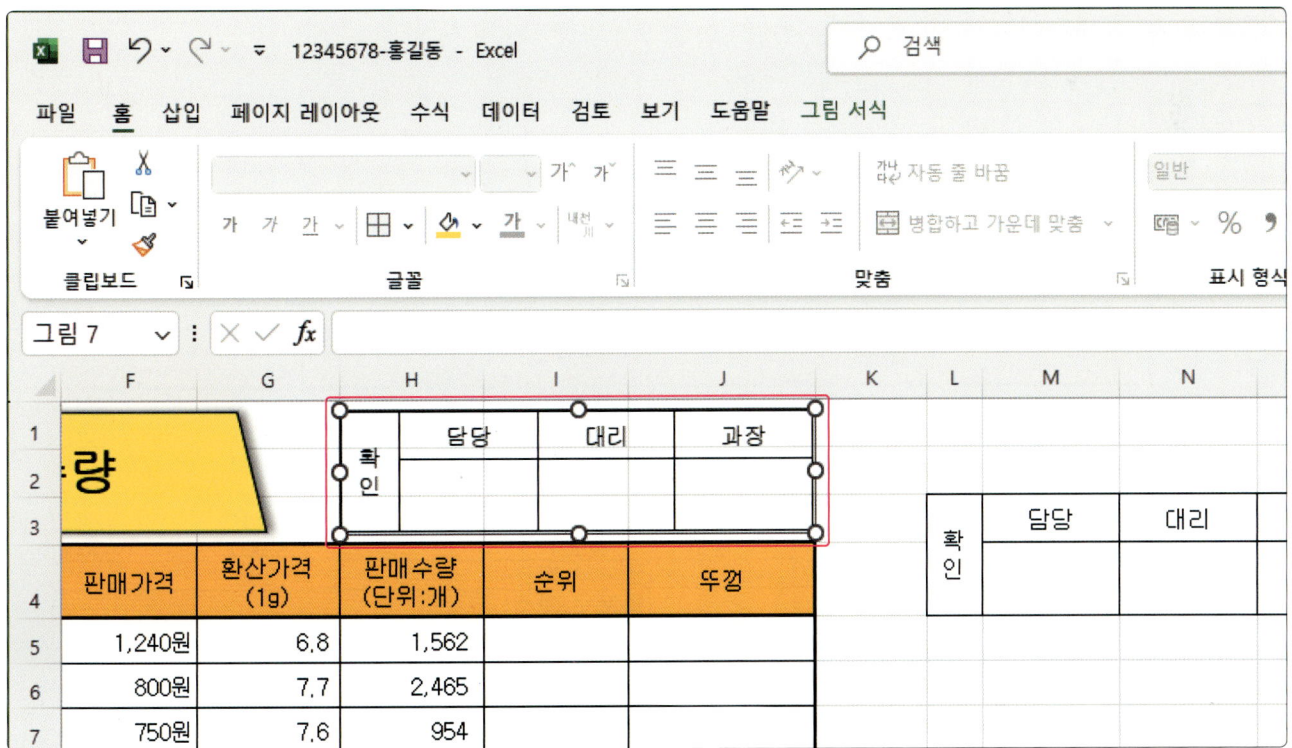

결재란은 H1:J3셀 범위 안에 들어갈 수 있도록 크기를 조절합니다.

[제2작업] 목표값 찾기 및 필터 (80점)

☞ "제1작업" 시트의 「B4:H12」영역을 복사하여 "제2작업" 시트의 「B2」셀부터 모두 붙여넣기를 한 후 다음의 조건과 같이 작업하시오.

≪조건≫

(1) 목표값 찾기 - 「B11:G11」 셀을 병합하고 가운데 맞춤한 후 "판매가격(원) 전체평균"을 입력하고, 「H11」 셀에 판매가격(원)의 전체평균을 구하시오. 단, 조건은 입력데이터를 이용하시오 (AVERAGE 함수, 테두리).
 - '판매가격(원) 전체평균'이 '54,000'이 되려면 크리스탈드롭의 판매가격(원)이 얼마가 되어야 하는지 목표값을 구하시오.

(2) 고급필터 - 코드가 'R'로 시작하거나 리뷰(개)가 '50' 이하인 자료의 상품명, 컬러, 판매가격(원), 연령 데이터만 추출하시오.
 - 조건 범위 : 「B14」 셀부터 입력하시오.
 - 복사 위치 : 「B18」 셀부터 나타나도록 하시오.

[제3작업] 정렬 및 부분합 (80점)

☞ "제1작업" 시트의 「B4:H12」영역을 복사하여 "제3작업" 시트의 「B2」셀부터 모두 붙여넣기를 한 후 다음의 조건과 같이 작업하시오.

≪조건≫

(1) 부분합 - ≪출력형태≫처럼 정렬하고, 상품명의 개수와 판매가격(원)의 평균을 구하시오.
(2) 개요【윤곽】- 지우시오.
(3) 나머지 사항은 ≪출력형태≫에 맞게 작성하시오.

≪출력형태≫

	A	B	C	D	E	F	G	H
1								
2		코드	상품명	품목	컬러	리뷰(개)	판매가격(원)	연령
3		EW150	크리스탈드롭	귀걸이	화이트	346	27,000	40대
4		RW143	행운물고기	반지	화이트	98	71,000	20대
5					화이트 평균		49,000	
6			2		화이트 개수			
7		NY239	볼드체인	목걸이	옐로우	131	98,000	50대
8		EY145	미니하트	귀걸이	옐로우	79	55,000	30대
9					옐로우 평균		76,500	
10			2		옐로우 개수			
11		BR147	트위스트	팔찌	로즈	10	41,000	20대
12		RR251	심플투라인	반지	로즈	40	39,000	20대
13		NR236	이니셜스틱	목걸이	로즈	73	63,000	40대
14		ER128	블랙플라워	귀걸이	로즈	150	34,000	60대
15					로즈 평균		44,250	
16			4		로즈 개수			
17					전체 평균		53,500	
18			8		전체 개수			
19								

〈조건〉 임의의 셀에 결재란을 작성하여 그림으로 복사 기능을 이용하여 붙이기 하시오(단, 원본 삭제).

8 L3:O4셀 범위에 작성한 결재란을 삭제하기 위해 **L:O열 머리글을 선택**한 후 **바로 가기 메뉴**의 〔**삭제**〕를 클릭합니다.

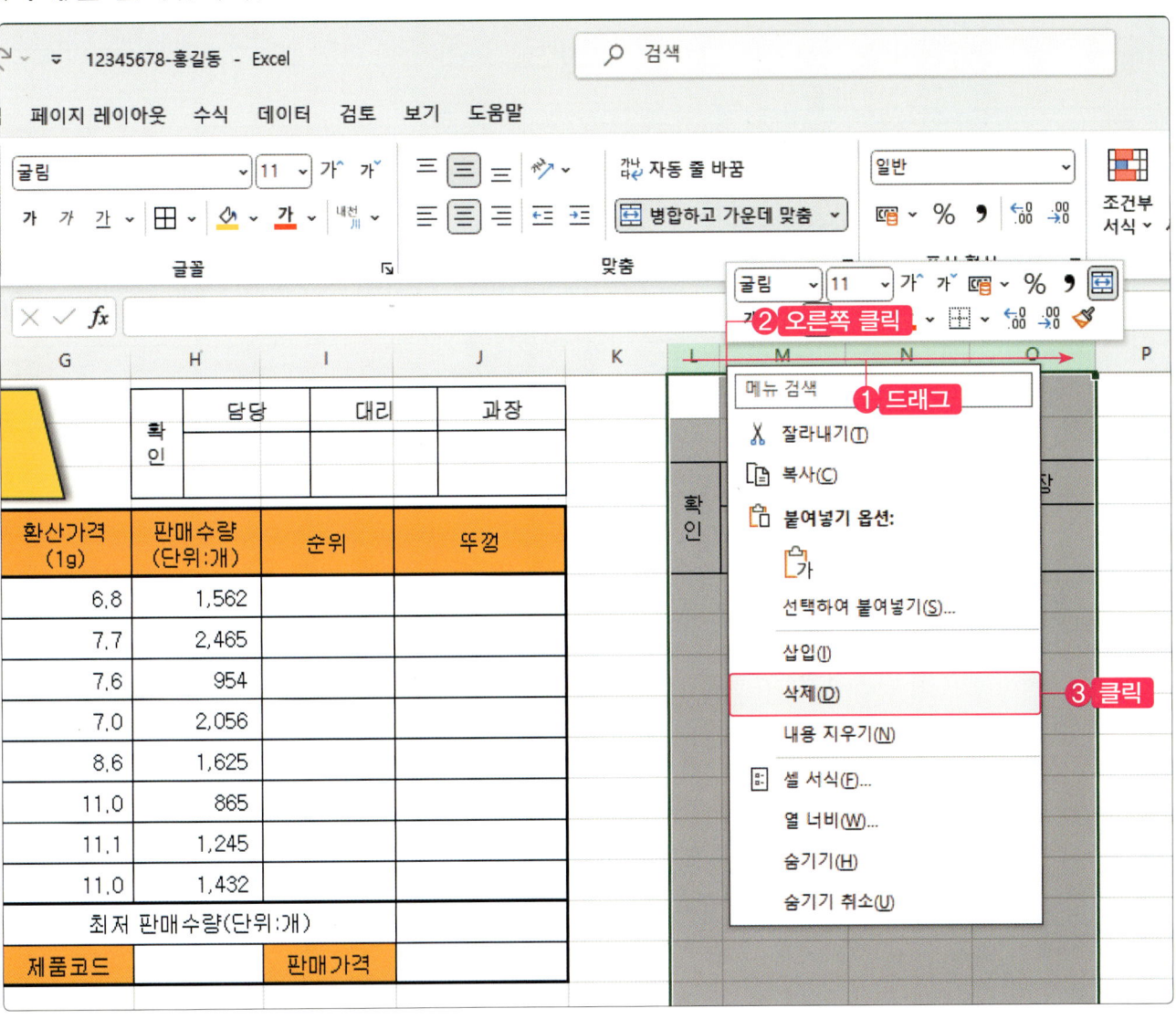

[제1작업] 표 서식 작성 및 값 계산 (240점)

☞ 다음은 '패션 쥬얼리 구매 현황'에 대한 자료이다. 자료를 입력하고 조건에 맞도록 작업하시오.

≪출력형태≫

	A	B	C	D	E	F	G	H	I	J
1				패션 쥬얼리 구매 현황				확인	담당	팀장	부장
2											
3											
4		코드	상품명	품목	컬러	리뷰(개)	판매가격(원)	연령	회원구분	순위
5		EW150	크리스탈드롭	귀걸이	화이트	346	27,000	40	(1)	(2)
6		BR147	트위스트	팔찌	로즈	10	41,000	20	(1)	(2)
7		RR251	심플투라인	반지	로즈	40	39,000	20	(1)	(2)
8		NY239	볼드체인	목걸이	옐로우	131	98,000	50	(1)	(2)
9		EY145	미니하트	귀걸이	옐로우	79	55,000	30	(1)	(2)
10		NR236	이니셜스틱	목걸이	로즈	73	63,000	40	(1)	(2)
11		RW143	행운물고기	반지	화이트	98	71,000	20	(1)	(2)
12		ER128	블랙플라워	귀걸이	로즈	150	34,000	60	(1)	(2)
13			로즈 컬러 개수		(3)			최대 판매가격(원)		(5)
14			귀걸이 품목의 판매가격(원) 평균		(4)		상품명	크리스탈드롭	리뷰(개)	(6)
15										

≪조건≫

○ 모든 데이터의 서식에는 글꼴(굴림, 11pt), 정렬은 숫자 및 회계 서식은 오른쪽 정렬, 나머지 서식은 가운데 정렬로 작성하며 예외적인 것은 ≪출력형태≫를 참조하시오.
○ 제 목 ⇒ 도형(십자형)과 그림자(오프셋 오른쪽)를 이용하여 작성하고
        "패션 쥬얼리 구매 현황"을 입력한 후 다음 서식을 적용하시오
        (글꼴-굴림, 24pt, 검정, 굵게, 채우기-노랑).
○ 임의의 셀에 결재란을 작성하여 그림으로 복사 기능을 이용하여 붙이기 하시오(단, 원본 삭제).
○ 「B4:J4, G14, I14」 영역은 '주황'으로 채우기 하시오.
○ 유효성 검사를 이용하여 「H14」셀에 상품명(「C5:C12」 영역)이 선택 표시되도록 하시오.
○ 셀 서식 ⇒ 「H5:H12」영역에 셀 서식을 이용하여 숫자 뒤에 '대'를 표시하시오(예 : 40대).
○ 「E5:E12」영역에 대해 '컬러'로 이름정의를 하시오.

☞ (1)~(6) 셀은 반드시 **주어진 함수를 이용**하여 값을 구하시오(결과값을 직접 입력하면 해당 셀은 0점 처리됨).

(1) 회원구분 ⇒ 코드의 세 번째 값이 1이면 '회원', 그 외에는 '비회원'으로 표시하시오
            (IF, MID 함수).
(2) 순위 ⇒ 리뷰(개)의 내림차순 순위를 구한 결과값에 '위'를 붙이시오(RANK.EQ 함수, & 연산자)(예 : 1위).
(3) 로즈 컬러 개수 ⇒ 정의된 이름(컬러)을 이용하여 구하시오(COUNTIF 함수).
(4) 귀걸이 품목의 판매가격(원) 평균 ⇒ 반올림하여 천원 단위까지 구하고, 조건은 입력데이터를 이용하시오
            (ROUND, DAVERAGE 함수)(예 : 37,657 →38,000).
(5) 최대 판매가격(원) ⇒ (MAX 함수)
(6) 리뷰(개) ⇒ 「H14」셀에서 선택한 상품명에 대한 리뷰(개)를 구하시오(VLOOKUP 함수).
(7) 조건부 서식을 이용하여 리뷰(개) 셀에 데이터 막대 스타일(파랑)을 최소값 및 최대값으로 적용하시오.

STEP 07 데이터 유효성 검사 설정하고 이름 정의하기

(조건)
- 유효성 검사를 이용하여 「H14」셀에 제품코드(「B5:B12」 영역)가 선택 표시되도록 하시오.
- 「F5:F12」영역에 대해 '판매가격'으로 이름정의를 하시오.

1 데이터 유효성 검사를 설정하기 위해 **H14셀을 선택**한 후 [데이터] 탭-[데이터 도구] 그룹에서 [**데이터 유효성 검사**]를 클릭합니다.

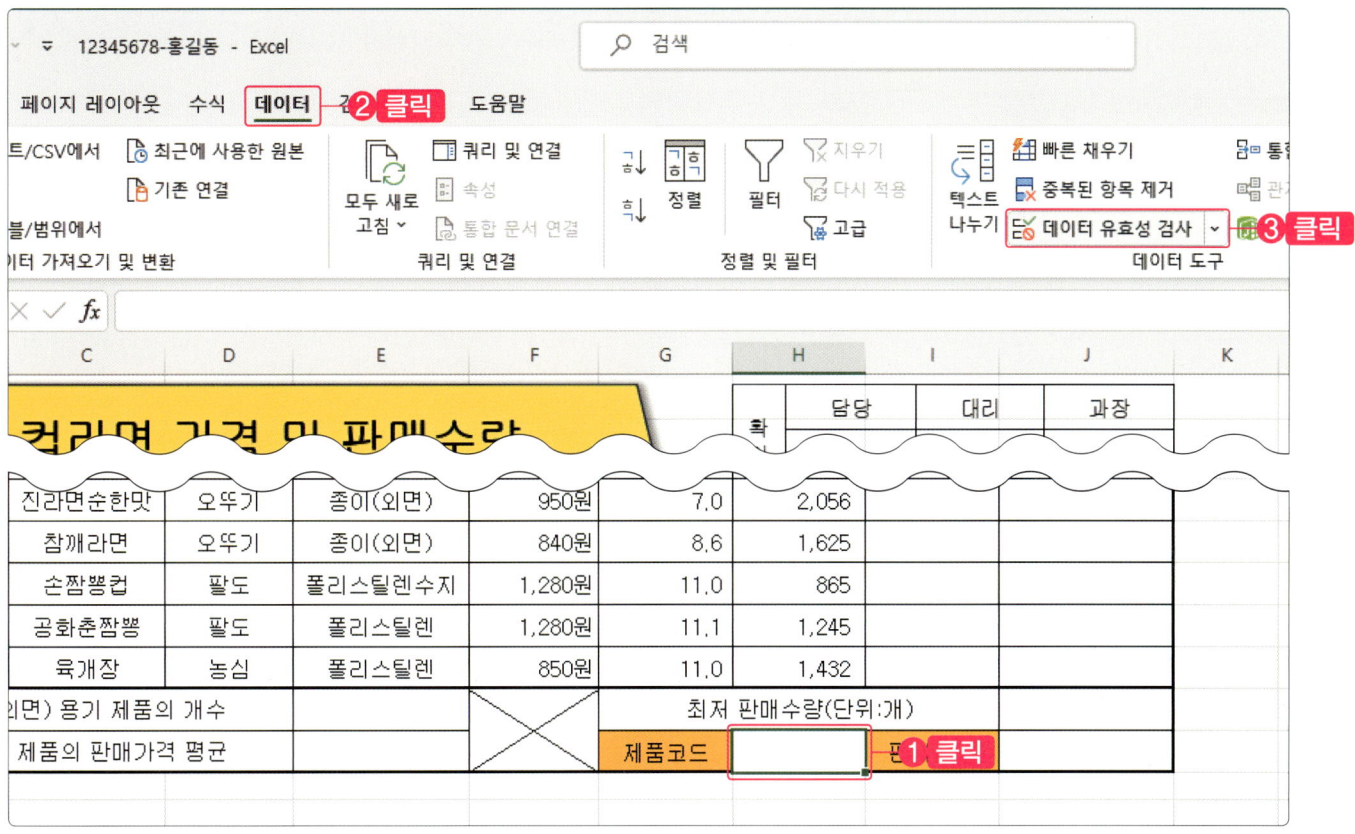

> 데이터 유효성 검사는 입력할 수 있는 데이터를 지정하여 데이터를 잘못 입력하면 입력할 수 없도록 제한하는 기능입니다.

2 [데이터 유효성] 대화상자가 나타나면 [설정] 탭에서 **제한 대상(목록)을 선택**한 후 **원본(=$B$5:$B$12)을 입력**한 다음 [확인] 단추를 클릭합니다.

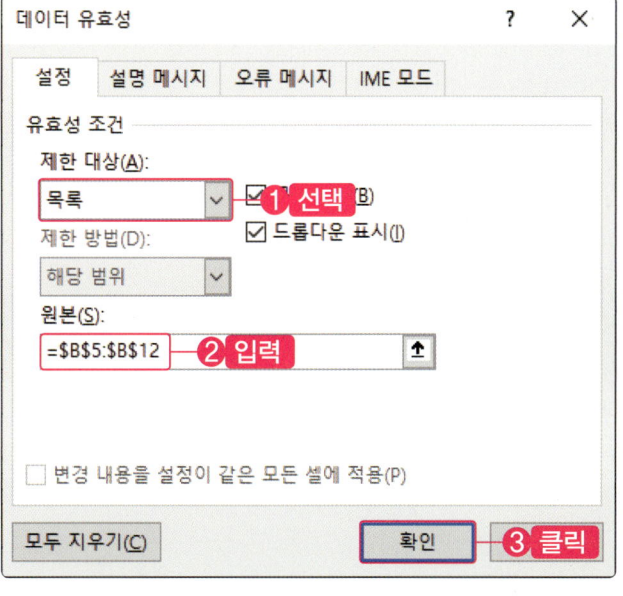

- 원본의 범위는 B5:B12셀을 드래그하여 지정할 수도 있습니다.
- [모두 지우기] 단추를 클릭하면 설정된 데이터 유효성 검사가 제거됩니다.

제10회 ITQ 실전모의문제

과목	코드	문제유형	시험시간	수험번호	성명
한글엑셀	1122	A	60분		

수험자 유의사항

- 수험자는 문제지를 받는 즉시 문제지와 <u>수험표상의 시험과목(프로그램)이 동일한지 반드시 확인</u>하여야 합니다.

- 파일명은 본인의 "수험번호-성명"으로 입력하여 답안폴더(내 PC\문서\ITQ)에 하나의 파일로 저장해야 하며, 답안문서 파일명이 "수험번호-성명"과 일치하지 않거나, 답안파일을 전송하지 않아 미제출로 처리될 경우 실격 처리합니다(예:12345678-홍길동.xlsx).

- 답안 작성을 마치면 파일을 저장하고, '답안 전송' 버튼을 선택하여 감독위원 PC로 답안을 전송하십시오. 수험생 정보와 저장한 파일명이 다를 경우 전송되지 않으므로 주의하시기 바랍니다.

- 답안 작성 중에도 <u>주기적으로 저장하고, '답안 전송'</u>하여야 문제 발생을 줄일 수 있습니다. 작업한 내용을 저장하지 않고 전송할 경우 이전에 저장된 내용이 전송되오니 이점 유의하시기 바랍니다.

- 답안문서는 지정된 경로 외의 다른 보조기억장치에 저장하는 경우, 지정된 시험 시간 외에 작성된 파일을 활용할 경우, 기타 통신수단(이메일, 메신저, 네트워크 등)을 이용하여 타인에게 전달 또는 외부 반출하는 경우는 부정 처리합니다.

- 시험 중 부주의 또는 고의로 시스템을 파손한 경우는 수험자가 변상해야 하며, 〈수험자 유의사항〉에 기재된 방법대로 이행하지 않아 생기는 불이익은 수험생 당사자의 책임임을 알려 드립니다.

- 문제의 조건은 MS오피스 2021 버전으로 설정되어 있으며 MS오피스 2016은 【 】에 표기되어 있습니다. 이와 관련하여 작성한 답안의 출력형태가 문제지와 다를 수 있습니다.

- 시험을 완료한 수험자는 답안파일이 전송되었는지 확인한 후 감독위원의 지시에 따라 문제지를 제출하고 퇴실합니다.

답안 작성요령

- 온라인 답안 작성 절차
  수험자 등록 ⇒ 시험 시작 ⇒ 답안파일 저장 ⇒ 답안 전송 ⇒ 시험 종료

- 문제는 총 4단계, 즉 제1작업부터 제4작업까지 구성되어 있으며 반드시 제1작업부터 순서대로 작성하고 조건대로 작업하시오.

- 모든 작업시트의 A열은 열 너비 '1'로, 나머지 열은 적당하게 조절하시오.

- 모든 작업시트의 테두리는 ≪출력형태≫와 같이 작업하시오.

- 해당 작업란에서는 각각 제시된 조건에 따라 ≪출력형태≫와 같이 작업하시오.

- 답안 시트 이름은 "제1작업", "제2작업", "제3작업", "제4작업"이어야 하며 답안 시트 이외의 것은 감점 처리됩니다.

- 각 시트를 파일로 나누어 작업해서 저장할 경우 실격 처리됩니다.

kpc 한국생산성본부

〈조건〉
- 유효성 검사를 이용하여 「H14」셀에 제품코드(「B5:B12」영역)가 선택 표시되도록 하시오.
- 「F5:F12」영역에 대해 '판매가격'으로 이름정의를 하시오.

3 데이터 유효성 검사가 설정되면 **H14셀을 선택**한 후 데이터 유효성 검사의 [목록(▼)] 단추를 클릭한 다음 'NG43-411'를 클릭합니다.

H14셀을 선택하면 [데이터 유효성] 대화상자의 [설정] 탭에서 [드롭다운 표시]가 선택되어 있었기 때문에 데이터 유효성 검사의 [목록(▼)] 단추가 나타납니다. 데이터 유효성 검사의 [목록(▼)] 단추를 클릭하면 [제한 대상]을 '목록'으로 지정하고 [원본]에 '=$B$5:$B$12'를 입력했기 때문에 B5:B12셀 범위에 있는 데이터가 나타납니다.

4 제품코드가 입력되면 이름을 정의하기 위해 **F5:F12셀 범위를 선택**한 후 [수식] 탭-[정의된 이름] 그룹에서 [**이름 정의**]를 클릭합니다.

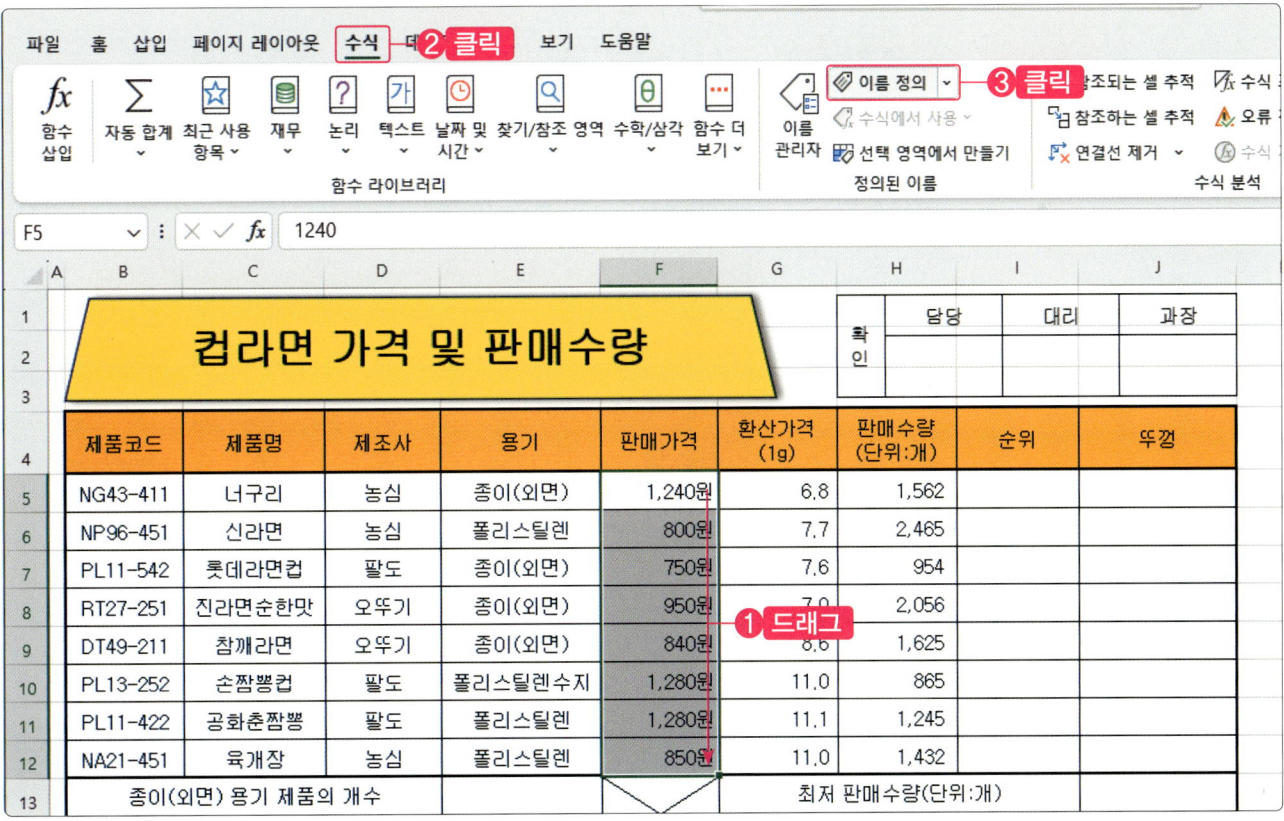

- 이름 정의는 셀이나 셀 범위에 이름을 지정하여 셀이나 셀 범위를 참조할 때 정의한 이름으로 참조할 수 있도록 하는 기능입니다.
- F5:F12셀 범위를 선택한 후 이름 상자에 '판매가격'이라고 입력한 다음 Enter 를 눌러 이름을 정의할 수도 있습니다.

[제4작업] 그래프 (100점)

☞ "제1작업" 시트를 이용하여 조건에 따라 ≪출력형태≫와 같이 작업하시오.

≪조건≫

  (1) 차트 종류 ⇒ <묶은 세로 막대형>으로 작업하시오.
  (2) 데이터 범위 ⇒ "제1작업" 시트의 내용을 이용하여 작업하시오.
  (3) 위치 ⇒ "새 시트"로 이동하고, "제4작업"으로 시트 이름을 바꾸시오.
  (4) 차트 디자인 도구 ⇒ 레이아웃 3, 스타일 1을 선택하여 ≪출력형태≫에 맞게 작업하시오.
  (5) 영역 서식 ⇒ 차트 : 글꼴(굴림, 11pt), 채우기 효과(질감-파랑 박엽지)
     그림 : 채우기(흰색, 배경1)
  (6) 제목 서식 ⇒ 차트 제목 : 글꼴(굴림, 굵게, 20pt), 채우기(흰색, 배경1), 테두리
  (7) 서식 ⇒ 반품건수 계열의 차트 종류를 <표식이 있는 꺾은선형>으로 변경한 후 보조 축으로 지정하시오.
     계열 : ≪출력형태≫를 참조하여 표식(세모, 크기 10)과 레이블 값을 표시하시오.
     눈금선 : 선 스타일-파선
     축 : ≪출력형태≫를 참조하시오.
  (8) 범례 ⇒ 범례명을 변경하고 ≪출력형태≫를 참조하시오.
  (9) 도형 ⇒ '모서리가 둥근 사각형 설명선'을 삽입한 후 ≪출력형태≫와 같이 내용을 입력하시오.
  (10) 나머지 사항은 ≪출력형태≫에 맞게 작성하시오.

≪출력형태≫

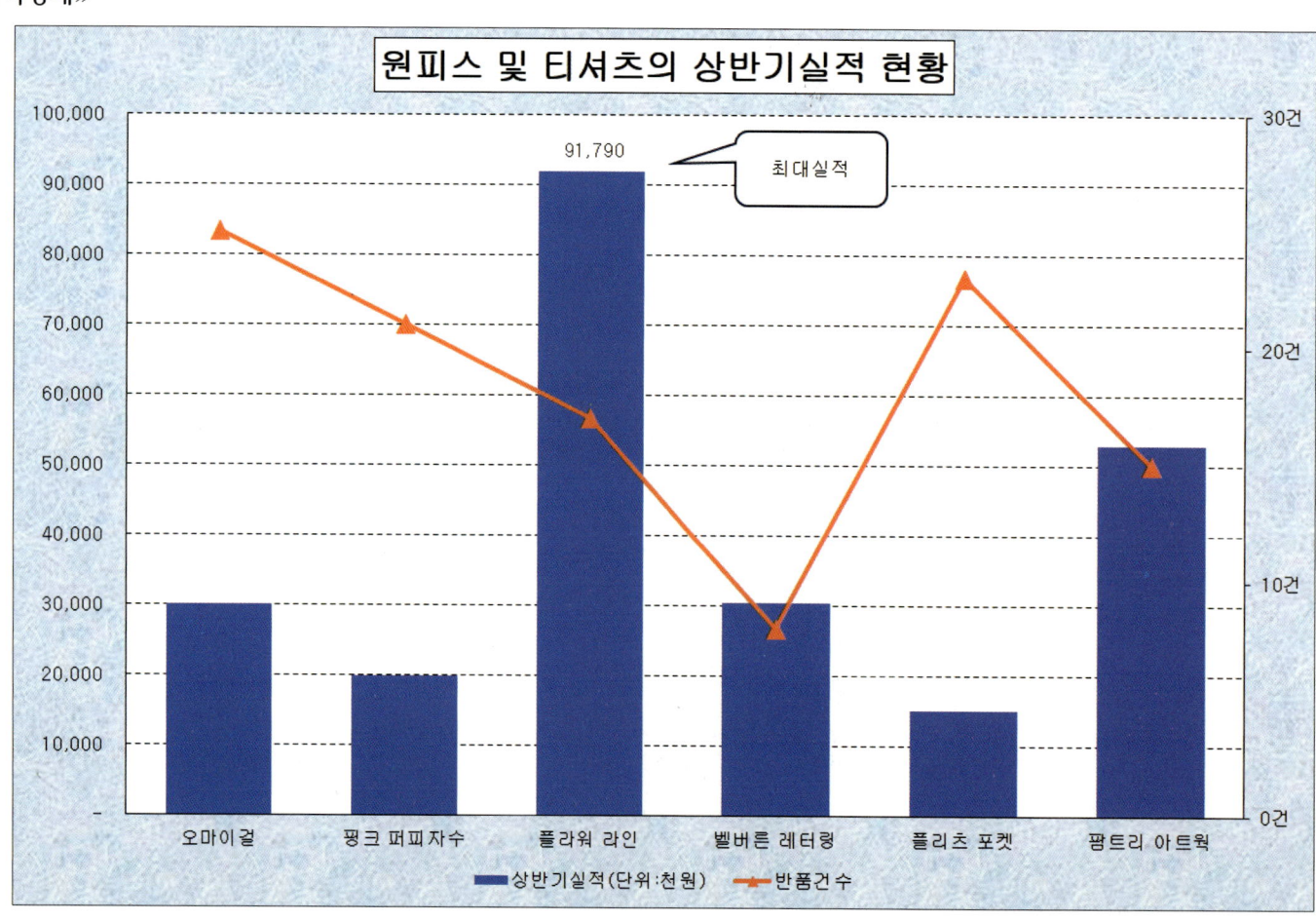

주의 ☞ 시트명 순서가 차례대로 "제1작업", "제2작업", "제3작업", "제4작업"이 되도록 할 것.

〈조건〉 • 「F5:F12」영역에 대해 '판매가격'으로 이름정의를 하시오.

5 〔새 이름〕 대화상자가 나타나면 **이름(판매가격)을 입력**한 후 〔확인〕 단추를 클릭합니다.

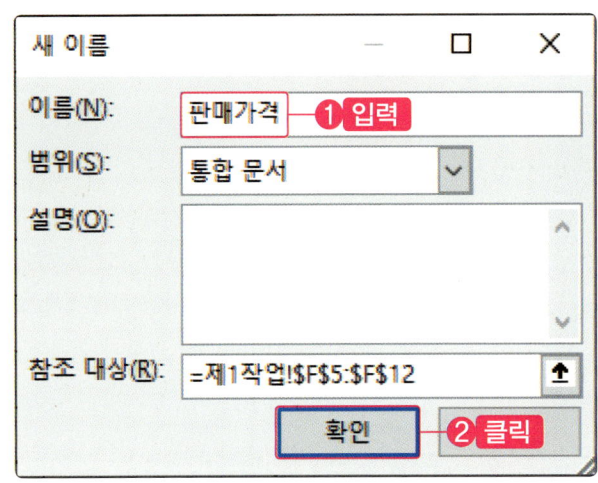

6 다음과 같이 F5:F12셀 범위를 선택하면 **이름이 정의된 것을 확인**할 수 있습니다.

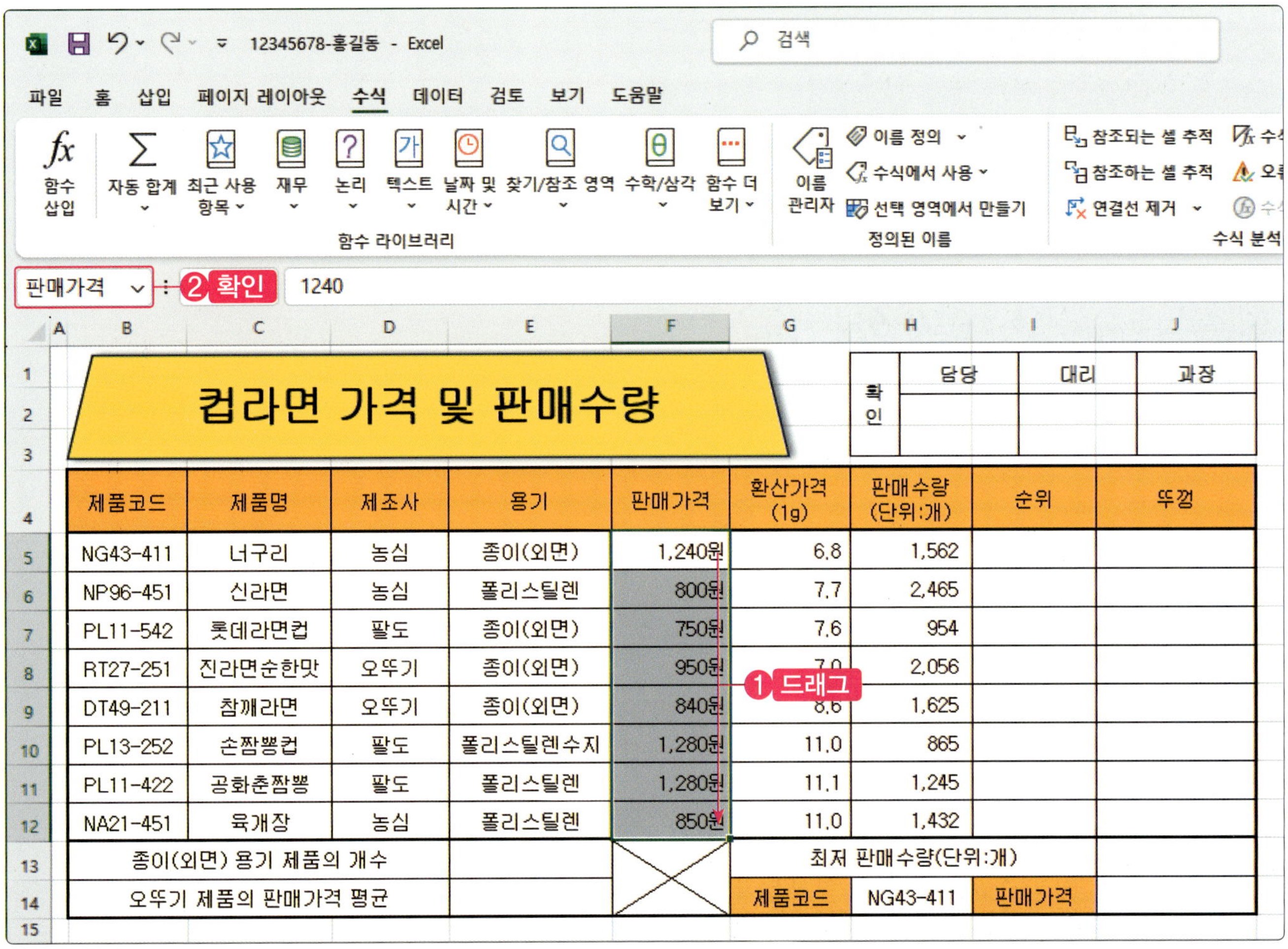

정의된 이름 삭제하기

〔수식〕 탭-〔정의된 이름〕 그룹에서 〔이름 관리자〕를 클릭하면 〔이름 관리자〕 대화상자가 나타납니다. 〔이름 관리자〕 대화상자에서 정의된 이름을 선택한 후 〔삭제〕 단추를 클릭하면 정의된 이름을 삭제할 수 있습니다.

[제2작업] 목표값 찾기 및 필터 (80점)

☞ "제1작업" 시트의 「B4:H12」영역을 복사하여 "제2작업" 시트의 「B2」셀부터 모두 붙여넣기를 한 후 다음의 조건과 같이 작업하시오.

≪조건≫

(1) 목표값 찾기 - 「B11:G11」 셀을 병합하고 가운데 맞춤한 후 "가디건상품의 상반기실적(단위:천원) 평균"을 입력하고, 「H11」 셀에 가디건상품의 상반기실적(단위:천원) 평균을 구하시오. 단, 조건은 입력데이터를 이용하시오(DAVERAGE 함수, 테두리).
  - '가디건상품의 상반기실적(단위:천원) 평균'이 '26,000'이 되려면 크롭 니트의 상반기실적(단위:천원)이 얼마가 되어야 하는지 목표값을 구하시오.

(2) 고급필터 - 분류가 '원피스'이면서 반품건수가 '20' 이상인 자료의 상품코드, 담당자, 상반기실적(단위:천원), 반품건수 데이터만 추출하시오.
  - 조건 범위 : 「B14」 셀부터 입력하시오.
  - 복사 위치 : 「B18」 셀부터 나타나도록 하시오.

[제3작업] 정렬 및 부분합 (80점)

☞ "제1작업" 시트의 「B4:H12」영역을 복사하여 "제3작업" 시트의 「B2」셀부터 모두 붙여넣기를 한 후 다음의 조건과 같이 작업하시오.

≪조건≫

(1) 부분합 - ≪출력형태≫처럼 정렬하고, 상품명의 개수와 상반기실적(단위:천원) 평균을 구하시오.
(2) 개요【윤곽】- 지우시오.
(3) 나머지 사항은 ≪출력형태≫에 맞게 작성하시오.

≪출력형태≫

	A	B	C	D	E	F	G	H
1								
2		상품코드	상품명	분류	담당자	상반기목표 (단위:천원)	상반기실적 (단위:천원)	반품건수
3		EX-366	핑크 퍼피자수	티셔츠	한여정	21,770	19,830	21건
4		CA-135	플라워 라인	티셔츠	김시내	61,330	91,790	17건
5		FE-324	벨버른 레터링	티셔츠	천정우	43,030	30,430	8건
6				티셔츠 평균			47,350	
7			3	티셔츠 개수				
8		VS-213	오마이걸	원피스	홍용호	22,730	30,130	25건
9		MS-376	플리츠 포켓	원피스	길현지	15,730	15,030	23건
10		MS-146	팜트리 아트웍	원피스	방서찬	67,740	52,830	15건
11				원피스 평균			32,663	
12			3	원피스 개수				
13		FS-121	크롭 니트	가디건	김성은	31,130	41,190	34건
14		CE-897	셔링 슬리브	가디건	김진영	10,180	10,300	6건
15				가디건 평균			25,745	
16			2	가디건 개수				
17				전체 평균			36,441	
18			8	전체 개수				
19								

1 다음은 '우리 인테리어 공사현황보고'에 대한 자료이다. 자료를 입력하고 조건에 맞도록 작업하시오.

▶ 소스파일 : Part 01\Chapter 02\문제01.xlsx   ▶ 완성파일 : Part 01\Chapter 02\문제01_완성.xlsx

《출력형태》

	A	B	C	D	E	F	G	H	I	J
1								결재	점장	부장	대표
2		우리 인테리어 공사현황보고								
3										
4		관리번호	주택명	지역	공사기간(일)	총공사비	공사시작일	공사내용	구분	선수금(단위:원)
5		B2-001	화이트빌	경기	5	8,558,000	2023-02-06	욕실		
6		K1-001	푸르지오	서울	4	10,250,000	2023-03-20	주방		
7		K3-002	시그마	경기	3	7,870,000	2023-01-30	주방		
8		A1-001	아이파크	인천	13	28,850,000	2023-02-20	전체		
9		B1-002	파크타운	서울	5	5,778,000	2023-03-06	욕실		
10		B3-003	트레스벨	경기	6	9,560,000	2023-02-13	욕실		
11		A2-002	그린빌	서울	17	32,170,000	2023-02-27	전체		
12		K2-003	한솔마을	인천	4	6,768,000	2023-03-08	주방		
13		서울지역 총 공사건수					✕	가장 긴 공사기간(일)		
14		욕실 총공사비 합계						관리번호	B2-001	총공사비	

《조건》

○ 모든 데이터의 서식에는 글꼴(굴림, 11pt), 정렬은 숫자 및 회계 서식은 오른쪽 정렬, 나머지 서식은 가운데 정렬로 작성하며 예외적인 것은 《출력형태》를 참조하시오.
○ 제 목 ⇒ 도형(배지)과 그림자(오프셋 오른쪽)를 이용하여 작성하고
　　　　　"우리 인테리어 공사현황보고"를 입력한 후 다음 서식을 적용하시오
　　　　　(글꼴-굴림, 24pt, 검정, 굵게, 채우기-노랑).
○ 임의의 셀에 결재란을 작성하여 그림으로 복사 기능을 이용하여 붙이기 하시오(단, 원본 삭제).
○ 「B4:J4, G14, I14」 영역은 '주황'으로 채우기 하시오.
○ 유효성 검사를 이용하여 「H14」 셀에 관리번호(「B5:B12」 영역)가 선택 표시되도록 하시오.
○ 셀 서식 ⇒ 「F5:F12」 영역에 셀 서식을 이용하여 숫자 뒤에 '원'을 표시하시오(예 : 8,558,000원).
○ 「E5:E12」 영역에 대해 '공사기간'으로 이름정의를 하시오.

[제1작업] 표 서식 작성 및 값 계산 (240점)

☞ 다음은 '여성의류 판매실적 현황'에 대한 자료이다. 자료를 입력하고 조건에 맞도록 작업하시오.

≪출력형태≫

상품코드	상품명	분류	담당자	상반기목표 (단위:천원)	상반기실적 (단위:천원)	반품건수	협찬	반품순위
FS-121	크롭 니트	가디건	김성은	31,130	41,190	34	(1)	(2)
VS-213	오마이걸	원피스	홍용호	22,730	30,130	25	(1)	(2)
EX-366	핑크 퍼피자수	티셔츠	한여정	21,770	19,830	21	(1)	(2)
CE-897	셔링 슬리브	가디건	김진영	10,180	10,300	6	(1)	(2)
CA-135	플라워 라인	티셔츠	김시내	61,330	91,790	17	(1)	(2)
FE-324	벨버튼 레터링	티셔츠	천정우	43,030	30,430	8	(1)	(2)
MS-376	플리츠 포켓	원피스	길현지	15,730	15,030	23	(1)	(2)
MS-146	팜트리 아트웍	원피스	방서찬	67,740	52,830	15	(1)	(2)
플라워 라인의 상반기목표(단위:천원)			(3)		가디건 상반기실적(단위:천원) 합계			(5)
최대 상반기실적(단위:천원)			(4)		상품명	크롭 니트	반품건수	(6)

확인 / 담당 / 대리 / 과장

≪조건≫

○ 모든 데이터의 서식에는 글꼴(굴림, 11pt), 정렬은 숫자 및 회계 서식은 오른쪽 정렬, 나머지 서식은 가운데 정렬로 작성하며 예외적인 것은 ≪출력형태≫를 참조하시오.
○ 제　목 ⇒ 도형(팔각형)과 그림자(오프셋 오른쪽)를 이용하여 작성하고
　　　　　　"여성의류 판매실적 현황"을 입력한 후 다음 서식을 적용하시오
　　　　　　(글꼴-굴림, 24pt, 검정, 굵게, 채우기-노랑).
○ 임의의 셀에 결재란을 작성하여 그림으로 복사 기능을 이용하여 붙이기 하시오(단, 원본 삭제).
○ 「B4:J4, G14, I14」 영역은 '주황'으로 채우기 하시오.
○ 유효성 검사를 이용하여 「H14」셀에 상품명(「C5:C12」영역)이 선택 표시되도록 하시오.
○ 셀 서식 ⇒ 「H5:H12」영역에 셀 서식을 이용하여 숫자 뒤에 '건'을 표시하시오(예 : 34건).
○ 「H5:H12」영역에 대해 '반품건수'로 이름정의를 하시오.

☞ (1)~(6) 셀은 반드시 **주어진 함수를 이용**하여 값을 구하시오(결과값을 직접 입력하면 해당 셀은 0점 처리됨).

(1) 협찬 ⇒ 상품코드의 4번째 글자가 1이면 '연예인 협찬', 그 외에는 공백으로 구하시오(IF, MID함수).
(2) 반품순위 ⇒ 정의된 이름(반품건수)을 이용하여 반품건수의 내림차순 순위를 구한 결과값에 '위'를 붙이시오
　　　　　　　(RANK.EQ 함수, & 연산자)(예 : 1위).
(3) 플라워 라인의 상반기목표(단위:천원) ⇒ (INDEX, MATCH 함수)
(4) 최대 상반기실적(단위:천원) ⇒ (MAX 함수)
(5) 가디건 상반기실적(단위:천원) 합계 ⇒ (DSUM 함수)
(6) 반품건수 ⇒ 「H14」셀에서 선택한 상품명에 대한 반품건수를 표시하시오(VLOOKUP 함수).
(7) 조건부 서식의 수식을 이용하여 반품건수가 '10' 이하인 행 전체에 다음의 서식을 적용하시오
　　(글꼴 : 파랑, 굵게).

2 다음은 '1월 사원 출장 현황'에 대한 자료이다. 자료를 입력하고 조건에 맞도록 작업하시오.

▶ 소스파일 : Part 01\Chapter 02\문제02.xlsx   ▶ 완성파일 : Part 01\Chapter 02\문제02_완성.xlsx

《출력형태》

사원번호	사원명	직급	부서명	출장비 (단위:원)	출장일수	출발일자	출발요일	비고
C11-23	민시후	사원	영업부	520,000	6	2024-01-07		
C10-25	한창훈	사원	인사부	128,000	2	2024-01-21		
A07-01	윤정은	대리	영업부	225,000	2	2024-01-07		
A07-45	조재은	사원	기획부	415,000	3	2024-01-03		
E10-25	박금희	대리	인사부	280,000	2	2024-01-15		
A08-23	한효빈	과장	기획부	546,000	5	2024-01-17		
E09-53	김지은	과장	영업부	197,000	3	2024-01-06		
E09-12	김지효	대리	기획부	150,000	2	2024-01-12		
인사부의 출장일수 평균					╳	최대 출장비(단위:원)		
사원의 출장일수 합계						사원번호	C11-23	출장일수

(결재: 담당, 팀장, 부장)

제목: 1월 사원 출장현황

《조건》

○ 모든 데이터의 서식에는 글꼴(굴림, 11pt), 정렬은 숫자 및 회계 서식은 오른쪽 정렬, 나머지 서식은 가운데 정렬로 작성하며 예외적인 것은 ≪출력형태≫를 참조하시오.
○ 제 목 ⇒ 도형(평행 사변형)과 그림자(오프셋 오른쪽)를 이용하여 작성하고
"1월 사원 출장 현황"을 입력한 후 다음 서식을 적용하시오
(글꼴-굴림, 24pt, 검정, 굵게, 채우기-노랑).
○ 임의의 셀에 결재란을 작성하여 그림으로 복사 기능을 이용하여 붙이기 하시오(단, 원본 삭제).
○ 「B4:J4, G14, I14」 영역은 '주황'으로 채우기 하시오.
○ 유효성 검사를 이용하여 「H14」 셀에 사원번호(「B5:B12」 영역)가 선택 표시되도록 하시오.
○ 셀 서식 ⇒ 「G5:G12」 영역에 셀 서식을 이용하여 숫자 뒤에 '일'을 표시하시오(예 : 6일).
○ 「F5:F12」 영역에 대해 '출장비'로 이름정의를 하시오.

제09회 ITQ 실전모의문제

과목	코드	문제유형	시험시간	수험번호	성명
한글엑셀	1122	C	60분		

수험자 유의사항

- 수험자는 문제지를 받는 즉시 문제지와 <u>수험표상의 시험과목(프로그램)이 동일한지 반드시 확인</u>하여야 합니다.

- 파일명은 본인의 "수험번호-성명"으로 입력하여 답안폴더(내 PC₩문서₩ITQ)에 하나의 파일로 저장해야 하며, 답안문서 파일명이 "수험번호-성명"과 일치하지 않거나, 답안파일을 전송하지 않아 미제출로 처리될 경우 실격 처리합니다(예:12345678-홍길동.xlsx).

- 답안 작성을 마치면 파일을 저장하고, '답안 전송' 버튼을 선택하여 감독위원 PC로 답안을 전송하십시오. 수험생 정보와 저장한 파일명이 다를 경우 전송되지 않으므로 주의하시기 바랍니다.

- 답안 작성 중에도 <u>주기적으로 저장하고, '답안 전송'</u>하여야 문제 발생을 줄일 수 있습니다. 작업한 내용을 저장하지 않고 전송할 경우 이전에 저장된 내용이 전송되오니 이점 유의하시기 바랍니다.

- 답안문서는 지정된 경로 외의 다른 보조기억장치에 저장하는 경우, 지정된 시험 시간 외에 작성된 파일을 활용할 경우, 기타 통신수단(이메일, 메신저, 네트워크 등)을 이용하여 타인에게 전달 또는 외부 반출하는 경우는 부정 처리합니다.

- 시험 중 부주의 또는 고의로 시스템을 파손한 경우는 수험자가 변상해야 하며, 〈수험자 유의사항〉에 기재된 방법대로 이행하지 않아 생기는 불이익은 수험생 당사자의 책임임을 알려 드립니다.

- 문제의 조건은 MS오피스 2021 버전으로 설정되어 있으며 MS오피스 2016은 【 】에 표기되어 있습니다. 이와 관련하여 작성한 답안의 출력형태가 문제지와 다를 수 있습니다.

- 시험을 완료한 수험자는 답안파일이 전송되었는지 확인한 후 감독위원의 지시에 따라 문제지를 제출하고 퇴실합니다.

답안 작성요령

- 온라인 답안 작성 절차
  수험자 등록 ⇒ 시험 시작 ⇒ 답안파일 저장 ⇒ 답안 전송 ⇒ 시험 종료

- 문제는 총 4단계, 즉 제1작업부터 제4작업까지 구성되어 있으며 반드시 제1작업부터 순서대로 작성하고 조건대로 작업하시오.

- 모든 작업시트의 A열은 열 너비 '1'로, 나머지 열은 적당하게 조절하시오.

- 모든 작업시트의 테두리는 ≪출력형태≫와 같이 작업하시오.

- 해당 작업란에서는 각각 제시된 조건에 따라 ≪출력형태≫와 같이 작업하시오.

- 답안 시트 이름은 "제1작업", "제2작업", "제3작업", "제4작업"이어야 하며 답안 시트 이외의 것은 감점 처리됩니다.

- 각 시트를 파일로 나누어 작업해서 저장할 경우 실격 처리됩니다.

kpc 한국생산성본부

3 다음은 'JS렌터카 렌트 현황'에 대한 자료이다. 자료를 입력하고 조건에 맞도록 작업하시오.

▶ 소스파일 : Part 01\Chapter 02\문제03.xlsx   ▶ 완성파일 : Part 01\Chapter 02\문제03_완성.xlsx

《출력형태》

						결재	담당	과장	본부장

JS렌터카 렌트 현황

차량코드	렌트차종	출고일	제조사	렌트기간	렌트비용(단위:원)	연료	연식	차량구분
M-0571	SM3	2015-06-10	르노코리아	5	342,000	전기		
R-0253	스타렉스	2013-05-10	현대자동차	3	325,000	LPG		
L-9372	그랜저 TG	2011-02-20	현대자동차	2	175,000	가솔린		
R-8133	뉴카니발	2012-12-20	기아자동차	4	215,000	디젤		
L-4502	다이너스티	2010-09-30	현대자동차	1	85,000	가솔린		
C-6362	에쿠스	2012-05-20	현대자동차	2	165,000	가솔린		
M-7201	K5	2010-04-15	기아자동차	4	270,000	LPG		
R-9353	QM3	2014-03-15	르노코리아	1	95,000	디젤		
기아자동차 렌트기간의 평균					최대 렌트비용(단위:원)			
르노코리아 렌트비용(단위:원)의 합계					차량코드	M-0571	렌트기간	

《조건》

○ 모든 데이터의 서식에는 글꼴(굴림, 11pt), 정렬은 숫자 및 회계 서식은 오른쪽 정렬, 나머지 서식은 가운데 정렬로 작성하며 예외적인 것은 ≪출력형태≫를 참조하시오.
○ 제 목 ⇒ 도형(사다리꼴)과 그림자(오프셋 오른쪽)를 이용하여 작성하고
"JS렌터카 렌트 현황"을 입력한 후 다음 서식을 적용하시오
(글꼴-굴림, 24pt, 검정, 굵게, 채우기-노랑).
○ 임의의 셀에 결재란을 작성하여 그림으로 복사 기능을 이용하여 붙이기 하시오(단, 원본 삭제).
○ 「B4:J4, G14, I14」 영역은 '주황'으로 채우기 하시오.
○ 유효성 검사를 이용하여 「H14」 셀에 차량코드(「B5:B12」 영역)가 선택 표시되도록 하시오.
○ 셀 서식 ⇒ 「F5:F12」 영역에 셀 서식을 이용하여 숫자 뒤에 '일'을 표시하시오(예 : 5일).
○ 「G5:G12」 영역에 대해 '렌트비용'으로 이름정의를 하시오.

[제4작업] 그래프 (100점)

☞ "제1작업" 시트를 이용하여 조건에 따라 ≪출력형태≫와 같이 작업하시오.

≪조건≫

(1) 차트 종류 ⇒ <묶은 세로 막대형>으로 작업하시오.
(2) 데이터 범위 ⇒ "제1작업" 시트의 내용을 이용하여 작업하시오.
(3) 위치 ⇒ "새 시트"로 이동하고, "제4작업"으로 시트 이름을 바꾸시오.
(4) 차트 디자인 도구 ⇒ 레이아웃 3, 스타일 1을 선택하여 ≪출력형태≫에 맞게 작업하시오.
(5) 영역 서식 ⇒ 차트 : 글꼴(굴림, 11pt), 채우기 효과(질감-분홍 박엽지)
     그림 : 채우기(흰색, 배경1)
(6) 제목 서식 ⇒ 차트 제목 : 글꼴(굴림, 굵게, 20pt), 채우기(흰색, 배경1), 테두리
(7) 서식 ⇒ 상품가격(단위:원) 계열의 차트 종류를 <표식이 있는 꺾은선형>으로 변경한 후 보조 축으로 지정하시오.
     계열 : ≪출력형태≫를 참조하여 표식(세모, 크기 10)과 레이블 값을 표시하시오.
     눈금선 : 선 스타일-파선
     축 : ≪출력형태≫를 참조하시오.
(8) 범례 ⇒ 범례명을 변경하고 ≪출력형태≫를 참조하시오.
(9) 도형 ⇒ '모서리가 둥근 사각형 설명선'을 삽입한 후 ≪출력형태≫와 같이 내용을 입력하시오.
(10) 나머지 사항은 ≪출력형태≫에 맞게 작성하시오.

≪출력형태≫

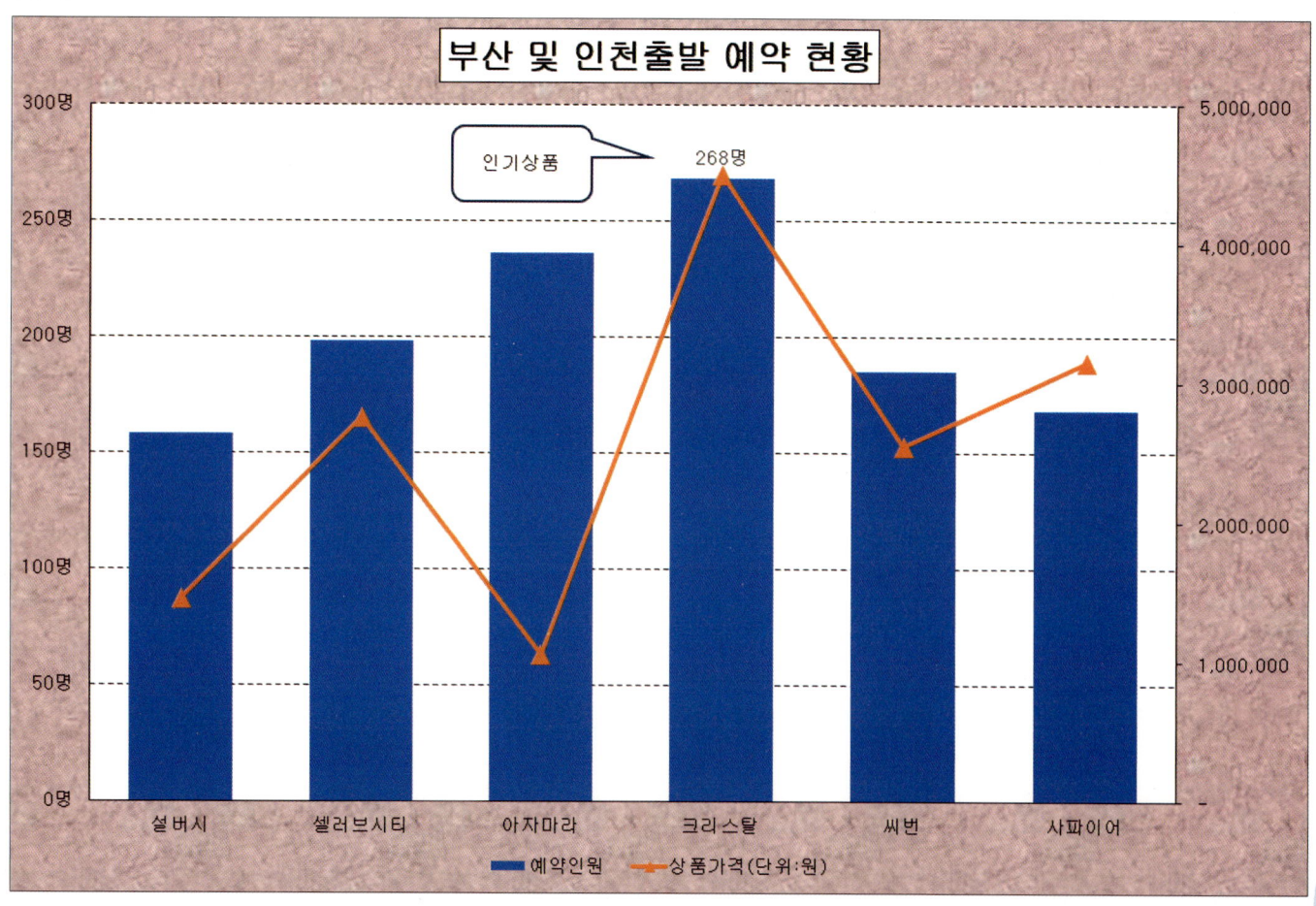

주의 ☞ 시트명 순서가 차례대로 "제1작업", "제2작업", "제3작업", "제4작업"이 되도록 할 것.

4 다음은 '앱개발 경진대회 신청 현황'에 대한 자료이다. 자료를 입력하고 조건에 맞도록 작업하시오.

▶ 소스파일 : Part 01\Chapter 02\문제04.xlsx ▶ 완성파일 : Part 01\Chapter 02\문제04_완성.xlsx

《출력형태》

코드	팀명	지도교수	지원분야	신청일	활동비(단위:원)	활동시간	서류심사 담당자	문자 발송일
E1451	지혜의 샘	이지은	교육	2024-09-01	55,000	152		
H2512	사물헬스케어	박순호	건강	2024-08-15	180,000	205		
C3613	자연힐링	김경호	문화	2024-09-03	65,500	115		
E1452	메타미래	정유미	교육	2024-09-15	195,500	235		
H2513	건강자가진단	손기현	건강	2024-08-27	178,000	170		
E1458	늘탐구	김철수	교육	2024-09-05	134,000	155		
H2518	코로나19	서영희	건강	2024-09-10	85,000	88		
C3615	시공담문화	장민호	문화	2024-08-25	195,000	190		
교육분야 평균 활동시간				✕	최대 활동비(단위:원)			
문화분야 신청 건수					팀명	지혜의 샘	활동시간	

확인: 담당 / 팀장 / 부장

《조건》

○ 모든 데이터의 서식에는 글꼴(굴림, 11pt), 정렬은 숫자 및 회계 서식은 오른쪽 정렬, 나머지 서식은 가운데 정렬로 작성하며 예외적인 것은 ≪출력형태≫를 참조하시오.
○ 제 목 ⇒ 도형(육각형)과 그림자(오프셋 오른쪽)를 이용하여 작성하고
   "앱개발 경진대회 신청 현황"을 입력한 후 다음 서식을 적용하시오
   (글꼴-굴림, 24pt, 검정, 굵게, 채우기-노랑).
○ 임의의 셀에 결재란을 작성하여 그림으로 복사 기능을 이용하여 붙이기 하시오(단, 원본 삭제).
○ 「B4:J4, G14, I14」 영역은 '주황'으로 채우기 하시오.
○ 유효성 검사를 이용하여 「H14」 셀에 팀명(「C5:C12」 영역)이 선택 표시되도록 하시오.
○ 셀 서식 ⇒ 「H5:H12」 영역에 셀 서식을 이용하여 숫자 뒤에 '시간'을 표시하시오(예 : 100시간).
○ 「G5:G12」 영역에 대해 '활동비'로 이름정의를 하시오.

[제2작업] 목표값 찾기 및 필터 (80점)

☞ "제1작업" 시트의 「B4:H12」영역을 복사하여 "제2작업" 시트의 「B2」셀부터 모두 붙여넣기를 한 후 다음의 조건과 같이 작업하시오.

≪조건≫

(1) 목표값 찾기 - 「B11:G11」셀을 병합하고 가운데 맞춤한 후 "부산출발 여행상품의 예약인원 평균"을 입력하고, 「H11」셀에 부산출발 여행상품의 예약인원 평균을 구하시오. 단, 조건은 입력 데이터를 이용하시오(DAVERAGE 함수, 테두리).
- '부산출발 여행상품의 예약인원 평균'이 '165'가 되려면 설버시의 예약인원이 얼마가 되어야 하는지 목표값을 구하시오.

(2) 고급필터 - 출발도시가 '인천'이면서 상품가격(단위:원)이 '2,000,000' 이상인 자료의 크루즈 선사명, 할인율, 예약인원, 상품가격(단위:원) 데이터만 추출하시오.
- 조건 범위 : 「B14」셀부터 입력하시오.
- 복사 위치 : 「B18」셀부터 나타나도록 하시오.

[제3작업] 정렬 및 부분합 (80점)

☞ "제1작업" 시트의 「B4:H12」영역을 복사하여 "제3작업" 시트의 「B2」셀부터 모두 붙여넣기를 한 후 다음의 조건과 같이 작업하시오.

≪조건≫

(1) 부분합 - ≪출력형태≫처럼 정렬하고, 크루즈 선사명의 개수와 예약인원의 평균을 구하시오.
(2) 개요【윤곽】 - 지우시오.
(3) 나머지 사항은 ≪출력형태≫에 맞게 작성하시오.

≪출력형태≫

	A	B	C	D	E	F	G	H
1								
2		상품코드	크루즈 선사명	여행지	출발도시	할인율	예약인원	상품가격 (단위:원)
3		EN-110	셀러브시티	노르웨이 피요르드	인천	10%	198명	2,750,000
4		EW-230	아자마라	영국/스코트랜드	인천	5%	236명	1,050,000
5		EM-120	크리스탈	이탈리아/프랑스	인천	5%	268명	4,490,000
6		EM-110	씨번	슬로베니아/알바니아	인천	15%	185명	2,540,000
7					인천 평균		222명	
8			4		인천 개수			
9		CH-316	설버시	홍콩/마카오	부산	15%	158명	1,450,000
10		EW-232	사파이어	독일/벨기에/영국	부산	7%	168명	3,150,000
11					부산 평균		163명	
12			2		부산 개수			
13		AT-201	큐나드	대만/오키나와	대구	7%	167명	1,200,000
14		CH-325	캐리비안	심천/나트랑/다낭	대구	10%	495명	1,290,000
15					대구 평균		331명	
16			2		대구 개수			
17					전체 평균		234명	
18			8		전체 개수			
19								

Practical question type
실전문제유형

5 다음은 '주요 국제 영화제 개최 현황'에 대한 자료이다. 자료를 입력하고 조건에 맞도록 작업하시오.

▶ 소스파일 : Part 01\Chapter 02\문제05.xlsx   ▶ 완성파일 : Part 01\Chapter 02\문제05_완성.xlsx

《출력형태》

관리코드	영화제 명칭	주최국	대륙	1회 개막일자	예상 관객수	개최 횟수 (단위:회)	개최 순위	비고
T6522	토론토 국제	캐나다	북미	1976-10-18	500,000	47		
B8241	베를린 국제	독일	유럽	1951-06-06	500,000	72		
B1543	베이징 국제	중국	아시아	2011-04-23	300,000	12		
B1453	부산 국제	한국	아시아	1996-09-13	180,000	27		
J6653	전주 국제	한국	아시아	2000-04-28	80,000	23		
S6323	선댄스	미국	북미	1985-01-20	70,000	38		
F7351	칸	프랑스	유럽	1946-09-20	650,000	75		
V2411	베네치아 국제	이탈리아	유럽	1932-08-06	700,000	79		
최대 개최 횟수(단위:회)						북미 대륙 예상 관객수 평균		
한국 영화제 개최 횟수(단위:회) 평균					관리코드	T6522	주최국	

결재: 선임 / 책임 / 팀장

《조건》

○ 모든 데이터의 서식에는 글꼴(굴림, 11pt), 정렬은 숫자 및 회계 서식은 오른쪽 정렬, 나머지 서식은 가운데 정렬로 작성하며 예외적인 것은 《출력형태》를 참조하시오.
○ 제 목 ⇒ 도형(평행 사변형)과 그림자(오프셋 오른쪽)를 이용하여 작성하고
　　　　"주요 국제 영화제 개최 현황"을 입력한 후 다음 서식을 적용하시오
　　　　(글꼴-굴림, 24pt, 검정, 굵게, 채우기-노랑).
○ 임의의 셀에 결재란을 작성하여 그림으로 복사 기능을 이용하여 붙이기 하시오(단, 원본 삭제).
○ 「B4:J4, G14, I14」 영역은 '주황'으로 채우기 하시오.
○ 유효성 검사를 이용하여 「H14」 셀에 관리코드(「B5:B12」 영역)가 선택 표시되도록 하시오.
○ 셀 서식 ⇒ 「G5:G12」 영역에 셀 서식을 이용하여 숫자 뒤에 '명'을 표시하시오(예 : 500,000명).
○ 「D5:D12」 영역에 대해 '주최국'으로 이름정의를 하시오.

[제1작업] 표 서식 작성 및 값 계산 (240점)

☞ 다음은 '크루즈 여행상품 예약 현황'에 대한 자료이다. 자료를 입력하고 조건에 맞도록 작업하시오.
《출력형태》

상품코드	크루즈 선사명	여행지	출발도시	할인율	예약인원	상품가격(단위:원)	항공사	순위
CH-316	실버시	홍콩/마카오	부산	15%	158	1,450,000	(1)	(2)
EN-110	셀러브시티	노르웨이 피요르드	인천	10%	198	2,750,000	(1)	(2)
EW-230	아자마라	영국/스코트랜드	인천	5%	236	1,050,000	(1)	(2)
AT-201	큐나드	대만/오키나와	대구	7%	167	1,200,000	(1)	(2)
EM-120	크리스탈	이탈리아/프랑스	인천	5%	268	4,490,000	(1)	(2)
CH-325	캐리비안	심천/나트랑/다낭	대구	10%	495	1,290,000	(1)	(2)
EM-110	씨번	슬로베니아/알바니아	인천	15%	185	2,540,000	(1)	(2)
EW-232	사파이어	독일/벨기에/영국	부산	7%	168	3,150,000	(1)	(2)
이탈리아/프랑스 여행지의 상품가격(단위:원)			(3)		두 번째로 큰 상품가격(단위:원)			(5)
인천출발 여행 상품 수			(4)		여행지	홍콩/마카오	예약인원	(6)

확인: 사원 / 대리 / 과장

《조건》
○ 모든 데이터의 서식에는 글꼴(굴림, 11pt), 정렬은 숫자 및 회계 서식은 오른쪽 정렬, 나머지 서식은 가운데 정렬로 작성하며 예외적인 것은 《출력형태》를 참조하시오.
○ 제 목 ⇒ 도형(사다리꼴)과 그림자(오프셋 오른쪽)를 이용하여 작성하고
"크루즈 여행상품 예약 현황"을 입력한 후 다음 서식을 적용하시오
(글꼴-굴림, 24pt, 검정, 굵게, 채우기-노랑).
○ 임의의 셀에 결재란을 작성하여 그림으로 복사 기능을 이용하여 붙이기 하시오(단, 원본 삭제).
○ 「B4:J4, G14, I14」 영역은 '주황'으로 채우기 하시오.
○ 유효성 검사를 이용하여 「H14」셀에 여행지(「D5:D12」 영역)가 선택 표시되도록 하시오.
○ 셀 서식 ⇒ 「G5:G12」영역에 셀 서식을 이용하여 숫자 뒤에 '명'을 표시하시오(예 : 158명).
○ 「G5:G12」영역에 대해 '예약인원'으로 이름정의를 하시오.

☞ (1)~(6) 셀은 반드시 **주어진 함수를 이용**하여 값을 구하시오(결과값을 직접 입력하면 해당 셀은 0점 처리됨).

(1) 항공사 ⇒ 상품코드 4번째 글자가 1이면 '대한항공', 2이면 '아시아나항공', 그 외에는 '저가항공'으로 구하시오
(IF, MID 함수).
(2) 순위 ⇒ 정의된 이름(예약인원)을 이용하여 예약인원의 내림차순 순위를 구하시오(RANK.EQ 함수).
(3) 이탈리아/프랑스 여행지의 상품가격(단위:원) ⇒ (INDEX, MATCH 함수)
(4) 인천출발 여행 상품 수 ⇒ 출발도시가 인천인 개수를 구한 결과값에 '개'를 붙이시오
(COUNTIF 함수, & 연산자)(예 : 1개).
(5) 두 번째로 큰 상품가격(단위:원) ⇒ (LARGE 함수)
(6) 예약인원 ⇒ 「H14」셀에서 선택한 여행지에 대한 예약인원을 구하시오(VLOOKUP 함수).
(7) 조건부 서식의 수식을 이용하여 예약인원이 '200' 이상인 행 전체에 다음의 서식을 적용하시오
(글꼴 : 파랑, 굵게).

6 다음은 '현진대학특강 수강 현황'에 대한 자료이다. 자료를 입력하고 조건에 맞도록 작업하시오.

▶ 소스파일 : Part 01\Chapter 02\문제06.xlsx   ▶ 완성파일 : Part 01\Chapter 02\문제06_완성.xlsx

《출력형태》

				결재	사원	팀장	사장

현진대학특강 수강 현황

강좌코드	강좌명	강사명	구분	수강인원	개강일	수강료(단위:원)	강의실	개강요일
A5641	영어회화	김은희	어학	26	2025-12-05	100,000		
C6942	포토샵활용	정예인	컴퓨터	28	2025-12-06	110,000		
B6541	비즈니스 일본어	장현오	어학	42	2025-12-05	120,000		
V6312	엑셀과 파워포인트	박은빈	컴퓨터	31	2025-12-07	80,000		
W2321	중국어회화	김찬호	어학	19	2025-12-09	110,000		
F8923	ERP 1급	장서준	회계	36	2025-12-09	170,000		
M4513	ERP 2급	배은주	회계	29	2025-12-05	150,000		
E3942	인디자인 마스터	곽소형	컴퓨터	18	2025-12-06	90,000		
어학 강좌의 수강인원 합계					최대 수강인원			
어학 강좌의 평균 수강료(단위:원)					강좌코드	A5641	수강인원	

《조건》

○ 모든 데이터의 서식에는 글꼴(굴림, 11pt), 정렬은 숫자 및 회계 서식은 오른쪽 정렬, 나머지 서식은 가운데 정렬로 작성하며 예외적인 것은 《출력형태》를 참조하시오.
○ 제 목 ⇒ 도형(사다리꼴)과 그림자(오프셋 오른쪽)를 이용하여 작성하고 "현진대학특강 수강 현황"을 입력한 후 다음 서식을 적용하시오 (글꼴-굴림, 24pt, 검정, 굵게, 채우기-노랑).
○ 임의의 셀에 결재란을 작성하여 그림으로 복사 기능을 이용하여 붙이기 하시오(단, 원본 삭제).
○ 「B4:J4, G14, I14」 영역은 '주황'으로 채우기 하시오.
○ 유효성 검사를 이용하여 「H14」 셀에 강좌코드(「B5:B12」 영역)가 선택 표시되도록 하시오.
○ 셀 서식 ⇒ 「F5:F12」 영역에 셀 서식을 이용하여 숫자 뒤에 '명'을 표시하시오(예 : 26명).
○ 「F5:F12」 영역에 대해 '수강인원'으로 이름정의를 하시오.

제08회 ITQ 실전모의문제

과목	코드	문제유형	시험시간	수험번호	성명
한글엑셀	1122	B	60분		

수험자 유의사항

- 수험자는 문제지를 받는 즉시 문제지와 **수험표상의 시험과목(프로그램)이 동일한지 반드시 확인**하여야 합니다.

- 파일명은 본인의 "수험번호-성명"으로 입력하여 답안폴더(내 PC\문서\ITQ)에 하나의 파일로 저장해야 하며, 답안문서 파일명이 "수험번호-성명"과 일치하지 않거나, 답안파일을 전송하지 않아 미제출로 처리될 경우 실격 처리합니다(예:12345678-홍길동.xlsx).

- 답안 작성을 마치면 파일을 저장하고, '답안 전송' 버튼을 선택하여 감독위원 PC로 답안을 전송하십시오. 수험생 정보와 저장한 파일명이 다를 경우 전송되지 않으므로 주의하시기 바랍니다.

- 답안 작성 중에도 **주기적으로 저장하고, '답안 전송'**하여야 문제 발생을 줄일 수 있습니다. 작업한 내용을 저장하지 않고 전송할 경우 이전에 저장된 내용이 전송되오니 이점 유의하시기 바랍니다.

- 답안문서는 지정된 경로 외의 다른 보조기억장치에 저장하는 경우, 지정된 시험 시간 외에 작성된 파일을 활용할 경우, 기타 통신수단(이메일, 메신저, 네트워크 등)을 이용하여 타인에게 전달 또는 외부 반출하는 경우는 부정 처리합니다.

- 시험 중 부주의 또는 고의로 시스템을 파손한 경우는 수험자가 변상해야 하며, 〈수험자 유의사항〉에 기재된 방법대로 이행하지 않아 생기는 불이익은 수험생 당사자의 책임임을 알려 드립니다.

- 문제의 조건은 MS오피스 2021 버전으로 설정되어 있으며 MS오피스 2016은 【 】에 표기되어 있습니다. 이와 관련하여 작성한 답안의 출력형태가 문제지와 다를 수 있습니다.

- 시험을 완료한 수험자는 답안파일이 전송되었는지 확인한 후 감독위원의 지시에 따라 문제지를 제출하고 퇴실합니다.

답안 작성요령

- 온라인 답안 작성 절차
수험자 등록 ⇒ 시험 시작 ⇒ 답안파일 저장 ⇒ 답안 전송 ⇒ 시험 종료

- 문제는 총 4단계, 즉 제1작업부터 제4작업까지 구성되어 있으며 반드시 제1작업부터 순서대로 작성하고 조건대로 작업하시오.

- 모든 작업시트의 A열은 열 너비 '1'로, 나머지 열은 적당하게 조절하시오.

- 모든 작업시트의 테두리는 ≪출력형태≫와 같이 작업하시오.

- 해당 작업란에서는 각각 제시된 조건에 따라 ≪출력형태≫와 같이 작업하시오.

- 답안 시트 이름은 "제1작업", "제2작업", "제3작업", "제4작업"이어야 하며 답안 시트 이외의 것은 감점 처리됩니다.

- 각 시트를 파일로 나누어 작업해서 저장할 경우 실격 처리됩니다.

kpc 한국생산성본부

Chapter 03 값 계산

◆ 함수를 사용하여 값 구하기 ◆ 조건부 서식 지정하기
◆ 출제함수 정리

▶ 소스파일 : Part 01\Chapter 03\Ch03.xlsx   ▶ 완성파일 : Part 01\Chapter 03\Ch03_완성.xlsx

☞ 다음은 '컵라면 가격 및 판매수량'에 대한 자료이다. 자료를 입력하고 조건에 맞도록 작업하시오.

출력 형태

	A	B	C	D	E	F	G	H	I	J
1								확인	담당	대리	과장
2		컵라면 가격 및 판매수량								
3										
4		제품코드	제품명	제조사	용기	판매가격	환산가격(1g)	판매수량(단위:개)	순위	뚜껑
5		NG43-411	너구리	농심	종이(외면)	1,240	6.8	1,562	(1)	(2)
6		NP96-451	신라면	농심	폴리스틸렌	800	7.7	2,465	(1)	(2)
7		PL11-542	롯데라면컵	팔도	종이(외면)	750	7.6	954	(1)	(2)
8		RT27-251	진라면순한맛	오뚜기	종이(외면)	950	7.0	2,056	(1)	(2)
9		DT49-211	참깨라면	오뚜기	종이(외면)	840	8.6	1,625	(1)	(2)
10		PL13-252	손짬뽕컵	팔도	폴리스틸렌수지	1,280	11.0	865	(1)	(2)
11		PL11-422	공화춘짬뽕	팔도	폴리스틸렌	1,280	11.1	1,245	(1)	(2)
12		NA21-451	육개장	농심	폴리스틸렌	850	11.0	1,432	(1)	(2)
13		종이(외면) 용기 제품의 개수			(3)		최저 판매수량(단위:개)			(5)
14		오뚜기 제품의 판매가격 평균			(4)		제품코드	NG43-411	판매가격	(6)
15										

조건

☞ (1)~(6) 셀은 반드시 **주어진 함수를 이용**하여 값을 구하시오(결과값을 직접 입력하면 해당 셀은 0점 처리됨).
  (1) 순위 ⇒ 판매수량의 내림차순 순위를 구하시오(RANK.EQ 함수).
  (2) 뚜껑 ⇒ 제품코드의 마지막 글자가 1이면 '폴리에틸렌', 2이면 '에틸렌초산비닐'로 구하시오
      (CHOOSE, RIGHT 함수).
  (3) 종이(외면) 용기 제품의 개수 ⇒ 결과값에 '개'를 붙이시오. 단, 조건은 입력데이터를 이용하시오
      (DCOUNTA 함수, & 연산자)(예 : 1개).
  (4) 오뚜기 제품의 판매가격 평균 ⇒ 정의된 이름(판매가격)을 이용하여 구하시오(SUMIF, COUNTIF 함수).
  (5) 최저 판매수량(단위:개) ⇒ (MIN 함수)
  (6) 판매가격 ⇒ 「H14」셀에서 선택한 제품코드에 대한 판매가격을 구하시오(VLOOKUP 함수).
  (7) 조건부 서식의 수식을 이용하여 판매가격이 '1,000' 이상인 행 전체에 다음의 서식을 적용하시오
      (글꼴 : 파랑, 굵게).

[제4작업] 그래프 (100점)

☞ "제1작업" 시트를 이용하여 조건에 따라 ≪출력형태≫와 같이 작업하시오.

≪조건≫

(1) 차트 종류 ⇒ <묶은 세로 막대형>으로 작업하시오.
(2) 데이터 범위 ⇒ "제1작업" 시트의 내용을 이용하여 작업하시오.
(3) 위치 ⇒ "새 시트"로 이동하고, "제4작업"으로 시트 이름을 바꾸시오.
(4) 차트 디자인 도구 ⇒ 레이아웃 3, 스타일 1을 선택하여 ≪출력형태≫에 맞게 작업하시오.
(5) 영역 서식 ⇒ 차트 : 글꼴(굴림, 11pt), 채우기 효과(질감-파랑 박엽지)
　　　　　　　　그림 : 채우기(흰색, 배경1)
(6) 제목 서식 ⇒ 차트 제목 : 글꼴(굴림, 굵게, 20pt), 채우기(흰색, 배경1), 테두리
(7) 서식 ⇒ 판매가격 계열의 차트 종류를 <표식이 있는 꺾은선형>으로 변경한 후 보조 축으로 지정하시오.
　　　계열 : ≪출력형태≫를 참조하여 표식(세모, 크기 10)과 레이블 값을 표시하시오.
　　　눈금선 : 선 스타일-파선
　　　축 : ≪출력형태≫를 참조하시오.
(8) 범례 ⇒ 범례명을 변경하고 ≪출력형태≫를 참조하시오.
(9) 도형 ⇒ '모서리가 둥근 사각형 설명선'을 삽입한 후 ≪출력형태≫와 같이 내용을 입력하시오.
(10) 나머지 사항은 ≪출력형태≫에 맞게 작성하시오.

≪출력형태≫

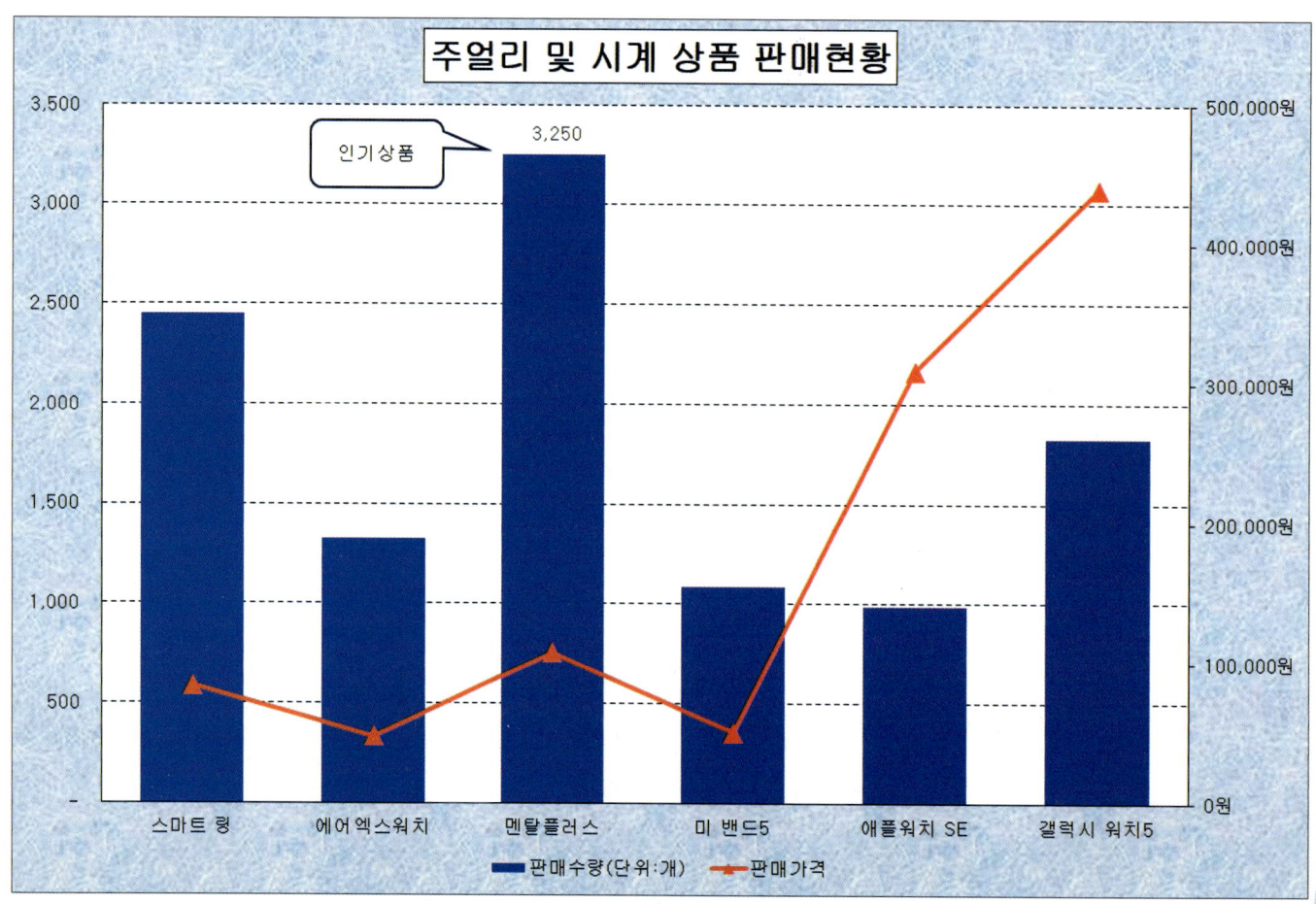

주의 ☞ 시트명 순서가 차례대로 "제1작업", "제2작업", "제3작업", "제4작업"이 되도록 할 것.

체크! 체크!

〔값 계산〕

- **함수를 사용하여 값 구하기**
  - ITQ 엑셀 시험에서 가장 어렵고 중심이 되는 부분이 함수 문제입니다.
  - 출제 함수 목록에서 골고루 문제가 출제되고 있기 때문에 특정 부분만 학습해서는 안됩니다.
  - 단일 함수 및 중복 함수를 활용하는 문제를 반복 숙지합니다.

- **조건부 서식 지정하기**
  - 조건부 서식은 수식을 이용하는 방법과 데이터 막대를 이용하는 방법이 출제되고 있습니다.
    수식을 이용하여 조건부 서식을 작성할 때 참조($)와 비교 연산자(〉, 〈, 〉=, 〈=)를 숙지합니다.

- **출제함수 정리**
  - 출제 함수 목록의 함수들을 어떻게 사용하는지 숙지해야 합니다.

STEP 01 함수를 사용하여 값 구하기

〈조건〉 (1) 순위 ⇒ 판매수량의 내림차순 순위를 구하시오(RANK.EQ 함수).

1 〔순위〕를 구하기 위해 I5:I12셀 범위를 선택한 후 '=RANK.EQ(H5,$H$5:$H$12,0)&"위"'를 입력한 다음 Ctrl + Enter 를 누릅니다.

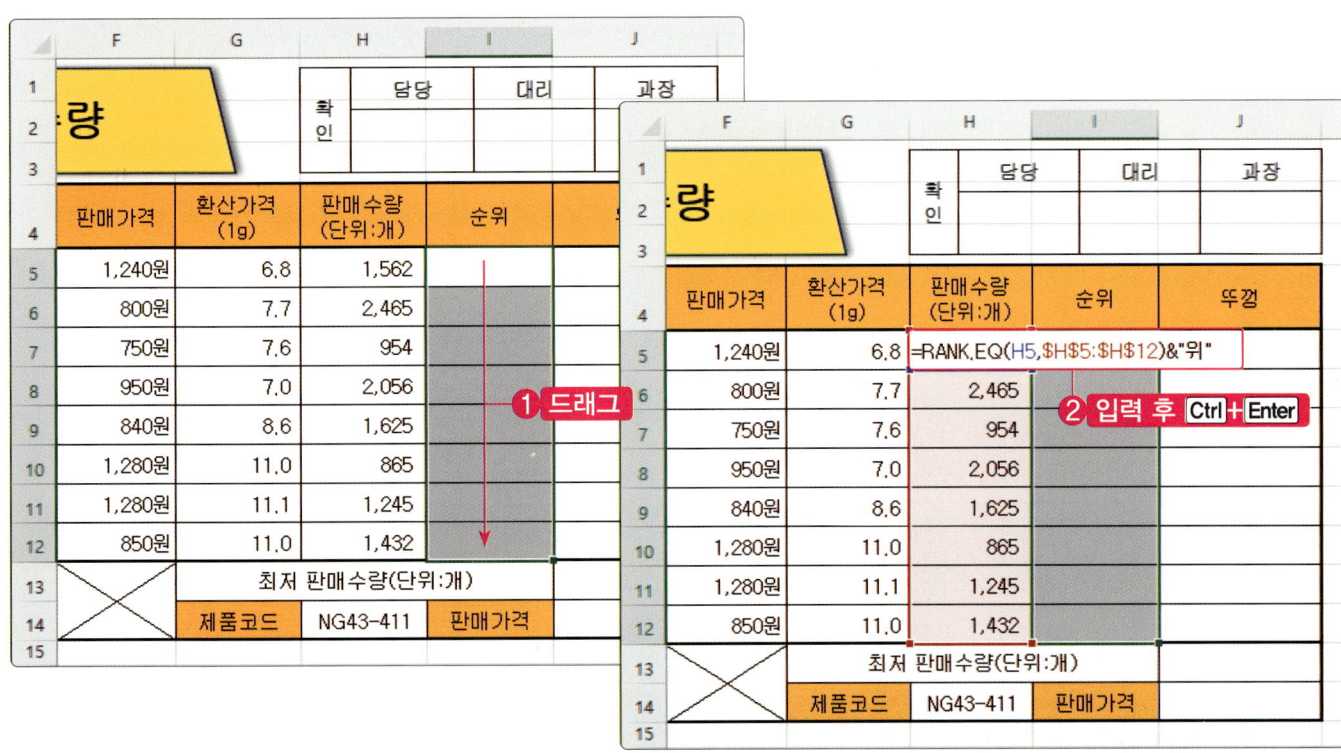

- 셀 범위를 선택한 후 수식을 입력한 다음 Ctrl + Enter 를 누르면 입력한 수식이 선택한 모든 셀에 셀 주소가 상대적으로 변경되어 한 번에 입력됩니다.
- 여기에서 다루는 함수 이외의 함수는 〔출제 함수 정리〕(P66~P75)를 참고합니다.

[제2작업] 목표값 찾기 및 필터 (80점)

☞ "제1작업" 시트의 「B4:H12」영역을 복사하여 "제2작업" 시트의 「B2」셀부터 모두 붙여넣기를 한 후 다음의 조건과 같이 작업하시오.

≪조건≫

(1) 목표값 찾기 - 「B11:G11」 셀을 병합하고 가운데 맞춤한 후 "국내 원산지 상품의 판매수량(단위:개) 평균"을 입력하고, 「H11」 셀에 국내 원산지 상품의 판매수량(단위:개) 평균을 구하시오. 단, 조건은 입력데이터를 이용하시오(DAVERAGE 함수, 테두리).
 - '국내 원산지 상품의 판매수량(단위:개) 평균'이 '1,800'이 되려면 교정밸런스의 판매수량(단위:개)이 얼마가 되어야 하는지 목표값을 구하시오.

(2) 고급필터 - 원산지가 '국내'이면서 재고수량(단위:개)이 '500' 이상인 자료의 상품명, 분류, 판매수량(단위:개), 판매가격 데이터만 추출하시오.
 - 조건 범위 : 「B14」 셀부터 입력하시오.
 - 복사 위치 : 「B18」 셀부터 나타나도록 하시오.

[제3작업] 정렬 및 부분합 (80점)

☞ "제1작업" 시트의 「B4:H12」영역을 복사하여 "제3작업" 시트의 「B2」셀부터 모두 붙여넣기를 한 후 다음의 조건과 같이 작업하시오.

≪조건≫

(1) 부분합 - ≪출력형태≫처럼 정렬하고, 상품명의 개수와 판매가격의 평균을 구하시오.
(2) 개요【윤곽】 - 지우시오.
(3) 나머지 사항은 ≪출력형태≫에 맞게 작성하시오.

≪출력형태≫

	A	B	C	D	E	F	G	H
1								
2		코드	상품명	분류	원산지	판매수량(단위:개)	재고수량(단위:개)	판매가격
3		WE-131	에어엑스워치	시계	국외	1,325	675	48,000원
4		WN-132	미 밴드5	시계	국외	1,089	911	51,000원
5		WE-134	애플워치 SE	시계	국외	987	1,013	309,000원
6		WN-231	갤럭시 워치5	시계	국내	1,830	1,166	439,000원
7				시계 평균				211,750원
8			4	시계 개수				
9		SN-212	교정밸런스	신발용품	국내	763	1,235	109,000원
10		SA-213	깔창 핏가이더	신발용품	국내	567	433	112,970원
11				신발용품 평균				110,985원
12			2	신발용품 개수				
13		JN-323	스마트 링	주얼리	국내	2,450	550	84,320원
14		JN-312	멘탈플러스	주얼리	국내	3,250	750	107,800원
15				주얼리 평균				96,060원
16			2	주얼리 개수				
17				전체 평균				157,636원
18			8	전체 개수				

〈조건〉 (2) 뚜껑 ⇒ 제품코드의 마지막 글자가 1이면 '폴리에틸렌', 2이면 '에틸렌초산비닐'로 구하시오 (CHOOSE, RIGHT 함수).

> **수식 꼼꼼히 보기**
>
> ### RANK.EQ 함수
> - 구문 : RANK.EQ(number, ref, [order])
> - 설명 : ref에서 number의 순위를 구합니다. order가 0이거나 생략되면 가장 큰 number가 1위가 되고, 0 이외의 숫자이면 가장 작은 number가 1위가 됩니다. number가 같은 경우에는 가장 높은 순위를 구합니다.
>
> =RANK.EQ(H5,$H$5:$H$12,0)&"위"
>   ❷   ❶
>
> ❶ ❷에서 구한 값과 '위'를 연결(&)하여 '1위'와 같이 표시합니다.
> ❷ 모든 제품의 판매수량(단위:개)($H$5:$H$12)에서 너구리의 판매수량(단위:개)(H5)가 몇 번째로 높은 판매수량(단위:개)인지(0)를 구합니다. 모든 제품의 판매수량(단위:개)($H$5:$H$12)는 I5:I12셀 범위의 모든 셀에서 변경되지 않고 참조해야 하므로 절대 참조로 입력해야 합니다.

2 [뚜껑]을 구하기 위해 **J5:J12셀 범위를 선택**한 후 '**=CHOOSE(RIGHT(B5,1),"폴리에틸렌","에틸렌초산비닐")**'를 입력한 다음 Ctrl+Enter를 누릅니다.

> **수식 꼼꼼히 보기**
>
> ### CHOOSE 함수
> - 구문 : CHOOSE(index_num, value1, [value2], ⋯)
> - 설명 : value1, [value2], ⋯ 중 index_num 번째에 있는 값(index_num이 1이면 value1, index_num이 2면 value2, ⋯)을 구합니다.
>
> =CHOOSE(RIGHT(B5,1),"폴리에틸렌","에틸렌초산비닐")
>   ❷   ❶
>
> ❶ ❷에서 구한 값이 '1'이면 '폴리에틸렌'을 구하고, '2'이면 '에틸렌초산비닐'을 구합니다.
> ❷ 제품코드(B5)에서 오른쪽 첫 번째 문자(1)를 구합니다.

[제1작업] 표 서식 작성 및 값 계산 (240점)

☞ 다음은 '웨어러블 디바이스 판매 현황'에 대한 자료이다. 자료를 입력하고 조건에 맞도록 작업하시오.

≪출력형태≫

코드	상품명	분류	원산지	판매수량 (단위:개)	재고수량 (단위:개)	판매가격	판매수량 순위	배송기간
JN-323	스마트 링	주얼리	국내	2,450	550	84,320	(1)	(2)
WE-131	에어엑스워치	시계	국외	1,325	675	48,000	(1)	(2)
SN-212	교정밸런스	신발용품	국내	763	1,235	109,000	(1)	(2)
JN-312	멘탈플러스	주얼리	국내	3,250	750	107,800	(1)	(2)
WN-132	미 밴드5	시계	국외	1,089	911	51,000	(1)	(2)
SA-213	꽐창 핏가이더	신발용품	국내	567	433	112,970	(1)	(2)
WE-134	애플워치 SE	시계	국외	987	1,013	309,000	(1)	(2)
WN-231	갤럭시 워치5	시계	국내	1,830	1,166	439,000	(1)	(2)
시계 판매수량(단위:개) 평균			(3)		최소 재고수량(단위:개)			(5)
멘탈플러스의 판매가격			(4)		상품명	스마트 링	판매가격	(6)

확인: 담당 / 과장 / 부장

≪조건≫

○ 모든 데이터의 서식에는 글꼴(굴림, 11pt), 정렬은 숫자 및 회계 서식은 오른쪽 정렬, 나머지 서식은 가운데 정렬로 작성하며 예외적인 것은 ≪출력형태≫를 참조하시오.
○ 제 목 ⇒ 도형(배지)과 그림자(오프셋 오른쪽)를 이용하여 작성하고
   "웨어러블 디바이스 판매 현황"을 입력한 후 다음 서식을 적용하시오
   (글꼴-굴림, 24pt, 검정, 굵게, 채우기-노랑).
○ 임의의 셀에 결재란을 작성하여 그림으로 복사 기능을 이용하여 붙이기 하시오(단, 원본 삭제).
○ 「B4:J4, G14, I14」영역은 '주황'으로 채우기 하시오.
○ 유효성 검사를 이용하여 「H14」셀에 상품명(「C5:C12」영역)이 선택 표시되도록 하시오.
○ 셀 서식 ⇒ 「H5:H12」영역에 셀 서식을 이용하여 숫자 뒤에 '원'을 표시하시오(예 : 84,320원).
○ 「G5:G12」영역에 대해 '재고수량'으로 이름정의를 하시오.

☞ (1)~(6) 셀은 반드시 **주어진 함수를 이용**하여 값을 구하시오(결과값을 직접 입력하면 해당 셀은 0점 처리됨).

(1) 순위 ⇒ 판매수량(단위:개)의 내림차순 순위를 구한 결과에 '위'를 붙이오
   (RANK.EQ 함수, & 연산자)(예 : 1위).
(2) 배송기간 ⇒ 원산지가 국내이면 '4일', 그 외에는 '14일'로 구하시오(IF 함수).
(3) 시계 판매수량(단위:개) 평균 ⇒ 시계 상품의 판매수량(단위:개) 평균을 구하시오(SUMIF, COUNTIF 함수).
(4) 멘탈플러스의 판매가격 ⇒ (INDEX, MATCH 함수)
(5) 최소 재고수량(단위:개) ⇒ 정의된 이름(재고수량)을 이용하여 구하시오(SMALL 함수).
(6) 판매가격 ⇒ 「H14」셀에서 선택한 상품명에 대한 판매가격을 구하시오(VLOOKUP 함수).
(7) 조건부 서식의 수식을 이용하여 판매수량(단위:개)이 '1,500' 이상인 행 전체에 다음의 서식을 적용하시오
   (글꼴 : 파랑, 굵게).

수식 알아보기

엑셀에서 수식은 셀 값을 계산하기 위한 식으로 등호, 함수, 연산자, 참조, 상수로 구성되어 있습니다.

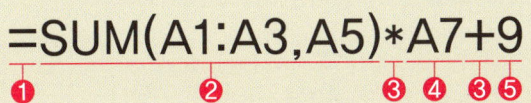

❶ **등호** : 다음에 오는 내용이 수식이라는 것을 나타내는 기호입니다. 엑셀에서 수식을 입력할 때는 먼저 등호를 입력해야 합니다. 등호를 입력하지 않고 'SUM(A1:A3,A5)*A7+9'만 입력하면 수식이 아닌 문자 데이터로 인식하여 계산할 수 없습니다.

❷ **함수** : 수식을 쉽고 빠르게 입력할 수 있도록 미리 정의되어 있는 수식으로 '인수'라는 특정값을 사용하여 결과값을 구합니다. TODAY 함수처럼 인수가 필요 없는 함수도 있지만 거의 대부분의 함수는 인수를 필요로 합니다. 인수는 괄호 안에 입력하며 괄호 안에서 인수와 인수를 구분할 때는 쉼표(,)를 사용합니다.

$$=SUM(A1:A3,A5)$$
함수 이름　인수1　인수2

❸ **연산자** : 계산의 종류를 나타내는 기호입니다. 연산자에는 산술 연산자, 비교 연산자, 텍스트 연결 연산자 등이 있습니다.

- **산술 연산자** : 더하기, 빼기, 곱하기, 나누기 등과 같이 기본적인 계산을 하는 연산자입니다.

연산자	기능	사용 방법	연산자	기능	사용 방법
+	더하기	=A1+A2	−	음수	=−A1
−	빼기	=A1−A2	%	백분율	=A1%
*	곱하기	=A1*A2	^	거듭제곱	=A1^2
/	나누기	=A1/A2			

- **비교 연산자** : 두 값을 비교하여 참이면 논리값 TRUE를 구하고, 거짓이면 논리값 FALSE를 구하는 연산자입니다.

연산자	기능	사용 방법	연산자	기능	사용 방법
=	같다	=A1=A2	>=	크거나 같다(이상)	=A1>=A2
>	크다(초과)	=A1>A2	<=	작거나 같다(이하)	=A1<=A2
<	작다(미만)	=A1<A2	<>	같지 않다	=A1<>A2

- **텍스트 연산자** : 여러 값을 연결하여 하나의 텍스트로 만드는 연산자입니다.

연산자	기능	사용 방법
&	여러 값을 연결	="엑셀"&A1

❹ **참조** : A7셀 값이 2인 경우, 셀 주소인 '=A7'을 입력하면 A7셀 값인 2를 가져오는데, 이렇게 셀 주소를 사용하여 셀 값을 가져오는 것을 '참조'라고 합니다. 참조에는 상대 참조, 절대 참조, 혼합 참조가 있으며 셀 주소를 입력한 후 F4를 누르면 F4를 누를 때마다 다음과 같은 순서로 참조가 변경됩니다.

- **상대 참조** : 수식을 복사하면 셀 주소가 상대적으로 변경됩니다(예 A1).
- **절대 참조** : 수식을 복사해도 셀 주소가 변경되지 않습니다(예 $A$1).
- **혼합 참조** : 상대 참조와 절대 참조의 혼합으로 수식을 복사하면 행과 열 중에서 $ 기호가 없는 행(또는 열)은 상대적으로 변경되고, $ 기호가 있는 행(또는 열)은 변경되지 않습니다(예 A$1, $A1).

❺ **상수** : 수식에 직접 입력하는 문자나 숫자입니다.

ITQ 실전모의문제

과목	코드	문제유형	시험시간	수험번호	성명
한글엑셀	1122	A	60분		

수험자 유의사항

- 수험자는 문제지를 받는 즉시 문제지와 <u>수험표상의 시험과목(프로그램)이 동일한지 반드시 확인</u>하여야 합니다.

- 파일명은 본인의 "수험번호-성명"으로 입력하여 답안폴더(내 PC\문서\ITQ)에 하나의 파일로 저장해야 하며, 답안문서 파일명이 "수험번호-성명"과 일치하지 않거나, 답안파일을 전송하지 않아 미제출로 처리될 경우 실격 처리합니다(예:12345678-홍길동.xlsx).

- 답안 작성을 마치면 파일을 저장하고, '답안 전송' 버튼을 선택하여 감독위원 PC로 답안을 전송하십시오. 수험생 정보와 저장한 파일명이 다를 경우 전송되지 않으므로 주의하시기 바랍니다.

- 답안 작성 중에도 <u>주기적으로 저장하고, '답안 전송'</u>하여야 문제 발생을 줄일 수 있습니다. 작업한 내용을 저장하지 않고 전송할 경우 이전에 저장된 내용이 전송되오니 이점 유의하시기 바랍니다.

- 답안문서는 지정된 경로 외의 다른 보조기억장치에 저장하는 경우, 지정된 시험 시간 외에 작성된 파일을 활용할 경우, 기타 통신수단(이메일, 메신저, 네트워크 등)을 이용하여 타인에게 전달 또는 외부 반출하는 경우는 부정 처리합니다.

- 시험 중 부주의 또는 고의로 시스템을 파손한 경우는 수험자가 변상해야 하며, 〈수험자 유의사항〉에 기재된 방법대로 이행하지 않아 생기는 불이익은 수험생 당사자의 책임임을 알려 드립니다.

- 문제의 조건은 MS오피스 2021 버전으로 설정되어 있으며 MS오피스 2016은 【 】에 표기되어 있습니다. 이와 관련하여 작성한 답안의 출력형태가 문제지와 다를 수 있습니다.

- 시험을 완료한 수험자는 답안파일이 전송되었는지 확인한 후 감독위원의 지시에 따라 문제지를 제출하고 퇴실합니다.

답안 작성요령

- 온라인 답안 작성 절차
  수험자 등록 ⇒ 시험 시작 ⇒ 답안파일 저장 ⇒ 답안 전송 ⇒ 시험 종료

- 문제는 총 4단계, 즉 제1작업부터 제4작업까지 구성되어 있으며 반드시 제1작업부터 순서대로 작성하고 조건대로 작업하시오.

- 모든 작업시트의 A열은 열 너비 '1'로, 나머지 열은 적당하게 조절하시오.

- 모든 작업시트의 테두리는 ≪출력형태≫와 같이 작업하시오.

- 해당 작업란에서는 각각 제시된 조건에 따라 ≪출력형태≫와 같이 작업하시오.

- 답안 시트 이름은 "제1작업", "제2작업", "제3작업", "제4작업"이어야 하며 답안 시트 이외의 것은 감점 처리됩니다.

- 각 시트를 파일로 나누어 작업해서 저장할 경우 실격 처리됩니다.

kpc 한국생산성본부

〈조건〉 (3) 종이(외면) 용기 제품의 개수 ⇒ 결과값에 '개'를 붙이시오. 단, 조건은 입력데이터를 이용하시오
(DCOUNTA 함수, & 연산자)(예 : 1개).
(4) 오뚜기 제품의 판매가격 평균 ⇒ 정의된 이름(판매가격)을 이용하여 구하시오(SUMIF, COUNTIF 함수)

3 〔종이(외면) 용기 제품의 개수〕을 구하기 위해 **E13셀**에 '**=DCOUNTA(B4:H12,2,E4:E5)&"개"**'를 입력한 후 **Enter**를 누릅니다.

제품코드	제품명	제조사	용기	판매가격	환산가격(1g)	판매수량(단위:개)	순위	뚜껑
NG43-411	너구리	농심	종이(외면)	1,240원	6.8	1,562	4위	폴리에틸렌
NP96-451	신라면	농심	폴리스틸렌	800원	7.7	2,465	1위	폴리에틸렌
PL11-542	롯데라면컵	팔도	종이(외면)	750원	7.6	954	7위	에틸렌초산비닐
RT27-251	진라면순한맛	오뚜기	종이(외면)	950원	7.0	2,056	2위	폴리에틸렌
DT49-211	참깨라면	오뚜기	종이(외면)	840원	8.6	1,625	3위	폴리에틸렌
PL13-252	손짬뽕컵	팔도	폴리스틸렌수지	1,280원	11.0	865	8위	에틸렌초산비닐
PL11-422	공화춘짬뽕	팔도	폴리스틸렌	1,280원	11.1	1,245	6위	에틸렌초산비닐
NA21-451	육개장	농심	폴리스틸렌	850원	11.0	1,432	5위	폴리에틸렌
종이(외면) 용기 제품의 개수			=DCOUNTA(B4:H12,2,E4:E5)&"개" ❶ 입력 후 Enter			판매수량(단위:개)		
오뚜기 제품의 판매가격 평균						제품코드	NG43-411	판매가격

수식 꼼꼼히 보기

DCOUNTA 함수
- 구문 : DCOUNTA(database, field, criteria)
- 설명 : database에서 criteria를 만족하는 데이터의 field 중 비어 있지 않은 셀의 개수를 구합니다.

=DCOUNTA(B4:H12,2,E4:E5)&"개"

데이터베이스(B4:H12)에서 용기가 종이(외면)(E4:E5)인 데이터의 제품명의 개수를 구합니다. 데이터베이스는 레코드(행)와 필드(열)로 이루어진 관련 데이터 목록을 말하며 각 필드(열)의 이름(여기서는 제품코드, 제품명, 제조사 등)을 '필드명'이라고 합니다.

4 〔오뚜기 제품의 판매가격 평균〕을 구하기 위해 **E14셀**에 '**=SUMIF(D5:D12,"오뚜기",판매가격)/COUNTIF(D5:D12,"오뚜기")**'를 입력한 후 **Enter**를 누릅니다.

제품코드	제품명	제조사	용기	판매가격	환산가격(1g)	판매수량(단위:개)	순위	뚜껑
NG43-411	너구리	농심	종이(외면)	1,240원	6.8	1,562	4위	폴리에틸렌
NP96-451	신라면	농심	폴리스틸렌	800원	7.7	2,465	1위	폴리에틸렌
PL11-542	롯데라면컵	팔도	종이(외면)	750원	7.6	954	7위	에틸렌초산비닐
RT27-251	진라면순한맛	오뚜기	종이(외면)	950원	7.0	2,056	2위	폴리에틸렌
DT49-211	참깨라면	오뚜기	종이(외면)	840원	8.6	1,625	3위	폴리에틸렌
PL13-252	손짬뽕컵	팔도	폴리스틸렌수지	1,280원	11.0	865	8위	에틸렌초산비닐
PL11-422	공화춘짬뽕	팔도	폴리스틸렌	1,280원	11.1	1,245	6위	에틸렌초산비닐
NA21-451	육개장	농심	폴리스틸렌	850원	11.0	1,432	5위	폴리에틸렌
종이(외면) 용기 제품의 개수			4개			최저 판매수량(단위:개)		
오뚜기 제	=SUMIF(D5:D12,"오뚜기",판매가격)/COUNTIF(D5:D12,"오뚜기")				❶ 입력 후 Enter		판매가격	

[제4작업] 그래프 (100점)

☞ "제1작업" 시트를 이용하여 조건에 따라 ≪출력형태≫와 같이 작업하시오.

≪조건≫

(1) 차트 종류 ⇒ <묶은 세로 막대형>으로 작업하시오.
(2) 데이터 범위 ⇒ "제1작업" 시트의 내용을 이용하여 작업하시오.
(3) 위치 ⇒ "새 시트"로 이동하고, "제4작업"으로 시트 이름을 바꾸시오.
(4) 차트 디자인 도구 ⇒ 레이아웃 3, 스타일 1을 선택하여 ≪출력형태≫에 맞게 작업하시오.
(5) 영역 서식 ⇒ 차트 : 글꼴(굴림, 11pt), 채우기 효과(질감-파랑 박엽지)
　　　　　　　그림 : 채우기(흰색, 배경1)
(6) 제목 서식 ⇒ 차트 제목 : 글꼴(굴림, 굵게, 20pt), 채우기(흰색, 배경1), 테두리
(7) 서식 ⇒ 참석인원(단위:명) 계열의 차트 종류를 <표식이 있는 꺾은선형>으로 변경한 후 보조 축으로 지정하시오.
　　계열 : ≪출력형태≫를 참조하여 표식(마름모, 크기 10)과 레이블 값을 표시하시오.
　　눈금선 : 선 스타일-파선
　　축 : ≪출력형태≫를 참조하시오.
(8) 범례 ⇒ 범례명을 변경하고 ≪출력형태≫를 참조하시오.
(9) 도형 ⇒ '모서리가 둥근 사각형 설명선'을 삽입한 후 ≪출력형태≫와 같이 내용을 입력하시오.
(10) 나머지 사항은 ≪출력형태≫에 맞게 작성하시오.

≪출력형태≫

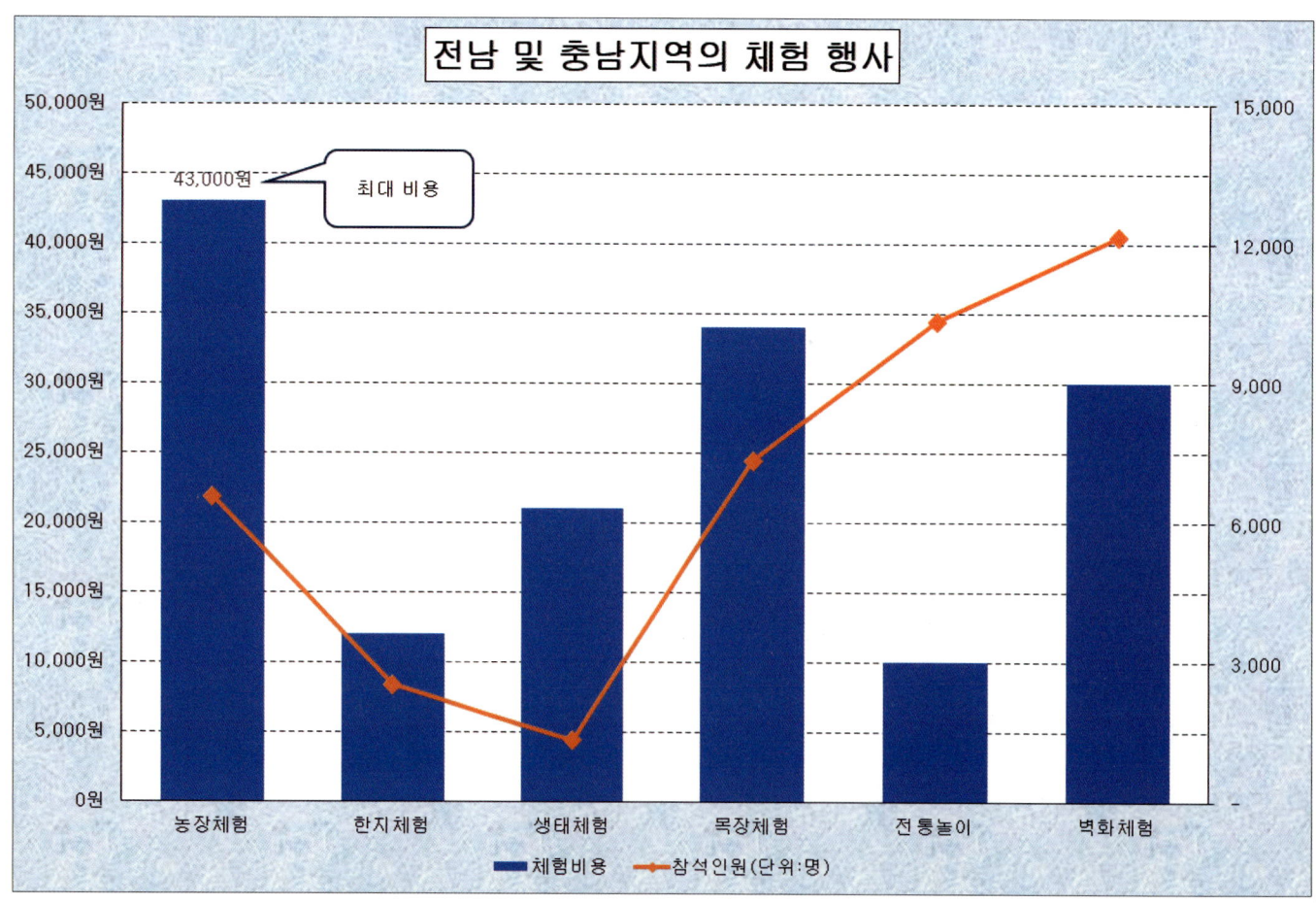

주의 ☞ 시트명 순서가 차례대로 "제1작업", "제2작업", "제3작업", "제4작업"이 되도록 할 것.

<조건> (5) 최저 판매수량(단위:개) ⇒ (MIN 함수)

수식 꼼꼼히 보기

SUMIF 함수
- 구문 : SUMIF(range, criteria, [sum_range])
- 설명 : range에서 criteria를 만족하는 데이터를 검색한 후 sum_range에서 이와 대응하는 데이터의 합계를 구합니다.

COUNTIF 함수
- 구문 : COUNTIF(range, criteria)
- 설명 : range에서 criteria를 만족하는 셀의 개수를 구합니다.

=SUMIF(D5:D12,"오뚜기",판매가격)/COUNTIF(D5:D12,"오뚜기")
　　　　❷　　　　　　　　　　　　　　　❸
❶
❶ '❷에서 구한 값/❸에서 구한 값'을 구합니다.
❷ 제조사(D5:D12)가 '오뚜기'인 데이터의 '판매가격'이라고 이름을 정의한 셀 범위(F5:F12)에서 합계를 구합니다.
❸ 제조사(D5:D12)에서 '오뚜기'인 셀의 개수를 구합니다.

5 [최저 판매수량(단위:개)]을 구하기 위해 **J13셀에** '=MIN(H5:H12)'를 입력한 후 **Enter**를 누릅니다.

	A	B	C	D	E	F	G	H	I	J
3										
4		제품코드	제품명	제조사	용기	판매가격	환산가격(1g)	판매수량(단위:개)	순위	뚜껑
5		NG43-411	너구리	농심	종이(외면)	1,240원	6.8	1,562	4위	폴리에틸렌
6		NP96-451	신라면	농심	폴리스틸렌	800원	7.7	2,465	1위	폴리에틸렌
7		PL11-542	롯데라면컵	팔도	종이(외면)	750원	7.6	954	7위	에틸렌초산비닐
8		RT27-251	진라면순한맛	오뚜기	종이(외면)	950원	7.0	2,056	2위	폴리에틸렌
9		DT49-211	참깨라면	오뚜기	종이(외면)	840원	8.6	1,625	3위	폴리에틸렌
10		PL13-252	손짬뽕컵	팔도	폴리스틸렌수지	1,280원	11.0	865	8위	에틸렌초산비닐
11		PL11-422	공화춘짬뽕	팔도	폴리스틸렌	1,280원	11.1	1,245	6위	에틸렌초산비닐
12		NA21-451	육개장	농심	폴리스틸렌	850원	11.0	1,432	5위	폴리에틸렌
13		종이(외면) 용기 제품의 개수			4개		최저 판매수량(단위:개)			=MIN(H5:H12)
14		오뚜기 제품의 판매가격 평균			895		제품코드	NG43-411	판매가격	

❶ 입력 후 Enter

수식 꼼꼼히 보기

MIN 함수
- 구문 : MIN(number1, [number2], …)
- 설명 : number1, [number2], … 중 가장 작은 값을 구합니다.

=MIN(H5:H12)

판매수량(단위:개)(H4:H12)에서 가장 작은 값을 구합니다.

[제2작업] 목표값 찾기 및 필터 (80점)

☞ "제1작업" 시트의 「B4:H12」영역을 복사하여 "제2작업" 시트의 「B2」셀부터 모두 붙여넣기를 한 후 다음의 조건과 같이 작업하시오.

≪조건≫

(1) 목표값 찾기 - 「B11:G11」셀을 병합하고, 가운데 맞춤한 후 "전남지역 체험비용 평균"을 입력하고, 「H11」셀에 전남지역 체험비용 평균을 구하시오. 단, 조건은 입력데이터를 이용하시오(DAVERAGE 함수, 테두리).
- '전남지역 체험비용 평균'이 '30,000'이 되려면 농장체험의 체험비용이 얼마가 되어야 하는지 목표값을 구하시오.

(2) 고급필터 - 개최지역이 '전남'이 아니면서 참석인원(단위:명)이 '10,000' 이상인 자료의 체험행사명, 행사기간(일), 체험비용, 참석인원(단위:명) 데이터만 추출하시오.
- 조건 범위 : 「B14」셀부터 입력하시오.
- 복사 위치 : 「B18」셀부터 나타나도록 하시오.

[제3작업] 정렬 및 부분합 (80점)

☞ "제1작업" 시트의 「B4:H12」영역을 복사하여 "제3작업" 시트의 「B2」셀부터 모두 붙여넣기를 한 후 다음의 조건과 같이 작업하시오.

≪조건≫

(1) 부분합 - ≪출력형태≫처럼 정렬하고, 체험행사명의 개수와 참석인원(단위:명)의 평균을 구하시오.
(2) 개요【윤곽】- 지우시오.
(3) 나머지 사항은 ≪출력형태≫에 맞게 작성하시오.

≪출력형태≫

A	B	C	D	E	F	G	H
1							
2	행사코드	체험행사명	개최지역	행사기간(일)	시작연도	체험비용	참석인원(단위:명)
3	TE-002	한지체험	충남	30	2006년	12,000원	2,500
4	NT-003	생태체험	충남	20	2002년	21,000원	1,320
5	NP-001	벽화체험	충남	15	2000년	30,000원	12,150
6			충남 평균				5,323
7		3	충남 개수				
8	AV-001	농장체험	전남	7	1990년	43,000원	6,552
9	AQ-002	목장체험	전남	10	2005년	34,000원	7,320
10	TK-003	전통놀이	전남	10	1995년	10,000원	10,320
11			전남 평균				8,064
12		3	전남 개수				
13	AE-001	농부체험	경기도	14	2001년	23,600원	12,250
14	MV-001	해양레저	경기도	5	1998년	27,000원	3,210
15			경기도 평균				7,730
16		2	경기도 개수				
17			전체 평균				6,953
18		8	전체 개수				

<조건> (6) 판매가격 ⇒ 「H14」셀에서 선택한 제품코드에 대한 판매가격을 구하시오(VLOOKUP 함수).

6 〔판매가격〕을 구하기 위해 **J14셀**에 '**=VLOOKUP(H14,B5:F12,5,0)**'를 입력한 후 Enter를 누릅니다.

VLOOKUP 함수
- 구문 : VLOOKUP(lookup_value, table_array, col_index_num, [range_lookup])
- 설명 : table_array의 첫 번째 열에서 lookup_value를 검색한 후 col_index_num에서 lookup_value와 같은 행에 있는 값을 구합니다.

$$=VLOOKUP(H14,B5:F12,5,0)$$

B5:F12셀 범위의 첫 번째 열(B5:F12셀 범위에서 첫 번째 열이므로 B5:B12셀 범위(제품코드))에서 NG43-411(H14)를 검색한 후 다섯 번째 열(B5:F12셀 범위에서 다섯 번째 열이므로 F5:F12셀 범위(판매가격))에서 NG43-411과 같은 행에 있는 판매가격을 구합니다.

7 F13:F14셀 범위와 J13:J14셀 범위를 선택한 후 〔홈〕 탭-〔맞춤〕 그룹에서 〔**오른쪽 맞춤(≡)**〕을 클릭한 다음 〔표시형식〕 그룹에서 〔**쉼표 스타일(,)**〕을 클릭합니다.

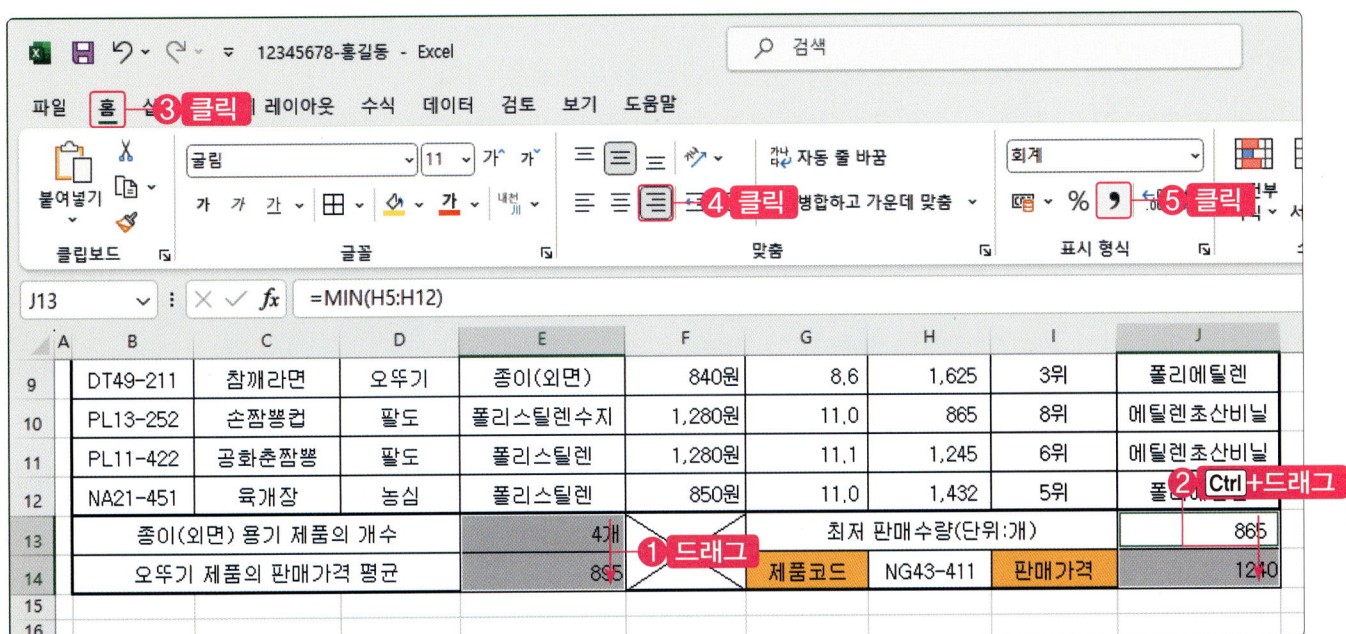

[제1작업] 표 서식 작성 및 값 계산 (240점)

☞ 다음은 '7월의 체험 행사 현황'에 대한 자료이다. 자료를 입력하고 조건에 맞도록 작업하시오.

≪출력형태≫

행사코드	체험행사명	개최지역	행사기간(일)	시작연도	체험비용	참석인원(단위:명)	체험비 지원금	순위
AV-001	농장체험	전남	7	1990년	43,000	6,552	(1)	(2)
TE-002	한지체험	충남	30	2006년	12,000	2,500	(1)	(2)
AE-001	농부체험	경기도	14	2001년	23,600	12,250	(1)	(2)
NT-003	생태체험	충남	20	2002년	21,000	1,320	(1)	(2)
AQ-002	목장체험	전남	10	2005년	34,000	7,320	(1)	(2)
MV-001	해양레저	경기도	5	1998년	27,000	3,210	(1)	(2)
TK-003	전통놀이	전남	10	1995년	10,000	10,320	(1)	(2)
NP-001	벽화체험	충남	15	2000년	30,000	12,150	(1)	(2)
경기도지역의 체험비용 평균			(3)		최소 참석인원(단위:명)			(5)
전남지역의 체험행사 수			(4)		체험행사명	농장체험	참석인원(단위:명)	(6)

제목: 7월의 체험 행사 현황 (결재: 과장/팀장/대표)

≪조건≫

○ 모든 데이터의 서식에는 글꼴(굴림, 11pt), 정렬은 숫자 및 회계 서식은 오른쪽 정렬, 나머지 서식은 가운데 정렬로 작성하며 예외적인 것은 ≪출력형태≫를 참조하시오.
○ 제 목 ⇒ 도형(평행 사변형)과 그림자(오프셋 오른쪽)를 이용하여 작성하고 "7월의 체험 행사 현황"을 입력한 후 다음 서식을 적용하시오 (글꼴-굴림, 24pt, 검정, 굵게, 채우기-노랑).
○ 임의의 셀에 결재란을 작성하여 그림으로 복사 기능을 이용하여 붙이기 하시오(단, 원본 삭제).
○ 「B4:J4, G14, I14」 영역은 '주황'으로 채우기 하시오.
○ 유효성 검사를 이용하여 「H14」셀에 체험행사명(「C5:C12」 영역)이 선택 표시되도록 하시오.
○ 셀 서식 ⇒ 「G5:G12」 영역에 셀 서식을 이용하여 숫자 뒤에 '원'을 표시하시오(예 : 43,000원).
○ 「G5:G12」 영역에 대해 '체험비용'으로 이름정의를 하시오.

☞ (1)~(6) 셀은 반드시 **주어진 함수를 이용**하여 값을 구하시오(결과값을 직접 입력하면 해당 셀은 0점 처리됨).

(1) 체험비 지원금 ⇒ 행사기간(일)이 '15' 이상이면서 참석인원(단위:명)이 '10,000' 이상이면 체험비용의 10%, 그 외에는 체험비용의 5%를 구하시오(IF, AND 함수).
(2) 순위 ⇒ 참석인원(단위:명)의 내림차순 순위를 구하시오(RANK.EQ 함수).
(3) 경기도지역의 체험비용 평균 ⇒ 정의된 이름(체험비용)을 이용하여 구하시오(SUMIF, COUNTIF 함수).
(4) 전남지역의 체험행사 수 ⇒ 결과값에 '개'를 붙이시오. 단, 조건은 입력데이터를 이용하시오 (DCOUNTA 함수, & 연산자)(예 : 1개).
(5) 최소 참석인원(단위:명) ⇒ (MIN 함수)
(6) 참석인원(단위:명) ⇒ 「H14」셀에서 선택한 체험행사명에 대한 참석인원(단위:명)을 구하시오(VLOOKUP 함수).
(7) 조건부 서식을 이용하여 참석인원(단위:명) 셀에 데이터 막대 스타일(빨강)을 최소값 및 최대값으로 적용하시오.

STEP 02 조건부 서식 지정하기

[조건] (7) 조건부 서식의 수식을 이용하여 판매가격이 '1,000' 이상인 행 전체에 다음의 서식을 적용하시오(글꼴 : 파랑, 굵게).

1 수식을 사용하여 조건부 서식을 지정하기 위해 **B5:J12셀 범위를 선택**한 후 〔홈〕 탭-〔스타일〕 그룹에서 〔**조건부 서식**〕을 클릭한 다음 〔**새 규칙**〕을 클릭합니다.

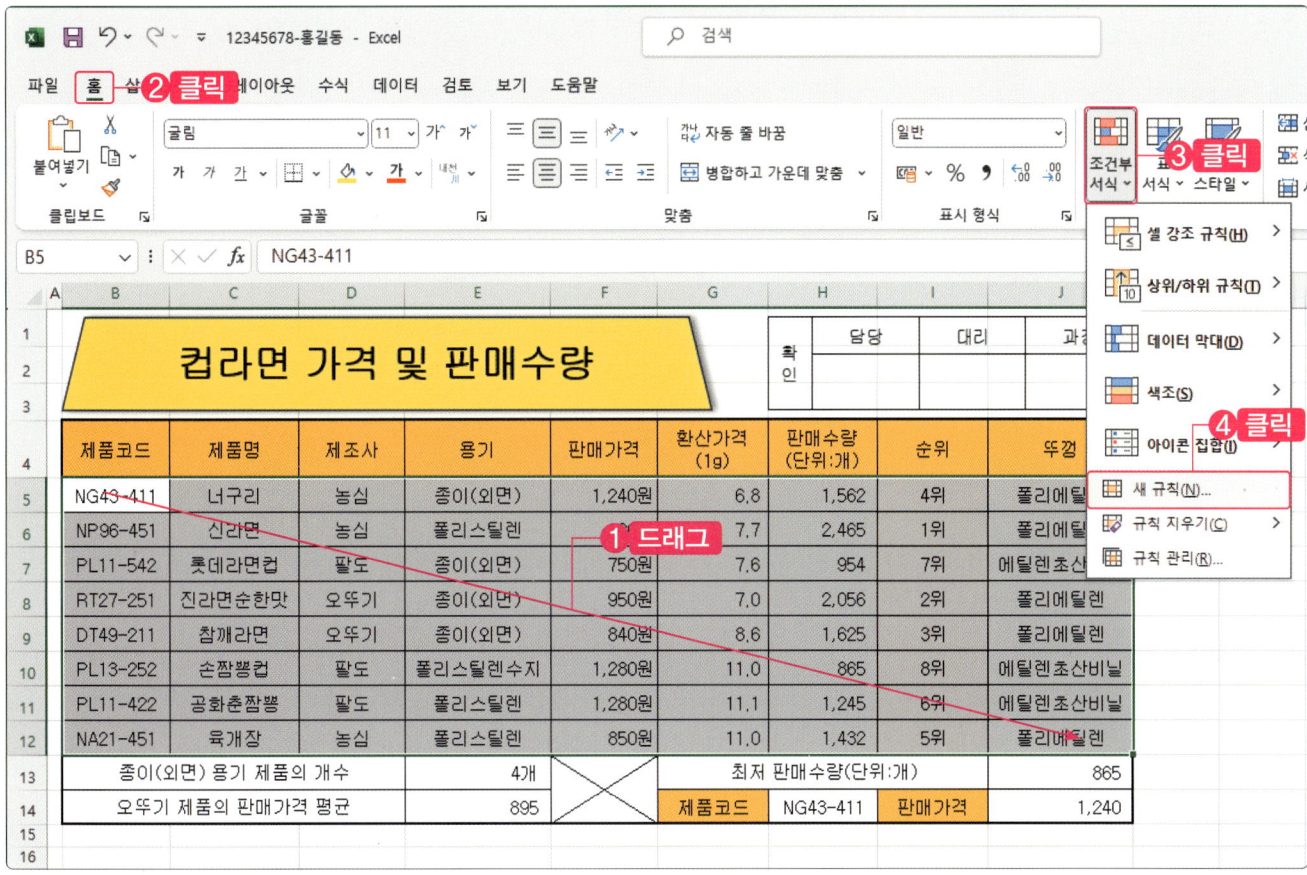

2 〔새 서식 규칙〕 대화상자가 나타나면 **규칙 유형(수식을 사용하여 서식을 지정할 셀 결정)을 선택**한 후 **수식(=$F5>=1000)을 입력**한 다음 〔**서식**〕 **단추를 클릭**합니다.

> =$G5>=1000
> B5:J12셀 범위에서 행별로 F열에 있는 값이 '1000' 이상(>=)이면 논리값 TRUE를 구하고, 그렇지 않으면 논리값 FALSE를 구합니다. 조건부 서식은 조건을 만족하는 경우에만 서식이 지정됩니다. 즉, 논리값 TRUE를 구한 행(F열에 있는 값이 '1000' 이상인 행)에만 서식이 지정됩니다.

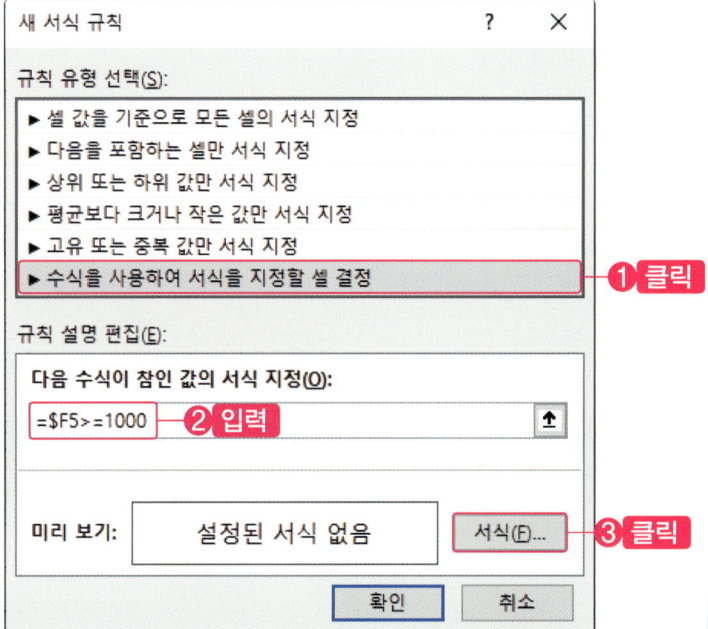

제06회 ITQ 실전모의문제

과목	코드	문제유형	시험시간	수험번호	성명
한글엑셀	1122	C	60분		

수험자 유의사항

- 수험자는 문제지를 받는 즉시 문제지와 <u>수험표상의 시험과목(프로그램)이 동일한지 반드시 확인</u>하여야 합니다.

- 파일명은 본인의 "수험번호-성명"으로 입력하여 답안폴더(내 PC₩문서₩ITQ)에 하나의 파일로 저장해야 하며, 답안문서 파일명이 "수험번호-성명"과 일치하지 않거나, 답안파일을 전송하지 않아 미제출로 처리될 경우 실격 처리합니다(예:12345678-홍길동.xlsx).

- 답안 작성을 마치면 파일을 저장하고, '답안 전송' 버튼을 선택하여 감독위원 PC로 답안을 전송하십시오. 수험생 정보와 저장한 파일명이 다를 경우 전송되지 않으므로 주의하시기 바랍니다.

- 답안 작성 중에도 <u>주기적으로 저장하고, '답안 전송'</u>하여야 문제 발생을 줄일 수 있습니다. 작업한 내용을 저장하지 않고 전송할 경우 이전에 저장된 내용이 전송되오니 이점 유의하시기 바랍니다.

- 답안문서는 지정된 경로 외의 다른 보조기억장치에 저장하는 경우, 지정된 시험 시간 외에 작성된 파일을 활용할 경우, 기타 통신수단(이메일, 메신저, 네트워크 등)을 이용하여 타인에게 전달 또는 외부 반출하는 경우는 부정 처리합니다.

- 시험 중 부주의 또는 고의로 시스템을 파손한 경우는 수험자가 변상해야 하며, 〈수험자 유의사항〉에 기재된 방법대로 이행하지 않아 생기는 불이익은 수험생 당사자의 책임임을 알려 드립니다.

- 문제의 조건은 MS오피스 2021 버전으로 설정되어 있으며 MS오피스 2016은 【 】에 표기되어 있습니다. 이와 관련하여 작성한 답안의 출력형태가 문제지와 다를 수 있습니다.

- 시험을 완료한 수험자는 답안파일이 전송되었는지 확인한 후 감독위원의 지시에 따라 문제지를 제출하고 퇴실합니다.

답안 작성요령

- 온라인 답안 작성 절차
  수험자 등록 ⇒ 시험 시작 ⇒ 답안파일 저장 ⇒ 답안 전송 ⇒ 시험 종료

- 문제는 총 4단계, 즉 제1작업부터 제4작업까지 구성되어 있으며 반드시 제1작업부터 순서대로 작성하고 조건대로 작업하시오.

- 모든 작업시트의 A열은 열 너비 '1'로, 나머지 열은 적당하게 조절하시오.

- 모든 작업시트의 테두리는 ≪출력형태≫와 같이 작업하시오.

- 해당 작업란에서는 각각 제시된 조건에 따라 ≪출력형태≫와 같이 작업하시오.

- 답안 시트 이름은 "제1작업", "제2작업", "제3작업", "제4작업"이어야 하며 답안 시트 이외의 것은 감점 처리됩니다.

- 각 시트를 파일로 나누어 작업해서 저장할 경우 실격 처리됩니다.

kpc 한국생산성본부

〈조건〉 (7) 조건부 서식의 수식을 이용하여 판매가격이 '1,000' 이상인 행 전체에 다음의 서식을 적용하시오(글꼴 : 파랑, 굵게).

3 〔셀 서식〕 대화상자가 나타나면 〔글꼴〕 탭에서 **글꼴 스타일(굵게)을 선택**한 후 **색(파랑)을 선택**한 다음 〔확인〕 **단추를 클릭**합니다.

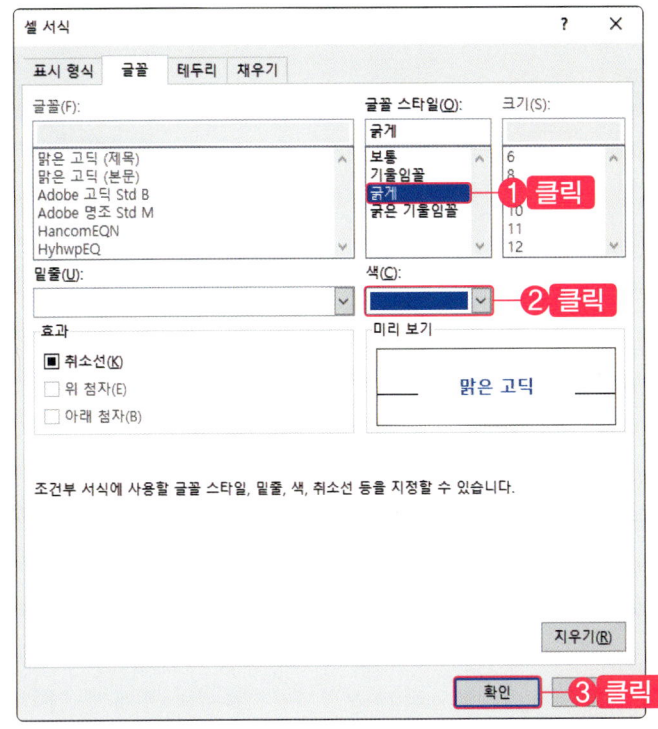

4 〔새 서식 규칙〕 대화상자가 다시 나타나면 〔**확인**〕 **단추를 클릭**합니다.

5 눈금선을 숨기기 위해 〔보기〕 탭-〔표시〕 그룹에서 〔**눈금선**〕**을 선택 해제**합니다.

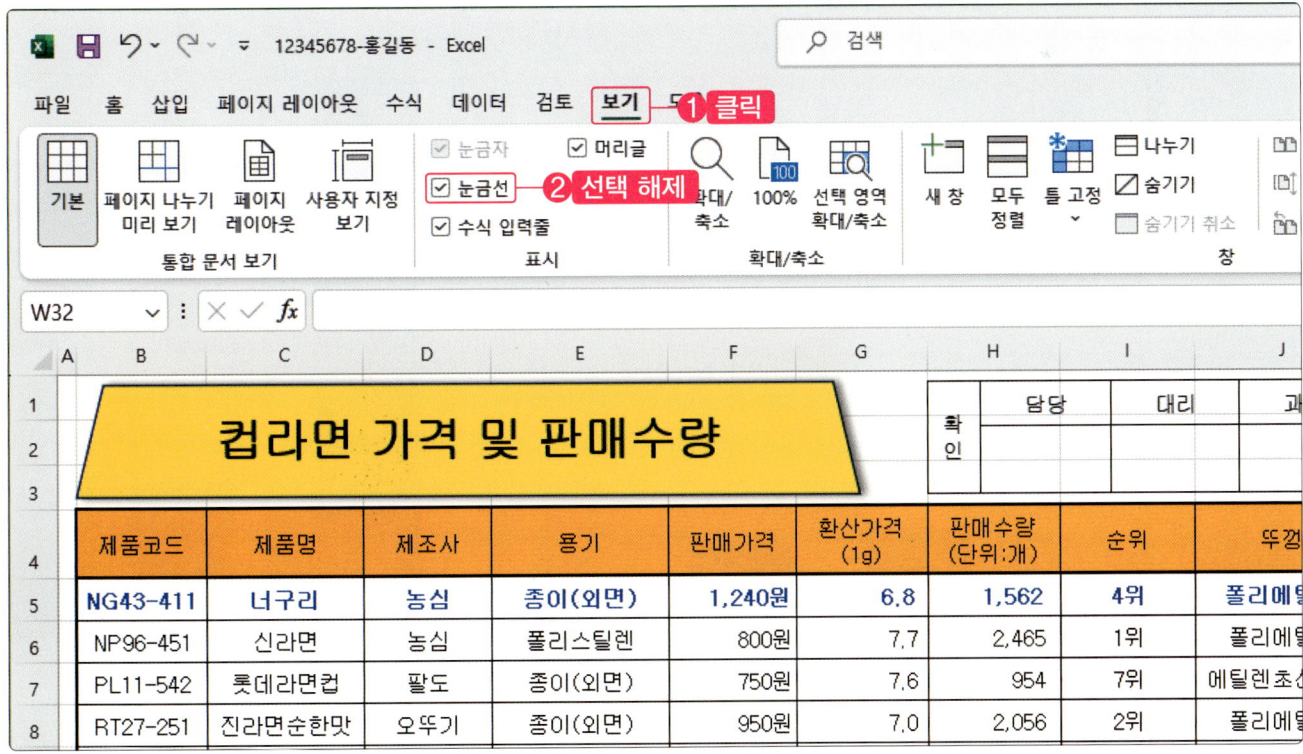

6 눈금선이 숨겨집니다.

[제4작업] 그래프 (100점)

☞ "제1작업" 시트를 이용하여 조건에 따라 ≪출력형태≫와 같이 작업하시오.

≪조건≫

  (1) 차트 종류 ⇒ <묶은 세로 막대형>으로 작업하시오.
  (2) 데이터 범위 ⇒ "제1작업" 시트의 내용을 이용하여 작업하시오.
  (3) 위치 ⇒ "새 시트"로 이동하고, "제4작업"으로 시트 이름을 바꾸시오.
  (4) 차트 디자인 도구 ⇒ 레이아웃 3, 스타일 1을 선택하여 ≪출력형태≫에 맞게 작업하시오.
  (5) 영역 서식 ⇒ 차트 : 글꼴(굴림, 11pt), 채우기 효과(질감-파랑 박엽지)
        그림 : 채우기(흰색, 배경1)
  (6) 제목 서식 ⇒ 차트 제목 : 글꼴(굴림, 굵게, 20pt), 채우기(흰색, 배경1), 테두리
  (7) 서식 ⇒ 월별 사료비용(단위:원) 계열의 차트 종류를 <표식이 있는 꺾은선형>으로 변경한 후 보조 축으로 지정하시오.
    계열 : ≪출력형태≫를 참조하여 표식(마름모, 크기 10)과 레이블 값을 표시하시오.
    눈금선 : 선 스타일-파선
    축 : ≪출력형태≫를 참조하시오.
  (8) 범례 ⇒ 범례명을 변경하고 ≪출력형태≫를 참조하시오.
  (9) 도형 ⇒ '모서리가 둥근 사각형 설명선'을 삽입한 후 ≪출력형태≫와 같이 내용을 입력하시오.
  (10) 나머지 사항은 ≪출력형태≫에 맞게 작성하시오.

≪출력형태≫

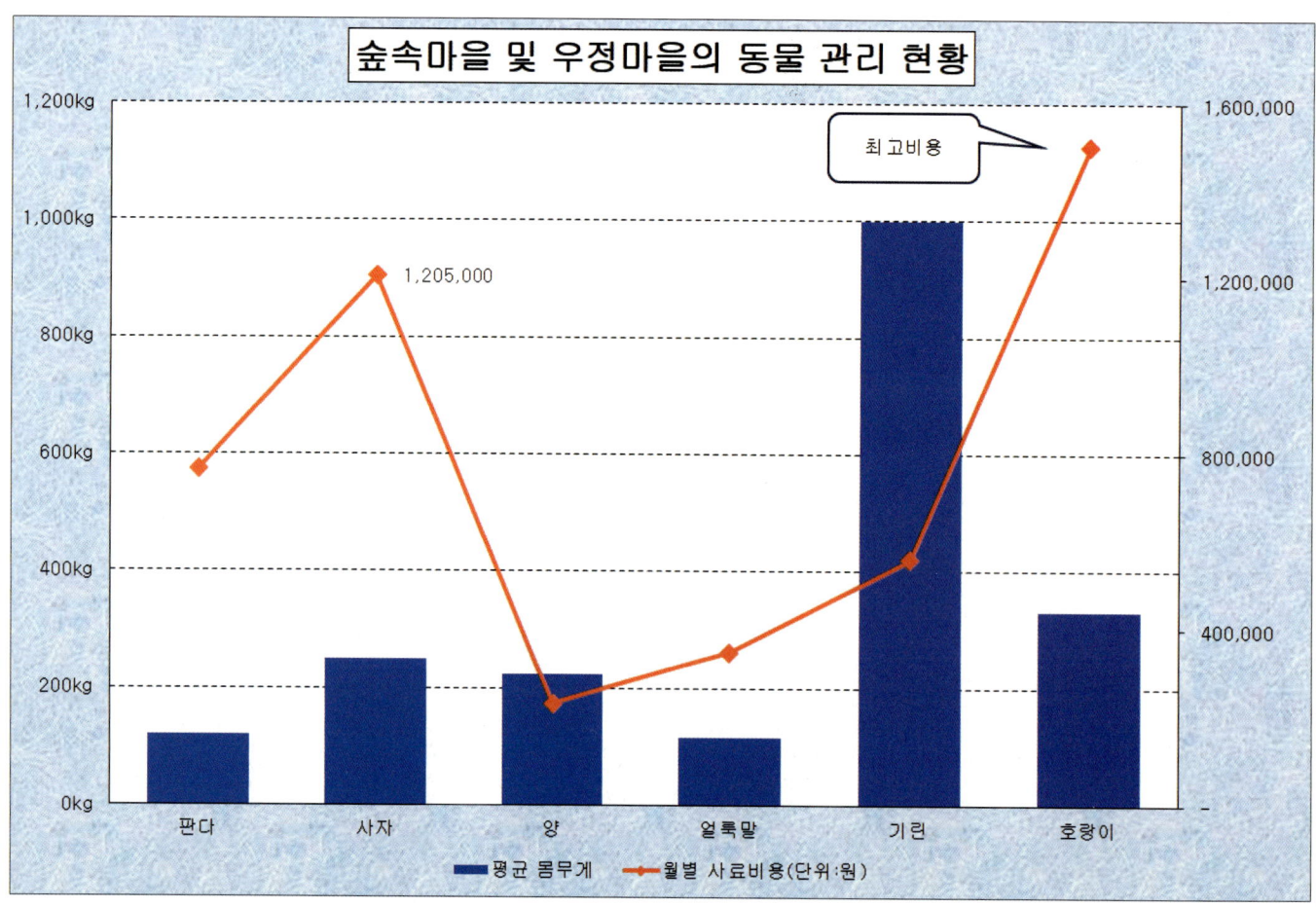

주의 ☞ 시트명 순서가 차례대로 "제1작업", "제2작업", "제3작업", "제4작업"이 되도록 할 것.

데이터 막대를 사용하여 조건부 서식 지정하기

셀 범위를 선택한 후 [홈] 탭-[스타일] 그룹에서 [조건부 서식]을 클릭한 다음 [새 규칙]을 클릭하면 [새 서식 규칙] 대화상자가 나타납니다. [새 서식 규칙] 대화상자에서 규칙 유형을 '셀 값을 기준으로 모든 셀의 서식 지정'으로 선택한 후 서식 스타일을 '데이터 막대'로 선택하면 데이터 막대를 사용하여 조건부 서식을 지정할 수 있습니다. 다음은 가장 높은 중고가는 가장 긴 빨간색 막대로 표시되고, 가장 낮은 중고가는 가장 짧은 빨간색 막대로 표시되도록 데이터 막대를 사용하여 조건부 서식을 지정한 경우입니다.

조건부 서식 지우기

조건부 서식이 지정된 셀 범위를 선택한 후 [홈] 탭-[스타일] 그룹에서 [조건부 서식]을 클릭한 다음 [규칙 지우기]-[선택한 셀의 규칙 지우기]를 클릭하면 선택한 셀 범위에 지정된 조건부 서식을 지울 수 있고, [규칙 지우기]-[시트 전체에서 규칙 지우기]를 클릭하면 시트에 지정된 모든 조건부 서식을 지울 수 있습니다.

[제2작업] 목표값 찾기 및 필터 (80점)

☞ "제1작업" 시트의 「B4:H12」영역을 복사하여 "제2작업" 시트의 「B2」셀부터 모두 붙여넣기를 한 후 다음의 조건과 같이 작업하시오.

≪조건≫

(1) 목표값 찾기 - 「B11:G11」셀을 병합하고, 가운데 맞춤한 후 "사랑마을 월별 사료비용(단위:원) 평균"을 입력하고, 「H11」셀에 사랑마을 월별 사료비용(단위:원) 평균을 구하시오. 단, 조건은 입력데이터를 이용하시오(DAVERAGE 함수, 테두리).
  - '사랑마을 월별 사료비용(단위:원) 평균'이 '500,000'이 되려면 코끼리의 월별 사료비용(단위:원)이 얼마가 되어야 하는지 목표값을 구하시오.

(2) 고급필터 - 위치가 '사랑마을'이 아니면서 평균 몸무게가 '300' 이하인 자료의 동물명, 마리 수, 평균 몸무게, 월별 사료비용(단위:원) 데이터만 추출하시오.
  - 조건 범위 : 「B14」셀부터 입력하시오.
  - 복사 위치 : 「B18」셀부터 나타나도록 하시오.

[제3작업] 정렬 및 부분합 (80점)

☞ "제1작업" 시트의 「B4:H12」영역을 복사하여 "제3작업" 시트의 「B2」셀부터 모두 붙여넣기를 한 후 다음의 조건과 같이 작업하시오.

≪조건≫

(1) 부분합 - ≪출력형태≫처럼 정렬하고, 동물명의 개수와 월별 사료비용(단위:원)의 평균을 구하시오.
(2) 개요【윤곽】- 지우시오.
(3) 나머지 사항은 ≪출력형태≫에 맞게 작성하시오.

≪출력형태≫

	A	B	C	D	E	F	G	H
1								
2		식별번호	동물명	위치	마리 수	평균 몸무게	월별 사료비용(단위:원)	동물 투입 연도
3		QJ-001	양	우정마을	6	223kg	232,000	2018년
4		FE-001	얼룩말	우정마을	2	116kg	348,000	2018년
5		AU-001	기린	우정마을	4	1,000kg	560,000	2020년
6				우정마을 평균			380,000	
7			3	우정마을 개수				
8		SM-001	판다	숲속마을	3	120kg	765,000	2019년
9		SH-002	사자	숲속마을	5	250kg	1,205,000	2019년
10		SD-002	호랑이	숲속마을	6	332kg	1,501,000	2020년
11				숲속마을 평균			1,157,000	
12			3	숲속마을 개수				
13		RJ-001	코끼리	사랑마을	2	2,500kg	634,000	2019년
14		ER-001	사슴	사랑마을	5	121kg	372,000	2019년
15				사랑마을 평균			503,000	
16			2	사랑마을 개수				
17				전체 평균			702,125	
18			8	전체 개수				
19								

날짜 및 시간 함수

▶ YEAR 함수
- 구문 : YEAR(serial_number)
- 설명 : serial_number에서 연도를 구합니다.

▶ MONTH 함수
- 구문 : MONTH(serial_number)
- 설명 : serial_number에서 월을 구합니다.

▶ DAY 함수
- 구문 : DAY(serial_number)
- 설명 : serial_number에서 일을 구합니다.
- YEAR, MONTH, DAY 함수 사용 방법

A	B	C	D	E	F
	날짜		함수	결과값	
	2024-12-01	❶	=YEAR(B3)	2024	
		❷	=MONTH(B3)	12	
		❸	=DAY(B3)	1	

❶ 2024-12-01(B3)에서 연도를 구합니다.
❷ 2024-12-01(B3)에서 월을 구합니다.
❸ 2024-12-01(B3)에서 일을 구합니다.

▶ HOUR 함수
- 구문 : HOUR(serial_number)
- 설명 : serial_number에서 시를 구합니다.

▶ MINUTE 함수
- 구문 : MINUTE(serial_number)
- 설명 : serial_number에서 분을 구합니다.

▶ SECOND 함수
- 구문 : SECOND(serial_number)
- 설명 : serial_number에서 초를 구합니다.
- HOUR, MINUTE, SECOND 함수 사용 방법

A	B	C	D	E	F
	시간		함수	결과값	
	13:20:35	❶	=HOUR(B3)	13	
		❷	=MINUTE(B3)	20	
		❸	=SECOND(B3)	35	

❶ 13:20:35(B3)에서 시를 구합니다.
❷ 13:20:35(B3)에서 분을 구합니다.
❸ 13:20:35(B3)에서 초를 구합니다.

[제1작업] 표 서식 작성 및 값 계산 (240점)

☞ 다음은 '달수 동물원 관리 현황'에 대한 자료이다. 자료를 입력하고 조건에 맞도록 작업하시오.

≪출력형태≫

식별번호	동물명	위치	마리 수	평균 몸무게	월별 사료비용 (단위:원)	동물 투입 연도	순위	구분
RJ-001	코끼리	사랑마을	2	2,500	634,000	2019년	(1)	(2)
SM-001	판다	숲속마을	3	120	765,000	2019년	(1)	(2)
SH-002	사자	숲속마을	5	250	1,205,000	2019년	(1)	(2)
QJ-001	양	우정마을	6	223	232,000	2018년	(1)	(2)
ER-001	사슴	사랑마을	5	121	372,000	2019년	(1)	(2)
FE-001	얼룩말	우정마을	2	116	348,000	2018년	(1)	(2)
AU-001	기린	우정마을	4	1,000	560,000	2020년	(1)	(2)
SD-002	호랑이	숲속마을	6	332	1,501,000	2020년	(1)	(2)
우정마을의 월별 사료비용(단위:원) 평균			(3)		가장 큰 평균 몸무게			(5)
사랑마을 마리 수 합계			(4)		동물명	코끼리	동물 투입 연도	(6)

≪조건≫

○ 모든 데이터의 서식에는 글꼴(굴림, 11pt), 정렬은 숫자 및 회계 서식은 오른쪽 정렬, 나머지 서식은 가운데 정렬로 작성하며 예외적인 것은 ≪출력형태≫를 참조하시오.
○ 제 목 ⇒ 도형(육각형)과 그림자(오프셋 오른쪽)를 이용하여 작성하고
    "달수 동물원 관리 현황"을 입력한 후 다음 서식을 적용하시오
    (글꼴-굴림, 24pt, 검정, 굵게, 채우기-노랑).
○ 임의의 셀에 결재란을 작성하여 그림으로 복사 기능을 이용하여 붙이기 하시오(단, 원본 삭제).
○ 「B4:J4, G14, I14」 영역은 '주황'으로 채우기 하시오.
○ 유효성 검사를 이용하여 「H14」셀에 동물명(「C5:C12」 영역)이 선택 표시되도록 하시오.
○ 셀 서식 ⇒ 「F5:F12」 영역에 셀 서식을 이용하여 숫자 뒤에 'kg'을 표시하시오(예 : 2,500kg).
○ 「F5:F12」 영역에 대해 '몸무게'로 이름정의를 하시오.

☞ (1)~(6) 셀은 반드시 **주어진 함수를 이용**하여 값을 구하시오(결과값을 직접 입력하면 해당 셀은 0점 처리됨).

(1) 순위 ⇒ 월별 사료비용(단위:원)의 내림차순 순위를 구하시오(RANK.EQ 함수).
(2) 구분 ⇒ 식별번호의 마지막 글자가 1이면 '초식성', 2이면 '육식성'으로 구하시오(CHOOSE, RIGHT 함수).
(3) 우정마을의 월별 사료비용(단위:원) 평균 ⇒ (SUMIF, COUNTIF 함수)
(4) 사랑마을 마리 수 합계 ⇒ 결과값에 '마리'를 붙이시오. 단, 조건은 입력데이터를 이용하시오
    (DSUM 함수, & 연산자)(예 : 1마리).
(5) 가장 큰 평균 몸무게 ⇒ 정의된 이름(몸무게)을 이용하여 구하시오(MAX 함수).
(6) 동물 투입 연도 ⇒「H14」셀에서 선택한 동물명에 대한 동물 투입 연도를 구하시오(VLOOKUP 함수).
(7) 조건부 서식의 수식을 이용하여 평균 몸무게가 '1,000' 이상인 행 전체에 다음의 서식을 적용하시오
    (글꼴 : 파랑, 굵게).

출제함수정리

▶ NOW 함수
- 구문 : NOW( )
- 설명 : 현재 시스템의 날짜와 시간을 표시합니다. NOW 함수에는 인수가 필요 없습니다.

▶ TODAY 함수
- 구문 : TODAY( )
- 설명 : 현재 시스템의 날짜를 표시합니다. TODAY 함수에는 인수가 필요 없습니다.
- NOW, TODAY 함수 사용 방법

	A	B	C	D
1				
2		형식	결과값	
3	❶	=NOW()	2023-12-01 13:44	
4	❷	=TODAY()	2023-12-01	

❶ 현재 시스템의 날짜와 시간을 표시합니다.
❷ 현재 시스템의 날짜를 표시합니다.

▶ WEEKDAY 함수
- 구문 : WEEKDAY(serial_number, [return_type])
- 설명 : serial_number의 요일을 나타내는 값을 구합니다. return_type은 결과값의 유형을 지정한 값으로 다음과 같이 1, 2, 3 중의 하나입니다. return_type을 생략하면 1로 간주합니다.

return_type	요일을 나타내는 값						
	일	월	화	수	목	금	토
1	1	2	3	4	5	6	7
2	7	1	2	3	4	5	6
3	6	0	1	2	3	4	5

- WEEKDAY 함수 사용 방법

	A	B	C	D	E	F
1						
2		날짜		함수	결과값	
3		2024-12-08	❶	=WEEKDAY(B3,1)	1	
4			❷	=WEEKDAY(B3,2)	7	
5			❸	=WEEKDAY(B3,3)	6	

❶ 2024-12-08(B3)의 요일을 나타내는 값을 구합니다. 2024년 12월 8일이 일요일이고 return_type이 1이므로 1을 구합니다.

❷ 2024-12-08(B3)의 요일을 나타내는 값을 구합니다. 2024년 12월 8일이 일요일이고 return_type이 2이므로 7을 구합니다.

❸ 2024-12-08(B3)의 요일을 나타내는 값을 구합니다. 2024년 12월 8일이 일요일이고 return_type이 3이므로 6을 구합니다.

▶ DATE 함수
- 구문 : DATE(year, month, day)
- 설명 : year, month, day를 조합하여 날짜를 구합니다.

제05회 ITQ 실전모의문제

과목	코드	문제유형	시험시간	수험번호	성명
한글엑셀	1122	B	60분		

수험자 유의사항

- 수험자는 문제지를 받는 즉시 문제지와 <u>수험표상의 시험과목(프로그램)이 동일한지 반드시 확인</u>하여야 합니다.

- 파일명은 본인의 "수험번호-성명"으로 입력하여 답안폴더(내 PC\문서\ITQ)에 하나의 파일로 저장해야 하며, 답안문서 파일명이 "수험번호-성명"과 일치하지 않거나, 답안파일을 전송하지 않아 미제출로 처리될 경우 실격 처리합니다(예:12345678-홍길동.xlsx).

- 답안 작성을 마치면 파일을 저장하고, '답안 전송' 버튼을 선택하여 감독위원 PC로 답안을 전송하십시오. 수험생 정보와 저장한 파일명이 다를 경우 전송되지 않으므로 주의하시기 바랍니다.

- 답안 작성 중에도 <u>주기적으로 저장하고, '답안 전송'</u>하여야 문제 발생을 줄일 수 있습니다. 작업한 내용을 저장하지 않고 전송할 경우 이전에 저장된 내용이 전송되오니 이점 유의하시기 바랍니다.

- 답안문서는 지정된 경로 외의 다른 보조기억장치에 저장하는 경우, 지정된 시험 시간 외에 작성된 파일을 활용할 경우, 기타 통신수단(이메일, 메신저, 네트워크 등)을 이용하여 타인에게 전달 또는 외부 반출하는 경우는 부정 처리합니다.

- 시험 중 부주의 또는 고의로 시스템을 파손한 경우는 수험자가 변상해야 하며, 〈수험자 유의사항〉에 기재된 방법대로 이행하지 않아 생기는 불이익은 수험생 당사자의 책임임을 알려 드립니다.

- 문제의 조건은 MS오피스 2021 버전으로 설정되어 있으며 MS오피스 2016은 【 】에 표기되어 있습니다. 이와 관련하여 작성한 답안의 출력형태가 문제지와 다를 수 있습니다.

- 시험을 완료한 수험자는 답안파일이 전송되었는지 확인한 후 감독위원의 지시에 따라 문제지를 제출하고 퇴실합니다.

답안 작성요령

- 온라인 답안 작성 절차
  수험자 등록 ⇒ 시험 시작 ⇒ 답안파일 저장 ⇒ 답안 전송 ⇒ 시험 종료

- 문제는 총 4단계, 즉 제1작업부터 제4작업까지 구성되어 있으며 반드시 제1작업부터 순서대로 작성하고 조건대로 작업하시오.

- 모든 작업시트의 A열은 열 너비 '1'로, 나머지 열은 적당하게 조절하시오.

- 모든 작업시트의 테두리는 ≪출력형태≫와 같이 작업하시오.

- 해당 작업란에서는 각각 제시된 조건에 따라 ≪출력형태≫와 같이 작업하시오.

- 답안 시트 이름은 "제1작업", "제2작업", "제3작업", "제4작업"이어야 하며 답안 시트 이외의 것은 감점 처리됩니다.

- 각 시트를 파일로 나누어 작업해서 저장할 경우 실격 처리됩니다.

kpc 한국생산성본부

출제함수정리

▶ TIME 함수
- 구문 : TIME(hour, minute, second)
- 설명 : hour, minute, second를 조합하여 시간을 구합니다.
- DATE, TIME 함수 사용 방법

	A	B	C	D	E	F	G	H
1								
2		연도	월	일		함수	결과값	
3		2024	1	20	❶	=DATE(B3,C3,D3)	2024-01-20	
4		시	분	초	❷	=TIME(B5,C5,D5)	3:17 AM	
5		3	17	59				
6								

❶ 2024(B3), 1(C3), 20(D3)를 조합하여 날짜를 구합니다.
❷ 3(B5), 17(C5), 59(D5)를 조합하여 시간을 구합니다. G4셀의 데이터는 '3:17:59'이지만 사용자 지정 표시 형식으로 'h:mm AM/PM'이 지정되어 '3:17 AM'이 표시된 것입니다.

통계 함수

▶ AVERAGE 함수
- 구문 : AVERAGE(number1, [number2], …)
- 설명 : number1, [number2], …의 평균을 구합니다.
- AVERAGE 함수 사용 방법

	A	B	C	D	E	F	G	H
1								
2		날짜	지점	판매량		함수	결과값	
3		12월 01일	강북점	16	❶	=AVERAGE(D3:D5)	22	
4		12월 04일	강남점	30	❷	=AVERAGE(D3,D5)	18	
5		12월 07일	강북점	20				
6								

❶ 판매량(D3:D5) 평균을 구합니다.
❷ 강북점의 판매량(D3,D5) 평균을 구합니다.

▶ MAX 함수
- 구문 : MAX(number1, [number2], …)
- 설명 : number1, [number2], … 중 가장 큰 값을 구합니다.

▶ MIN 함수
- 구문 : MIN(number1, [number2], …)
- 설명 : number1, [number2], … 중 가장 작은 값을 구합니다.
- MAX, MIN 함수 사용 방법

	A	B	C	D	E	F	G
1							
2		지점	판매량		함수	결과값	
3		강동점	200	❶	=MAX(C3:C6)	210	
4		강서점	160	❷	=MIN(C3:C6)	160	
5		강남점	180				
6		강북점	210				

❶ 판매량(C3:C6) 중 가장 많은 판매량을 구합니다.
❷ 판매량(C3:C6) 중 가장 적은 판매량을 구합니다.

[제4작업] 그래프 (100점)

☞ "제1작업" 시트를 이용하여 조건에 따라 ≪출력형태≫와 같이 작업하시오.

≪조건≫

    (1) 차트 종류 ⇒ <묶은 세로 막대형>으로 작업하시오.
    (2) 데이터 범위 ⇒ "제1작업" 시트의 내용을 이용하여 작업하시오.
    (3) 위치 ⇒ "새 시트"로 이동하고, "제4작업"으로 시트 이름을 바꾸시오.
    (4) 차트 디자인 도구 ⇒ 레이아웃 3, 스타일 1을 선택하여 ≪출력형태≫에 맞게 작업하시오.
    (5) 영역 서식 ⇒ 차트 : 글꼴(굴림, 11pt), 채우기 효과(질감-분홍 박엽지)
                  그림 : 채우기(흰색, 배경1)
    (6) 제목 서식 ⇒ 차트 제목 : 글꼴(굴림, 굵게, 20pt), 채우기(흰색, 배경1), 테두리
    (7) 서식 ⇒ 전월예약건수 계열의 차트 종류를 <표식이 있는 꺾은선형>으로 변경한 후 보조 축으로 지정하시오.
        계열 : ≪출력형태≫를 참조하여 표식(마름모, 크기 10)과 레이블 값을 표시하시오.
        눈금선 : 선 스타일-파선
        축 : ≪출력형태≫를 참조하시오.
    (8) 범례 ⇒ 범례명을 변경하고 ≪출력형태≫를 참조하시오.
    (9) 도형 ⇒ '모서리가 둥근 사각형 설명선'을 삽입한 후 ≪출력형태≫와 같이 내용을 입력하시오.
    (10) 나머지 사항은 ≪출력형태≫에 맞게 작성하시오.

≪출력형태≫

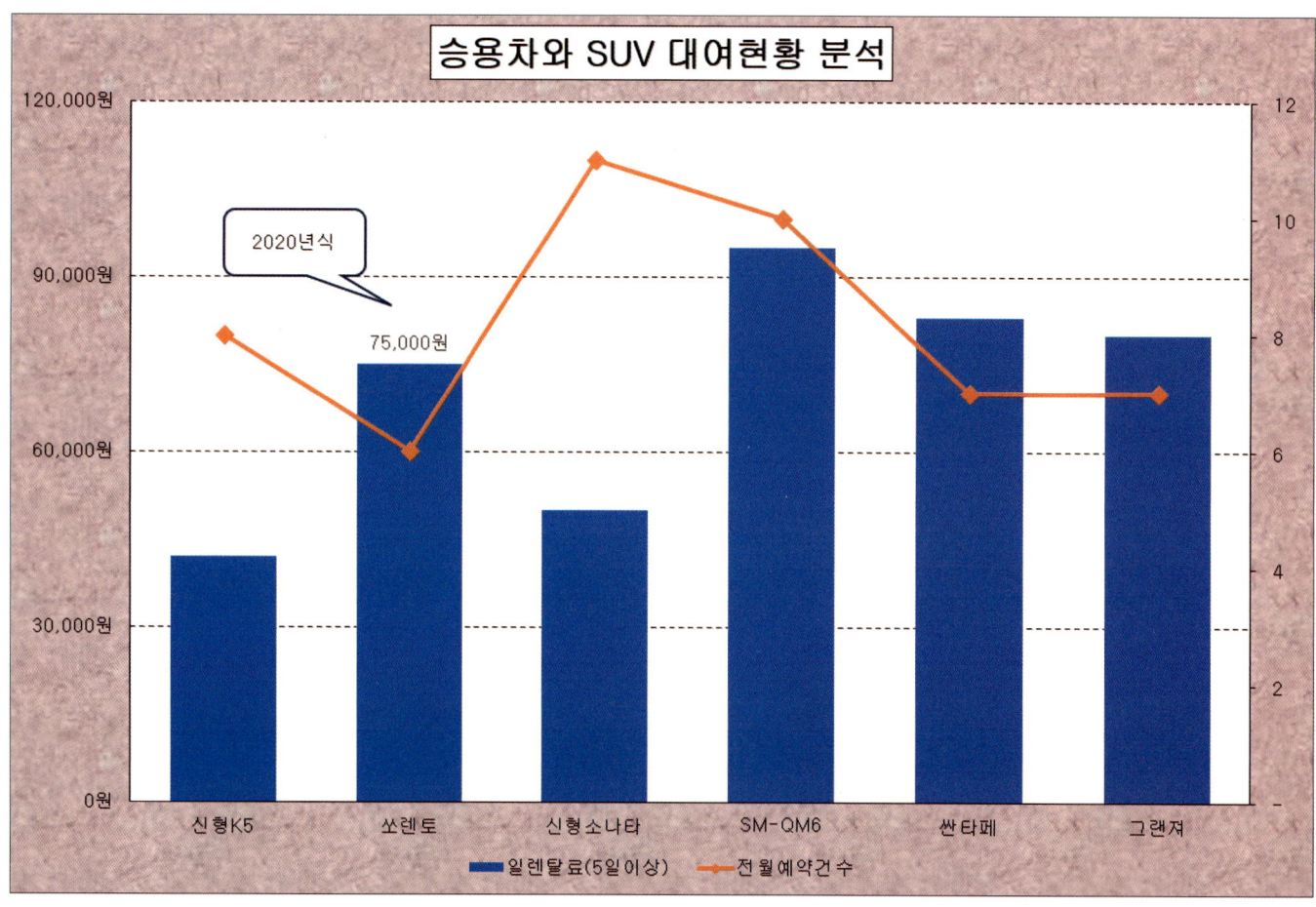

주의 ☞ 시트명 순서가 차례대로 "제1작업", "제2작업", "제3작업", "제4작업"이 되도록 할 것.

출제함수정리

▶ **LARGE 함수**
- 구문 : LARGE(array, k)
- 설명 : array에서 k 번째로 큰 값을 구합니다.

▶ **SMALL 함수**
- 구문 : SMALL(array, k)
- 설명 : array에서 k 번째로 작은 값을 구합니다.

▶ **MEDIAN 함수**
- 구문 : MEDIAN(number1, [number2], …)
- 설명 : number1, [number2], …의 중간값을 구합니다.
- SMALL, MEDIAN 함수 사용 방법

	A	B	C	D	E	F	G
1							
2		부서	판매량		함수	결과값	
3		영업1부	200	❶	=SMALL(C3:C7,2)	140	
4		영업2부	160	❷	=MEDIAN(C3:C7)	160	
5		영업3부	180	❸	=MEDIAN(C3:C6)	170	
6		영업4부	130				
7		영업5부	140				
8							

❶ 판매량(C3:C7)에서 두 번째(2)로 적은 판매량을 구합니다.

❷ 판매량(C3:C7)의 중간값을 구합니다. 판매량을 오름차순 정렬하면 130, 140, 160, 180, 200 순입니다. 판매량의 개수가 홀수 개인 경우, 중간에 있는 판매량(160)을 구합니다.

❸ 판매량(C3:C6)의 중간값을 구합니다. 판매량을 오름차순 정렬하면 130, 160, 180, 200 순입니다. 판매량의 개수가 짝수 개인 경우, 가운데에 있는 두 판매량(여기서는 160과 180)의 평균을 구합니다.

▶ **RANK.AVG 함수**
- 구문 : RANK.AVG(number, ref, [order])
- 설명 : ref에서 number의 순위를 구합니다. order가 0이거나 생략되면 가장 큰 number가 1위가 되고, 0 이외의 숫자이면 가장 작은 number가 1위가 됩니다. number가 같은 경우에는 순위의 평균을 구합니다.
- RANK.AVG 함수 사용 방법

	A	B	C	D	E	F	G
1							
2		부서	판매량		함수	결과값	
3		영업1부	200	❶	=RANK.AVG(C3,C3:C7,0)	2.5	
4		영업2부	200	❷	=RANK.AVG(C7,C3:C7,1)	2	
5		영업3부	180				
6		영업4부	250				
7		영업5부	190				
8							

❶ 모든 부서의 판매량(C3:C7)에서 영업1부의 판매량(C3)이 몇 번째로 많은 판매량인지(0)를 구합니다. 영업1부의 판매량은 영업4부의 판매량 다음으로 많고 영업2부의 판매량과 같으므로 2위와 3위의 평균인 2.5위입니다. 즉, 영업4부의 판매량은 1위, 영업1부와 영업2부의 판매량은 2.5위, 영업5부의 판매량은 4위입니다.

❷ 모든 부서의 판매량(C3:C7)에서 영업5부의 판매량(C7)이 몇 번째로 적은 판매량인지(1)를 구합니다.

[제2작업] 목표값 찾기 및 필터 (80점)

☞ "제1작업" 시트의 「B4:H12」영역을 복사하여 "제2작업" 시트의 「B2」셀부터 모두 붙여넣기를 한 후 다음의 조건과 같이 작업하시오.

≪조건≫

(1) 목표값 찾기 - 「B11:G11」 셀을 병합하고, 가운데 맞춤한 후 "승용차 1일 렌탈료 평균"을 입력하고, 「H11」 셀에 승용차 1일 렌탈료 평균을 구하시오. 단, 조건은 입력데이터를 이용하시오
 (DAVERAGE 함수, 테두리).
  - '승용차 1일 렌탈료 평균'이 '67,000'이 되려면 신형K5의 1일 렌탈료가 얼마가 되어야 하는지 목표값을 구하시오.

(2) 고급필터 - 차종이 '승합차'가 아니면서 일렌탈료(5일이상)가 '80,000' 이상인 자료의 관리번호, 차량, 1일 렌탈료, 전월예약건수 데이터만 추출하시오.
 - 조건 범위 : 「B14」 셀부터 입력하시오.
 - 복사 위치 : 「B18」 셀부터 나타나도록 하시오.

[제3작업] 정렬 및 부분합 (80점)

☞ "제1작업" 시트의 「B4:H12」영역을 복사하여 "제3작업" 시트의 「B2」셀부터 모두 붙여넣기를 한 후 다음의 조건과 같이 작업하시오.

≪조건≫

(1) 부분합 - ≪출력형태≫처럼 정렬하고, 차량의 개수와 1일 렌탈료의 평균을 구하시오.
(2) 개요【윤곽】- 지우시오.
(3) 나머지 사항은 ≪출력형태≫에 맞게 작성하시오.

≪출력형태≫

관리번호	차종	차량	연식	1일 렌탈료	일렌탈료 (5일이상)	전월예약건수
VH-001	승합차	카니발	2020년	100,000원	85,000원	8
VP-002	승합차	스타리아	2022년	105,000원	90,000원	5
	승합차 평균			102,500원		
	승합차 개수	2				
CP-001	승용차	신형K5	2022년	50,000원	42,000원	8
CK-002	승용차	신형소나타	2022년	60,000원	50,000원	11
CK-003	승용차	그랜져	2021년	90,000원	80,000원	7
	승용차 평균			66,667원		
	승용차 개수	3				
SK-001	SUV	쏘렌토	2020년	85,000원	75,000원	6
SP-002	SUV	SM-QM6	2022년	110,000원	95,000원	10
SH-003	SUV	싼타페	2021년	90,000원	83,000원	7
	SUV 평균			95,000원		
	SUV 개수	3				
	전체 평균			86,250원		
	전체 개수	8				

출제함수정리

▶ **COUNT 함수**
- 구문 : COUNT(value1, 〔value2〕, ⋯)
- 설명 : value1, 〔value2〕, ⋯에서 숫자가 있는 셀의 개수를 구합니다.

▶ **COUNTA 함수**
- 구문 : COUNTA(value1, 〔value2〕, ⋯)
- 설명 : value1, 〔value2〕, ⋯에서 비어 있지 않은 셀의 개수를 구합니다.
- COUNT, COUNTA 함수 사용 방법

	A	B	C	D	E	F	G	H
1								
2		날짜	지점	판매량		함수	결과값	
3		12월 01일	강북점	15	❶	=COUNT(D3:D6)	2	
4			강남점		❷	=COUNTA(D3:D6)	3	
5		12월 04일	강북점	확인				
6			강남점	20				

❶ 판매량(D3:D6)에서 숫자가 있는 셀의 개수를 구합니다.
❷ 판매량(D3:D6)에서 비어 있지 않은 셀의 개수를 구합니다.

수학/삼각 함수

▶ **SUM 함수**
- 구문 : SUM(number1, 〔number2〕, ⋯)
- 설명 : number1, 〔number2〕, ⋯의 합계를 구합니다.

▶ **PRODUCT 함수**
- 구문 : PRODUCT(number1, 〔number2〕, ⋯)
- 설명 : number1, 〔number2〕, ⋯를 곱한 값을 구합니다.

▶ **SUMPRODUCT 함수**
- 구문 : SUMPRODUCT(array1, 〔array2〕, ⋯)
- 설명 : array1, 〔array2〕, ⋯에서 대응하는 데이터끼리 곱한 후 곱한 값의 합계를 구합니다.
- SUM, PRODUCT, SUMPRODUCT 함수 사용 방법

	A	B	C	D	E	F	G	H
1								
2		지점	단가	판매량		함수	결과값	
3		강동점	4,000	15	❶	=SUM(D3:D6)	75	
4		강서점	2,500	30	❷	=PRODUCT(C3,D3)	60,000	
5		강남점	3,000	20	❸	=SUMPRODUCT(C3:C6,D3:D6)	205,000	
6		강북점	1,000	10				

❶ 판매량(D3:D6) 합계를 구합니다.
❷ 강동점의 단가(C3)와 강동점의 판매량(D3)을 곱한 값을 구합니다.
❸ 단가(C3:C6)와 판매량(D3:D6)에서 대응하는 데이터끼리 곱한 후 곱한 값의 합계를 구합니다. 즉, '4,000×15+2,500×30+3,000×20+1,000×10'을 구합니다

[제1작업] 표 서식 작성 및 값 계산 (240점)

☞ 다음은 '부산 하나로 렌트카 대여안내'에 대한 자료이다. 자료를 입력하고 조건에 맞도록 작업하시오.

≪출력형태≫

관리번호	차종	차량	연식	1일 렌탈료	일렌탈료 (5일이상)	전월예약건수	주말렌탈료	대여지역
CP-001	승용차	신형K5	2022년	50,000	42,000	8	(1)	(2)
SK-001	SUV	쏘렌토	2020년	85,000	75,000	6	(1)	(2)
CK-002	승용차	신형소나타	2022년	60,000	50,000	11	(1)	(2)
VH-001	승합차	카니발	2020년	100,000	85,000	8	(1)	(2)
SP-002	SUV	SM-QM6	2022년	110,000	95,000	10	(1)	(2)
SH-003	SUV	싼타페	2021년	90,000	83,000	7	(1)	(2)
VP-002	승합차	스타리아	2022년	105,000	90,000	5	(1)	(2)
CK-003	승용차	그랜져	2021년	90,000	80,000	7	(1)	(2)
1일 렌탈료 전체평균			(3)		SUV 차량의 개수			(5)
승용차 전월예약건수 합계			(4)		차량	신형K5	1일 렌탈료	(6)

결재란: 담당 / 점장 / 대표

≪조건≫

○ 모든 데이터의 서식에는 글꼴(굴림, 11pt), 정렬은 숫자 및 회계 서식은 오른쪽 정렬, 나머지 서식은 가운데 정렬로 작성하며 예외적인 것은 ≪출력형태≫를 참조하시오.
○ 제 목 ⇒ 도형(사다리꼴)과 그림자(오프셋 오른쪽)를 이용하여 작성하고
     "부산 하나로 렌트카 대여안내"를 입력한 후 다음 서식을 적용하시오
     (글꼴-굴림, 24pt, 검정, 굵게, 채우기-노랑).
○ 임의의 셀에 결재란을 작성하여 그림으로 복사 기능을 이용하여 붙이기 하시오(단, 원본 삭제).
○ 「B4:J4, G14, I14」 영역은 '주황'으로 채우기 하시오.
○ 유효성 검사를 이용하여 「H14」셀에 차량(「D5:D12」 영역)이 선택 표시되도록 하시오.
○ 셀 서식 ⇒ 「F5:G12」 영역에 셀 서식을 이용하여 숫자 뒤에 '원'을 표시하시오(예 : 50,000원).
○ 「H5:H12」 영역에 대해 '전월예약'으로 이름정의를 하시오.

☞ ⑴~⑹ 셀은 반드시 **주어진 함수를 이용**하여 값을 구하시오(결과값을 직접 입력하면 해당 셀은 0점 처리됨).

⑴ 주말렌탈료 ⇒ 「1일 렌탈료 × 115%」를 계산하고, 반올림하여 천원 단위까지 구하시오
     (ROUND 함수)(예 : 55,850 → 56,000).
⑵ 대여지역 ⇒ 관리번호 두 번째 글자가 P이면 '부산역', K이면 '김해공항', 그 외에는 '해운대구'로
     구하시오(IF, MID 함수).
⑶ 1일 렌탈료 전체평균 ⇒ 내림하여 백원 단위까지 구하시오
     (ROUNDDOWN, AVERAGE 함수)(예 : 82,350 → 82,300).
⑷ 승용차 전월예약건수 합계 ⇒ 정의된 이름(전월예약)을 이용하여 구한 결과값에 '건'을 붙이시오
     (SUMIF 함수, & 연산자)(예 : 1건).
⑸ SUV 차량의 개수 ⇒ (COUNTIF 함수)
⑹ 1일 렌탈료 ⇒ 「H14」 셀에서 선택한 차량에 대한 1일 렌탈료를 구하시오(VLOOKUP 함수).
⑺ 조건부 서식의 수식을 이용하여 전월예약건수가 '10' 이상인 행 전체에 다음의 서식을 적용하시오
     (글꼴 : 파랑, 굵게).

출제함수정리

▶ ROUND 함수
- 구문 : ROUND(number, num_digits)
- 설명 : number를 num_digits 아래에서 반올림하여 num_digits로 구합니다.

▶ ROUNDUP 함수
- 구문 : ROUNDUP(number, num_digits)
- 설명 : number를 num_digits 아래에서 올림하여 num_digits로 구합니다.

▶ ROUNDDOWN 함수
- 구문 : ROUNDDOWN(number, num_digits
- 설명 : number를 num_digits 아래에서 내림하여 num_digits로 구합니다.
- ROUND, ROUNDUP, ROUNDDOWN 함수 사용 방법

데이터		함수	결과값
456.654	❶	=ROUND(B3,2)	456.65
123.321	❷	=ROUND(B3,0)	457
789.987	❸	=ROUND(B3,-2)	500
	❹	=ROUNDUP(B4,1)	123.4
	❺	=ROUNDUP(B4,0)	124
	❻	=ROUNDUP(B4,-1)	130
	❼	=ROUNDDOWN(B5,2)	789.98
	❽	=ROUNDDOWN(B5,0)	789
	❾	=ROUNDDOWN(B5,-2)	700

❶ 456.654(B3)를 소수 3자리에서 반올림하여 소수 2자리(2)로 구합니다.
❷ 456.654(B3)를 소수 1자리에서 반올림하여 일의 자리(0)로 구합니다.
❸ 456.654(B3)를 십의 자리에서 반올림하여 백의 자리(-2)로 구합니다.
❹ 123.321(B4)을 소수 2자리에서 올림하여 소수 1자리(1)로 구합니다.
❺ 123.321(B4)을 소수 1자리에서 올림하여 일의 자리(0)로 구합니다.
❻ 123.321(B4)을 일의 자리에서 올림하여 십의 자리(-1)로 구합니다.
❼ 789.987(B5)을 소수 3자리에서 내림하여 소수 2자리(2)로 구합니다.
❽ 789.987(B5)을 소수 1자리에서 내림하여 일의 자리(0)로 구합니다.
❾ 789.987(B5)을 십의 자리에서 내림하여 백의 자리(-2)로 구합니다.

▶ INT 함수
- 구문 : INT(number)
- 설명 : number보다 크지 않은 정수를 구합니다.

▶ TRUNC 함수
- 구문 : TRUNC(number, [num_digits])
- 설명 : number에서 num_digits만 남기고 나머지 자리는 버린 값을 구합니다. num_digits를 생략하면 0으로 간주합니다.

제04회 ITQ 실전모의문제

과목	코드	문제유형	시험시간	수험번호	성명
한글엑셀	1122	A	60분		

수험자 유의사항

- 수험자는 문제지를 받는 즉시 문제지와 **수험표상의 시험과목(프로그램)이 동일한지 반드시 확인**하여야 합니다.

- 파일명은 본인의 "수험번호-성명"으로 입력하여 답안폴더(내 PC₩문서₩ITQ)에 하나의 파일로 저장해야 하며, 답안문서 파일명이 "수험번호-성명"과 일치하지 않거나, 답안파일을 전송하지 않아 미제출로 처리될 경우 실격 처리합니다(예:12345678-홍길동.xlsx).

- 답안 작성을 마치면 파일을 저장하고, '답안 전송' 버튼을 선택하여 감독위원 PC로 답안을 전송하십시오. 수험생 정보와 저장한 파일명이 다를 경우 전송되지 않으므로 주의하시기 바랍니다.

- 답안 작성 중에도 **주기적으로 저장하고, '답안 전송'**하여야 문제 발생을 줄일 수 있습니다. 작업한 내용을 저장하지 않고 전송할 경우 이전에 저장된 내용이 전송되오니 이점 유의하시기 바랍니다.

- 답안문서는 지정된 경로 외의 다른 보조기억장치에 저장하는 경우, 지정된 시험 시간 외에 작성된 파일을 활용할 경우, 기타 통신수단(이메일, 메신저, 네트워크 등)을 이용하여 타인에게 전달 또는 외부 반출하는 경우는 부정 처리합니다.

- 시험 중 부주의 또는 고의로 시스템을 파손한 경우는 수험자가 변상해야 하며, 〈수험자 유의사항〉에 기재된 방법대로 이행하지 않아 생기는 불이익은 수험생 당사자의 책임임을 알려 드립니다.

- 문제의 조건은 MS오피스 2021 버전으로 설정되어 있으며 MS오피스 2016은 【 】에 표기되어 있습니다. 이와 관련하여 작성한 답안의 출력형태가 문제지와 다를 수 있습니다.

- 시험을 완료한 수험자는 답안파일이 전송되었는지 확인한 후 감독위원의 지시에 따라 문제지를 제출하고 퇴실합니다.

답안 작성요령

- 온라인 답안 작성 절차
  수험자 등록 ⇒ 시험 시작 ⇒ 답안파일 저장 ⇒ 답안 전송 ⇒ 시험 종료

- 문제는 총 4단계, 즉 제1작업부터 제4작업까지 구성되어 있으며 반드시 제1작업부터 순서대로 작성하고 조건대로 작업하시오.

- 모든 작업시트의 A열은 열 너비 '1'로, 나머지 열은 적당하게 조절하시오.

- 모든 작업시트의 테두리는 ≪출력형태≫와 같이 작업하시오.

- 해당 작업란에서는 각각 제시된 조건에 따라 ≪출력형태≫와 같이 작업하시오.

- 답안 시트 이름은 "제1작업", "제2작업", "제3작업", "제4작업"이어야 하며 답안 시트 이외의 것은 감점 처리됩니다.

- 각 시트를 파일로 나누어 작업해서 저장할 경우 실격 처리됩니다.

kpc 한국생산성본부

▶ MOD 함수
- 구문 : MOD(number, divisor)
- 설명 : number를 divisor로 나눈 나머지를 구합니다.
- INT, TRUNC, MOD 함수 사용 방법

	B	C	D	E
2	데이터		함수	결과값
3	8.48	❶	=INT(B3)	8
4	-8.48	❷	=INT(B4)	-9
5	24	❸	=TRUNC(B3,1)	8.4
6		❹	=MOD(B5,5)	4

❶ 8.48(B3)보다 크지 않은 정수를 구합니다.
❷ -8.48(B4)보다 크지 않은 정수를 구합니다. -8은 -8.48보다 큰 정수입니다. -9를 구합니다.
❸ 8.48(B3)에서 소수 1자리(1)만 남기고 나머지 자리는 버린 값을 구합니다.
❹ 24(B5)를 5로 나눈 나머지를 구합니다.

텍스트 함수

▶ LEFT 함수
- 구문 : LEFT(text, [num_chars])
- 설명 : text에서 왼쪽부터 num_chars만큼의 문자를 구합니다. num_chars를 생략하면 1로 간주합니다.

▶ RIGHT 함수
- 구문 : RIGHT(text, [num_chars])
- 설명 : text에서 오른쪽부터 num_chars만큼의 문자를 구합니다. num_chars를 생략하면 1로 간주합니다.

▶ MID 함수
- 구문 : MID(text, start_num, num_chars)
- 설명 : text에서 start_num 번째 문자부터 num_chars만큼의 문자를 구합니다.

▶ REPT 함수
- 구문 : REPT(text, number_times)
- 설명 : text를 number_times만큼 반복한 문자를 구합니다.
- LEFT, RIGHT, MID, REPT 함수 사용 방법

	B	C	D	E
2	데이터		함수	결과값
3	MS 엑셀 2021	❶	=LEFT(B3,2)	MS
4	대한민국	❷	=RIGHT(B3,7)	엑셀 2021
5		❸	=MID(B3,4,2)	엑셀
6		❹	=REPT(B4,2)	대한민국대한민국

❶ MS 엑셀 2016(B3)에서 왼쪽부터 두 문자(2)를 구합니다.
❷ MS 엑셀 2016(B3)에서 오른쪽부터 일곱 문자(7)를 구합니다. '엑셀'과 '2016' 사이에 있는 공백 문자열(" ")도 하나의 문자입니다.
❸ MS 엑셀 2016(B3)에서 왼쪽부터 네 번째(4) 문자부터 두 문자(2)를 구합니다.
❹ 대한민국(B4)을 두 번(2) 반복한 문자를 구합니다.

[제4작업] 그래프 (100점)

☞ "제1작업" 시트를 이용하여 조건에 따라 ≪출력형태≫와 같이 작업하시오.

≪조건≫

(1) 차트 종류 ⇒ <묶은 세로 막대형>으로 작업하시오.
(2) 데이터 범위 ⇒ "제1작업" 시트의 내용을 이용하여 작업하시오.
(3) 위치 ⇒ "새 시트"로 이동하고, "제4작업"으로 시트 이름을 바꾸시오.
(4) 차트 디자인 도구 ⇒ 레이아웃 3, 스타일 1을 선택하여 ≪출력형태≫에 맞게 작업하시오.
(5) 영역 서식 ⇒ 차트 : 글꼴(굴림, 11pt), 채우기 효과(질감-파랑 박엽지)
　　　　　　　　그림 : 채우기(흰색, 배경1)
(6) 제목 서식 ⇒ 차트 제목 : 글꼴(굴림, 굵게, 20pt), 채우기(흰색, 배경1), 테두리
(7) 서식 ⇒ 근무수당(단위:원) 계열의 차트 종류를 <표식이 있는 꺾은선형>으로 변경한 후 보조 축으로 지정하시오.
　　　계열 : ≪출력형태≫를 참조하여 표식(세모, 크기 10)과 레이블 값을 표시하시오.
　　　눈금선 : 선 스타일-파선
　　　축 : ≪출력형태≫를 참조하시오.
(8) 범례 ⇒ 범례명을 변경하고 ≪출력형태≫를 참조하시오.
(9) 도형 ⇒ '모서리가 둥근 사각형 설명선'을 삽입한 후 ≪출력형태≫와 같이 내용을 입력하시오.
(10) 나머지 사항은 ≪출력형태≫에 맞게 작성하시오.

≪출력형태≫

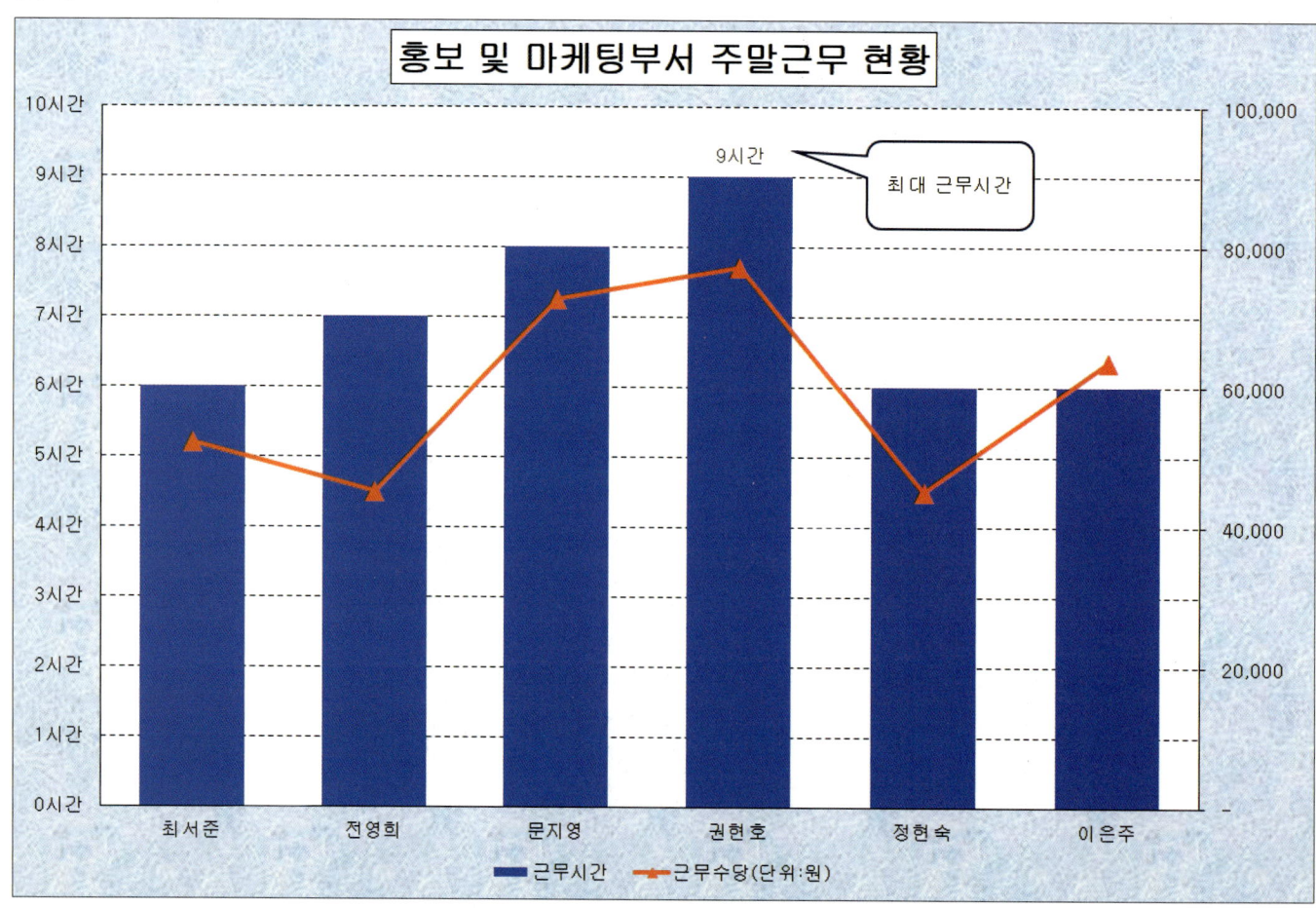

주의 ☞ 시트명 순서가 차례대로 "제1작업", "제2작업", "제3작업", "제4작업"이 되도록 할 것.

논리 함수

▶ IF 함수
- 구문 : IF(logical_test, [value_if_true], [value_if_false])
- 설명 : logical_test가 참이면 value_if_true를 구하고, 거짓이면 value_if_false를 구합니다.
- IF 함수 사용 방법

	A	B	C	D	E	F
1						
2		데이터		함수	결과값	
3		40	❶	=IF(B3>B4,TRUE,FALSE)	FALSE	
4		70	❷	=IF(B3<B4,TRUE,FALSE)	TRUE	
5			❸	=IF(B4>=60,"합격","불합격")	합격	
6						

❶ 40(B3)이 70(B4) 보다 크면 참(TRUE), 그렇지 않으면 거짓(FALSE)을 구합니다.
❷ 40(B3)이 70(B4) 보다 작으면 참(TRUE), 그렇지 않으면 거짓(FALSE)을 구합니다.
❸ 70(B4)이 60 보다 크면 참(합격), 그렇지 않으면 거짓(불합격)을 구합니다.

▶ AND 함수
- 구문 : AND(logical1, [logical2], …)
- 설명 : logical이 모두 참이면 논리값 TRUE를 구하고, 하나라도 거짓이면 논리값 FALSE를 구합니다.

▶ OR 함수
- 구문 : OR(logical1, [logical2], …)
- 설명 : logical이 하나라도 참이면 논리값 TRUE를 구하고, 모두 거짓이면 논리값 FALSE를 구합니다.
- AND, OR 함수 사용 방법

	A	B	C	D	E	F
1						
2		데이터		함수	결과값	
3		3	❶	=AND(B3>=3,B4>=5)	TRUE	
4		5	❷	=AND(B3>=3,B4>=10)	FALSE	
5			❸	=OR(B3>=10,B4>=10)	FALSE	
6			❹	=OR(B3>=10,B4>=5)	TRUE	
7						

❶ logical1(B3>=3)과 logical2(B4>=5)가 모두 참이므로 논리값 TRUE를 구합니다.
❷ logical2(B4>=10)가 거짓이므로 논리값 FALSE를 구합니다.
❸ logical1(B3>=10)과 logical2(B4>=10)가 모두 거짓이므로 논리값 FALSE를 구합니다.
❹ logical2(B4>=5)가 참이므로 논리값 TRUE를 구합니다.

데이터베이스 함수

▶ DSUM 함수
- 구문 : DSUM(database, field, criteria)
- 설명 : database에서 criteria를 만족하는 데이터의 field 합계를 구합니다.

▶ DAVERAGE 함수
- 구문 : DAVERAGE(database, field, criteria)
- 설명 : database에서 criteria를 만족하는 데이터의 field 평균을 구합니다.

[제2작업] 필터 및 서식 (80점)

☞ "제1작업" 시트의 「B4:H12」영역을 복사하여 "제2작업" 시트의 「B2」셀부터 모두 붙여넣기를 한 후 다음의 조건과 같이 작업하시오.

≪조건≫

(1) 고급필터 - 부서가 '기획'이거나 근무일이 '2023-03-31' 이전인(해당일 포함) 자료의 사원코드, 사원명, 근무시간, 근무수당(단위:원) 데이터만 추출하시오.
- 조건 범위 : 「B13」셀부터 입력하시오.
- 복사 위치 : 「B18」셀부터 나타나도록 하시오.

(2) 표 서식 - 고급필터의 결과셀을 채우기 없음으로 설정한 후 '표 스타일 보통 6'의 서식을 적용하시오.
- 머리글 행, 줄무늬 행을 적용하시오.

[제3작업] 피벗 테이블 (80점)

☞ "제1작업" 시트를 이용하여 "제3작업" 시트에 조건에 따라 ≪출력형태≫와 같이 작업하시오.

≪조건≫

(1) 근무수당(단위:원) 및 부서별 사원명의 개수와 근무시간의 평균을 구하시오.
(2) 근무수당(단위:원)을 그룹화하고, 부서를 ≪출력형태≫와 같이 정렬하시오.
(3) 레이블이 있는 셀 병합 및 가운데 맞춤 적용과 빈 셀은 '***'로 표시하시오.
(4) 행의 총합계는 지우고, 나머지 사항은 ≪출력형태≫에 맞게 작성하시오.

≪출력형태≫

근무수당(단위:원)	부서					
	홍보		마케팅		기획	
	개수 : 사원명	평균 : 근무시간	개수 : 사원명	평균 : 근무시간	개수 : 사원명	평균 : 근무시간
25001-50000	***	***	2	7	***	***
50001-75000	2	6	1	8	2	5
75001-100000	1	9	***	***	***	***
총합계	**3**	**7**	**3**	**7**	**2**	**5**

출제함수정리

▶ DMAX 함수
- 구문 : DMAX(database, field, criteria)
- 설명 : database에서 criteria를 만족하는 데이터의 field 중 가장 큰 값을 구합니다.

▶ DMIN 함수
- 구문 : DMIN(database, field, criteria)
- 설명 : database에서 criteria를 만족하는 데이터의 field 중 가장 작은 값을 구합니다.

▶ DCOUNT 함수
- 구문 : DCOUNT(database, field, criteria)
- 설명 : database에서 criteria를 만족하는 데이터의 field 중 숫자가 있는 셀의 개수를 구합니다.

▶ DPRODUCT 함수
- 구문 : DPRODUCT(database, field, criteria)
- 설명 : database에서 criteria를 만족하는 데이터의 field를 모두 곱한 값을 구합니다.
- 데이터베이스 함수 사용 방법

	B	C	D	E	F	G	H
2	날짜	지점	입고량	출고량		함수	결과값
3	12월 01일	강북점	10		❶	=DSUM(B2:E8,D2,C2:C3)	60
4	12월 05일	강북점		5	❷	=DAVERAGE(B2:E8,D2,C2:C3)	20
5	12월 08일	강남점	15		❸	=DMAX(B2:E8,D2,C2:C3)	30
6	12월 14일	강북점	20	확인	❹	=DMIN(B2:E8,D2,C2:C3)	10
7	12월 19일	강북점	30	40	❺	=DCOUNT(B2:E8,E2,C2:C3)	2
8	12월 21일	강남점	확인	확인	❻	=DPRODUCT(B2:E8,E2,C2:C3)	200

❶ 데이터베이스(B2:E8)에서 지점이 강북점(C2:C3)인 데이터의 입고량(D2) 합계를 구합니다.
❷ 데이터베이스(B2:E8)에서 지점이 강북점(C2:C3)인 데이터의 입고량(D2) 평균을 구합니다.
❸ 데이터베이스(B2:E8)에서 지점이 강북점(C2:C3)인 데이터의 입고량(D2) 중 가장 많은 입고량을 구합니다.
❹ 데이터베이스(B2:E8)에서 지점이 강북점(C2:C3)인 데이터의 입고량(D2) 중 가장 적은 입고량을 구합니다.
❺ 데이터베이스(B2:E8)에서 지점이 강북점(C2:C3)인 데이터의 출고량(E4) 중 숫자가 있는 셀의 개수를 구합니다.
❻ 데이터베이스(B2:E8)에서 지점이 강북점(C2:C3)인 데이터의 출고량(E4)을 모두 곱한 값을 구합니다.

찾기/참조 함수

▶ VLOOKUP 함수
- 구문 : VLOOKUP(lookup_value, table_array, col_index_num, [range_lookup])
- 설명 : table_array의 첫 번째 열에서 lookup_value를 검색한 후 col_index_num에서 lookup_value와 같은 행에 있는 값을 구합니다.
- VLOOKUP 함수 사용 방법

	B	C	D	E	F	G
2	상품코드	상품명	생산량		함수	결과값
3	SC	스캐너	120	❶	=VLOOKUP("PR",B3:D4,3,FALSE)	600
4	PR	프린터	600			

❶ B3:D4셀 범위의 첫 번째 열(B3:D4셀 범위에서 첫 번째 열이므로 B3:B4셀 범위(상품코드))에서 PR을 검색한 후 세 번째 열(B3:D4셀 범위에서 세 번째 행이므로 D3:D4셀 범위(생산량))에서 PR과 같은 행에 있는 생산량을 구합니다.

[제1작업] 표 서식 작성 및 값 계산 (240점)

☞ 다음은 '상반기 주말근무 현황'에 대한 자료이다. 자료를 입력하고 조건에 맞도록 작업하시오.

≪출력형태≫

사원코드	사원명	부서	나이	근무일	근무시간	근무수당(단위:원)	근무월	근무요일
BU7-31	최서준	홍보	26	2023-04-08	6	52,000	(1)	(2)
CY2-22	전영희	마케팅	35	2023-05-07	7	45,000	(1)	(2)
CA2-22	문지영	마케팅	29	2023-06-18	8	72,500	(1)	(2)
BE2-11	권현호	홍보	43	2023-01-28	9	77,000	(1)	(2)
CL3-51	기현석	기획	45	2023-03-11	5	54,500	(1)	(2)
MY9-31	김현승	기획	50	2023-06-10	4	51,000	(1)	(2)
PR5-22	정현숙	마케팅	43	2023-05-28	6	45,000	(1)	(2)
SR6-22	이은주	홍보	44	2023-04-15	6	63,500	(1)	(2)
최대 근무시간			(3)			마케팅부서 사원 수		(5)
홍보부서 근무수당(단위:원) 평균			(4)		사원명	최서준	근무수당(단위:원)	(6)

결재 / 담당 / 대리 / 팀장

≪조건≫

○ 모든 데이터의 서식에는 글꼴(굴림, 11pt), 정렬은 숫자 및 회계 서식은 오른쪽 정렬, 나머지 서식은 가운데 정렬로 작성하며 예외적인 것은 ≪출력형태≫를 참조하시오.
○ 제 목 ⇒ 도형(사다리꼴)과 그림자(오프셋 오른쪽)를 이용하여 작성하고
  "상반기 주말근무 현황"을 입력한 후 다음 서식을 적용하시오
  (글꼴-굴림, 24pt, 검정, 굵게, 채우기-노랑).
○ 임의의 셀에 결재란을 작성하여 그림으로 복사 기능을 이용하여 붙이기 하시오(단, 원본 삭제).
○ 「B4:J4, G14, I14」 영역은 '주황'으로 채우기 하시오.
○ 유효성 검사를 이용하여 「H14」 셀에 사원명(「C5:C12」 영역)이 선택 표시되도록 하시오.
○ 셀 서식 ⇒ 「G5:G12」 영역에 셀 서식을 이용하여 숫자 뒤에 '시간'을 표시하시오(예 : 6시간).
○ 「D5:D12」 영역에 대해 '부서'로 이름정의를 하시오.

☞ (1)~(6) 셀은 반드시 **주어진 함수를 이용**하여 값을 구하시오(결과값을 직접 입력하면 해당 셀은 0점 처리됨).

  (1) 근무월 ⇒ 근무일의 월을 추출하여 '월'을 붙이시오(MONTH 함수, & 연산자)(예 : 1월).
  (2) 근무요일 ⇒ 근무일의 요일을 구하시오(CHOOSE, WEEKDAY 함수)(예 : 월요일).
  (3) 최대 근무시간 ⇒ (MAX 함수)
  (4) 홍보부서 근무수당(단위:원) 평균 ⇒ 올림하여 천원 단위까지 구하시오. 단, 조건은 입력데이터를 이용하시오
    (ROUNDUP, DAVERAGE 함수)(예 : 12,345.6 → 13,000).
  (5) 마케팅부서 사원 수 ⇒ 정의된 이름(부서)을 이용하여 구하시오(COUNTIF 함수).
  (6) 근무수당(단위:원) ⇒ 「H14」셀에서 선택한 사원명의 근무수당(단위:원)을 구하시오(VLOOKUP 함수).
  (7) 조건부 서식을 이용하여 근무수당(단위:원) 셀에 데이터 막대 스타일(연한 파랑)을 최소값 및 최대값으로 적용하시오.

▶ HLOOKUP 함수

- **구문** : HLOOKUP(lookup_value, table_array, row_index_num, 〔range_lookup〕)
- **설명** : table_array의 첫 번째 행에서 lookup_value를 검색한 후 row_index_num에서 lookup_value와 같은 열에 있는 값을 구합니다.
- **HLOOKUP 함수 사용 방법**

	A	B	C	D	E	F	G	H
1								
2		상품코드	SC	PR		함수	결과값	
3		상품명	스캐너	프린터	❶	=HLOOKUP("PR",C2:D4,3,FALSE)	600	
4		생산량	120	600				
5								

❶ C2:D4셀 범위의 첫 번째 행(C2:D4셀 범위에서 첫 번째 행이므로 C2:D2셀 범위(상품코드))에서 PR을 검색한 후 세 번째 행(C2:D4셀 범위에서 세 번째 행이므로 C4:D4셀 범위(생산량))에서 PR과 같은 열에 있는 생산량을 구합니다.

▶ INDEX 함수

- **구문** : INDEX(array, row_num, 〔column_num〕)
- **설명** : array에서 row_num행 column_num열에 있는 값을 구합니다.

▶ MATCH 함수

- **구문** : MATCH(lookup_value, lookup_array, 〔match_type〕)
- **설명** : lookup_array에서 lookup_value의 위치를 구합니다. match_type은 검색 방법을 지정한 값으로 1, 0, -1이 있으며 생략하면 1로 간주합니다. 다음은 match_type에 대한 설명입니다.

match_type	설명
1	lookup_array에서 lookup_value보다 작거나 같은 값 중 최대값을 구합니다. lookup_array는 반드시 오름차순으로 정렬되어 있어야 합니다.
0	lookup_array에서 lookup_value와 같은 첫 번째 값을 구합니다. lookup_array는 임의의 순서여도 됩니다.
-1	lookup_array에서 lookup_value보다 크거나 같은 값 중 최소값을 구합니다. lookup_array는 반드시 내림차순으로 정렬되어 있어야 합니다.

- **INDEX, MATCH 함수 사용 방법**

	A	B	C	D	E	F	G
1							
2		데이터			함수	결과값	
3		5	21	❶	=INDEX(B3:C5,3,2)	34	
4		7	9	❷	=MATCH(19,B3:B5,0)	3	
5		19	34				
6							

❶ 데이터(B3:C5)에서 3행 2열에 있는 값을 구합니다. 여기에서 3행 2열은 B3:C5셀 범위를 표로 보고 새로 부여한 행 번호와 열 번호입니다. 다음 표를 보면 3행 2열이 C5셀인 것을 확인할 수 있습니다.

	1열	2열
1행	B3셀	C3셀
2행	B4셀	C4셀
3행	B5셀	C5셀

❷ 데이터(B3:B5)에서 19의 위치를 구합니다.

제03회 ITQ 실전모의문제

과목	코드	문제유형	시험시간	수험번호	성명
한글엑셀	1122	C	60분		

수험자 유의사항

- 수험자는 문제지를 받는 즉시 문제지와 <u>수험표상의 시험과목(프로그램)이 동일한지 반드시 확인</u>하여야 합니다.

- 파일명은 본인의 "수험번호-성명"으로 입력하여 답안폴더(내 PC₩문서₩ITQ)에 하나의 파일로 저장해야 하며, 답안문서 파일명이 "수험번호-성명"과 일치하지 않거나, 답안파일을 전송하지 않아 미제출로 처리될 경우 실격 처리합니다(예:12345678-홍길동.xlsx).

- 답안 작성을 마치면 파일을 저장하고, '답안 전송' 버튼을 선택하여 감독위원 PC로 답안을 전송하십시오. 수험생 정보와 저장한 파일명이 다를 경우 전송되지 않으므로 주의하시기 바랍니다.

- 답안 작성 중에도 <u>주기적으로 저장하고, '답안 전송'</u>하여야 문제 발생을 줄일 수 있습니다. 작업한 내용을 저장하지 않고 전송할 경우 이전에 저장된 내용이 전송되오니 이점 유의하시기 바랍니다.

- 답안문서는 지정된 경로 외의 다른 보조기억장치에 저장하는 경우, 지정된 시험 시간 외에 작성된 파일을 활용할 경우, 기타 통신수단(이메일, 메신저, 네트워크 등)을 이용하여 타인에게 전달 또는 외부 반출하는 경우는 부정 처리합니다.

- 시험 중 부주의 또는 고의로 시스템을 파손한 경우는 수험자가 변상해야 하며, 〈수험자 유의사항〉에 기재된 방법대로 이행하지 않아 생기는 불이익은 수험생 당사자의 책임임을 알려 드립니다.

- 문제의 조건은 MS오피스 2021 버전으로 설정되어 있으며 MS오피스 2016은 【 】에 표기되어 있습니다. 이와 관련하여 작성한 답안의 출력형태가 문제지와 다를 수 있습니다.

- 시험을 완료한 수험자는 답안파일이 전송되었는지 확인한 후 감독위원의 지시에 따라 문제지를 제출하고 퇴실합니다.

답안 작성요령

- 온라인 답안 작성 절차
  수험자 등록 ⇒ 시험 시작 ⇒ 답안파일 저장 ⇒ 답안 전송 ⇒ 시험 종료

- 문제는 총 4단계, 즉 제1작업부터 제4작업까지 구성되어 있으며 반드시 제1작업부터 순서대로 작성하고 조건대로 작업하시오.

- 모든 작업시트의 A열은 열 너비 '1'로, 나머지 열은 적당하게 조절하시오.

- 모든 작업시트의 테두리는 ≪출력형태≫와 같이 작업하시오.

- 해당 작업란에서는 각각 제시된 조건에 따라 ≪출력형태≫와 같이 작업하시오.

- 답안 시트 이름은 "제1작업", "제2작업", "제3작업", "제4작업"이어야 하며 답안 시트 이외의 것은 감점 처리됩니다.

- 각 시트를 파일로 나누어 작업해서 저장할 경우 실격 처리됩니다.

kpc 한국생산성본부

Practical question type
실전문제유형
EXCEL 2021

1 다음은 '우리 인테리어 공사현황보고'에 대한 자료이다. 자료를 입력하고 조건에 맞도록 작업하시오.

▶ 소스파일 : Part 01\Chapter 03\문제01.xlsx   ▶ 완성파일 : Part 01\Chapter 03\문제01_완성.xlsx

《출력형태》

관리번호	주택명	지역	공사기간(일)	총공사비	공사시작일	공사내용	구분	선수금(단위:원)
B2-001	화이트빌	경기	5	8,558,000	2023-02-06	욕실	(1)	(2)
K1-001	푸르지오	서울	4	10,250,000	2023-03-20	주방	(1)	(2)
K3-002	시그마	경기	3	7,870,000	2023-01-30	주방	(1)	(2)
A1-001	아이파크	인천	13	28,850,000	2023-02-20	전체	(1)	(2)
B1-002	파크타운	서울	5	5,778,000	2023-03-06	욕실	(1)	(2)
B3-003	트레스빌	경기	6	9,560,000	2023-02-13	욕실	(1)	(2)
A2-002	그린빌	서울	17	32,170,000	2023-02-27	전체	(1)	(2)
K2-003	한솔마을	인천	4	6,768,000	2023-03-08	주방	(1)	(2)
서울지역 총 공사건수			(3)		가장 긴 공사기간(일)			(5)
욕실 총공사비 합계			(4)		관리번호	B2-001	총공사비	(6)

결재 : 점장 / 부장 / 대표

《조건》

☞ (1)~(6) 셀은 반드시 **주어진 함수를 이용**하여 값을 구하시오(결과값을 직접 입력하면 해당 셀은 0점 처리됨).

(1) 구분 ⇒ 관리번호 두 번째 글자가 1이면 '아파트', 2이면 '빌라' 3이면 '오피스텔'로 구하시오 (CHOOSE, MID 함수).

(2) 선수금(단위:원) ⇒ 공사내용이 전체이면 「총공사비×30%」, 그 외에는 「총공사비×20%」로 반올림하여 십만 단위까지 구하시오(ROUND, IF 함수)(예 : 1,456,273 → 1,500,000).

(3) 서울지역 총 공사건수 ⇒ 결과값에 '건'을 붙이시오(COUNTIF 함수, & 연산자)(예 : 1건).

(4) 욕실 총공사비 합계 ⇒ 공사내용이 욕실인 공사의 총공사비 합계를 구하시오.
    단, 조건은 입력 데이터를 이용하시오(DSUM 함수).

(5) 가장 긴 공사기간(일) ⇒ 정의된 이름(공사기간)을 이용하여 구하시오(MAX 함수).

(6) 총공사비 ⇒ 「H14」셀에서 선택한 관리번호에 대한 총공사비를 구하시오(VLOOKUP 함수).

(7) 조건부 서식의 수식을 이용하여 총공사비가 '8,000,000' 이하인 행 전체에 다음의 서식을 적용하시오 (글꼴 : 파랑, 굵게).

[제4작업] 그래프 (100점)

☞ "제1작업" 시트를 이용하여 조건에 따라 ≪출력형태≫와 같이 작업하시오.

≪조건≫

(1) 차트 종류 ⇒ <묶은 세로 막대형>으로 작업하시오.
(2) 데이터 범위 ⇒ "제1작업" 시트의 내용을 이용하여 작업하시오.
(3) 위치 ⇒ "새 시트"로 이동하고, "제4작업"으로 시트 이름을 바꾸시오.
(4) 차트 디자인 도구 ⇒ 레이아웃 3, 스타일 1을 선택하여 ≪출력형태≫에 맞게 작업하시오.
(5) 영역 서식 ⇒ 차트 : 글꼴(굴림, 11pt), 채우기 효과(질감-파랑 박엽지)
    그림 : 채우기(흰색, 배경1)
(6) 제목 서식 ⇒ 차트 제목 : 글꼴(굴림, 굵게, 20pt), 채우기(흰색, 배경1), 테두리
(7) 서식 ⇒ 수강료(단위:원) 계열의 차트 종류를 <표식이 있는 꺾은선형>으로 변경한 후 보조 축으로 지정하시오.
    계열 : ≪출력형태≫를 참조하여 표식(세모, 크기 10)과 레이블 값을 표시하시오.
    눈금선 : 선 스타일-파선
    축 : ≪출력형태≫를 참조하시오.
(8) 범례 ⇒ 범례명을 변경하고 ≪출력형태≫를 참조하시오.
(9) 도형 ⇒ '모서리가 둥근 사각형 설명선'을 삽입한 후 ≪출력형태≫와 같이 내용을 입력하시오.
(10) 나머지 사항은 ≪출력형태≫에 맞게 작성하시오.

≪출력형태≫

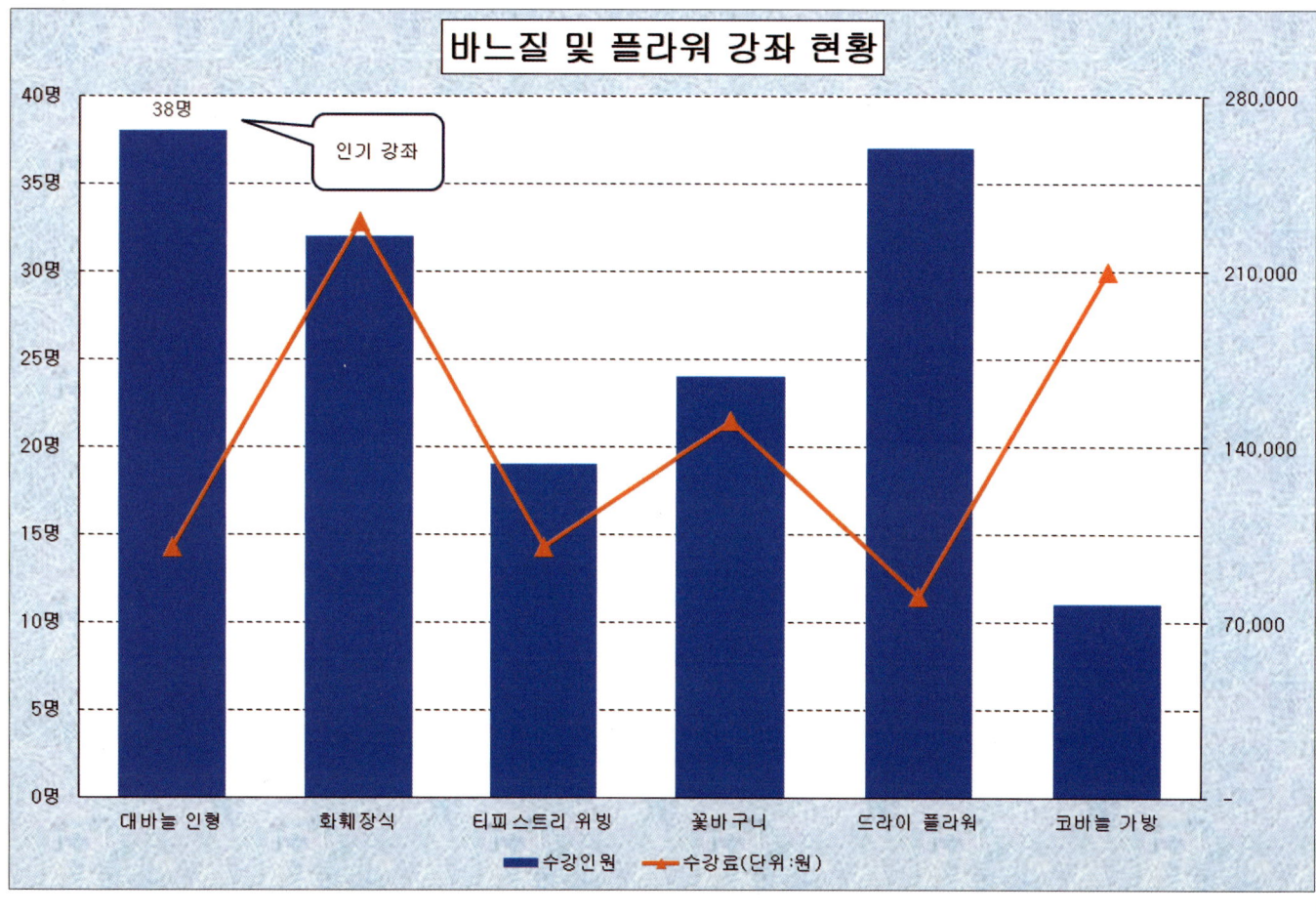

주의 ☞ 시트명 순서가 차례대로 "제1작업", "제2작업", "제3작업", "제4작업"이 되도록 할 것.

실전문제유형

2 다음은 '1월 사원 출장 현황'에 대한 자료이다. 자료를 입력하고 조건에 맞도록 작업하시오.

▶ 소스파일 : Part 01\Chapter 03\문제02.xlsx   ▶ 완성파일 : Part 01\Chapter 03\문제02_완성.xlsx

《출력형태》

사원번호	사원명	직급	부서명	출장비(단위:원)	출장일수	출발일자	출발요일	비고
C11-23	민시후	사원	영업부	520,000	6	2024-01-07	(1)	(2)
C10-25	한창훈	사원	인사부	128,000	2	2024-01-21	(1)	(2)
A07-01	윤정은	대리	영업부	225,000	2	2024-01-07	(1)	(2)
A07-45	조재은	사원	기획부	415,000	3	2024-01-03	(1)	(2)
E10-25	박금희	대리	인사부	280,000	2	2024-01-15	(1)	(2)
A08-23	한효빈	과장	기획부	546,000	5	2024-01-17	(1)	(2)
E09-53	김지은	과장	영업부	197,000	3	2024-01-06	(1)	(2)
E09-12	김지효	대리	기획부	150,000	2	2024-01-12	(1)	(2)
인사부의 출장일수 평균			(3)		최대 출장비(단위:원)			(5)
사원의 출장일수 합계			(4)		사원번호	C11-23	출장일수	(6)

《조건》

☞ (1)~(6) 셀은 반드시 **주어진 함수를 이용**하여 값을 구하시오(결과값을 직접 입력하면 해당 셀은 0점 처리됨).

(1) 출발요일 ⇒ 출발일자의 요일을 예와 같이 구하시오(CHOOSE, WEEKDAY 함수)(예 : 월요일).

(2) 비고 ⇒ 출장일수가 '5' 이상이면 '출장일수 많음', 그 외에는 공백으로 표시하시오(IF 함수).

(3) 인사부의 출장일수 평균 ⇒ (SUMIF, COUNTIF 함수)

(4) 사원의 출장일수 합계 ⇒ 결과값에 '일'을 붙이시오. 단, 조건은 입력데이터를 이용하시오 (DSUM 함수, & 연산자)(예 : 1일).

(5) 최대 출장비(단위:원) ⇒ 정의된 이름(출장비)을 이용하여 구하시오(MAX 함수).

(6) 출장일수 ⇒ 「H14」 셀에서 선택한 사원번호에 대한 출장일수를 구하시오(VLOOKUP 함수).

(7) 조건부 서식의 수식을 이용하여 출장비(단위:원)가 '200,000' 이하인 행 전체에 다음의 서식을 적용하시오(글꼴 : 파랑, 굵게).

[제2작업] 필터 및 서식 (80점)

☞ "제1작업" 시트의 「B4:H12」영역을 복사하여 "제2작업" 시트의 「B2」셀부터 모두 붙여넣기를 한 후 다음의 조건과 같이 작업하시오.

≪조건≫

(1) 고급필터 - 분류가 '공예'이거나 개강일이 '2023-08-15' 이후인(해당일 포함) 자료의 강의코드, 강좌명, 수강인원, 수강료(단위:원) 데이터만 추출하시오.
  - 조건 범위 : 「B13」셀부터 입력하시오.
  - 복사 위치 : 「B18」셀부터 나타나도록 하시오.

(2) 표 서식 - 고급필터의 결과셀을 채우기 없음으로 설정한 후 '표 스타일 보통 6'의 서식을 적용하시오.
  - 머리글 행, 줄무늬 행을 적용하시오.

[제3작업] 피벗 테이블 (80점)

☞ "제1작업" 시트를 이용하여 "제3작업" 시트에 조건에 따라 ≪출력형태≫와 같이 작업하시오.

≪조건≫

(1) 수강료(단위:원) 및 분류별 강좌명의 개수와 수강인원의 평균을 구하시오.
(2) 수강료(단위:원)을 그룹화하고, 분류를 ≪출력형태≫와 같이 정렬하시오.
(3) 레이블이 있는 셀 병합 및 가운데 맞춤 적용과 빈 셀은 '***'로 표시하시오.
(4) 행의 총합계는 지우고, 나머지 사항은 ≪출력형태≫에 맞게 작성하시오.

≪출력형태≫

수강료(단위:원)	분류 ↓					
	플라워		바느질		공예	
	개수 : 강좌명	평균 : 수강인원	개수 : 강좌명	평균 : 수강인원	개수 : 강좌명	평균 : 수강인원
1-100000	1	37	2	29	1	15
100001-200000	1	24	***	***	1	23
200001-300000	1	32	1	11	***	***
총합계	3	31	3	23	2	19

3 다음은 'JS렌터카 렌트 현황'에 대한 자료이다. 자료를 입력하고 조건에 맞도록 작업하시오.

▶ 소스파일 : Part 01\Chapter 03\문제03.xlsx   ▶ 완성파일 : Part 01\Chapter 03\문제03_완성.xlsx

《출력형태》

차량코드	렌트차종	출고일	제조사	렌트기간	렌트비용 (단위:원)	연료	연식	차량구분
M-0571	SM3	2015-06-10	르노코리아	5	342,000	전기	(1)	(2)
R-0253	스타렉스	2013-05-10	현대자동차	3	325,000	LPG	(1)	(2)
L-9372	그랜저 TG	2011-02-20	현대자동차	2	175,000	가솔린	(1)	(2)
R-8133	뉴카니발	2012-12-20	기아자동차	4	215,000	디젤	(1)	(2)
L-4502	다이너스티	2010-09-30	현대자동차	1	85,000	가솔린	(1)	(2)
C-6362	에쿠스	2012-05-20	현대자동차	2	165,000	가솔린	(1)	(2)
M-7201	K5	2010-04-15	기아자동차	4	270,000	LPG	(1)	(2)
R-9353	QM3	2014-03-15	르노코리아	1	95,000	디젤	(1)	(2)
기아자동차 렌트기간의 평균			(3)	✕	최대 렌트비용(단위:원)			(5)
르노코리아 렌트비용(단위:원)의 합계			(4)		차량코드	M-0571	렌트기간	(6)

《조건》

☞ (1)~(6) 셀은 반드시 **주어진 함수를 이용**하여 값을 구하시오(결과값을 직접 입력하면 해당 셀은 0점 처리됨).

(1) 연식 ⇒ 출고일의 연도를 구한 결과값에 '년식'을 붙이시오(YEAR 함수, & 연산자)(예 : 2013년식).

(2) 차량구분 ⇒ 차량코드의 마지막 글자가 1이면 '중형', 2이면 '대형', 3이면 '승합'으로 구하시오
　　　　　　　(CHOOSE, RIGHT 함수).

(3) 기아자동차 렌트기간의 평균 ⇒ (SUMIF, COUNTIF 함수)

(4) 르노코리아 렌트비용(단위:원)의 합계 ⇒ 조건은 입력데이터를 이용하시오(DSUM 함수).

(5) 최대 렌트비용(단위:원) ⇒ 정의된 이름(렌트비용)을 이용하여 구하시오(MAX 함수).

(6) 렌트기간 ⇒ 「H14」 셀에서 선택한 차량코드에 대한 렌트기간을 구하시오(VLOOKUP 함수).

(7) 조건부 서식을 이용하여 렌트비용(단위:원) 셀에 데이터 막대 스타일(연한 녹색)을 최소값 및 최대값으로 적용하시오.

[제1작업] 표 서식 작성 및 값 계산 (240점)

☞ 다음은 '주민자치센터 강좌 현황'에 대한 자료이다. 자료를 입력하고 조건에 맞도록 작업하시오.

≪출력형태≫

강의코드	강좌명	분류	개강일	차시	수강인원	수강료(단위:원)	강사료	인기강좌
YA2-11	대바늘 인형	바느질	2023-08-05	3	38	100,000	(1)	(2)
ZA1-23	화훼장식	플라워	2023-08-15	8	32	230,000	(1)	(2)
CB2-14	마크라메	공예	2023-08-21	3	23	120,000	(1)	(2)
ZP1-23	티피스트리 위빙	바느질	2023-08-19	2	19	100,000	(1)	(2)
BE2-34	꽃바구니	플라워	2023-08-05	4	24	150,000	(1)	(2)
VN1-22	드라이 플라워	플라워	2023-08-17	6	37	80,000	(1)	(2)
EL3-21	캔들공예	공예	2023-08-04	2	15	70,000	(1)	(2)
RA1-31	코바늘 가방	바느질	2023-08-10	10	11	210,000	(1)	(2)
바느질 강좌의 평균 수강인원			(3)			가장 빠른 개강일		(5)
플라워 강좌 개수			(4)		강좌명	대바늘 인형	수강인원	(6)

제목 결재란: 담당 / 팀장 / 본부장

≪조건≫

○ 모든 데이터의 서식에는 글꼴(굴림, 11pt), 정렬은 숫자 및 회계 서식은 오른쪽 정렬, 나머지 서식은 가운데 정렬로 작성하며 예외적인 것은 ≪출력형태≫를 참조하시오.
○ 제 목 ⇒ 도형(사다리꼴)과 그림자(오프셋 오른쪽)를 이용하여 작성하고
　　　　　　"주민자치센터 강좌 현황"을 입력한 후 다음 서식을 적용하시오
　　　　　　(글꼴-굴림, 24pt, 검정, 굵게, 채우기-노랑).
○ 임의의 셀에 결재란을 작성하여 그림으로 복사 기능을 이용하여 붙이기 하시오(단, 원본 삭제).
○ 「B4:J4, G14, I14」 영역은 '주황'으로 채우기 하시오.
○ 유효성 검사를 이용하여 「H14」 셀에 강좌명(「C5:C12」 영역)이 선택 표시되도록 하시오.
○ 셀 서식 ⇒ 「G5:G12」 영역에 셀 서식을 이용하여 숫자 뒤에 '명'을 표시하시오(예 : 38명).
○ 「D5:D12」 영역에 대해 '분류'로 이름정의를 하시오.

☞ (1)~(6) 셀은 반드시 **주어진 함수를 이용**하여 값을 구하시오(결과값을 직접 입력하면 해당 셀은 0점 처리됨).

(1) 강사료 ⇒ 수강인원의 첫 번째 숫자가 1이면 '50천원', 2이면 '52천원', 3이면 '55천원'으로 표시하시오
　　　　　(CHOOSE, LEFT 함수).
(2) 인기강좌 ⇒ 수강인원이 '30' 이상이면 '☆', 그 외에는 공백으로 구하시오(IF 함수).
(3) 바느질 강좌의 평균 수강인원 ⇒ 내림하여 정수로 구하시오. 단, 조건은 입력데이터를 이용하시오
　　　　　(ROUNDDOWN, DAVERAGE 함수)(예 : 12.83 → 12).
(4) 플라워 강좌 개수 ⇒ 정의된 이름(분류)을 이용하여 구한 결과값에 '개'를 붙이시오
　　　　　(COUNTIF 함수, & 연산자)(예 : 1개).
(5) 가장 빠른 개강일 ⇒ 날짜로 표시하시오(MIN 함수)(예 : 2023-08-05).
(6) 수강인원 ⇒ 「H14」셀에서 선택한 강좌명에 대한 수강인원을 구하시오(VLOOKUP 함수).
(7) 조건부 서식의 수식을 이용하여 수강료(단위:원)가 '200,000' 이상인 행 전체에 다음의 서식을 적용하시오
　　(글꼴 : 파랑, 굵게).

실전문제유형

4 다음은 '앱개발 경진대회 신청 현황'에 대한 자료이다. 자료를 입력하고 조건에 맞도록 작업하시오.

▶ 소스파일 : Part 01\Chapter 03\문제04.xlsx   ▶ 완성파일 : Part 01\Chapter 03\문제04_완성.xlsx

《출력형태》

앱개발 경진대회 신청 현황

						확인	담당	팀장	부장

코드	팀명	지도교수	지원분야	신청일	활동비(단위:원)	활동시간	서류심사 담당자	문자 발송일
E1451	지혜의 샘	이지은	교육	2024-09-01	55,000	152	(1)	(2)
H2512	사물헬스케어	박순호	건강	2024-08-15	180,000	205	(1)	(2)
C3613	자연힐링	김경호	문화	2024-09-03	65,500	115	(1)	(2)
E1452	메타미래	정유미	교육	2024-09-15	195,500	235	(1)	(2)
H2513	건강자가진단	손기현	건강	2024-08-27	178,000	170	(1)	(2)
E1458	늘탐구	김철수	교육	2024-09-05	134,000	155	(1)	(2)
H2518	코로나19	서영희	건강	2024-09-10	85,000	88	(1)	(2)
C3615	시공담문화	장민호	문화	2024-08-25	195,000	190	(1)	(2)
교육분야 평균 활동시간			(3)		최대 활동비(단위:원)			(5)
문화분야 신청 건수			(4)		팀명	지혜의 샘	활동시간	(6)

《조건》

☞ (1)~(6) 셀은 반드시 **주어진 함수를 이용**하여 값을 구하시오(결과값을 직접 입력하면 해당 셀은 0점 처리됨).

(1) 서류심사 담당자 ⇒ 지원분야가 교육이면 '민수진', 건강이면 '변정훈', 문화이면 '신동진'으로 구하시오(IF 함수).

(2) 문자 발송일 ⇒ 신청일의 요일이 평일이면 「신청일+3」, 주말이면 「신청일+5」로 구하시오 (CHOOSE, WEEKDAY 함수).

(3) 교육분야 평균 활동시간 ⇒ 평균을 올림하여 정수로 구하시오. 단, 조건은 입력데이터를 이용하시오 (ROUNDUP, DAVERAGE 함수).

(4) 문화분야 신청 건수 ⇒ 결과값에 '건'을 붙이시오(COUNTIF 함수, & 연산자)(예 : 1건).

(5) 최대 활동비(단위:원) ⇒ 정의된 이름(활동비)을 이용하여 구하시오(LARGE 함수).

(6) 활동시간 ⇒ 「H14」 셀에서 선택한 팀명에 대한 활동시간을 구하시오(VLOOKUP 함수).

(7) 조건부 서식의 수식을 이용하여 활동시간이 '200' 이상인 행 전체에 다음의 서식을 적용하시오 (글꼴 : 파랑, 굵게).

제02회 ITQ 실전모의문제

과목	코드	문제유형	시험시간	수험번호	성명
한글엑셀	1122	B	60분		

수험자 유의사항

- 수험자는 문제지를 받는 즉시 문제지와 <u>수험표상의 시험과목(프로그램)이 동일한지 반드시 확인</u>하여야 합니다.
- 파일명은 본인의 "수험번호-성명"으로 입력하여 답안폴더(내 PC₩문서₩ITQ)에 하나의 파일로 저장해야 하며, 답안문서 파일명이 "수험번호-성명"과 일치하지 않거나, 답안파일을 전송하지 않아 미제출로 처리될 경우 실격 처리합니다(예:12345678-홍길동.xlsx).
- 답안 작성을 마치면 파일을 저장하고, '답안 전송' 버튼을 선택하여 감독위원 PC로 답안을 전송하십시오. 수험생 정보와 저장한 파일명이 다를 경우 전송되지 않으므로 주의하시기 바랍니다.
- 답안 작성 중에도 <u>주기적으로 저장하고, '답안 전송'</u>하여야 문제 발생을 줄일 수 있습니다. 작업한 내용을 저장하지 않고 전송할 경우 이전에 저장된 내용이 전송되오니 이점 유의하시기 바랍니다.
- 답안문서는 지정된 경로 외의 다른 보조기억장치에 저장하는 경우, 지정된 시험 시간 외에 작성된 파일을 활용할 경우, 기타 통신수단(이메일, 메신저, 네트워크 등)을 이용하여 타인에게 전달 또는 외부 반출하는 경우는 부정 처리합니다.
- 시험 중 부주의 또는 고의로 시스템을 파손한 경우는 수험자가 변상해야 하며, 〈수험자 유의사항〉에 기재된 방법대로 이행하지 않아 생기는 불이익은 수험생 당사자의 책임임을 알려 드립니다.
- 문제의 조건은 MS오피스 2021 버전으로 설정되어 있으며 MS오피스 2016은 【 】에 표기되어 있습니다. 이와 관련하여 작성한 답안의 출력형태가 문제지와 다를 수 있습니다.
- 시험을 완료한 수험자는 답안파일이 전송되었는지 확인한 후 감독위원의 지시에 따라 문제지를 제출하고 퇴실합니다.

답안 작성요령

- 온라인 답안 작성 절차
  수험자 등록 ⇒ 시험 시작 ⇒ 답안파일 저장 ⇒ 답안 전송 ⇒ 시험 종료
- 문제는 총 4단계, 즉 제1작업부터 제4작업까지 구성되어 있으며 반드시 제1작업부터 순서대로 작성하고 조건대로 작업하시오.
- 모든 작업시트의 A열은 열 너비 '1'로, 나머지 열은 적당하게 조절하시오.
- 모든 작업시트의 테두리는 ≪출력형태≫와 같이 작업하시오.
- 해당 작업란에서는 각각 제시된 조건에 따라 ≪출력형태≫와 같이 작업하시오.
- 답안 시트 이름은 "제1작업", "제2작업", "제3작업", "제4작업"이어야 하며 답안 시트 이외의 것은 감점 처리됩니다.
- 각 시트를 파일로 나누어 작업해서 저장할 경우 실격 처리됩니다.

kpc 한국생산성본부

실전문제유형

5 다음은 '주요 국제 영화제 개최 현황'에 대한 자료이다. 자료를 입력하고 조건에 맞도록 작업하시오.

▶ 소스파일 : Part 01\Chapter 03\문제05.xlsx   ▶ 완성파일 : Part 01\Chapter 03\문제05_완성.xlsx

《출력형태》

	A	B	C	D	E	F	G	H	I	J
1-3		주요 국제 영화제 개최 현황						결재	선임 / 책임 / 팀장	
4		관리코드	영화제 명칭	주최국	대륙	1회 개막일자	예상 관객수	개최 횟수 (단위:회)	개최 순위	비고
5		T6522	토론토 국제	캐나다	북미	1976-10-18	500,000	47	(1)	(2)
6		B8241	베를린 국제	독일	유럽	1951-06-06	500,000	72	(1)	(2)
7		B1543	베이징 국제	중국	아시아	2011-04-23	300,000	12	(1)	(2)
8		B1453	부산 국제	한국	아시아	1996-09-13	180,000	27	(1)	(2)
9		J6653	전주 국제	한국	아시아	2000-04-28	80,000	23	(1)	(2)
10		S6323	선댄스	미국	북미	1985-01-20	70,000	38	(1)	(2)
11		F7351	칸	프랑스	유럽	1946-09-20	650,000	75	(1)	(2)
12		V2411	베네치아 국제	이탈리아	유럽	1932-08-06	700,000	79	(1)	(2)
13		최대 개최 횟수(단위:회)			(3)		북미 대륙 예상 관객수 평균			(5)
14		한국 영화제 개최 횟수(단위:회) 평균			(4)		관리코드	T6522	주최국	(6)

《조건》

☞ (1)~(6) 셀은 반드시 **주어진 함수를 이용**하여 값을 구하시오(결과값을 직접 입력하면 해당 셀은 0점 처리됨).

(1) 개최 순위 ⇒ 1회 개막일자의 오름차순 순위를 구한 결과값에 '위'를 붙이시오
(RANK.EQ 함수, & 연산자)(예 : 1위).

(2) 비고 ⇒ 관리코드의 마지막 글자가 1이면 '세계3대', 2이면 '세계4대', 그 외에는 공백으로 표시하시오
(IF, RIGHT 함수).

(3) 최대 개최 횟수(단위:회) ⇒ (MAX 함수)

(4) 한국 영화제 개최 횟수(단위:회) 평균 ⇒ 정의된 이름(주최국)을 이용하여 구하시오
(SUMIF, COUNTIF 함수).

(5) 북미 대륙 예상 관객수 평균 ⇒ 조건은 입력데이터를 이용하시오(DAVERAGE 함수).

(6) 주최국 ⇒ 「H14」셀에서 선택한 관리코드에 대한 주최국을 구하시오(VLOOKUP 함수).

(7) 조건부 서식의 수식을 이용하여 예상 관객수가 '100,000' 이하인 행 전체에 다음의 서식을 적용
하시오(글꼴 : 파랑, 굵게).

[제4작업] 그래프 (100점)

☞ "제1작업" 시트를 이용하여 조건에 따라 ≪출력형태≫와 같이 작업하시오.

≪조건≫
(1) 차트 종류 ⇒ <묶은 세로 막대형>으로 작업하시오.
(2) 데이터 범위 ⇒ "제1작업" 시트의 내용을 이용하여 작업하시오.
(3) 위치 ⇒ "새 시트"로 이동하고, "제4작업"으로 시트 이름을 바꾸시오.
(4) 차트 디자인 도구 ⇒ 레이아웃 3, 스타일 1을 선택하여 ≪출력형태≫에 맞게 작업하시오.
(5) 영역 서식 ⇒ 차트 : 글꼴(굴림, 11pt), 채우기 효과(질감-파랑 박엽지)
   그림 : 채우기(흰색, 배경1)
(6) 제목 서식 ⇒ 차트 제목 : 글꼴(굴림, 굵게, 20pt), 채우기(흰색, 배경1), 테두리
(7) 서식 ⇒ 예약인원 계열의 차트 종류를 <표식이 있는 꺾은선형>으로 변경한 후 보조 축으로 지정하시오.
   계열 : ≪출력형태≫를 참조하여 표식(세모, 크기 10)과 레이블 값을 표시하시오.
   눈금선 : 선 스타일-파선
   축 : ≪출력형태≫를 참조하시오.
(8) 범례 ⇒ 범례명을 변경하고 ≪출력형태≫를 참조하시오.
(9) 도형 ⇒ '모서리가 둥근 사각형 설명선'을 삽입한 후 ≪출력형태≫와 같이 내용을 입력하시오.
(10) 나머지 사항은 ≪출력형태≫에 맞게 작성하시오.

≪출력형태≫

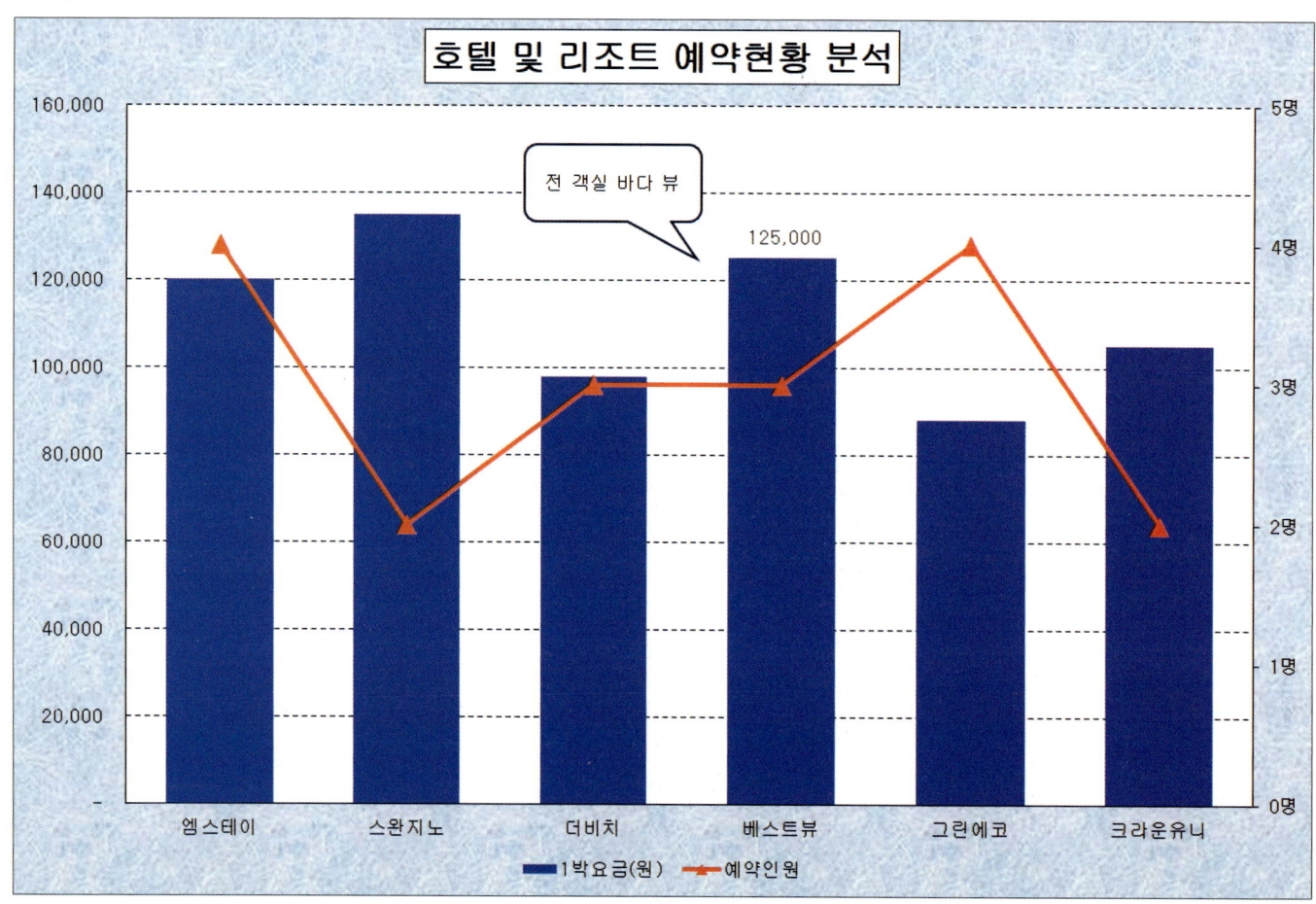

주의 ☞ 시트명 순서가 차례대로 "제1작업", "제2작업", "제3작업", "제4작업"이 되도록 할 것.

6 다음은 '현진대학특강 수강 현황'에 대한 자료이다. 자료를 입력하고 조건에 맞도록 작업하시오.

▶ 소스파일 : Part 01\Chapter 03\문제06.xlsx   ▶ 완성파일 : Part 01\Chapter 03\문제06_완성.xlsx

《출력형태》

강좌코드	강좌명	강사명	구분	수강인원	개강일	수강료(단위:원)	강의실	개강요일
A5641	영어회화	김은희	어학	26	2025-12-05	100,000	(1)	(2)
C6942	포토샵활용	정예인	컴퓨터	28	2025-12-06	110,000	(1)	(2)
B6541	비즈니스 일본어	장현오	어학	42	2025-12-05	120,000	(1)	(2)
V6312	엑셀과 파워포인트	박은빈	컴퓨터	31	2025-12-07	80,000	(1)	(2)
W2321	중국어회화	김찬호	어학	19	2025-12-09	110,000	(1)	(2)
F8923	ERP 1급	장서준	회계	36	2025-12-09	170,000	(1)	(2)
M4513	ERP 2급	배은주	회계	29	2025-12-05	150,000	(1)	(2)
E3942	인디자인 마스터	곽소형	컴퓨터	18	2025-12-06	90,000	(1)	(2)
어학 강좌의 수강인원 합계			(3)		최대 수강인원			(5)
어학 강좌의 평균 수강료(단위:원)			(4)		강좌코드	A5641	수강인원	(6)

결재: 사원 / 팀장 / 사장

《조건》

☞ (1)~(6) 셀은 반드시 **주어진 함수를 이용**하여 값을 구하시오(결과값을 직접 입력하면 해당 셀은 0점 처리됨).

(1) 강의실 ⇒ 강좌코드의 마지막 글자가 1이면 '어학실', 그 외에는 '컴퓨터실'로 구하시오
    (IF, RIGHT 함수).

(2) 개강요일 ⇒ 개강일의 요일을 구하시오(CHOOSE, WEEKDAY 함수)(예 : 월요일).

(3) 어학 강좌의 수강인원 합계 ⇒ 조건은 입력데이터를 이용하시오(DSUM 함수).

(4) 어학 강좌의 평균 수강료(단위:원) ⇒ 조건은 입력데이터를 이용하시오(DAVERAGE 함수).

(5) 최대 수강인원 ⇒ 정의된 이름(수강인원)을 이용하여 구한 결과값에 '명'을 붙이시오
    (MAX 함수, & 연산자)(예 : 1명).

(6) 수강인원 ⇒ 「H14」셀에서 선택한 강좌코드에 대한 수강인원을 구하시오(VLOOKUP 함수).

(7) 조건부 서식을 이용하여 수강료(단위:원) 셀에 데이터 막대 스타일(파랑)을 최소값 및 최대값으로 적용하시오.

[제2작업] 필터 및 서식 (80점)

☞ "**제1작업**" 시트의 「B4:H12」영역을 복사하여 "**제2작업**" 시트의 「B2」셀부터 모두 붙여넣기를 한 후 다음의 조건과 같이 작업하시오.

≪조건≫
(1) 고급필터 - 종류가 '리조트'이거나 입실일이 '2023-09-01' 이후인(해당일 포함) 자료의 예약번호, 숙소명, 예약인원, 숙박일수 데이터만 추출하시오.
- 조건 범위 : 「B13」셀부터 입력하시오.
- 복사 위치 : 「B18」셀부터 나타나도록 하시오.

(2) 표 서식 - 고급필터의 결과셀을 채우기 없음으로 설정한 후 '표 스타일 보통 6'의 서식을 적용하시오.
- 머리글 행, 줄무늬 행을 적용하시오.

[제3작업] 피벗 테이블 (80점)

☞ "**제1작업**" 시트를 이용하여 "**제3작업**" 시트에 조건에 따라 ≪출력형태≫와 같이 작업하시오.

≪조건≫
(1) 1박요금(원) 및 종류별 숙소명의 개수와 예약인원의 평균을 구하시오.
(2) 1박요금(원)을 그룹화하고, 종류를 ≪출력형태≫와 같이 정렬하시오.
(3) 레이블이 있는 셀 병합 및 가운데 맞춤 적용과 빈 셀은 '***'로 표시하시오.
(4) 행의 총합계는 지우고, 나머지 사항은 ≪출력형태≫에 맞게 작성하시오.

≪출력형태≫

	A	B	C	D	E	F	G	H
1								
2			종류 ↓					
3			호텔		펜션		리조트	
4		1박요금(원) ▼	개수 : 숙소명	평균 : 예약인원	개수 : 숙소명	평균 : 예약인원	개수 : 숙소명	평균 : 예약인원
5		70001-95000	***	***	1	6	1	4
6		95001-120000	3	3	1	5	***	***
7		120001-145000	***	***	***	***	2	3
8		총합계	3	3	2	6	3	3

Chapter 04 필터 및 서식

◆ 고급필터 사용하기 ◆ 표 서식 지정하기

▶ 소스파일 : Part 01\Chapter 04\Ch04.xlsx   ▶ 완성파일 : Part 01\Chapter 04\Ch04_완성.xlsx

☞ "제1작업" 시트의 「B4:H12」영역을 복사하여 "제2작업" 시트의 「B2」셀부터 모두 붙여넣기를 한 후 다음의 조건과 같이 작업하시오.

출력 형태

제품코드	제품명	제조사	용기	판매가격	환산가격(1g)	판매수량(단위:개)
NG43-411	너구리	농심	종이(외면)	1,240원	6.8	1,562
NP96-451	신라면	농심	폴리스틸렌	800원	7.7	2,465
PL11-542	롯데라면컵	팔도	종이(외면)	750원	7.6	954
RT27-251	진라면순한맛	오뚜기	종이(외면)	950원	7.0	2,056
DT49-211	참깨라면	오뚜기	종이(외면)	840원	8.6	1,625
PL13-252	손짬뽕컵	팔도	폴리스틸렌수지	1,280원	11.0	865
PL11-422	공화춘짬뽕	팔도	폴리스틸렌	1,280원	11.1	1,245
NA21-451	육개장	농심	폴리스틸렌	850원	11.0	1,432

제품코드	환산가격(1g)
P*	>=11

제품명	제조사	판매가격	환산가격(1g)
손짬뽕컵	팔도	1,280원	11.0
공화춘짬뽕	팔도	1,280원	11.1

조건

(1) 고급필터 – 제품코드가 'P'로 시작하면서 환산가격(1g)이 '11' 이상인 자료의 제품명, 제조사, 판매가격, 환산가격(1g) 데이터만 추출하시오.
- 조건 범위 : 「B14」 셀부터 입력하시오.
- 복사 위치 : 「B18」 셀부터 나타나도록 하시오.

(2) 표 서식 – 고급필터의 결과셀을 채우기 없음으로 설정한 후 '표 스타일 보통 6'의 서식을 적용하시오.
- 머리글 행, 줄무늬 행을 적용하시오.

[제1작업] 표 서식 작성 및 값 계산 (240점)

☞ 다음은 '우리제주로 숙소 예약 현황'에 대한 자료이다. 자료를 입력하고 조건에 맞도록 작업하시오.

≪출력형태≫

예약번호	종류	숙소명	입실일	1박요금(원)	예약인원	숙박일수	숙박비(원)	위치
HA1-01	호텔	엠스테이	2023-08-03	120,000	4	2	(1)	(2)
RE3-01	리조트	스완지노	2023-07-25	135,000	2	3	(1)	(2)
HA2-02	호텔	더비치	2023-07-20	98,000	3	3	(1)	(2)
PE4-01	펜션	화이트캐슬	2023-08-10	115,000	5	4	(1)	(2)
RE1-02	리조트	베스트뷰	2023-08-01	125,000	3	2	(1)	(2)
RE4-03	리조트	그린에코	2023-09-01	88,000	4	3	(1)	(2)
HA2-03	호텔	크라운유니	2023-07-27	105,000	2	4	(1)	(2)
PE4-03	펜션	푸른바다	2023-09-10	75,000	6	2	(1)	(2)
호텔 1박요금(원) 평균			(3)		가장 빠른 입실일			(5)
숙박일수 4 이상인 예약건수			(4)		숙소명	엠스테이	예약인원	(6)

결재 / 사원 / 과장 / 부장

≪조건≫

○ 모든 데이터의 서식에는 글꼴(굴림, 11pt), 정렬은 숫자 및 회계 서식은 오른쪽 정렬, 나머지 서식은 가운데 정렬로 작성하며 예외적인 것은 ≪출력형태≫를 참조하시오.
○ 제 목 ⇒ 도형(사다리꼴)과 그림자(오프셋 오른쪽)를 이용하여 작성하고
　　　　　　 "우리제주로 숙소 예약 현황"을 입력한 후 다음 서식을 적용하시오
　　　　　　 (글꼴-굴림, 24pt, 검정, 굵게, 채우기-노랑).
○ 임의의 셀에 결재란을 작성하여 그림으로 복사 기능을 이용하여 붙이기 하시오(단, 원본 삭제).
○ 「B4:J4, G14, I14」 영역은 '주황'으로 채우기 하시오.
○ 유효성 검사를 이용하여 「H14」 셀에 숙소명(「D5:D12」 영역)이 선택 표시되도록 하시오.
○ 셀 서식 ⇒ 「G5:G12」 영역에 셀 서식을 이용하여 숫자 뒤에 '명'을 표시하시오(예 : 4명).
○ 「E5:E12」 영역에 대해 '입실일'로 이름정의를 하시오.

☞ (1)~(6) 셀은 반드시 **주어진 함수를 이용**하여 값을 구하시오(결과값을 직접 입력하면 해당 셀은 0점 처리됨).

(1) 숙박비(원) ⇒ 「1박요금(원)×숙박일수×할인율」로 구하시오. 단, 할인율은 숙박일수가 3 이상이면 '0.8',
　　　　　그 외에는 '0.9'로 계산하시오(IF 함수).
(2) 위치 ⇒ 예약번호 세 번째 값이 1이면 '서귀포', 2이면 '제주', 3이면 '동부권', 4이면 '서부권'으로
　　　　　 구하시오(CHOOSE, MID 함수).
(3) 호텔 1박요금(원) 평균 ⇒ 반올림하여 천원 단위까지 구하고, 조건은 입력 데이터를 이용하시오
　　　　　　　　　　　(ROUND, DAVERAGE 함수)(예 : 123,567 → 124,000).
(4) 숙박일수 4 이상인 예약건수 ⇒ 결과값에 '건'을 붙이시오(COUNTIF 함수, & 연산자)(예 : 1건).
(5) 가장 빠른 입실일 ⇒ 정의된 이름(입실일)을 이용하여 날짜로 표시하시오(MIN 함수)(예 : 2023-08-03).
(6) 예약인원 ⇒ 「H14」 셀에서 선택한 숙소명에 대한 예약인원을 구하시오(VLOOKUP 함수).
(7) 조건부 서식의 수식을 이용하여 예약인원이 '3' 이하인 행 전체에 다음의 서식을 적용하시오
　　(글꼴 : 파랑, 굵게).

> **체크! 체크!**
>
> 〔필터 및 서식〕
>
> ■ 고급필터
> - 고급필터를 이용하여 데이터를 추출할 때 조건에 맞는 모든 데이터를 추출하는 형태와 특정 데이터만 추출하는 형태로 구분되어 출제되고 있습니다.
> - AND 조건과 OR 조건에 따른 입력 위치를 숙지해야 합니다.
>
> ■ 표 서식
> - 표 서식을 지정하기 전에 반드시 〔채우기 색〕-〔채우기 없음〕을 지정해야 합니다.
> - 【 】로 구분하지 않지만 엑셀 2021 버전에서는 '파랑, 표 스타일 보통 6', 엑셀 2016 버전에서는 '표 스타일 보통 6'을 지정합니다.

STEP 01 고급필터 사용하기

〈조건〉 ☞ "제1작업" 시트의 「B4:H12」영역을 복사하여 "제2작업" 시트의 「B2」셀부터 모두 붙여넣기를 한 후 다음의 조건과 같이 작업하시오.

1 〔제1작업〕 시트의 B4:H12셀 범위를 복사하기 위해 시트 탭에서 **〔제1작업〕 시트를 선택**한 후 **B4:H12셀 범위를 선택**한 다음 〔홈〕 탭-〔클립보드〕 그룹에서 **〔복사(📋)〕를 클릭**합니다.

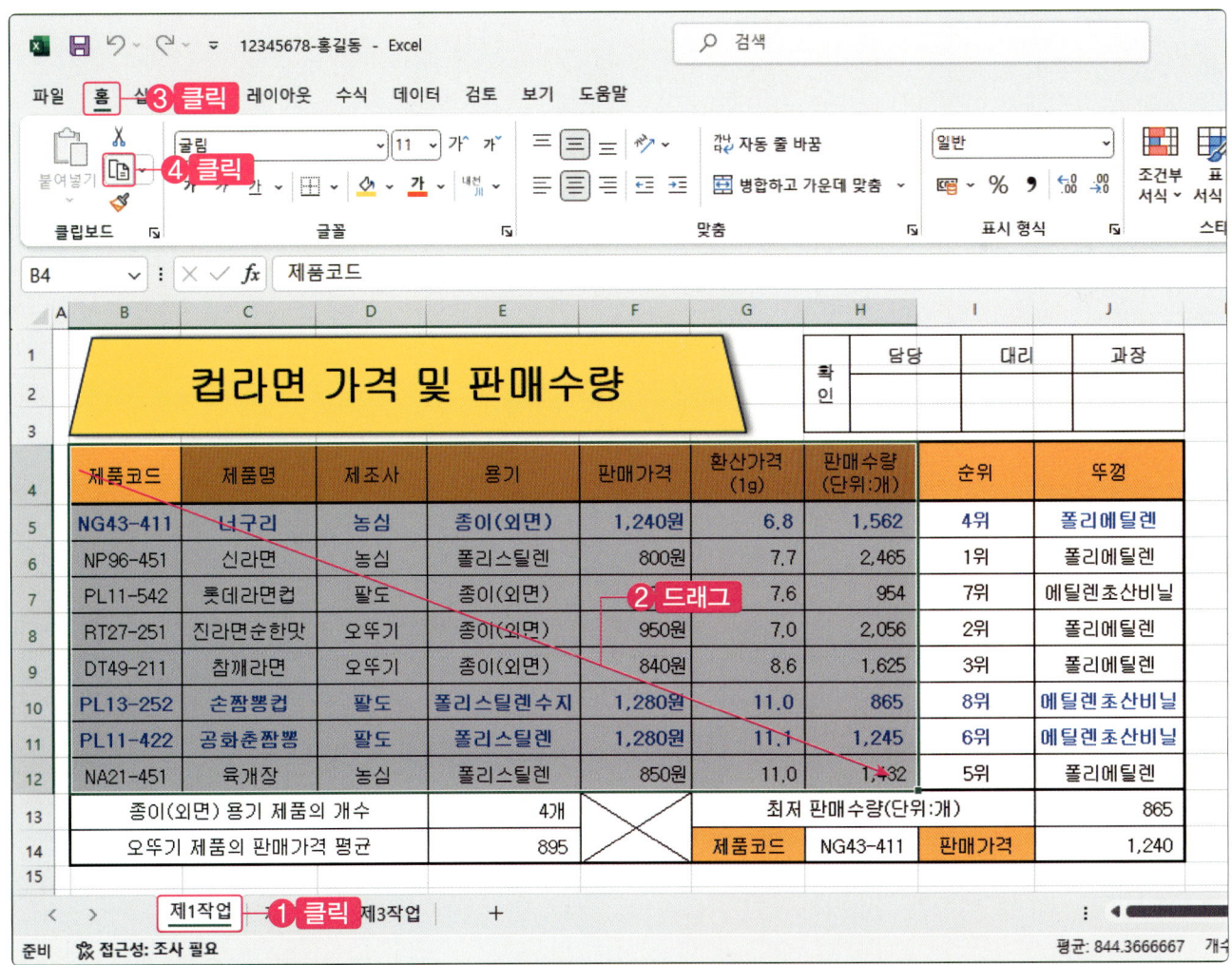

> Ctrl+C를 눌러 〔제1작업〕 시트의 B4:H12셀 범위를 복사할 수도 있습니다.

제 01 회 ITQ 실전모의문제

과목	코드	문제유형	시험시간	수험번호	성명
한글엑셀	1122	A	60분		

수험자 유의사항

- 수험자는 문제지를 받는 즉시 문제지와 <u>수험표상의 시험과목(프로그램)이 동일한지 반드시 확인</u>하여야 합니다.

- 파일명은 본인의 "수험번호-성명"으로 입력하여 답안폴더(내 PC₩문서₩ITQ)에 하나의 파일로 저장해야 하며, 답안문서 파일명이 "수험번호-성명"과 일치하지 않거나, 답안파일을 전송하지 않아 미제출로 처리될 경우 실격 처리합니다(예:12345678-홍길동.xlsx).

- 답안 작성을 마치면 파일을 저장하고, '답안 전송' 버튼을 선택하여 감독위원 PC로 답안을 전송하십시오. 수험생 정보와 저장한 파일명이 다를 경우 전송되지 않으므로 주의하시기 바랍니다.

- 답안 작성 중에도 **주기적으로 저장하고, '답안 전송'**하여야 문제 발생을 줄일 수 있습니다. 작업한 내용을 저장하지 않고 전송할 경우 이전에 저장된 내용이 전송되오니 이점 유의하시기 바랍니다.

- 답안문서는 지정된 경로 외의 다른 보조기억장치에 저장하는 경우, 지정된 시험 시간 외에 작성된 파일을 활용할 경우, 기타 통신수단(이메일, 메신저, 네트워크 등)을 이용하여 타인에게 전달 또는 외부 반출하는 경우는 부정 처리합니다.

- 시험 중 부주의 또는 고의로 시스템을 파손한 경우는 수험자가 변상해야 하며, 〈수험자 유의사항〉에 기재된 방법대로 이행하지 않아 생기는 불이익은 수험생 당사자의 책임임을 알려 드립니다.

- <mark>문제의 조건은 MS오피스 2021 버전으로 설정되어 있으며 MS오피스 2016은 【 】에 표기되어 있습니다. 이와 관련하여 작성한 답안의 출력형태가 문제지와 다를 수 있습니다.</mark>

- 시험을 완료한 수험자는 답안파일이 전송되었는지 확인한 후 감독위원의 지시에 따라 문제지를 제출하고 퇴실합니다.

답안 작성요령

- 온라인 답안 작성 절차
  수험자 등록 ⇒ 시험 시작 ⇒ 답안파일 저장 ⇒ 답안 전송 ⇒ 시험 종료

- 문제는 총 4단계, 즉 제1작업부터 제4작업까지 구성되어 있으며 반드시 제1작업부터 순서대로 작성하고 조건대로 작업하시오.

- 모든 작업시트의 A열은 열 너비 '1'로, 나머지 열은 적당하게 조절하시오.

- 모든 작업시트의 테두리는 ≪출력형태≫와 같이 작업하시오.

- 해당 작업란에서는 각각 제시된 조건에 따라 ≪출력형태≫와 같이 작업하시오.

- 답안 시트 이름은 "제1작업", "제2작업", "제3작업", "제4작업"이어야 하며 답안 시트 이외의 것은 감점 처리됩니다.

- 각 시트를 파일로 나누어 작업해서 저장할 경우 실격 처리됩니다.

kpc 한국생산성본부

〈조건〉 ☞ "제1작업" 시트의 「B4:H12」영역을 복사하여 "제2작업" 시트의 「B2」셀부터 모두 붙여넣기를 한 후 다음의 조건과 같이 작업하시오.

2 〔제2작업〕 시트의 B2셀에 붙여넣기 위해 시트 탭에서 **〔제2작업〕 시트를 선택**한 후 **B2셀을 선택**한 다음 〔홈〕 탭-〔클립보드〕 그룹에서 **〔붙여넣기〕를 클릭**합니다.

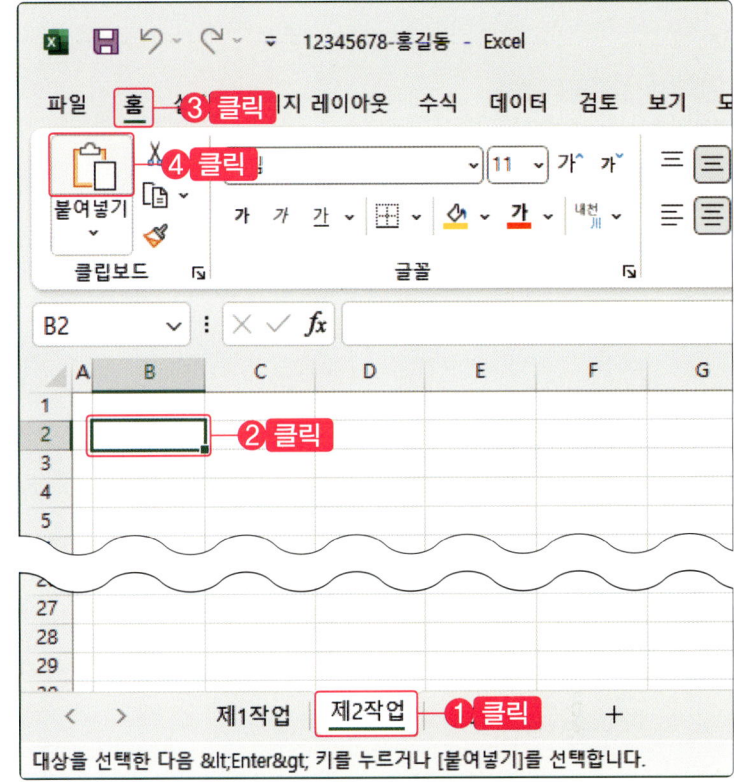

Ctrl+V를 눌러 〔제1작업〕 시트의 B4:H12셀 범위를 〔제2작업〕 시트의 B2셀에 붙여넣을 수도 있습니다.

3 〔제1작업〕 시트의 B:H열 너비를 그대로 적용하기 위해 〔홈〕 탭-〔클립보드〕 그룹에서 **〔붙여넣기〕의 〔목록(˅)〕 단추를 클릭**한 후 **〔원본 열 너비 유지(📋)〕를 클릭**합니다.

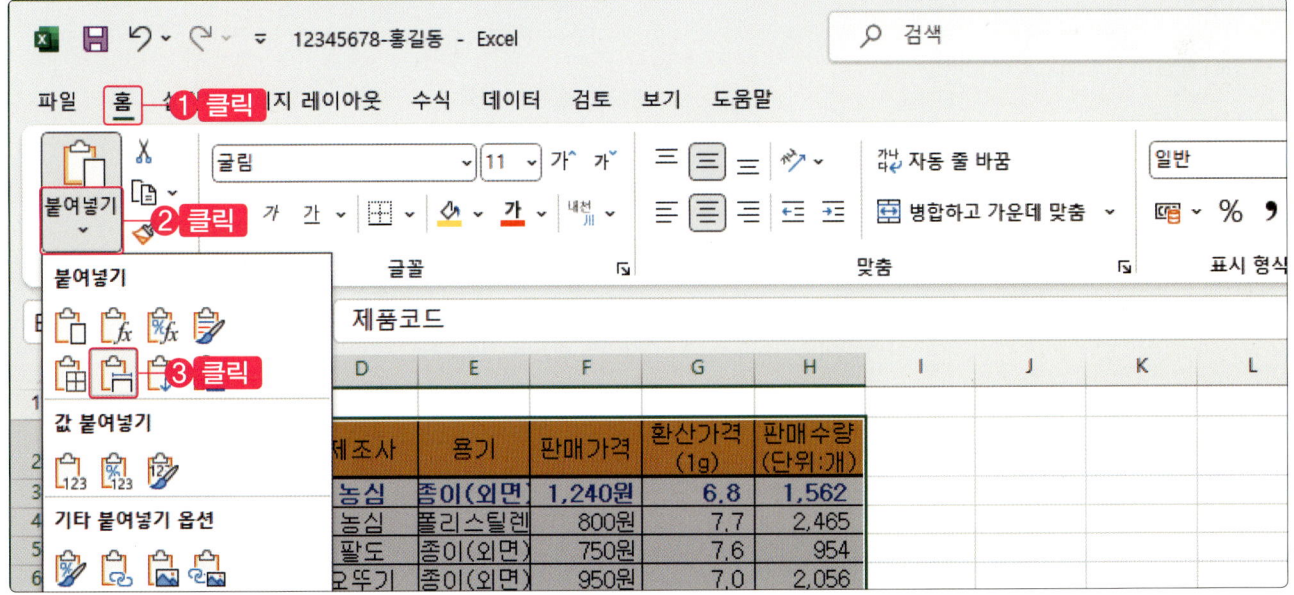

- Ctrl+Alt+V를 눌러 〔제1작업〕 시트의 B:H열 너비를 그대로 적용할 수도 있습니다.
- 선택하여 붙여넣기를 사용하면 수식, 값, 열 너비 등만 선택하여 붙여넣을 수 있습니다. 〔제1작업〕 시트의 B4:H12셀 범위를 복사하여 〔제2작업〕 시트의 B2셀에 붙여넣은 후 〔제1작업〕 시트의 B:H열 너비를 그대로 적용하기 위해 선택하여 붙여넣기를 사용한 것입니다.

실전모의문제 정답(값 계산)

제01회 실전모의문제
(1) =F5*H5*IF(H5>=3,0.8,0.9)
(2) =CHOOSE(MID(B5,3,1),"서귀포","제주","동부권","서부권")
(3) =ROUND(DAVERAGE(B4:H12,5,C4:C5),-3)
(4) =COUNTIF(H5:H12,">=4")&"건"
(5) =MIN(입실일)
(6) =VLOOKUP(H14,D5:H12,4,FALSE)

제02회 실전모의문제
(1) =CHOOSE(LEFT(G5,1),"50천원","52천원","55천원")
(2) =IF(G5>=30,"☆","")
(3) =ROUNDDOWN(DAVERAGE(B4:H12,G4,D4:D5),0)
(4) =COUNTIF(분류,"플라워")&"개"
(5) =MIN(E5:E12)
(6) =VLOOKUP(H14,$C$5:$H$12,5,0)

제03회 실전모의문제
(1) =MONTH(F5)&"월"
(2) =CHOOSE(WEEKDAY(F5,2),"월요일","화요일","수요일","목요일","금요일","토요일","일요일")
(3) =MAX(G5:G12)
(4) =ROUNDUP(DAVERAGE(B4:H12,7,D4:D5),-3)
(5) =COUNTIF(부서,"마케팅")
(6) =VLOOKUP(H14,C4:H12,6,0)

제04회 실전모의문제
(1) =ROUND(F5*115%,-3)
(2) =IF(MID(B5,2,1)="P","부산역",IF(MID(B5,2,1)="K","김해공항","해운대구"))
(3) =ROUNDDOWN(AVERAGE(F5:F12),-2)
(4) =SUMIF(C5:C12,"승용차",전월예약)&"건"
(5) =COUNTIF(C5:C12,"SUV")
(6) =VLOOKUP(H14,D5:H12,3,FALSE)

제05회 실전모의문제
(1) =RANK.EQ(G5,$G$5:$G$12)
(2) =CHOOSE(RIGHT(B5,1),"초식성","육식성")
(3) =SUMIF(D5:D12,"우정마을",G5:G12)/COUNTIF(D5:D12,"우정마을")
(4) =DSUM(B4:H12,4,D4:D5)&"마리"
(5) =MAX(몸무게)
(6) =VLOOKUP(H14,C5:H12,6,0)

제06회 실전모의문제
(1) =IF(AND(E5>=15,H5>=10000),G5*10%,G5*5%)
(2) =RANK.EQ(H5,$H$5:$H$12)
(3) =SUMIF(D5:D12,"경기도",체험비용)/COUNTIF(D5:D12,"경기도")
(4) =DCOUNTA(B4:H12,3,D4:D5)&"개"
(5) =MIN(H5:H12)
(6) =VLOOKUP(H14,C4:H12,6,0)

제07회 실전모의문제
(1) =RANK.EQ(F5,$F$5:$F$12)&"위"
(2) =IF(E5="국내","4일","14일")
(3) =SUMIF(D5:D12,D6,F5:F12)/COUNTIF(D5:D12,D6)
(4) =INDEX(H5:H12,MATCH(C8,C5:C12,0))
(5) =SMALL(재고수량,1)
(6) =VLOOKUP(H14,C4:H12,6,0)

제08회 실전모의문제
(1) =IF(MID(B5,4,1)="1", "대한항공",IF(MID(B5,4,1)="2","아시아나항공","저가항공"))
(2) =RANK.EQ(G5,예약인원)
(3) =INDEX(H5:H12,MATCH("이탈리아/프랑스",D5:D12,0))
(4) =COUNTIF(E5:E12,"인천")&"개"
(5) =LARGE(H5:H12,2)
(6) =VLOOKUP(H14,$D$5:$H$12,4,0)

제09회 실전모의문제
(1) =IF(MID(B5,4,1)="1","연예인 협찬","")
(2) =RANK.EQ(H5,반품건수)&"위"
(3) =INDEX(F5:F12,MATCH(C9,C5:C12,0))
(4) =MAX(G5:G12)
(5) =DSUM(B4:H12,6,D4:D5)
(6) =VLOOKUP(H14,C5:H12,6,0)

제10회 실전모의문제
(1) =IF(MID(B5,3,1)="1","회원","비회원")
(2) =RANK.EQ(F5,$F$5:$F$12)&"위"
(3) =COUNTIF(컬러,E6)
(4) =ROUND(DAVERAGE(B4:G12,6,D4:D5),-3)
(5) =MAX(G5:G12)
(6) =VLOOKUP(H14,C5:H12,4,0)

제11회 실전모의문제
(1) =RANK.EQ(E5,$E$5:$E$12)&"위"
(2) =IF(OR(F5>=200,G5>=50000),"20% 할인","")
(3) =ROUNDDOWN(DAVERAGE(B4:H12,4,D4:D5),0)
(4) =MIN(판매가)
(5) =COUNTIF(D5:D12,"원피스")
(6) =VLOOKUP(H14,$C$5:$H$12,4,0)

제12회 실전모의문제
(1) =RANK.EQ(G5,$G$5:$G$12)&"위"
(2) =IF(LEFT(B5,1)="F","자유여행","")
(3) =COUNTIF(항공사,"블루항공")
(4) =ROUNDUP(DAVERAGE(B4:H12,6,D4:D5),0)
(5) =MAX(H5:H12)
(6) =VLOOKUP($H$14,$C$5:$H$12,4,0)

제13회 실전모의문제
(1) =CHOOSE(MID(B5,3,1),2000,1000,0)
(2) =IF(AND(F5>=15,H5>=300),"A","B")
(3) =COUNTIF(D5:D12,"한식")&"개"
(4) =DSUM(B4:H12,7,D4:D5)
(5) =MIN(메뉴수)
(6) =VLOOKUP(H14,B5:H12,7,FALSE)

제14회 실전모의문제
(1) =IF(LEFT(B5,1)="S","본부",IF(LEFT(B5,1)="D","연수원","센터"))
(2) =YEAR(TODAY())-YEAR(D5)
(3) =MAX(보험료)
(4) =COUNTIF(E5:E12,">=10")&"명"
(5) =DCOUNTA(B4:H12,5,F4:F5)
(6) =VLOOKUP(H14,B5:H12,4,0)

제15회 ~ 제20회 실전모의문제의 값 계산 정답은 238페이지에 있습니다.

〈조건〉　(1) 고급필터 －　제품코드가 'P'로 시작하면서 환산가격(1g)이 '11' 이상인 자료의 제품명,
　　　　　　　　　제조사, 판매가격, 환산가격(1g) 데이터만 추출하시오.
　　　　　　　－ 조건 범위 : 「B14」 셀부터 입력하시오.
　　　　　　　－ 복사 위치 : 「B18」 셀부터 나타나도록 하시오.

4 B2셀과 G2셀을 **선택**한 후 〔홈〕 탭-〔클립보드〕 그룹에서 〔**복사(📋)**〕를 **클릭**합니다.

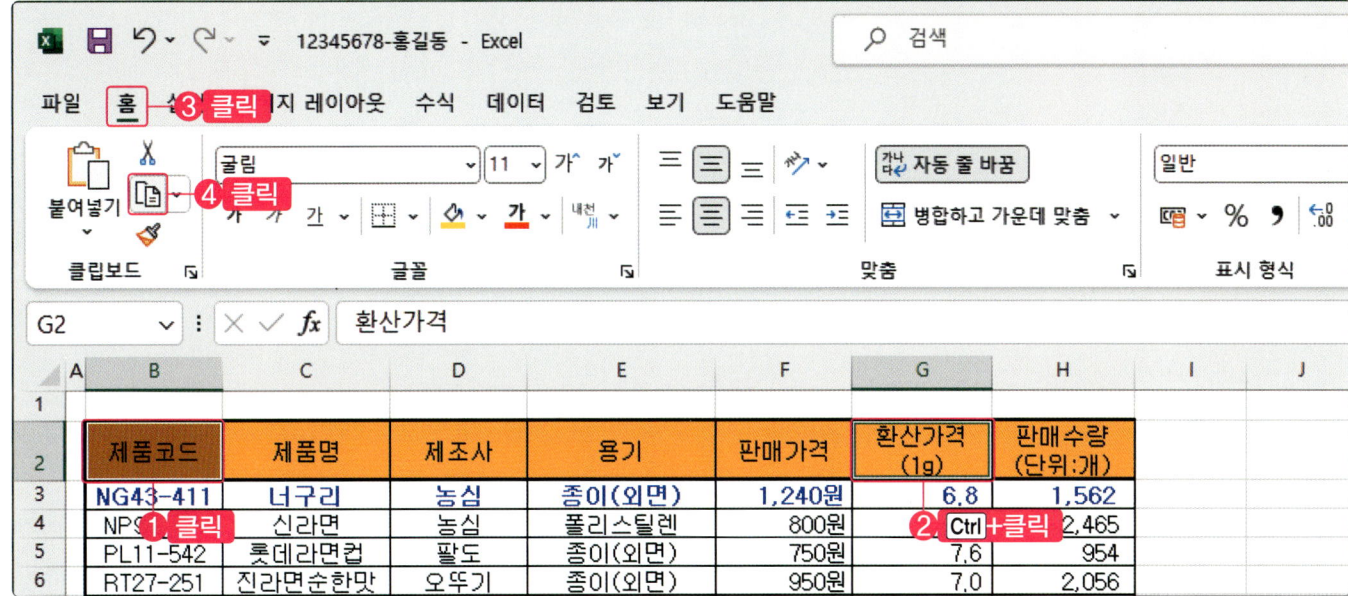

5 B14셀을 **선택**한 후 〔홈〕 탭-〔클립보드〕 그룹에서 〔붙여넣기〕를 클릭합니다.

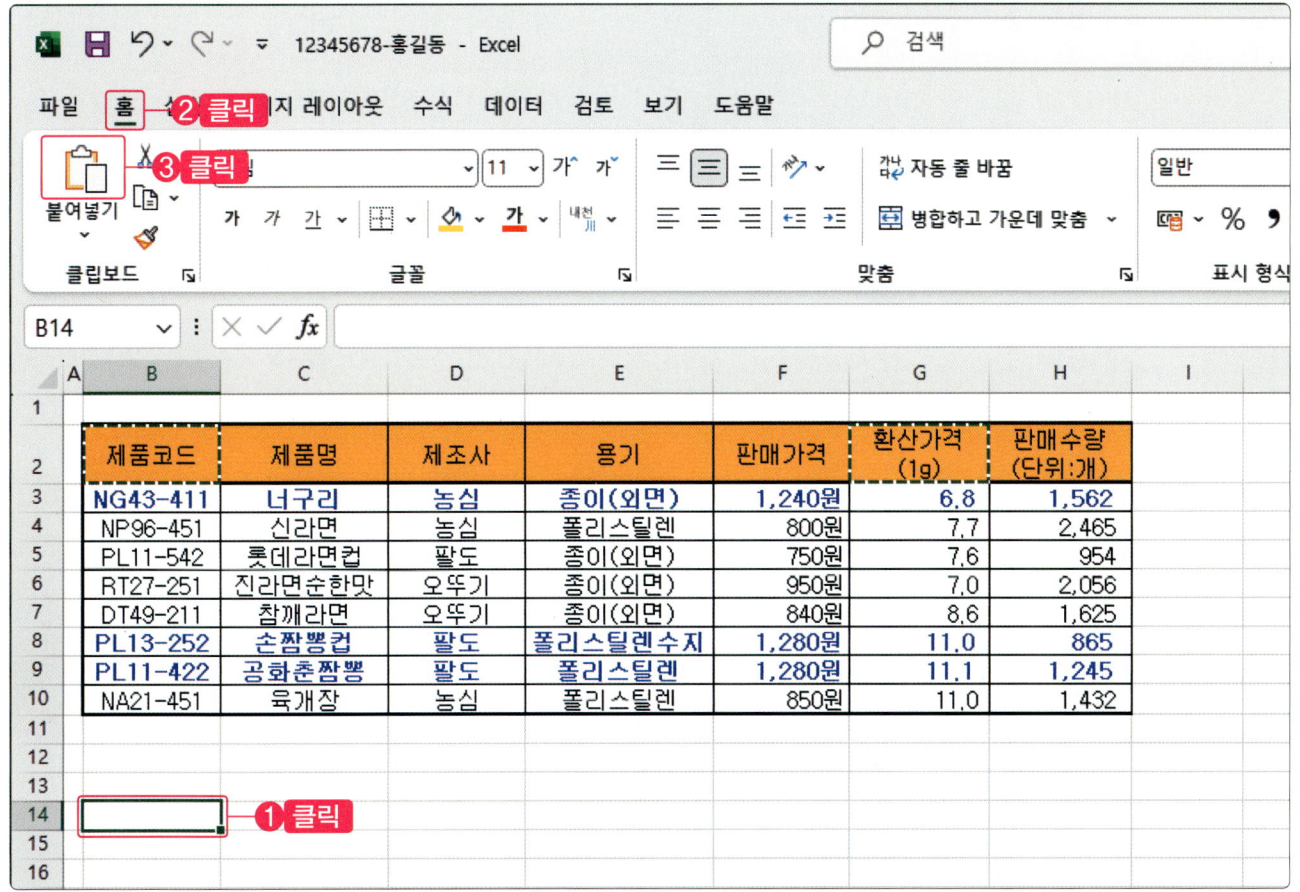

PART 02
실전모의문제 차례

BIG 스탠드

제01회 실전모의문제 ········ 158	**제11회** 실전모의문제 ········ 198
제02회 실전모의문제 ········ 162	**제12회** 실전모의문제 ········ 202
제03회 실전모의문제 ········ 166	**제13회** 실전모의문제 ········ 206
제04회 실전모의문제 ········ 170	**제14회** 실전모의문제 ········ 210
제05회 실전모의문제 ········ 174	**제15회** 실전모의문제 ········ 214
제06회 실전모의문제 ········ 178	**제16회** 실전모의문제 ········ 218
제07회 실전모의문제 ········ 182	**제17회** 실전모의문제 ········ 222
제08회 실전모의문제 ········ 186	**제18회** 실전모의문제 ········ 226
제09회 실전모의문제 ········ 190	**제19회** 실전모의문제 ········ 230
제10회 실전모의문제 ········ 194	**제20회** 실전모의문제 ········ 234

BIG 스탠드

- 2024년 부터 적용되는 문제 조건으로 만들었습니다.
- 실제 시험지와 같이 흑백으로 20회분 구성하였습니다.
- 각 문제에 대한 글자와 화면을 크게 만들었습니다.
- 채점프로그램을 이용하여 점수를 확인할 수 있습니다.

〈조건〉 (1) 고급필터 - 제품코드가 'P'로 시작하면서 환산가격(1g)이 '11' 이상인 자료의 제품명, 제조사, 판매가격, 환산가격(1g) 데이터만 추출하시오.
- 조건 범위 : 「B14」 셀부터 입력하시오.
- 복사 위치 : 「B18」 셀부터 나타나도록 하시오.

6 B15셀에 'P*', C15셀에 '>=11'을 입력합니다.

	A	B	C	D	E	F	G	H	I
1									
2		제품코드	제품명	제조사	용기	판매가격	환산가격(1g)	판매수량(단위:개)	
3		NG43-411	너구리	농심	종이(외면)	1,240원	6.8	1,562	
4		NP96-451	신라면	농심	폴리스틸렌	800원	7.7	2,465	
10		NA21-451	육개장	농심	폴리스틸렌	850원	11.0	1,432	
11									
12									
13									
14		제품코드	환산가격(1g)						
15		P*	>=11						
16									

① 입력

- 많은 데이터 중에서 원하는 데이터(조건을 만족하는 데이터)만 표시하는 작업을 '필터링'이라고 합니다. 고급필터는 입력한 조건을 사용하여 필터링을 할 수 있는 기능입니다. 그러므로 고급필터를 사용하려면 먼저 조건을 해당하는 필드명과 함께 입력해야 합니다.
- 시험에서 ≪조건≫에 '~ 자료의 제품명, 제조사, 판매가격, 환산가격(1g), 판매수량(단위:개) 데이터만 추출하시오.'와 같이 명시되어 있지 않고 '~ 자료의 데이터만 추출하시오.'와 같이 명시되어 있으면 조건을 만족하는 데이터의 모든 필드를 표시해야 하며 이런 경우에는 조건을 만족하는 데이터의 원하는 필드명을 복사하여 붙여넣는 작업(여기서는 C2:D2셀 범위와 F2:G2셀 범위를 복사하여 B18:E18셀 범위에 붙여넣는 작업)은 할 필요가 없습니다.

조건 입력하기

다음과 같이 같은 행에 조건을 입력하면 AND 조건으로 입력한 조건을 모두 만족하는 데이터만 표시하고, 다른 행에 조건을 입력하면 OR 조건으로 입력한 조건 중에서 하나라도 만족하는 데이터만 표시합니다.

- **물음표(?)** : 임의의 한 문자를 의미합니다. 예를 들어 '??4'는 'NG43-411', 'DT49-211' 등과 같이 세 번째 문자가 '4'인 데이터를 의미합니다.
- **별표(*)** : 임의의 여러 문자를 의미합니다. 예를 들어 'P*'는 'PL11-542', 'PL13-252', 'PL11-422' 등과 같이 'P'로 시작하는 데이터를 의미합니다.

	A	B	C	D
1				
2		제품코드	환산가격(1g)	
3		P*	>=11	
4				

◀ 제품코드가 'P'로 시작하면서 환산가격(1G)이 '11' 이상인 데이터 (AND 조건)

	A	B	C	D
1				
2		제품코드	환산가격(1g)	
3		P*		
4			>=11	

◀ 제품코드가 'P'로 시작하거나 환산가격(1G)이 '11' 이상인 데이터(OR 조건)

	A	B	C	D
1				
2		제품코드	환산가격(1g)	
3		*P	>=11	
4		*N*		

◀ 제품코드가 'P'로 끝나면서 환산가격(1G)이 '11' 이상인 데이터 이거나 제품코드에 'N'이 포함된 데이터(AND 조건과 OR 조건)

BiG 1 빅 폰트(Big Font)
BiG 2 빅 픽쳐(Big Picture)
BiG 3 빅 북(Big Book)

ITQ 정보기술자격
EXCEL 2021

PART 02
실전모의문제

〈조건〉 (1) 고급필터 – 제품코드가 'P'로 시작하면서 환산가격(1g)이 '11' 이상인 자료의 제품명, 제조사, 판매가격, 환산가격(1g) 데이터만 추출하시오.
– 조건 범위: 「B14」 셀부터 입력하시오.
– 복사 위치: 「B18」 셀부터 나타나도록 하시오.

7 C2:D2셀과 F2:G2셀을 선택한 후 [홈] 탭–[클립보드] 그룹에서 [복사(📋)]를 클릭합니다.

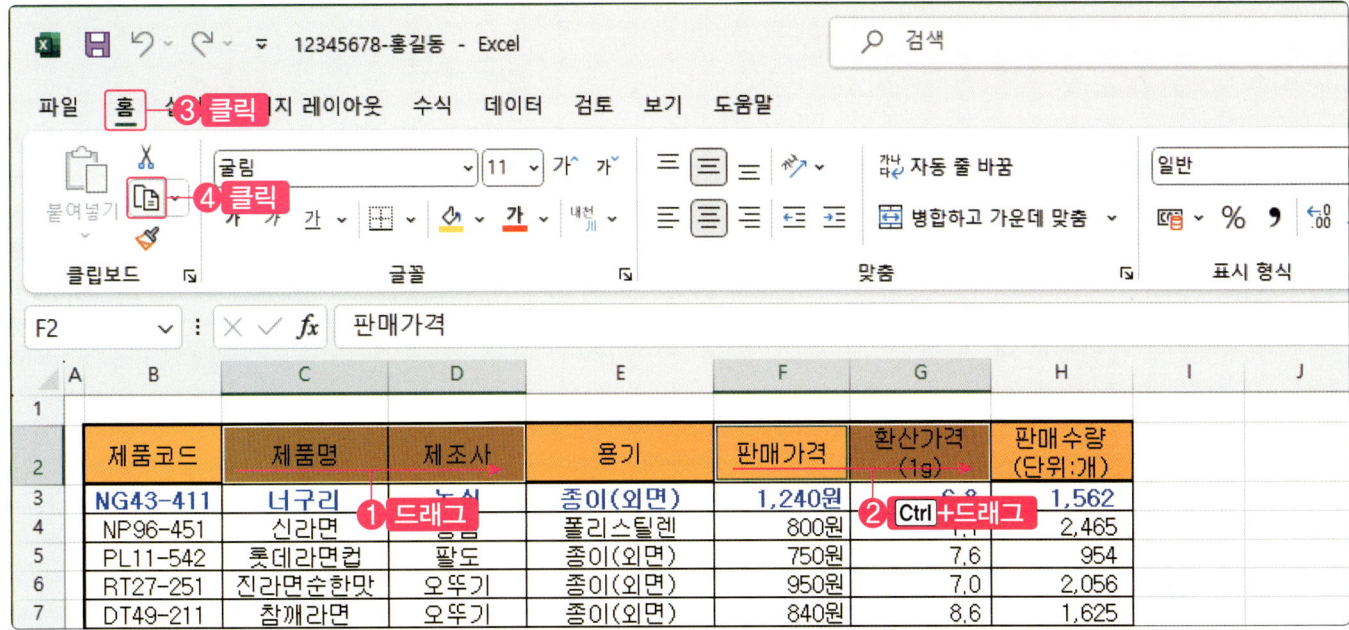

떨어져 있는 셀을 선택할 때는 셀을 선택한 후 **Ctrl**를 누른 상태에서 선택합니다.

8 B18셀을 선택한 후 [홈] 탭–[클립보드] 그룹에서 [붙여넣기]를 클릭합니다.

9 고급필터를 사용하기 위해 B2셀을 선택한 후 [데이터] 탭–[정렬 및 필터] 그룹에서 [고급]을 클릭합니다.

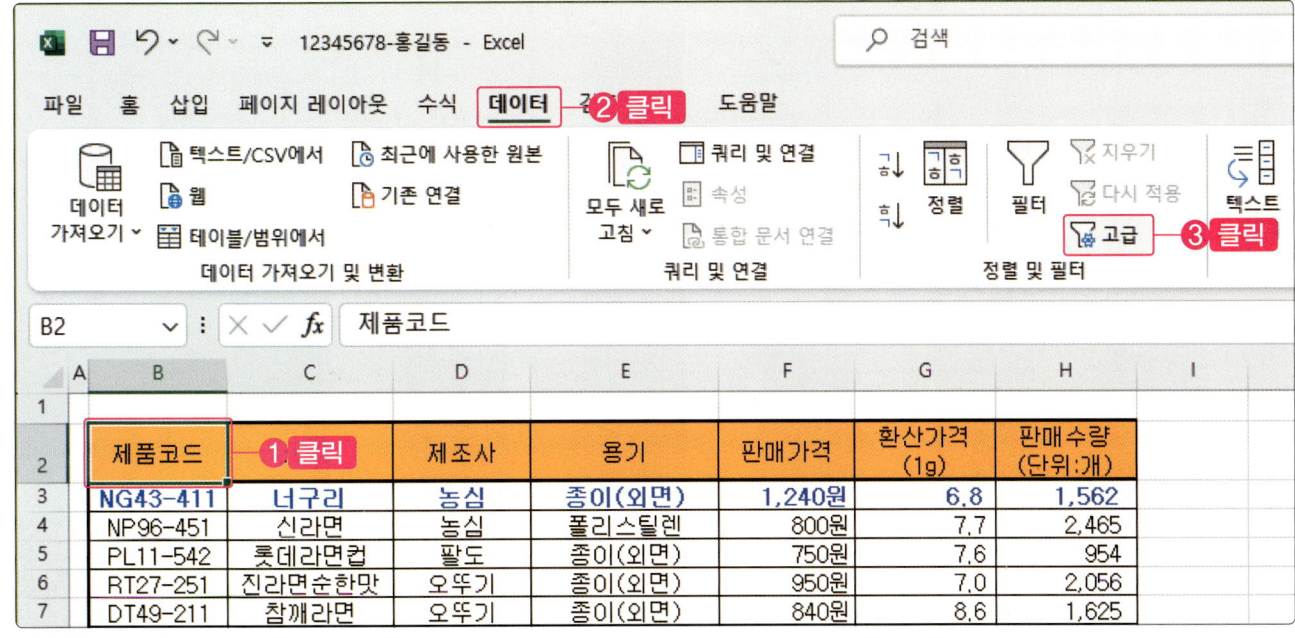

6 "제1작업" 시트를 이용하여 조건에 따라 ≪출력형태≫와 같이 작업하시오.

▶ 소스파일 : Part 01\Chapter 08\문제06.xlsx   ▶ 완성파일 : Part 01\Chapter 08\문제06_완성.xlsx

《조건》

(1) 차트 종류 ⇒ <묶은 세로 막대형>으로 작업하시오.
(2) 데이터 범위 ⇒ "제1작업" 시트의 내용을 이용하여 작업하시오.
(3) 위치 ⇒ "새 시트"로 이동하고, "제4작업"으로 시트 이름을 바꾸시오.
(4) 차트 디자인 도구 ⇒ 레이아웃 3, 스타일 1을 선택하여 ≪출력형태≫에 맞게 작업하시오.
(5) 영역 서식 ⇒ 차트 : 글꼴(굴림, 11pt), 채우기 효과(질감-분홍 박엽지)
         그림 : 채우기(흰색, 배경1)
(6) 제목 서식 ⇒ 차트 제목 : 글꼴(굴림, 굵게, 20pt), 채우기(흰색, 배경1), 테두리
(7) 서식 ⇒ 수강료(단위:원) 계열의 차트 종류를 <표식이 있는 꺾은선형>으로 변경한 후 보조 축으로 지정하시오.
     계열 : ≪출력형태≫를 참조하여 표식(마름모, 크기 10)과 레이블 값을 표시하시오.
     눈금선 : 선 스타일-파선
     축 : ≪출력형태≫를 참조하시오.
(8) 범례 ⇒ 범례명을 변경하고 ≪출력형태≫를 참조하시오.
(9) 도형 ⇒ '모서리가 둥근 사각형 설명선'을 삽입한 후 ≪출력형태≫와 같이 내용을 입력하시오.
(10) 나머지 사항은 ≪출력형태≫에 맞게 작성하시오.

《출력형태》

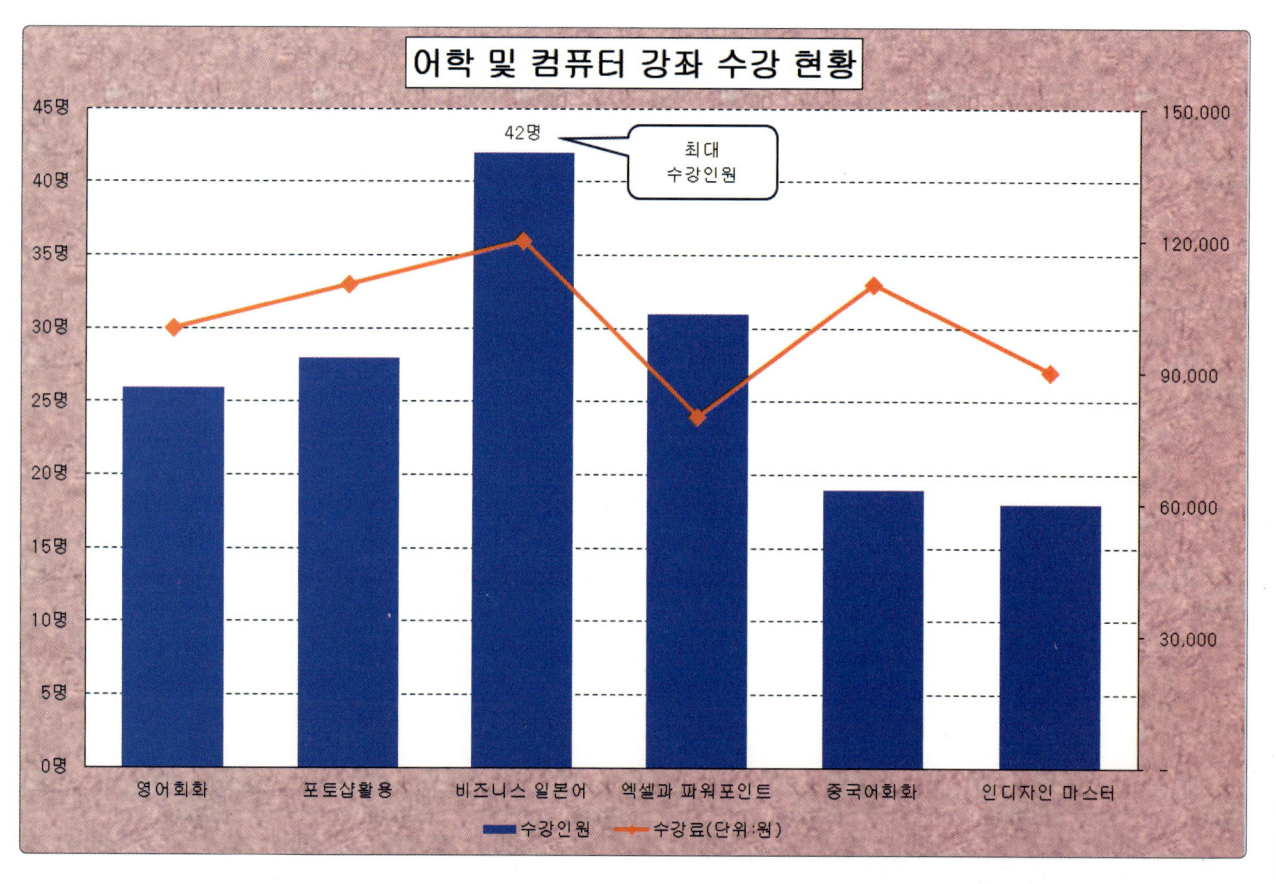

주의 ☞ 시트명 순서가 차례대로 "제1작업", "제2작업", "제3작업", "제4작업"이 되도록 할 것.

〈조건〉 (1) 고급필터 – 제품코드가 'P'로 시작하면서 환산가격(1g)이 '11' 이상인 자료의 제품명, 제조사, 판매가격, 환산가격(1g) 데이터만 추출하시오.
– 조건 범위 : 「B14」 셀부터 입력하시오.
– 복사 위치 : 「B18」 셀부터 나타나도록 하시오.

10 [고급 필터] 대화상자가 나타나면 **[다른 장소에 복사]를 선택**한 후 **목록 범위($B$2:$H$10), 조건 범위($B$14:$C$15), 복사 위치($B$18:$E$18)를 입력**한 다음 [확인] 단추를 **클릭**합니다.

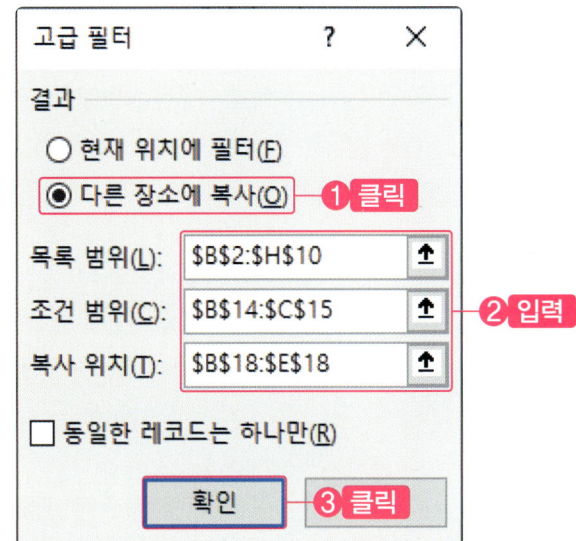

> 목록 범위는 데이터가 있는 셀 범위, 조건 범위는 조건이 있는 셀 범위, 복사 위치는 조건을 만족하는 데이터를 표시할 위치입니다.

11 다음과 같이 다른 위치에 제품코드가 'P'로 시작하고 환산가격(1g)이 '11' 이상인 데이터의 [제품명], [제조사], [판매가격], [환산가격(1g)] 필드만 표시됩니다.

제품코드	제품명	제조사	용기	판매가격	환산가격(1g)	판매수량(단위:개)
NG43-411	너구리	농심	종이(외면)	1,240원	6.8	1,562
NP96-451	신라면	농심	폴리스틸렌	800원	7.7	2,465
PL11-542	롯데라면컵	팔도	종이(외면)	750원	7.6	954
RT27-251	진라면순한맛	오뚜기	종이(외면)	950원	7.0	2,056
DT49-211	참깨라면	오뚜기	종이(외면)	840원	8.6	1,625
PL13-252	손짬뽕컵	팔도	폴리스틸렌수지	1,280원	11.0	865
PL11-422	공화춘짬뽕	팔도	폴리스틸렌	1,280원	11.1	1,245
NA21-451	육개장	농심	폴리스틸렌	850원	11.0	1,432

제품코드	환산가격(1g)
P*	>=11

제품명	제조사	판매가격	환산가격(1g)
손짬뽕컵	팔도	1,280원	11.0
공화춘짬뽕	팔도	1,280원	11.1

한가지 더!

필터링이 제대로 안 되는 경우

목록 범위에 있는 필드명과 조건 범위에 있는 필드명이 서로 달라 필터링이 제대로 안 되는 경우가 있습니다. 예를 들어 '제품코드'를 '제품코드'와 같이 잘못 입력하거나 '제품 코드'와 같이 공백을 입력한 경우입니다. 조건 범위에 있는 필드명을 직접 입력하지 않고 목록 범위에 있는 필드명을 복사하여 붙여넣으면 이런 실수를 미연에 방지할 수 있습니다.

5 "제1작업" 시트를 이용하여 조건에 따라 ≪출력형태≫와 같이 작업하시오.

▶소스파일 : Part 01\Chapter 08\문제05.xlsx ▶완성파일 : Part 01\Chapter 08\문제05_완성.xlsx

《조건》

(1) 차트 종류 ⇒ <묶은 세로 막대형>으로 작업하시오.
(2) 데이터 범위 ⇒ "제1작업" 시트의 내용을 이용하여 작업하시오.
(3) 위치 ⇒ "새 시트"로 이동하고, "제4작업"으로 시트 이름을 바꾸시오.
(4) 차트 디자인 도구 ⇒ 레이아웃 3, 스타일 1을 선택하여 ≪출력형태≫에 맞게 작업하시오.
(5) 영역 서식 ⇒ 차트 : 글꼴(굴림, 11pt), 채우기 효과(질감-파랑 박엽지)
    그림 : 채우기(흰색, 배경1)
(6) 제목 서식 ⇒ 차트 제목 : 글꼴(굴림, 굵게, 20pt), 채우기(흰색, 배경1), 테두리
(7) 서식 ⇒ 개최 횟수(단위:회) 계열의 차트 종류를 <표식이 있는 꺾은선형>으로 변경한 후 보조 축으로 지정하시오.
    계열 : ≪출력형태≫를 참조하여 표식(세모, 크기 10)과 레이블 값을 표시하시오.
    눈금선 : 선 스타일-파선
    축 : ≪출력형태≫를 참조하시오.
(8) 범례 ⇒ 범례명을 변경하고 ≪출력형태≫를 참조하시오.
(9) 도형 ⇒ '모서리가 둥근 사각형 설명선'을 삽입한 후 ≪출력형태≫와 같이 내용을 입력하시오.
(10) 나머지 사항은 ≪출력형태≫에 맞게 작성하시오.

《출력형태》

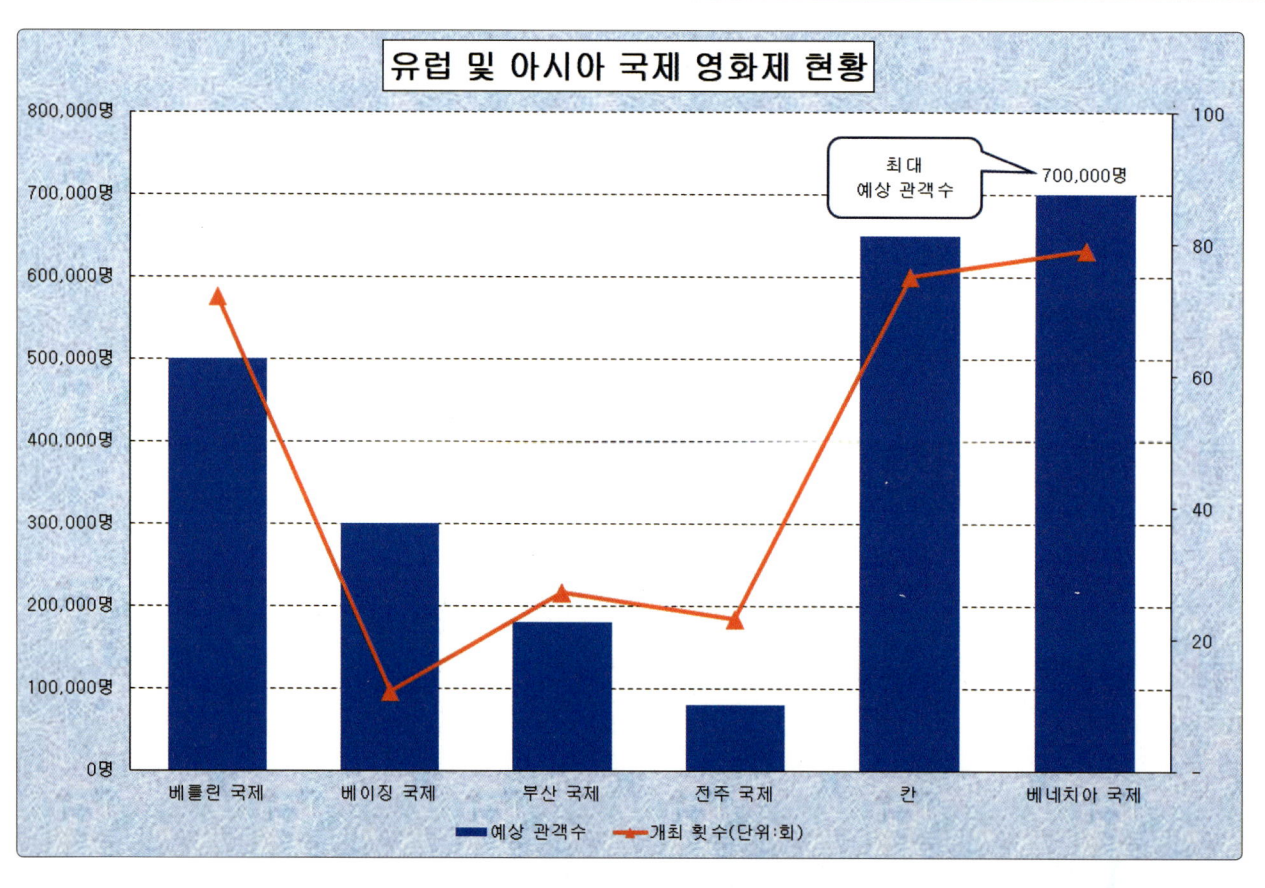

주의 ☞ 시트명 순서가 차례대로 "제1작업", "제2작업", "제3작업", "제4작업"이 되도록 할 것.

STEP 02 표 서식 지정하기

[조건] (2) 표 서식 – 고급필터의 결과셀을 채우기 없음으로 설정한 후 '표 스타일 보통 6'의 서식을 적용하시오.
– 머리글 행, 줄무늬 행을 적용하시오.

1 고급필터 결과에 채우기 색을 지정하기 위해 **B18:E20셀 범위를 선택**한 후 [홈] 탭-[글꼴] 그룹에서 **[채우기 색]**의 **[목록(˅)] 단추를 클릭**한 다음 [채우기 없음]을 클릭합니다.

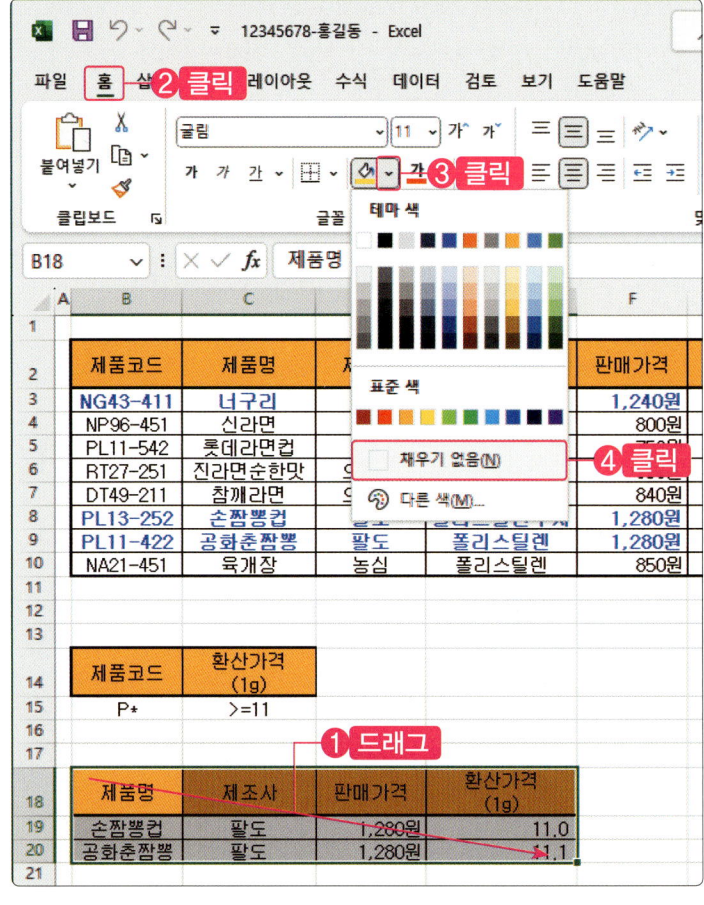

2 고급필터 결과에 표 서식을 지정하기 위해 [홈] 탭-[스타일] 그룹에서 **[표 서식]**을 클릭한 후 **[표 스타일 보통 6(▦)]**을 클릭합니다.

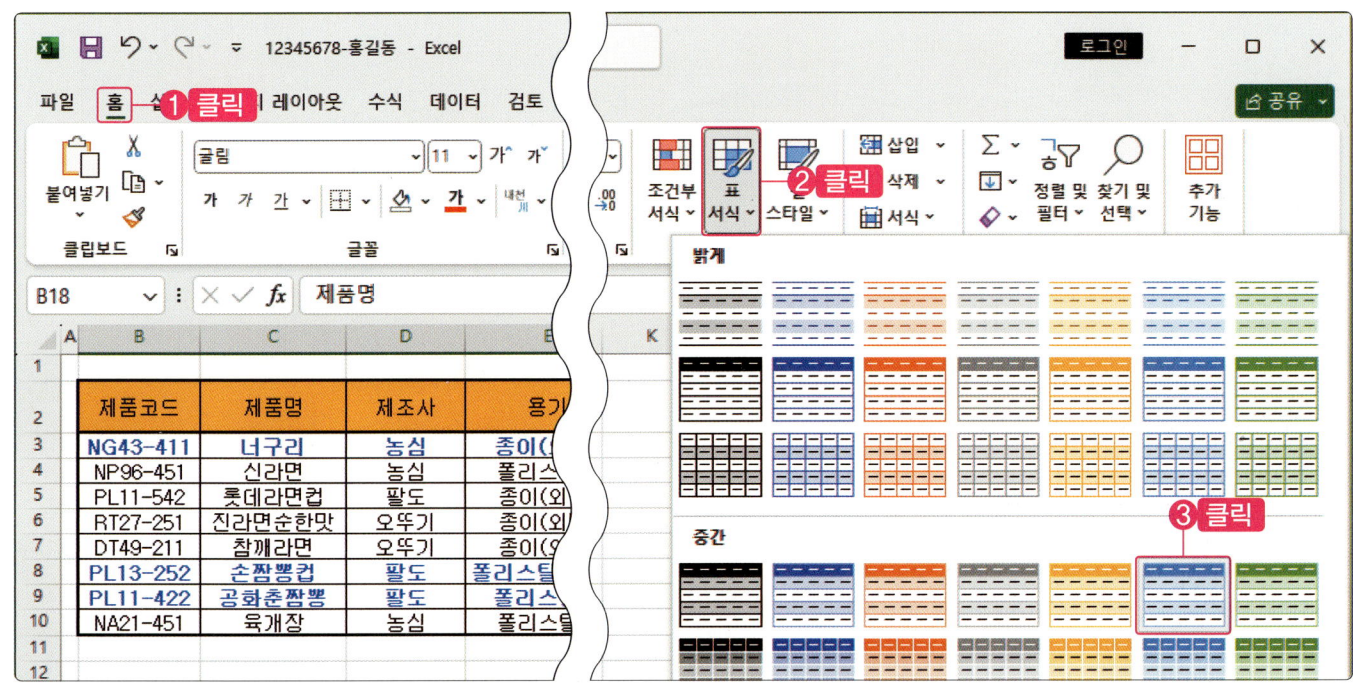

4. "제1작업" 시트를 이용하여 조건에 따라 ≪출력형태≫와 같이 작업하시오.

▶ 소스파일 : Part 01\Chapter 08\문제04.xlsx   ▶ 완성파일 : Part 01\Chapter 08\문제04_완성.xlsx

《조건》

(1) 차트 종류 ⇒ <묶은 세로 막대형>으로 작업하시오.
(2) 데이터 범위 ⇒ "제1작업" 시트의 내용을 이용하여 작업하시오.
(3) 위치 ⇒ "새 시트"로 이동하고, "제4작업"으로 시트 이름을 바꾸시오.
(4) 차트 디자인 도구 ⇒ 레이아웃 3, 스타일 1을 선택하여 ≪출력형태≫에 맞게 작업하시오.
(5) 영역 서식 ⇒ 차트 : 글꼴(굴림, 11pt), 채우기 효과(질감-파랑 박엽지)
    그림 : 채우기(흰색, 배경1)
(6) 제목 서식 ⇒ 차트 제목 : 글꼴(굴림, 굵게, 20pt), 채우기(흰색, 배경1), 테두리
(7) 서식 ⇒ 활동비(단위:원) 계열의 차트 종류를 <표식이 있는 꺾은선형>으로 변경한 후 보조 축으로 지정하시오.
    계열 : ≪출력형태≫를 참조하여 표식(세모, 크기 10)과 레이블 값을 표시하시오.
    눈금선 : 선 스타일-파선
    축 : ≪출력형태≫를 참조하시오.
(8) 범례 ⇒ 범례명을 변경하고 ≪출력형태≫를 참조하시오.
(9) 도형 ⇒ '모서리가 둥근 사각형 설명선'을 삽입한 후 ≪출력형태≫와 같이 내용을 입력하시오.
(10) 나머지 사항은 ≪출력형태≫에 맞게 작성하시오.

《출력형태》

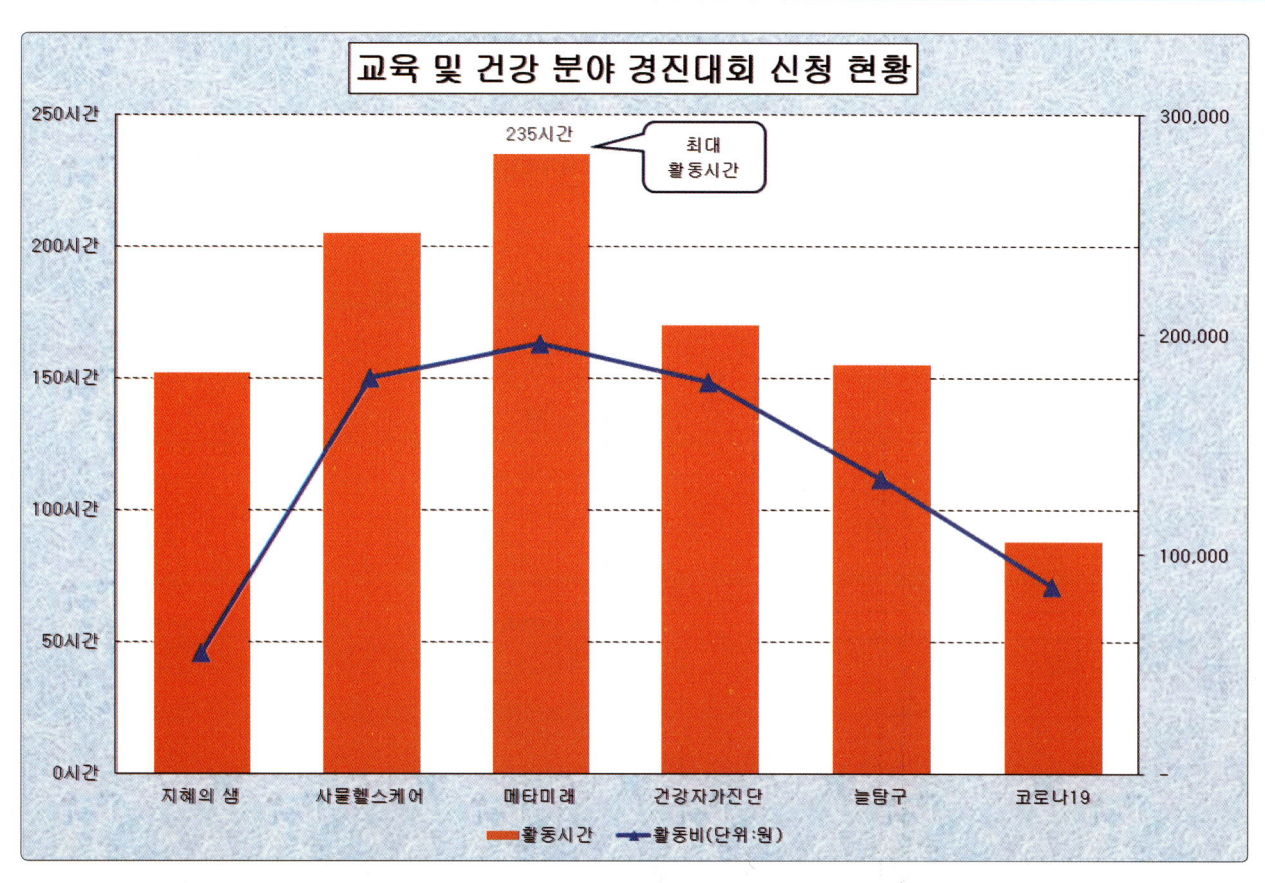

주의 ☞ 시트명 순서가 차례대로 "제1작업", "제2작업", "제3작업", "제4작업"이 되도록 할 것.

> **〈조건〉** (2) 표 서식 - 고급필터의 결과셀을 채우기 없음으로 설정한 후 '표 스타일 보통 6'의 서식을 적용하시오.
> - 머리글 행, 줄무늬 행을 적용하시오.

3 〔표 서식〕 대화상자가 나타나면 〔확인〕 단추를 클릭합니다.

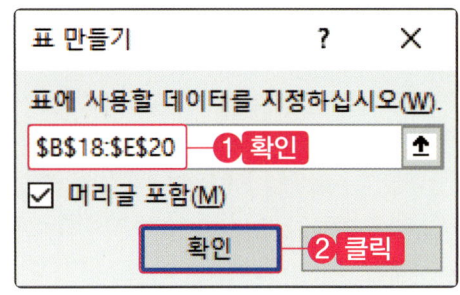

4 표 스타일 옵션을 지정하기 위해 〔테이블 디자인〕 정황 탭-〔표 스타일 옵션〕 그룹에서 **〔머리글 행〕과 〔줄무늬 행〕을 선택**합니다.

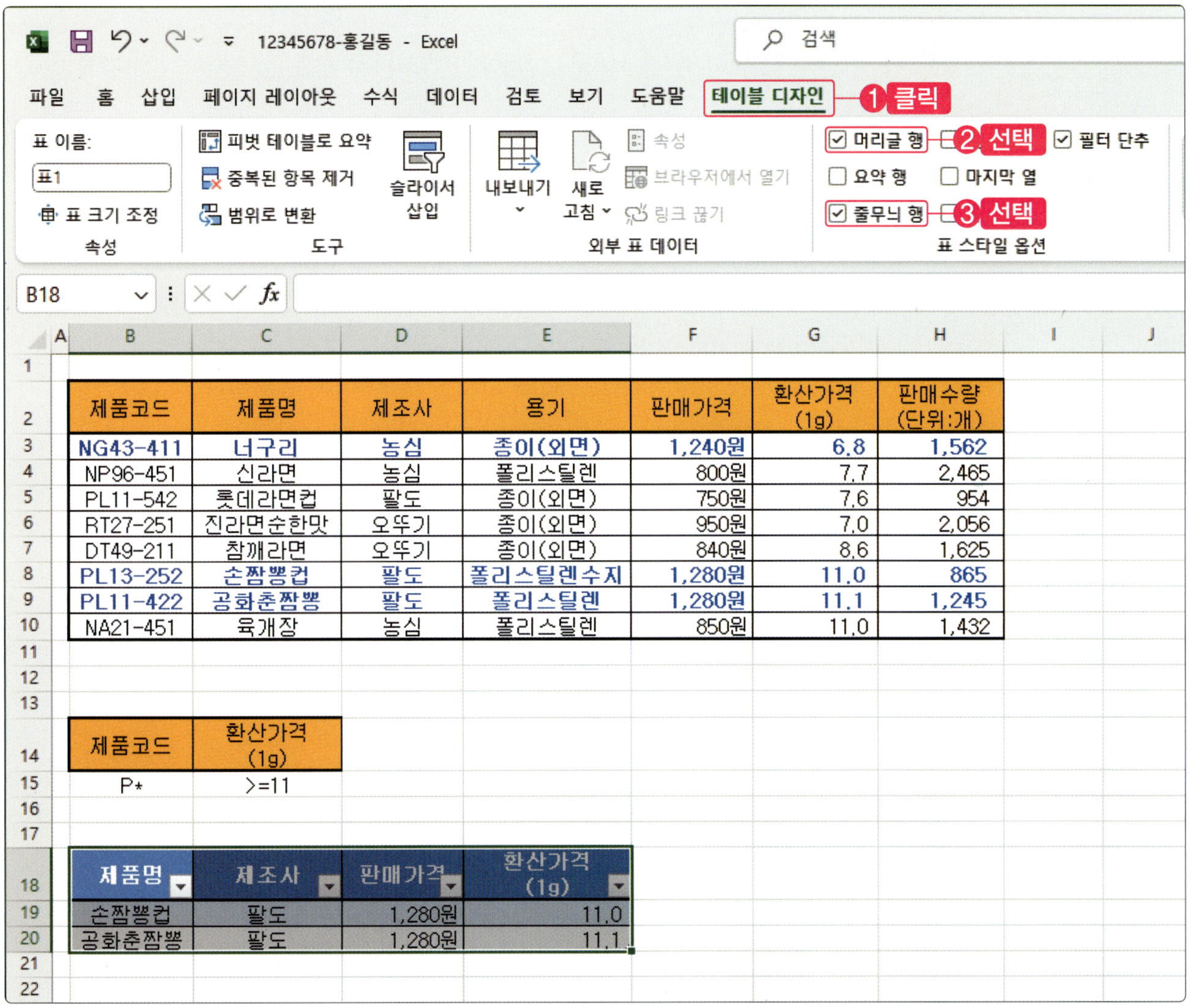

3 "제1작업" 시트를 이용하여 조건에 따라 ≪출력형태≫와 같이 작업하시오.

▶ 소스파일 : Part 01\Chapter 08\문제03.xlsx   ▶ 완성파일 : Part 01\Chapter 08\문제03_완성.xlsx

《조건》

(1) 차트 종류 ⇒ <묶은 세로 막대형>으로 작업하시오.
(2) 데이터 범위 ⇒ "제1작업" 시트의 내용을 이용하여 작업하시오.
(3) 위치 ⇒ "새 시트"로 이동하고, "제4작업"으로 시트 이름을 바꾸시오.
(4) 차트 디자인 도구 ⇒ 레이아웃 3, 스타일 1을 선택하여 ≪출력형태≫에 맞게 작업하시오.
(5) 영역 서식 ⇒ 차트 : 글꼴(굴림, 11pt), 채우기 효과(질감-분홍 박엽지)
　　　　　　　그림 : 채우기(흰색, 배경1)
(6) 제목 서식 ⇒ 차트 제목 : 글꼴(굴림, 굵게, 20pt), 채우기(흰색, 배경1), 테두리
(7) 서식 ⇒ 렌트비용(단위:원) 계열의 차트 종류를 <표식이 있는 꺾은선형>으로 변경한 후 보조 축으로 지정하시오.
　　　　　계열 : ≪출력형태≫를 참조하여 표식(세모, 크기 10)과 레이블 값을 표시하시오.
　　　　　눈금선 : 선 스타일-파선
　　　　　축 : ≪출력형태≫를 참조하시오.
(8) 범례 ⇒ 범례명을 변경하고 ≪출력형태≫를 참조하시오.
(9) 도형 ⇒ '모서리가 둥근 사각형 설명선'을 삽입한 후 ≪출력형태≫와 같이 내용을 입력하시오.
(10) 나머지 사항은 ≪출력형태≫에 맞게 작성하시오.

《출력형태》

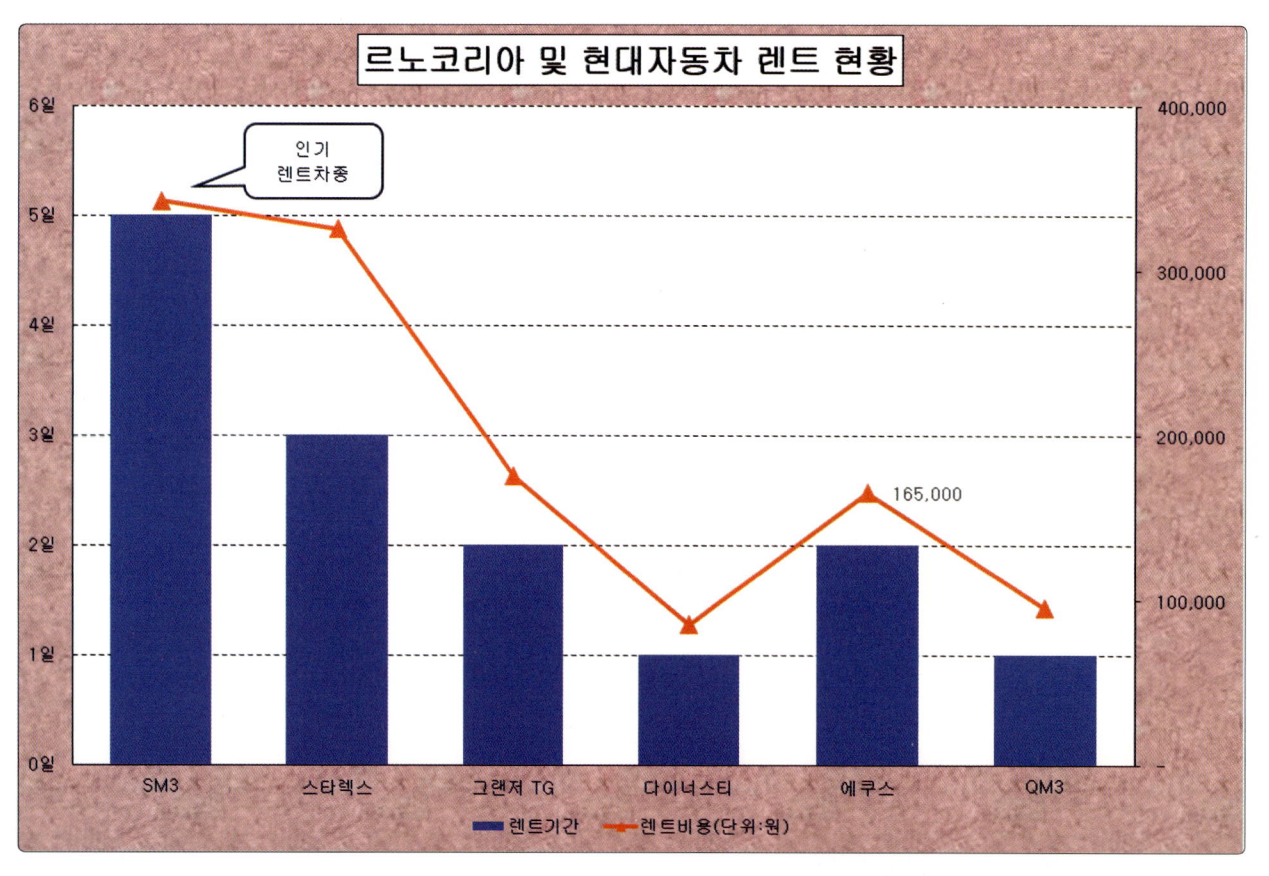

주의 ☞ 시트명 순서가 차례대로 "제1작업", "제2작업", "제3작업", "제4작업"이 되도록 할 것.

1

"제1작업" 시트의 「B4:H12」 영역을 복사하여 **"제2작업"** 시트의 「B2」 셀부터 모두 붙여넣기를 한 후 다음의 조건과 같이 작업하시오.

▶ 소스파일 : Part 01\Chapter 04\문제01.xlsx   ▶ 완성파일 : Part 01\Chapter 04\문제01_완성.xlsx

《조건》

(1) 고급 필터 - 지역이 '서울'이 아니면서 공사기간(일)이 '5' 이상인 자료의 관리번호, 주택명, 공사시작일, 공사내용 데이터만 추출하시오.
 - 조건 범위 : 「B14」 셀부터 입력하시오.
 - 복사 위치 : 「B18」 셀부터 나타나도록 하시오.

(2) 표 서식 - 고급필터의 결과셀을 채우기 없음으로 설정한 후 '표 스타일 보통 6'의 서식을 적용하시오.
 - 머리글 행, 줄무늬 행을 적용하시오.

2

"제1작업" 시트의 「B4:H12」 영역을 복사하여 **"제2작업"** 시트의 「B2」 셀부터 모두 붙여넣기를 한 후 다음의 조건과 같이 작업하시오.

▶ 소스파일 : Part 01\Chapter 04\문제02.xlsx   ▶ 완성파일 : Part 01\Chapter 04\문제02_완성.xlsx

《조건》

(1) 고급 필터 - 부서명이 '영업부'가 아니면서 출장일수가 '4' 이하인 자료의 사원명, 직급, 출장일수, 출발일자 데이터만 추출하시오.
 - 조건 범위 : 「B14」 셀부터 입력하시오.
 - 복사 위치 : 「B18」 셀부터 나타나도록 하시오.

(2) 표 서식 - 고급필터의 결과셀을 채우기 없음으로 설정한 후 '표 스타일 보통 5'의 서식을 적용하시오.
 - 머리글 행, 줄무늬 행을 적용하시오.

2. "제1작업" 시트를 이용하여 조건에 따라 ≪출력형태≫와 같이 작업하시오.

▶ 소스파일 : Part 01\Chapter 08\문제02.xlsx   ▶ 완성파일 : Part 01\Chapter 08\문제02_완성.xlsx

《조건》

(1) 차트 종류 ⇒ <묶은 세로 막대형>으로 작업하시오.
(2) 데이터 범위 ⇒ "제1작업" 시트의 내용을 이용하여 작업하시오.
(3) 위치 ⇒ "새 시트"로 이동하고, "제4작업"으로 시트 이름을 바꾸시오.
(4) 차트 디자인 도구 ⇒ 레이아웃 3, 스타일 1을 선택하여 ≪출력형태≫에 맞게 작업하시오.
(5) 영역 서식 ⇒ 차트 : 글꼴(굴림, 11pt), 채우기 효과(질감-파랑 박엽지)
     그림 : 채우기(흰색, 배경1)
(6) 제목 서식 ⇒ 차트 제목 : 글꼴(굴림, 굵게, 20pt), 채우기(흰색, 배경1), 테두리
(7) 서식 ⇒ 출장일수 계열의 차트 종류를 <표식이 있는 꺾은선형>으로 변경한 후 보조 축으로 지정하시오.
     계열 : ≪출력형태≫를 참조하여 표식(세모, 크기 10)과 레이블 값을 표시하시오.
     눈금선 : 선 스타일-파선
     축 : ≪출력형태≫를 참조하시오.
(8) 범례 ⇒ 범례명을 변경하고 ≪출력형태≫를 참조하시오.
(9) 도형 ⇒ '모서리가 둥근 사각형 설명선'을 삽입한 후 ≪출력형태≫와 같이 내용을 입력하시오.
(10) 나머지 사항은 ≪출력형태≫에 맞게 작성하시오.

《출력형태》

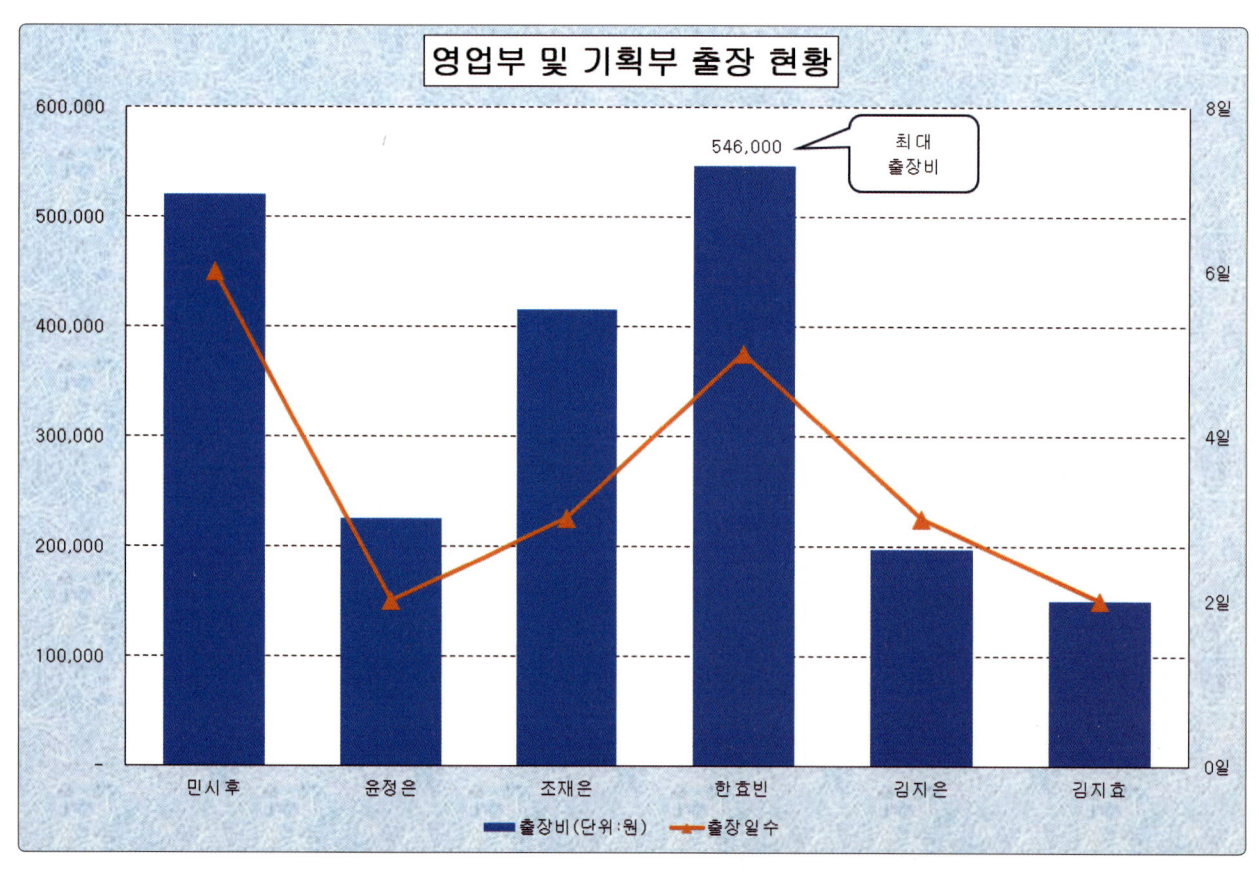

주의 ☞ 시트명 순서가 차례대로 "제1작업", "제2작업", "제3작업", "제4작업"이 되도록 할 것.

3 "제1작업" 시트의 「B4:H12」 영역을 복사하여 "제2작업" 시트의 「B2」 셀부터 모두 붙여넣기를 한 후 다음의 조건과 같이 작업하시오.

▶ 소스파일 : Part 01\Chapter 04\문제03.xlsx   ▶ 완성파일 : Part 01\Chapter 04\문제03_완성.xlsx

《조건》

(1) 고급 필터 - 제조사가 '르노코리아'가 아니면서 렌트기간이 '2' 이하인 자료의 차량코드, 출고일, 렌트기간, 렌트비용(단위:원) 데이터만 추출하시오.
 - 조건 범위 : 「B14」셀부터 입력하시오.
 - 복사 위치 : 「B18」셀부터 나타나도록 하시오.

(2) 표 서식 - 고급필터의 결과셀을 채우기 없음으로 설정한 후 '표 스타일 보통 6'의 서식을 적용하시오.
 - 머리글 행, 줄무늬 행을 적용하시오.

4 "제1작업" 시트의 「B4:H12」 영역을 복사하여 "제2작업" 시트의 「B2」 셀부터 모두 붙여넣기를 한 후 다음의 조건과 같이 작업하시오.

▶ 소스파일 : Part 01\Chapter 04\문제04.xlsx   ▶ 완성파일 : Part 01\Chapter 04\문제04_완성.xlsx

《조건》

(1) 고급 필터 - 지원분야가 '교육'이거나, 활동비(단위:원)가 '190,000' 이상인 자료의 팀명, 지도교수, 활동비(단위:원), 활동시간 데이터만 추출하시오.
 - 조건 범위 : 「B14」셀부터 입력하시오.
 - 복사 위치 : 「B18」셀부터 나타나도록 하시오.

(2) 표 서식 - 고급필터의 결과셀을 채우기 없음으로 설정한 후 '표 스타일 보통 5'의 서식을 적용하시오.
 - 머리글 행, 줄무늬 행을 적용하시오.

1 "제1작업" 시트를 이용하여 조건에 따라 ≪출력형태≫와 같이 작업하시오.

▶ 소스파일 : Part 01\Chapter 08\문제01.xlsx   ▶ 완성파일 : Part 01\Chapter 08\문제01_완성.xlsx

《조건》

(1) 차트 종류 ⇒ <묶은 세로 막대형>으로 작업하시오.
(2) 데이터 범위 ⇒ "제1작업" 시트의 내용을 이용하여 작업하시오.
(3) 위치 ⇒ "새 시트"로 이동하고, "제4작업"으로 시트 이름을 바꾸시오.
(4) 차트 디자인 도구 ⇒ 레이아웃 3, 스타일 1을 선택하여 ≪출력형태≫에 맞게 작업하시오.
(5) 영역 서식 ⇒ 차트 : 글꼴(굴림, 11pt), 채우기 효과(질감-파랑 박엽지)
     그림 : 채우기(흰색, 배경1)
(6) 제목 서식 ⇒ 차트 제목 : 글꼴(굴림, 굵게, 20pt), 채우기(흰색, 배경1), 테두리
(7) 서식 ⇒ 공사기간(일) 계열의 차트 종류를 <표식이 있는 꺾은선형>으로 변경한 후 보조 축으로 지정하시오.
     계열 : ≪출력형태≫를 참조하여 표식(세모, 크기 10)과 레이블 값을 표시하시오.
     눈금선 : 선 스타일-파선
     축 : ≪출력형태≫를 참조하시오.
(8) 범례 ⇒ 범례명을 변경하고 ≪출력형태≫를 참조하시오.
(9) 도형 ⇒ '모서리가 둥근 사각형 설명선'을 삽입한 후 ≪출력형태≫와 같이 내용을 입력하시오.
(10) 나머지 사항은 ≪출력형태≫에 맞게 작성하시오.

《출력형태》

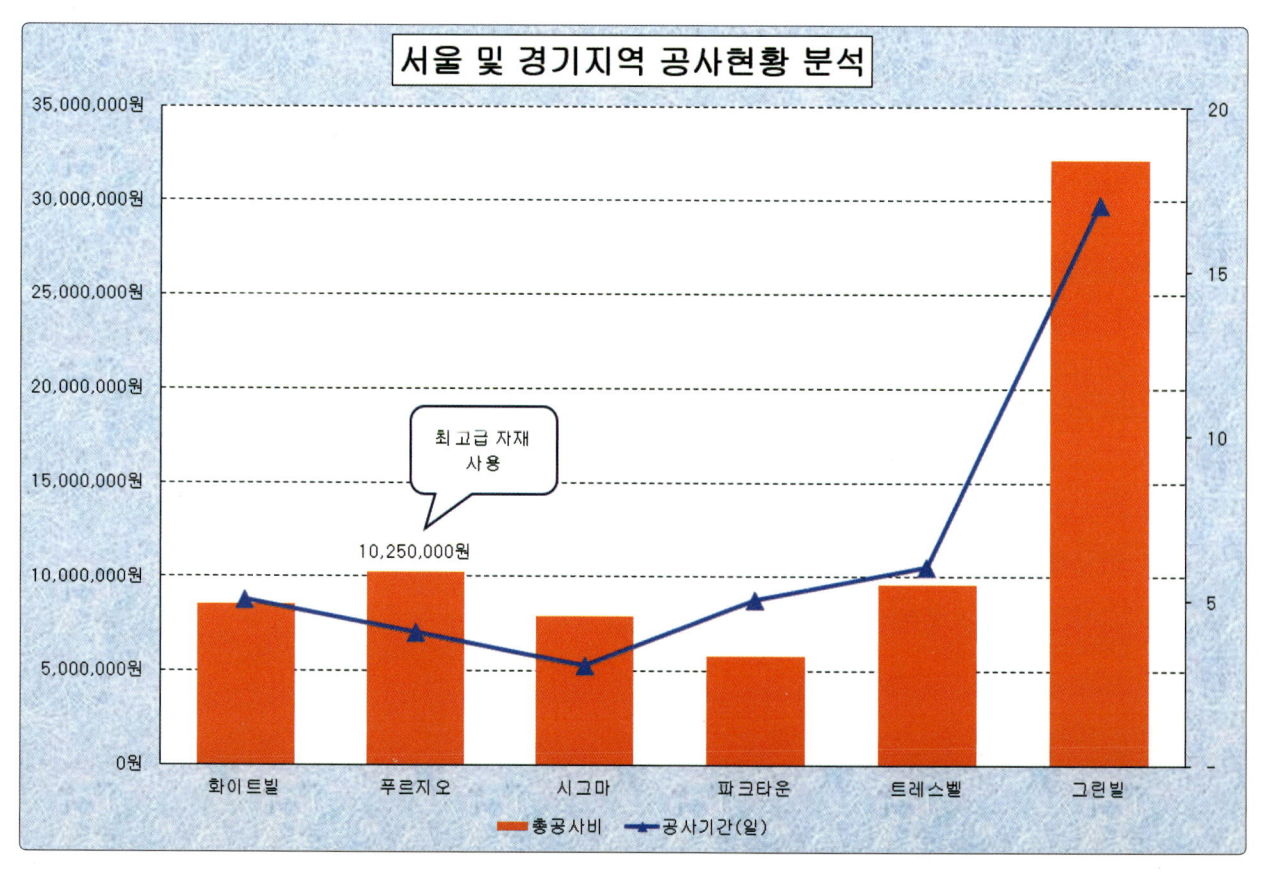

주의 ☞ 시트명 순서가 차례대로 "제1작업", "제2작업", "제3작업", "제4작업"이 되도록 할 것.

5 "제1작업" 시트의 「B4:H12」 영역을 복사하여 "제2작업" 시트의 「B2」 셀부터 모두 붙여넣기를 한 후 다음의 조건과 같이 작업하시오.

▶ 소스파일 : Part 01\Chapter 04\문제05.xlsx   ▶ 완성파일 : Part 01\Chapter 04\문제05_완성.xlsx

《조건》

(1) 고급 필터 - 대륙이 '북미'이거나, 개최 횟수(단위:회)가 '20' 이하인 자료의 영화제 명칭, 주최국, 예상 관객수, 개최 횟수(단위:회) 데이터만 추출하시오.
  - 조건 범위 : 「B14」 셀부터 입력하시오.
  - 복사 위치 : 「B18」 셀부터 나타나도록 하시오.

(2) 표 서식 - 고급필터의 결과셀을 채우기 없음으로 설정한 후 '표 스타일 보통 6'의 서식을 적용하시오.
  - 머리글 행, 줄무늬 행을 적용하시오.

---

6 "제1작업" 시트의 「B4:H12」 영역을 복사하여 "제2작업" 시트의 「B2」 셀부터 모두 붙여넣기를 한 후 다음의 조건과 같이 작업하시오.

▶ 소스파일 : Part 01\Chapter 04\문제06.xlsx   ▶ 완성파일 : Part 01\Chapter 04\문제06_완성.xlsx

《조건》

(1) 고급 필터 - 구분이 '회계'이거나, 수강료(단위:원)가 '100,000' 이하인 자료의 강좌명, 강사명, 수강인원, 수강료(단위:원) 데이터만 추출하시오.
  - 조건 범위 : 「B14」 셀부터 입력하시오.
  - 복사 위치 : 「B18」 셀부터 나타나도록 하시오.

(2) 표 서식 - 고급필터의 결과셀을 채우기 없음으로 설정한 후 '표 스타일 보통 7'의 서식을 적용하시오.
  - 머리글 행, 줄무늬 행을 적용하시오.

<조건> ⑼ 도형 ⇒ '모서리가 둥근 사각형 설명선'을 삽입한 후 ≪출력형태≫와 같이 내용을 입력하시오.
⑽ 나머지 사항은 ≪출력형태≫에 맞게 작성하시오.

3 차트에 도형이 삽입되면 **도형에 텍스트(최저 판매가격)를 입력**한 후 **도형을 선택**합니다. 그런 다음 〔홈〕 탭-〔글꼴〕 그룹에서 **글꼴(굴림), 글꼴 크기(11), 채우기 색(흰색, 배경 1), 글꼴 색(검정, 텍스트 1)을 선택**한 다음 〔맞춤〕 그룹에서 〔**가운데 맞춤(세로)(≡)**〕과 〔**가운데 맞춤(가로)(≡)**〕을 클릭합니다.

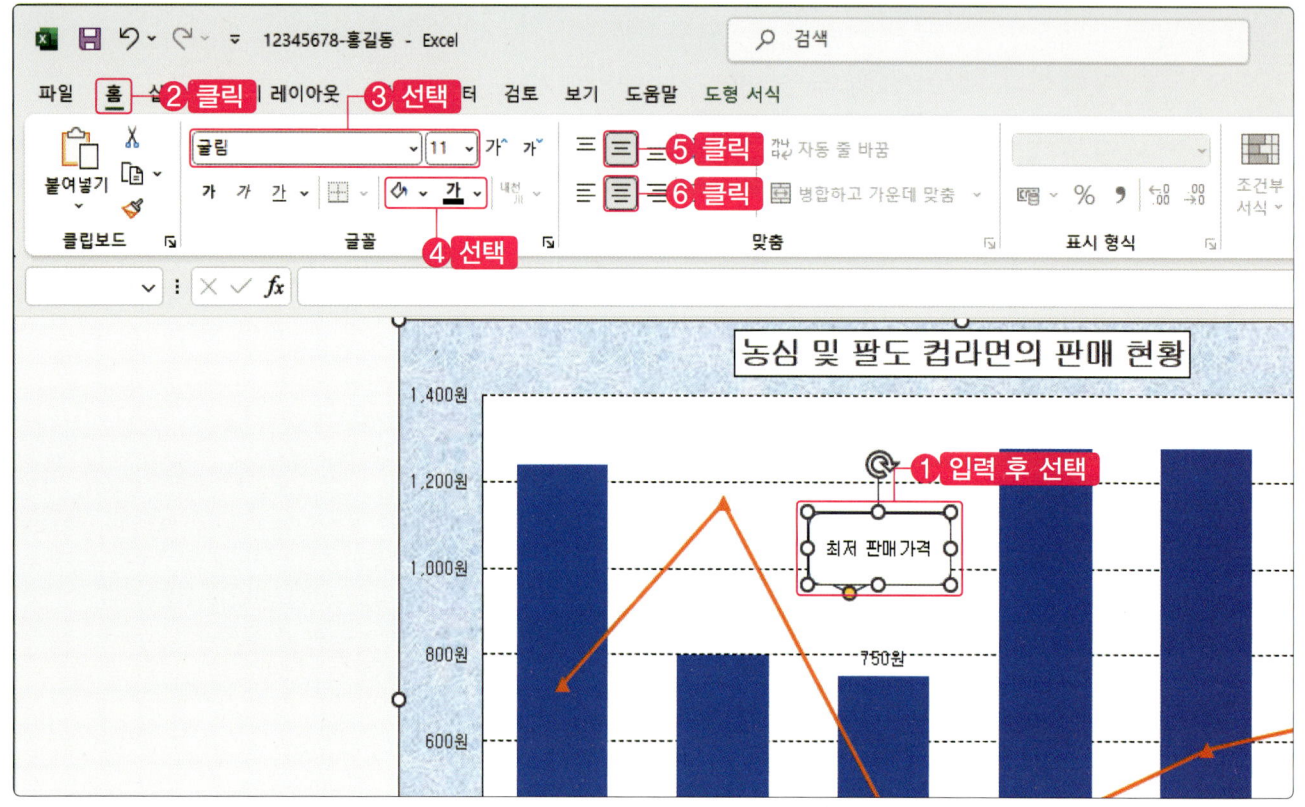

도형을 선택한 후 〔도형 서식〕 정황 탭-〔도형 스타일〕 그룹에서 〔도형 채우기〕의 〔목록(▼)〕 단추를 클릭한 다음 〔흰색, 배경 1〕을 클릭하여 도형에 채우기 색을 지정할 수도 있습니다.

4 도형의 모양을 조정하기 위해 다음과 같이 **도형의 모양 조절점(○)을 드래그**합니다.

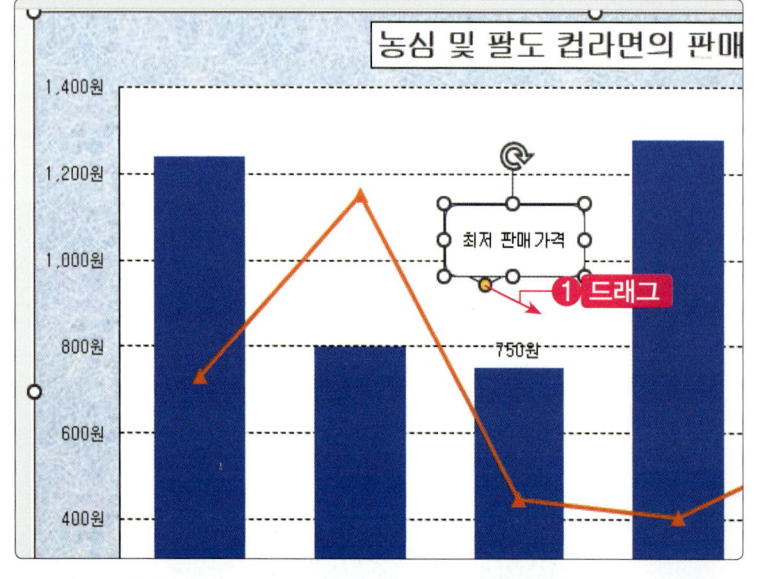
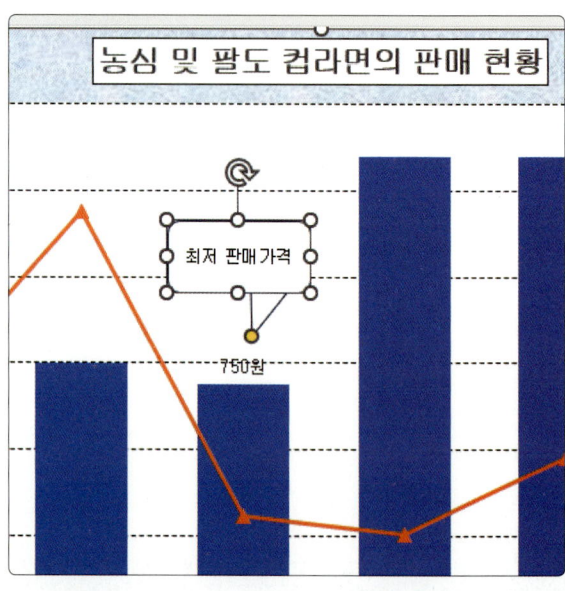

Chapter 05 목표값 찾기

◆ 목표값 찾기의 수식 입력하기　　◆ 목표값 찾기

▶ 소스파일 : Part 01\Chapter 05\Ch05.xlsx　　▶ 완성파일 : Part 01\Chapter 05\Ch05_완성.xlsx

☞ "제1작업" 시트의 「B4:H12」영역을 복사하여 "제2작업" 시트의 「B2」셀부터 모두 붙여넣기를 한 후 다음의 조건과 같이 작업하시오.

출력 형태

	A	B	C	D	E	F	G	H	I	J
1										
2		제품코드	제품명	제조사	용기	판매가격	환산가격(1g)	판매수량(단위:개)		
3		NG43-411	너구리	농심	종이(외면)	1,260원	6.8	1,562		
4		NP96-451	신라면	농심	폴리스틸렌	800원	7.7	2,465		
5		PL11-542	롯데라면컵	팔도	종이(외면)	750원	7.6	954		
6		RT27-251	진라면순한맛	오뚜기	종이(외면)	950원	7.0	2,056		
7		DT49-211	참깨라면	오뚜기	종이(외면)	840원	8.6	1,625		
8		PL13-252	손짬뽕컵	팔도	폴리스틸렌수지	1,280원	11.0	865		
9		PL11-422	공화춘짬뽕	팔도	폴리스틸렌	1,280원	11.1	1,245		
10		NA21-451	육개장	농심	폴리스틸렌	850원	11.0	1,432		
11		농심의 판매가격 평균						970		
12										
13										

조건

(1) 목표값 찾기 - 「B11:G11」셀을 병합하여 "농심의 판매가격 평균"을 입력한 후 「H11」셀에 농심의 판매가격 평균을 구하시오. 단, 조건은 입력데이터를 이용하시오 (DAVERAGE 함수, 테두리, 가운데 맞춤).
　　　　　　　- '농심의 판매가격 평균'이 '970'이 되려면 너구리의 판매가격이 얼마가 되어야 하는지 목표값을 구하시오.

STEP 04 차트에 도형 삽입하기

[조건] (9) 도형 ⇒ '모서리가 둥근 사각형 설명선'을 삽입한 후 ≪출력형태≫와 같이 내용을 입력하시오.
(10) 나머지 사항은 ≪출력형태≫에 맞게 작성하시오.

1 차트에 도형을 삽입하기 위해 **차트를 선택**한 후 [삽입] 탭-[일러스트레이션] 그룹에서 [**도형**]을 **클릭**한 다음 [말풍선 : 모서리가 둥근 사각형(◯)]을 **클릭**합니다.

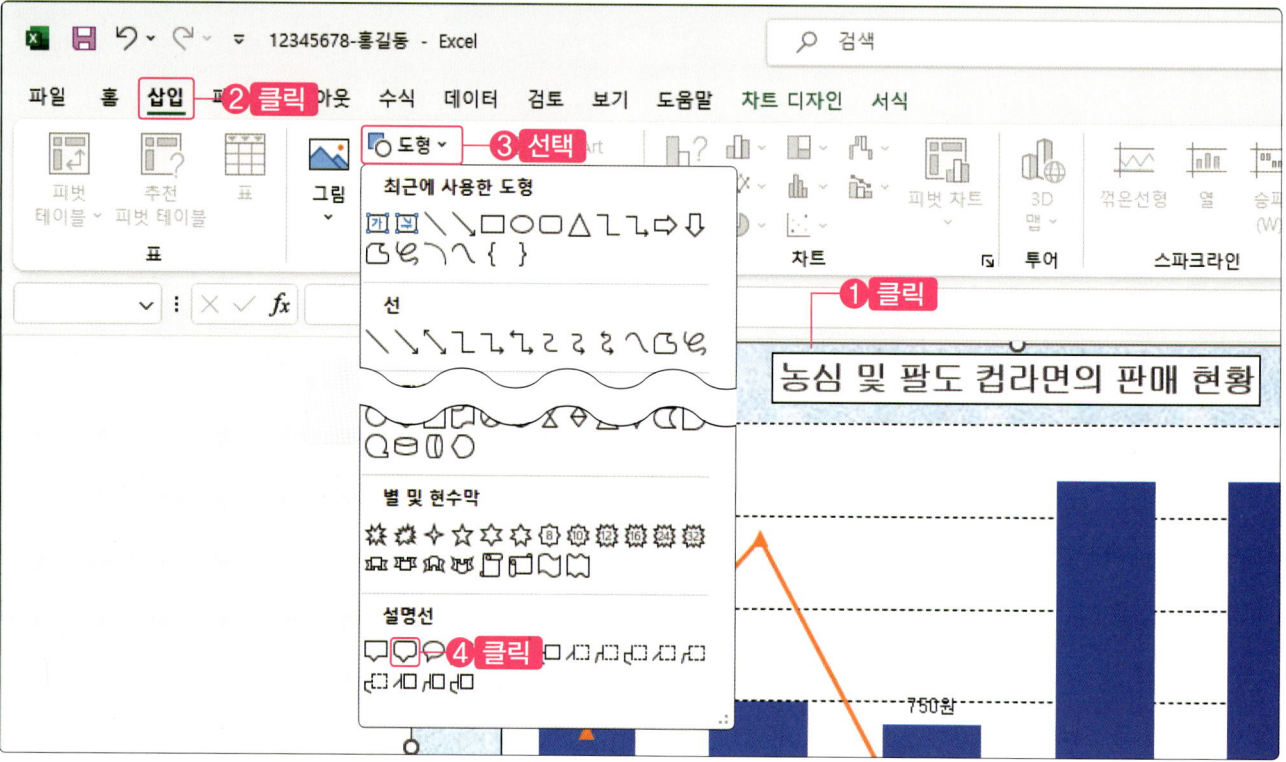

2 마우스 포인터가 + 모양으로 변경되면 다음과 같이 **드래그하여 차트에 도형을 삽입**합니다.

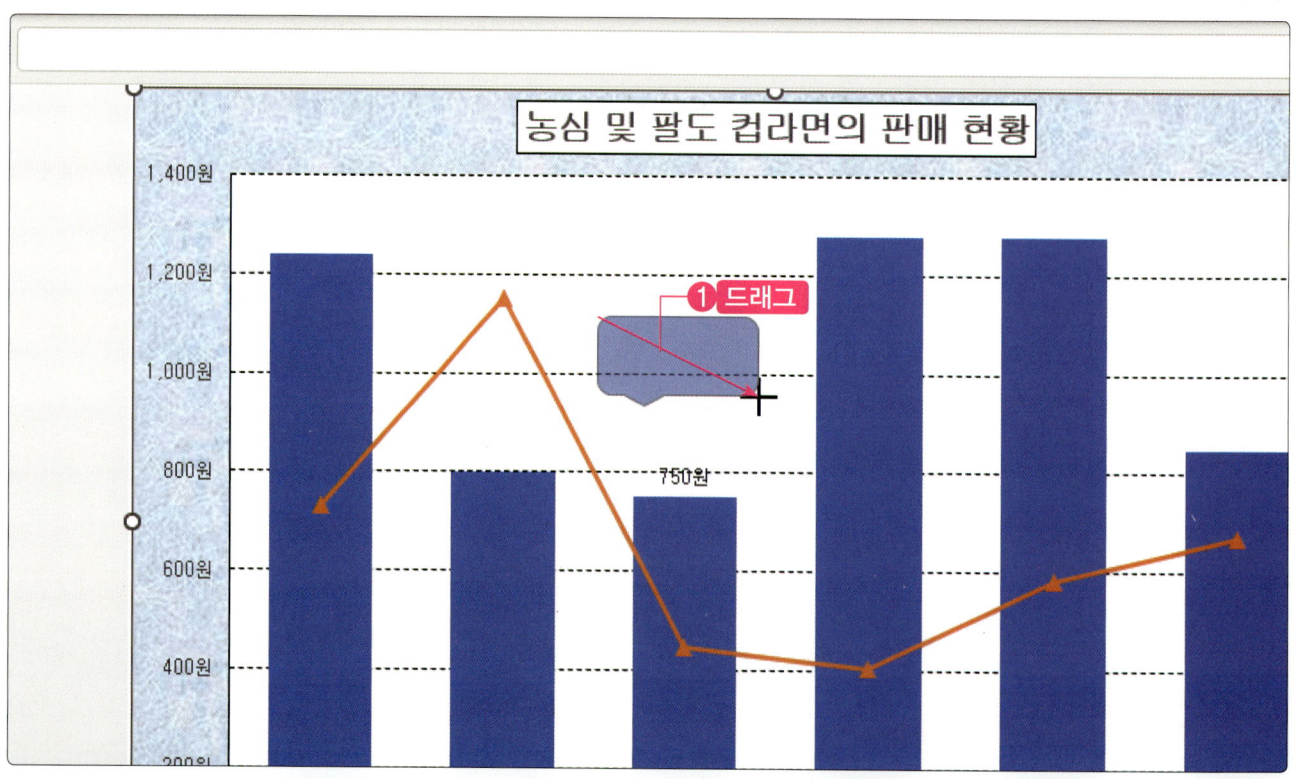

체크! 체크!

〔필터 및 서식〕

- **목표값 찾기의 수식 입력하기**
  - B11:G11셀을 병합한 후 텍스트를 입력한 다음 B11:H11셀을 선택하고 테두리(모든 테두리(⊞))를 지정합니다.
  - 목표값 찾기를 하기 위한 수식(함수)을 작성합니다.
    (함수를 잘못 작성할 경우 목표값 찾기가 되지 않습니다.)
- **목표값 찾기**
  - 목표값 찾기를 통해 찾는 값을 구합니다.
    수식 셀은 '찾고자 하는 결과 값을 반환해 주는 셀'을 지정, 찾는 값은 '목표값을 입력', 값을 바꿀 셀은 '목표값을 찾기 위해 값이 변경되어야 할 셀'

STEP 01 목표값 찾기의 수식 입력하기

〈조건〉 ☞ "제1작업" 시트의 「B4:H12」영역을 복사하여 "제2작업" 시트의 「B2」셀부터 모두 붙여넣기를 한 후 다음의 조건과 같이 작업하시오.

1 〔제1작업〕 시트의 B4:H12셀 범위를 복사하기 위해 시트 탭에서 **〔제1작업〕 시트를 선택**한 후 **B4:H12셀 범위를 선택**한 다음 〔홈〕 탭-〔클립보드〕 그룹에서 **〔복사(📋)〕를 클릭**합니다.

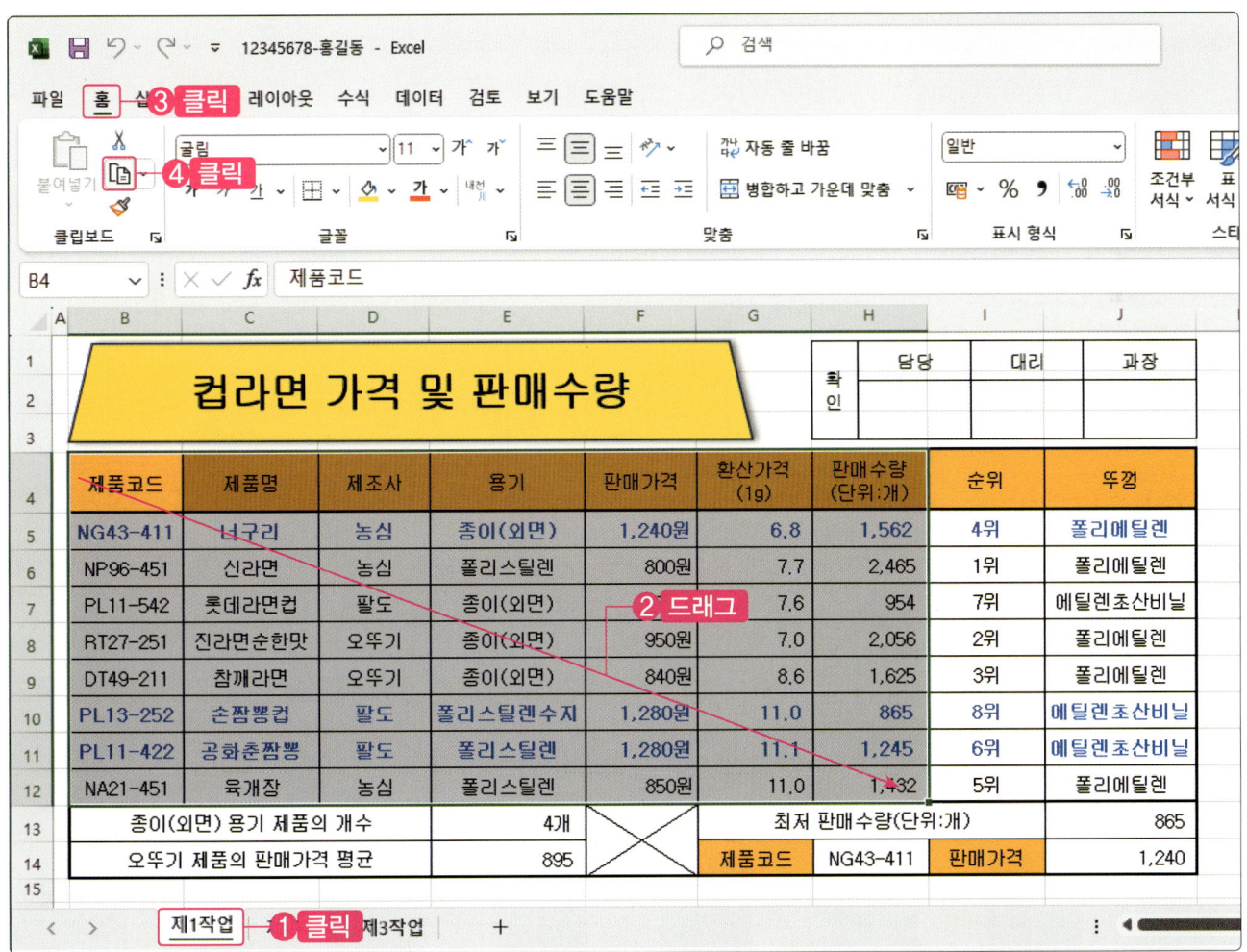

> Ctrl+C를 눌러 〔제1작업〕 시트의 B4:H12셀 범위를 복사할 수도 있습니다.

〈조건〉 (8) 범례 ⇒ 범례명을 변경하고 ≪출력형태≫를 참조하시오.

12 데이터 계열 이름을 변경하기 위해 차트를 선택한 후 [차트 디자인] 정황 탭-[데이터] 그룹에서 [데이터 선택(🖼)]을 클릭합니다.

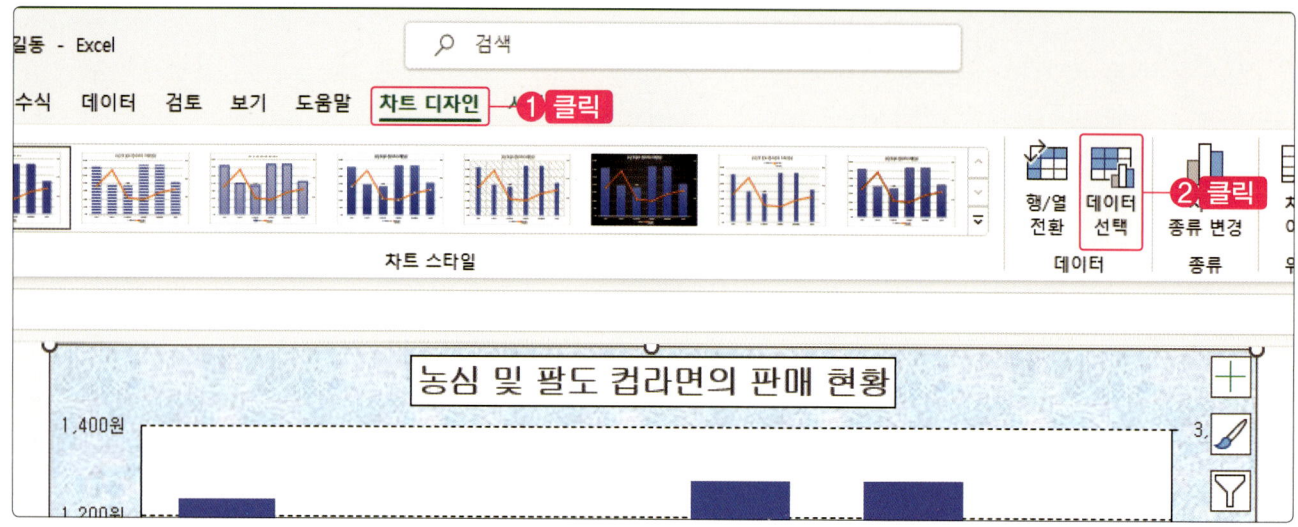

13 [데이터 원본 선택] 대화상자가 나타나면 [범례 항목(계열)]에서 [**판매수량(단위:개)**]를 **선택**한 후 [**편집**] 단추를 클릭합니다. 그런 다음 [계열 편집] 대화상자가 나타나면 **계열 이름(판매수량(단위:개))**을 **입력**한 후 [**확인**] 단추를 클릭합니다.

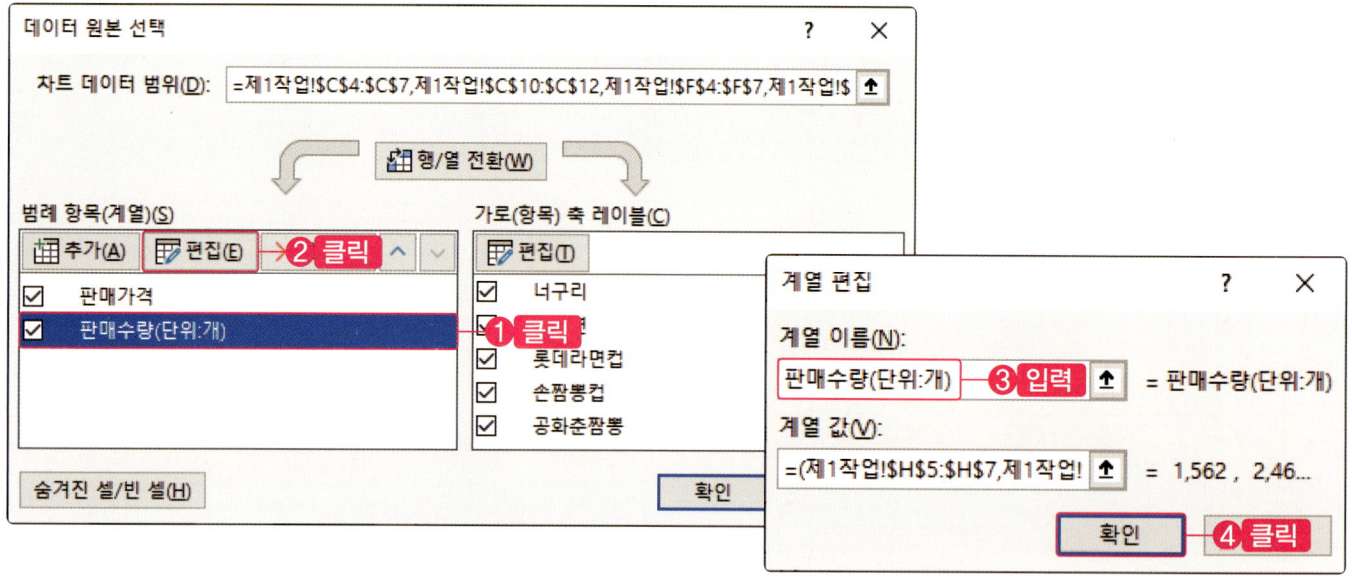

14 [데이터 원본 선택] 대화상자가 다시 나타나면 [**확인**] 단추를 **클릭**합니다.

15 다음과 같이 범례가 변경됩니다.

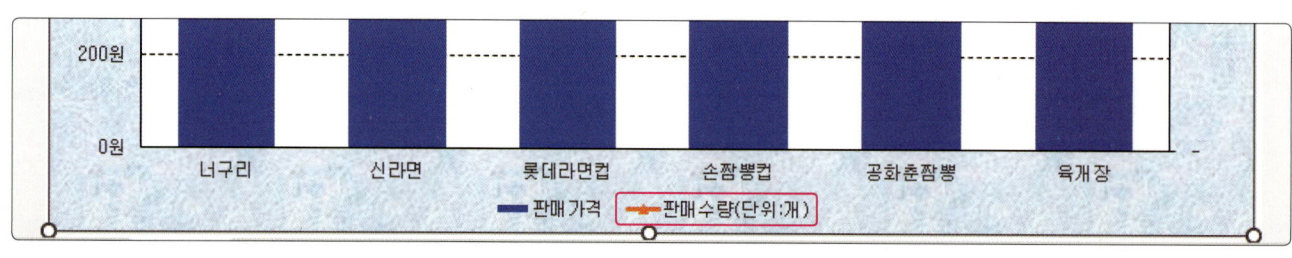

<조건> ☞ "제1작업" 시트의 「B4:H12」영역을 복사하여 "제2작업" 시트의 「B2」셀부터 모두 붙여넣기를 한 후 다음의 조건과 같이 작업하시오.

2 〔제2작업〕 시트의 B2셀에 붙여넣기 위해 시트 탭에서 **〔제2작업〕 시트를 선택**한 후 **B2셀을 선택**한 다음 〔홈〕 탭-〔클립보드〕 그룹에서 **〔붙여넣기〕를 클릭**합니다.

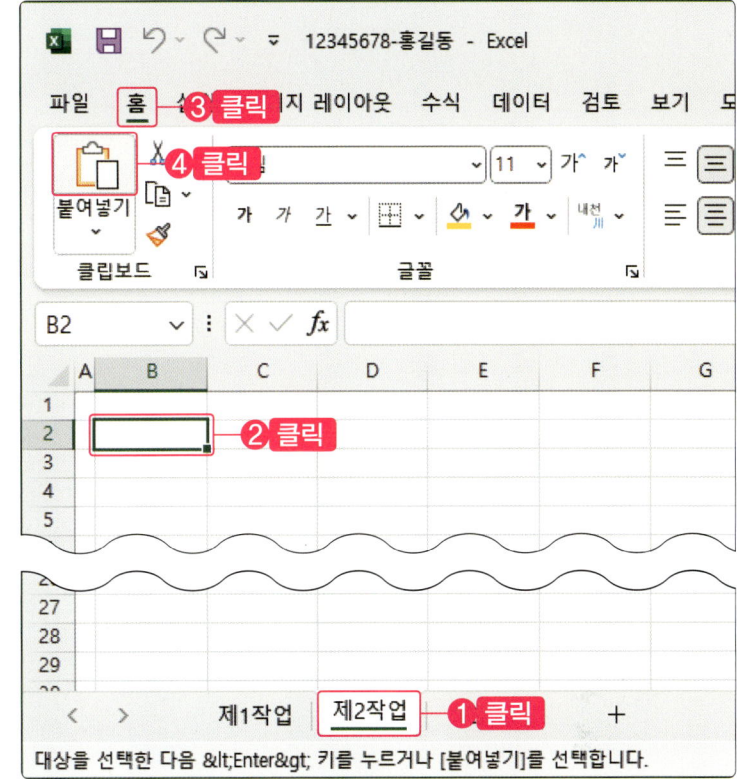

Ctrl+V를 눌러 〔제1작업〕 시트의 B4:H12셀 범위를 〔제2작업〕 시트의 B2셀에 붙여넣을 수도 있습니다.

3 〔제1작업〕 시트의 B:H열 너비를 그대로 적용하기 위해 〔홈〕 탭-〔클립보드〕 그룹에서 **〔붙여넣기〕의 〔목록(˅)〕 단추를 클릭**한 후 **〔원본 열 너비 유지(🗔)〕를 클릭**합니다.

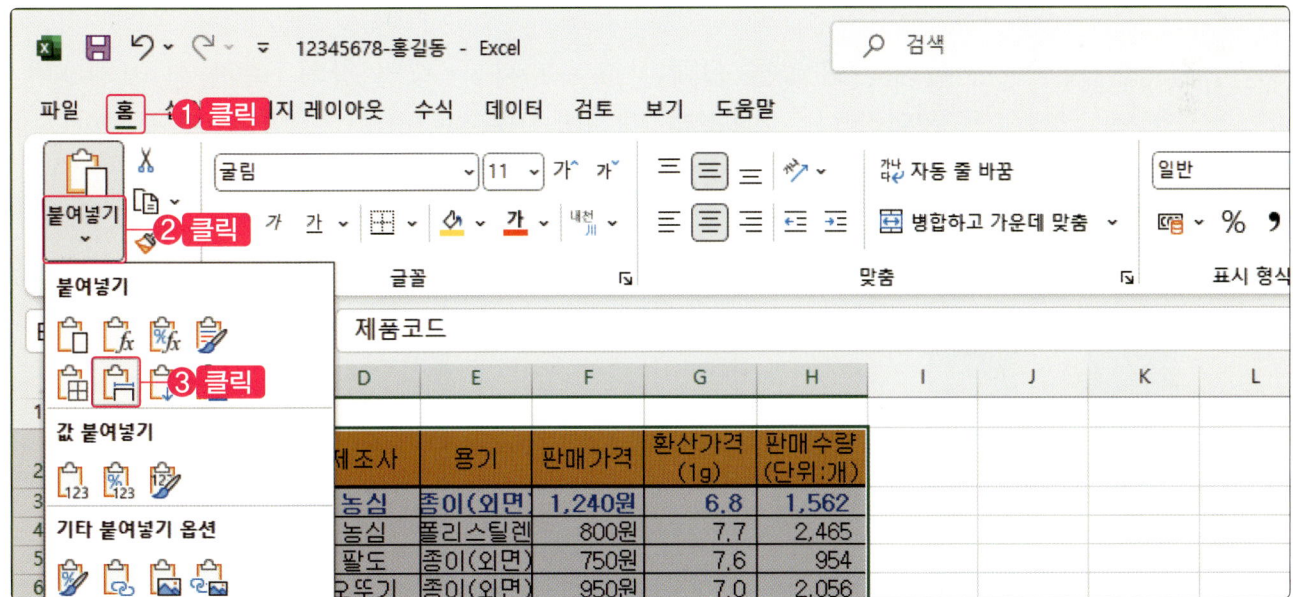

- Ctrl+Alt+V를 눌러 〔제1작업〕 시트의 B:H열 너비를 그대로 적용할 수도 있습니다.
- 선택하여 붙여넣기를 사용하면 수식, 값, 열 너비 등만 선택하여 붙여넣을 수 있습니다. 〔제1작업〕 시트의 B4:H12셀 범위를 복사하여 〔제2작업〕 시트의 B2셀에 붙여넣은 후 〔제1작업〕 시트의 B:H열 너비를 그대로 적용하기 위해 선택하여 붙여넣기를 사용한 것입니다.

<조건>　(7) 서식 ⇒ 판매수량(단위:개) 계열의 차트 종류를 〈표식이 있는 꺾은선형〉으로 변경한 후 보조 축으로 지정하시오.
　　　　　계열 : ≪출력형태≫를 참조하여 표식(세모, 크기 10)과 레이블 값을 표시하시오.
　　　　　눈금선 : 선 스타일-파선
　　　　　축 : ≪출력형태≫를 참조하시오.

10 세로 축 서식을 지정하기 위해 **세로 축을 선택**한 후 [축 서식] 작업 창의 [축 옵션]-[채우기 및 선(◇)]-[선]에서 [**실선**]을 **선택**한 다음 **색(검정, 텍스트 1)을 선택**합니다.

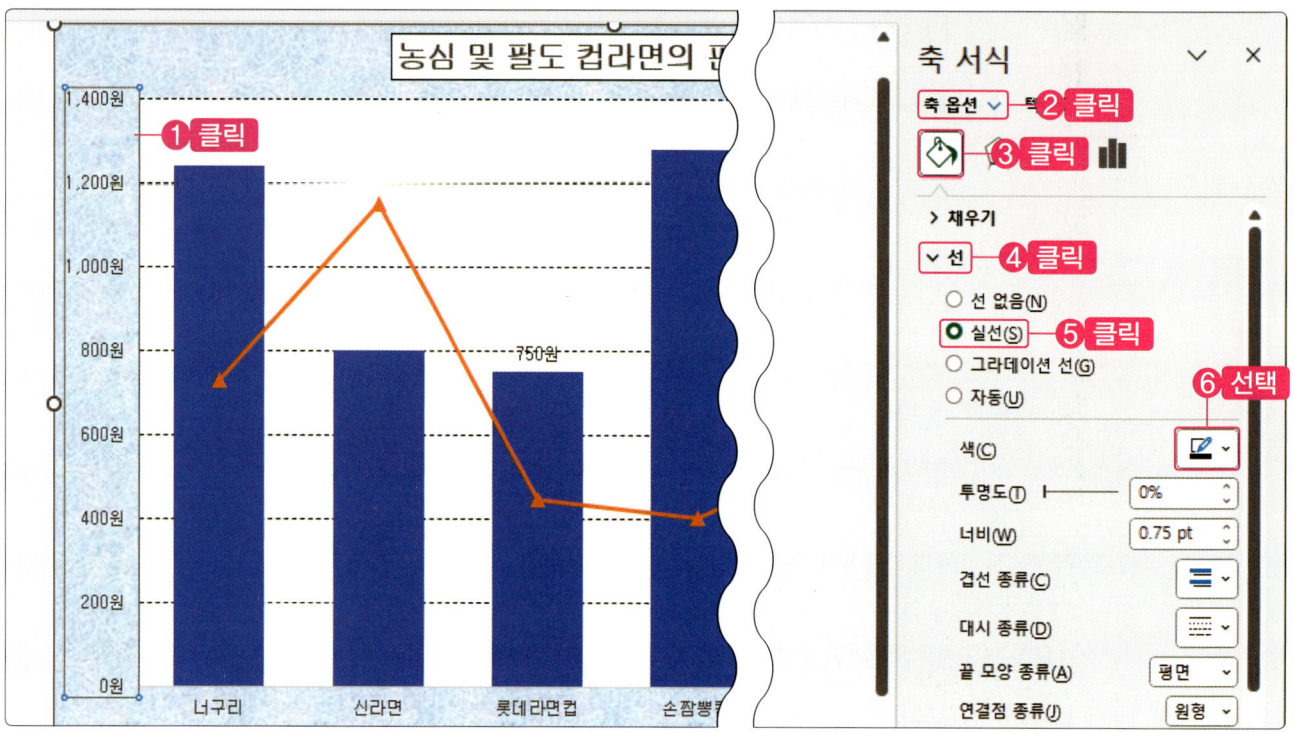

11 가로 축 서식을 지정하기 위해 **가로 축을 선택**한 후 [축 서식] 작업 창의 [축 옵션]-[채우기 및 선(◇)]-[선]에서 [**실선**]을 **선택**한 다음 **색(검정, 텍스트 1)을 선택**하고 [닫기(×)]를 클릭합니다.

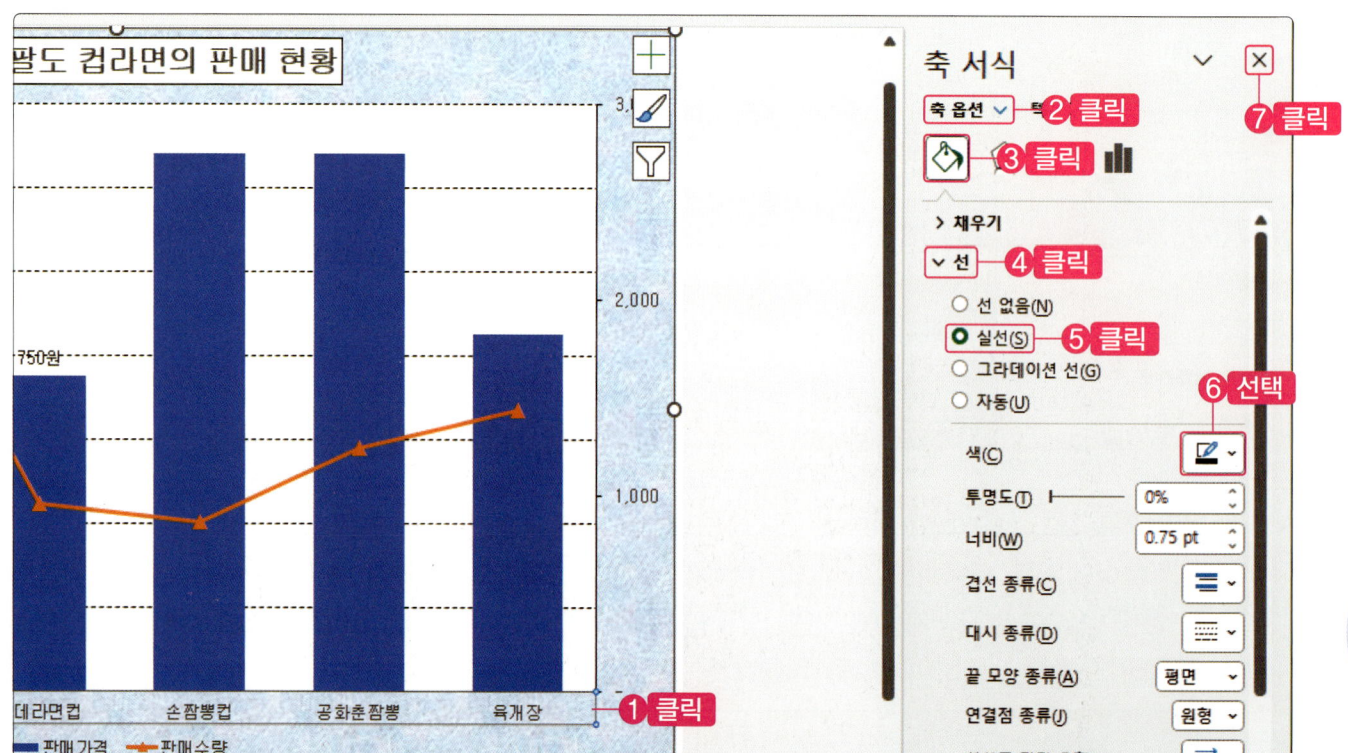

<조건> (1) 목표값 찾기 – 「B11:G11」 셀을 병합하여 "농심의 판매가격 평균"을 입력한 후 「H11」 셀에 농심의 판매가격 평균을 구하시오. 단, 조건은 입력데이터를 이용하시오 (DAVERAGE 함수, 테두리, 가운데 맞춤).

4 맞춤 서식을 지정하기 위해 **B11:G11셀 범위를 선택**한 후 〔홈〕 탭–〔맞춤〕 그룹에서 〔**병합하고 가운데 맞춤**〕을 클릭합니다.

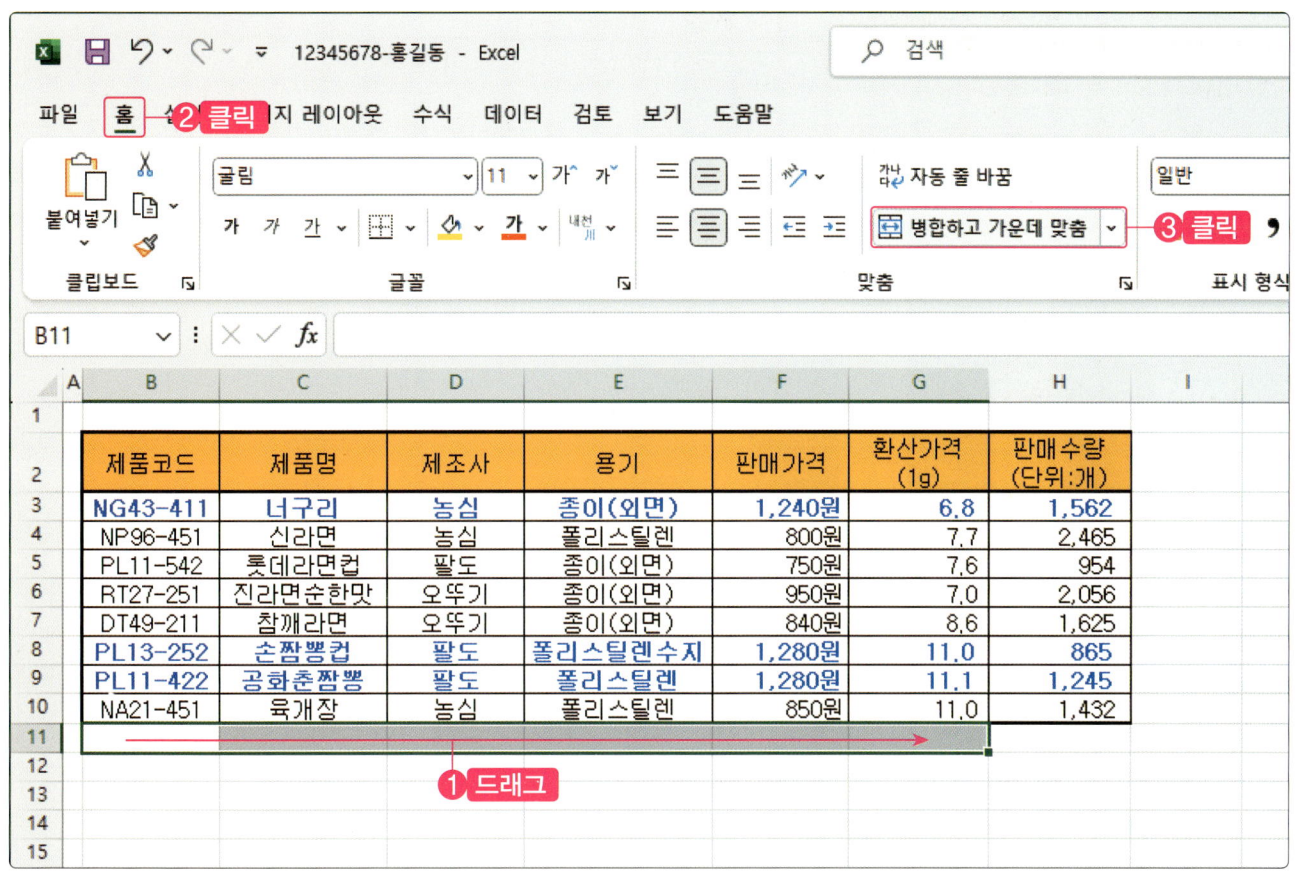

5 B11셀에 '농심의 판매가격 평균'을 입력한 후 H11셀에 '=DAVERAGE(B2:H10,5,D2:D3)'을 입력한 다음 Enter를 누릅니다.

<조건>　(7) 서식 ⇒ 판매수량(단위:개) 계열의 차트 종류를 〈표식이 있는 꺾은선형〉으로 변경한 후 보조 축으로 지정하시오.
　　　　　계열 : ≪출력형태≫를 참조하여 표식(세모, 크기 10)과 레이블 값을 표시하시오.
　　　　　눈금선 : 선 스타일-파선
　　　　　축 : ≪출력형태≫를 참조하시오.

8 〔축 서식〕 작업 창의 〔축 옵션〕-〔축 옵션(📊)〕-〔눈금〕에서 **주 눈금(바깥쪽)을 선택**합니다

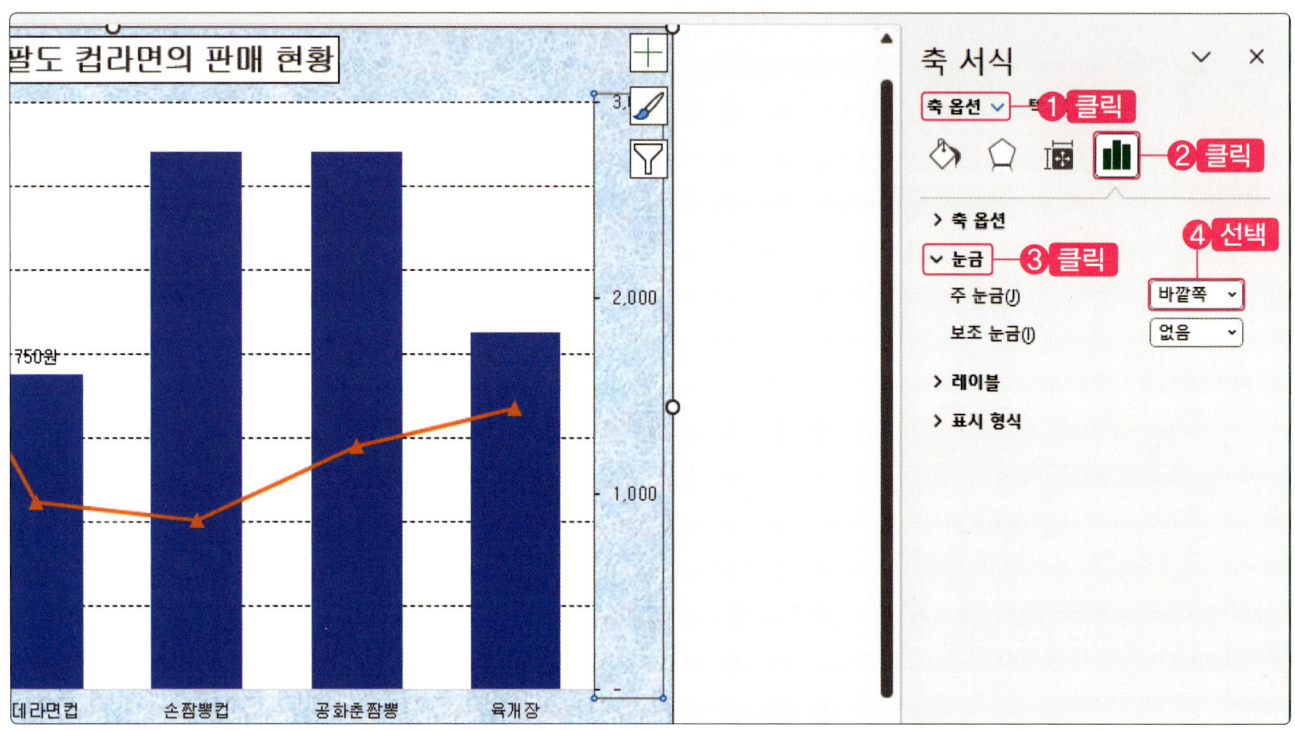

9 〔축 서식〕 작업 창의 〔축 옵션〕-〔채우기 및 선(🎨)〕-〔선〕에서 〔**실선**〕을 **선택**한 후 **색(검정, 텍스트 1)을 선택**합니다.

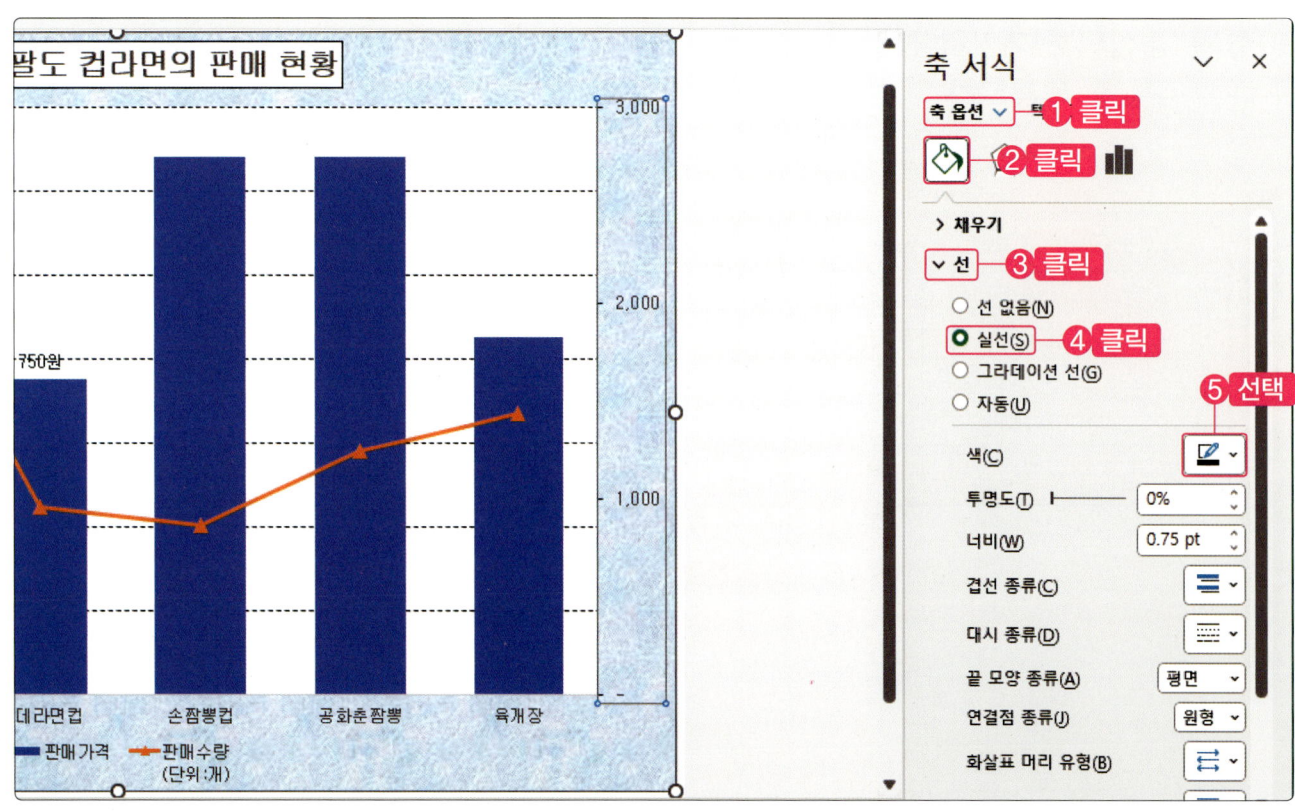

<조건> (1) 목표값 찾기 - 「B11:G11」셀을 병합하여 "농심의 판매가격 평균"을 입력한 후 「H11」셀에 농심의 판매가격 평균을 구하시오. 단, 조건은 입력데이터를 이용하시오 (DAVERAGE 함수, 테두리, 가운데 맞춤).

6 테두리 서식을 지정하기 위해 **B11:H11셀 범위를 선택**한 후 〔홈〕 탭-〔글꼴〕 그룹에서 〔테두리〕의 〔**목록(˅)**〕 단추를 클릭한 다음 〔**모든 테두리(田)**〕를 클릭합니다.

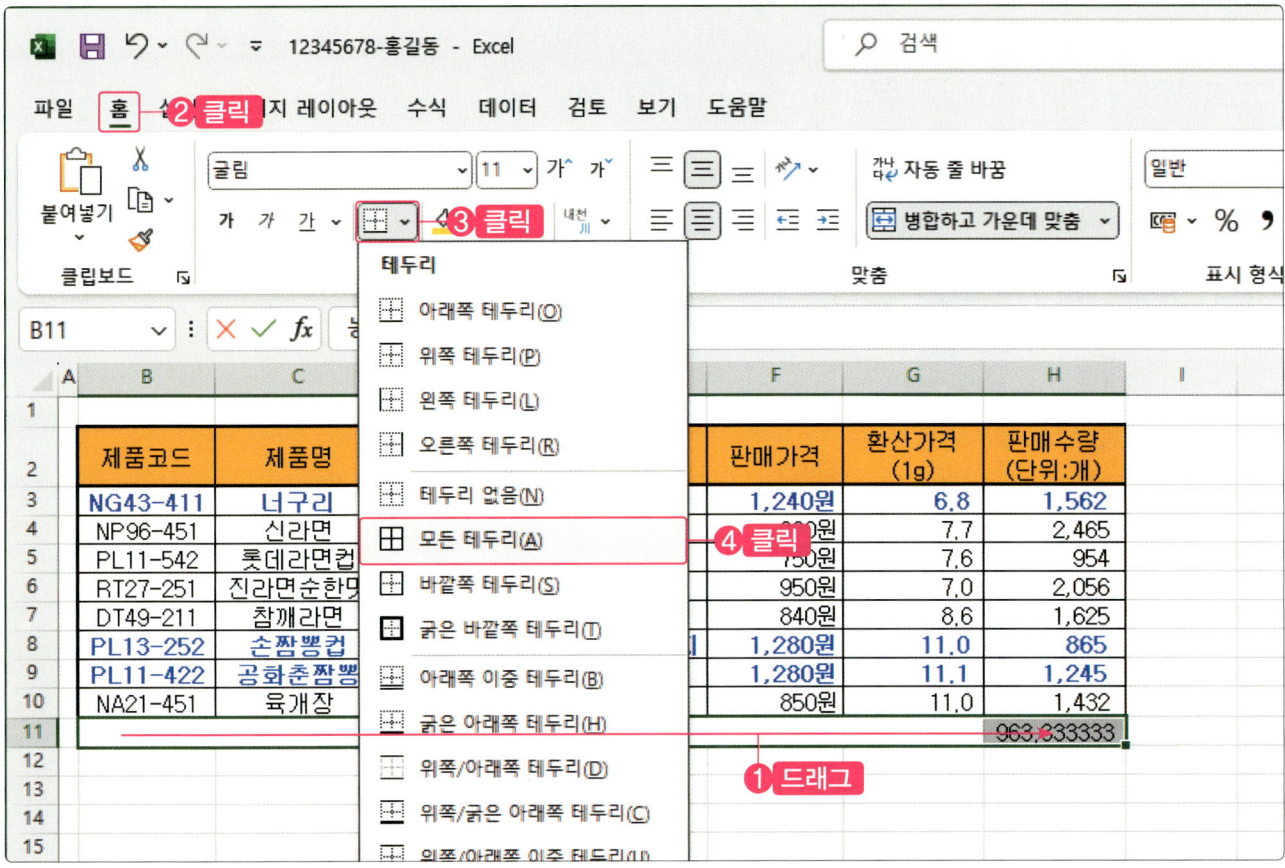

7 다음과 같이 테두리 서식이 지정됩니다.

〈조건〉 (7) 서식 ⇒ 판매수량(단위:개) 계열의 차트 종류를 〈표식이 있는 꺾은선형〉으로 변경한 후 보조 축으로 지정하시오.
계열 : ≪출력형태≫를 참조하여 표식(세모, 크기 10)과 레이블 값을 표시하시오.
눈금선 : 선 스타일–파선
축 : ≪출력형태≫를 참조하시오.

6 세로 축 주 눈금선에 선 스타일을 지정하기 위해 **세로 축 주 눈금선을 선택**한 후 [주 눈금선 서식] 작업 창의 [주 눈금선 옵션]-[채우기 및 선(◇)]-[선]에서 [**실선**]을 **선택**한 다음 **색(검정, 텍스트 1)을 선택**하고 **대시 종류([파선(- - -)])를 선택**합니다.

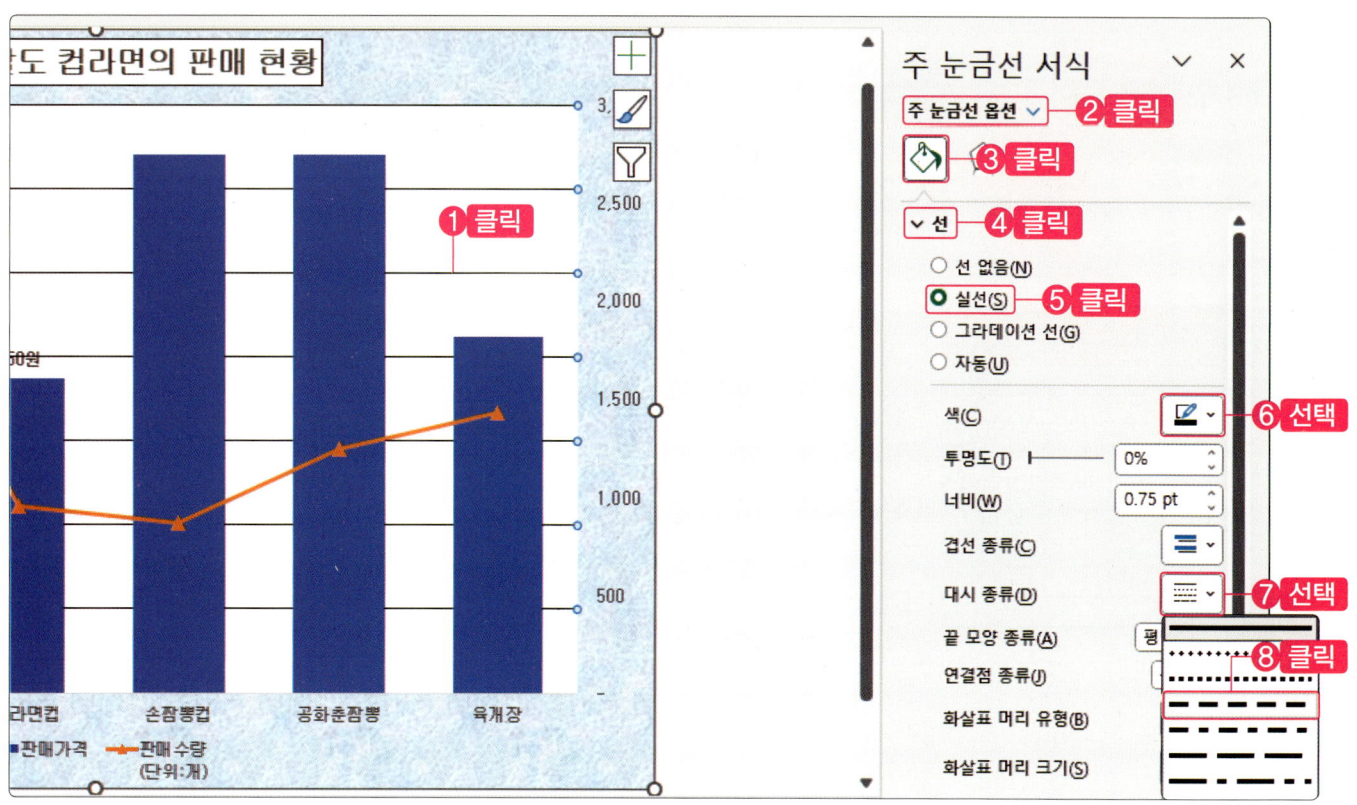

7 보조 세로 축 서식을 지정하기 위해 **보조 세로 축을 선택**한 후 [축 서식] 작업 창의 [축 옵션]-[축 옵션(⬛)]-[축 옵션]에서 **기본 단위(1000)를 입력**합니다

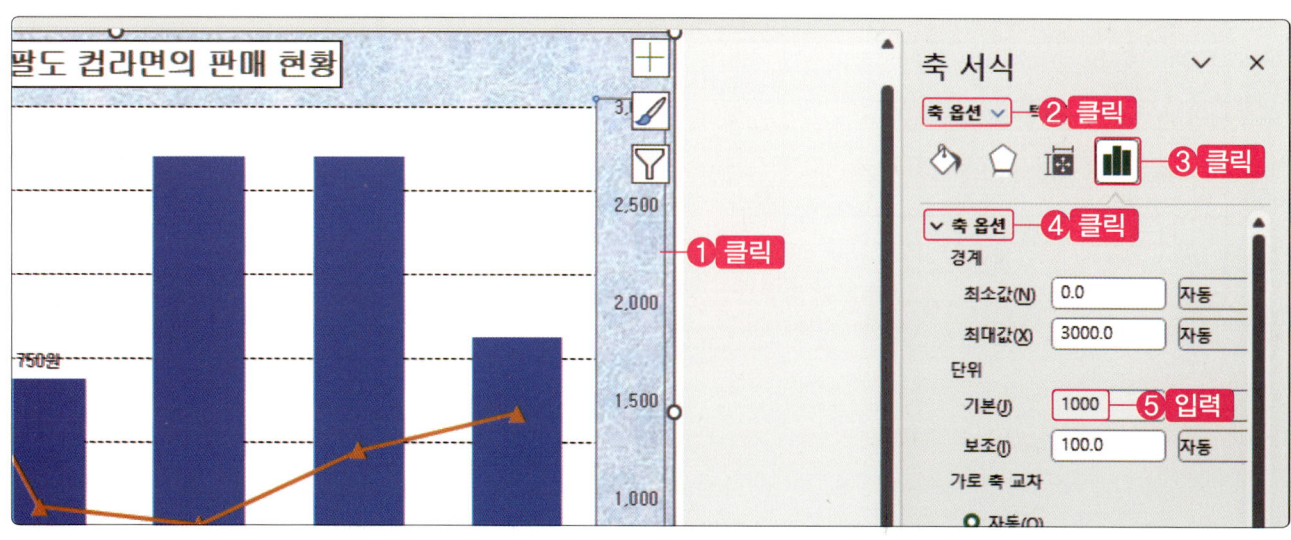

보조 세로 축을 선택하면 [주 눈금선 서식] 작업 창이 [축 서식] 작업 창으로 변경됩니다.

STEP 02 목표값 찾기

[조건] (1) 목표값 찾기 – '농심의 판매가격 평균'이 '970'이 되려면 너구리의 판매가격이 얼마가 되어야 하는지 목표값을 구하시오.

1 목표값을 찾기 위해 [데이터] 탭-[예측] 그룹에서 [가상 분석]을 클릭한 후 [목표값 찾기]를 클릭합니다.

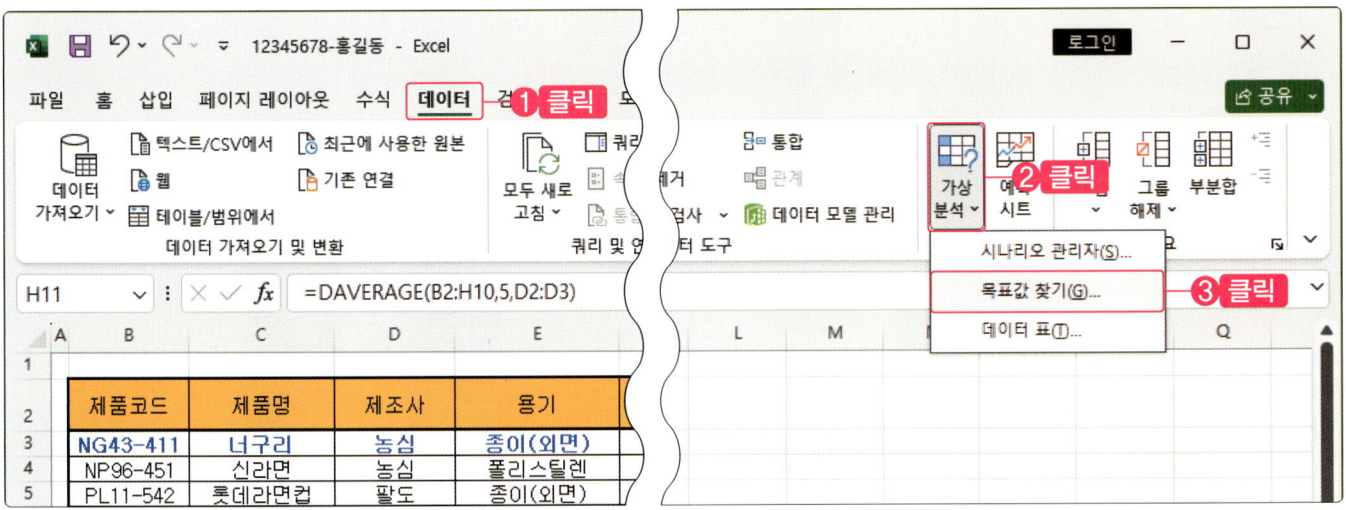

> 목표값 찾기는 결과값은 알지만 결과값을 구하는데 필요한 입력값을 모르는 경우에 사용하는 기능입니다.

2 [목표값 찾기] 대화상자가 나타나면 **수식 셀($H$11), 찾는 값(970), 값을 바꿀 셀($F$3)**을 입력한 후 [확인] 단추를 클릭합니다. 그런 다음 [목표값 찾기 상태] 대화상자가 나타나면 [확인] 단추를 클릭합니다.

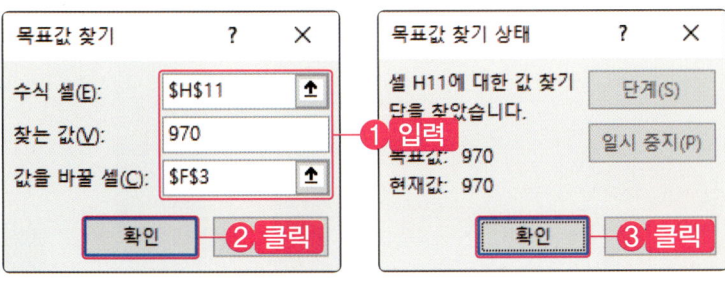

- **수식 셀** : 원하는 결과값이 표시되는 셀을 입력합니다. 수식 셀에는 반드시 수식이 입력되어 있어야 합니다.
- **찾는 값** : 원하는 결과값을 입력합니다.
- **값을 바꿀 셀** : 원하는 결과값을 구하기 위해 변경되는 값이 있는 셀을 입력합니다.

3 다음과 같이 너구리의 판매가격이 변경되어 목표값이 계산됩니다.

	A	B	C	D	E	F	G	H	I
2		제품코드	제품명	제조사	용기	판매가격	환산가격 (1g)	판매수량 (단위:개)	
3		NG43-411	너구리	농심	종이(외면)	1,260원	6.8	1,562	
4		NP96-451	신라면	농심	폴리스틸렌	800원	7.7	2,465	
5		PL11-542	롯데라면컵	팔도	종이(외면)	750원	7.6	954	
6		RT27-251	진라면순한맛	오뚜기	종이(외면)	950원	7.0	2,056	
7		DT49-211	참깨라면	오뚜기	종이(외면)	840원	8.6	1,625	
8		PL13-252	손짬뽕컵	팔도	폴리스틸렌수지	1,280원	11.0	865	
9		PL11-422	공화춘짬뽕	팔도	폴리스틸렌	1,280원	11.1	1,245	
10		NA21-451	육개장	농심	폴리스틸렌	850원	11.0	1,432	
11					농심의 판매가격 평균			970	

<조건> (7) 서식 ⇒ 판매수량(단위:개) 계열의 차트 종류를 〈표식이 있는 꺾은선형〉으로 변경한 후 보조 축으로 지정하시오.
계열 : ≪출력형태≫를 참조하여 표식(세모, 크기 10)과 레이블 값을 표시하시오.
눈금선 : 선 스타일-파선
축 : ≪출력형태≫를 참조하시오.

5 데이터 레이블을 표시하기 위해 '**판매수량(단위:개)**' 데이터 계열의 '롯데라면컵' 데이터 요소만 **선택**한 후 [차트 디자인] 정황 탭-[차트 레이아웃] 그룹에서 [**차트 요소 추가**]를 클릭한 다음 [데이터 레이블]-[**바깥쪽 끝에**]을 클릭합니다.

'판매수량(단위:개)' 데이터 계열의 '롯데라면컵' 데이터 요소를 클릭한 후 다시 클릭하면 '판매수량(단위:개)' 데이터 계열의 '롯데라면컵' 데이터 요소만 선택할 수 있습니다.

Practical question type — 실전문제유형 — EXCEL 2021

1 "제1작업" 시트의 「B4:H12」 영역을 복사하여 "제2작업" 시트의 「B2」 셀부터 모두 붙여넣기를 한 후 다음의 조건과 같이 작업하시오.

▶ 소스파일 : Part 01\Chapter 05\문제01.xlsx   ▶ 완성파일 : Part 01\Chapter 05\문제01_완성.xlsx

《조건》

(1) 목표값 찾기 - 「B11:G11」 셀을 병합하여 "욕실의 총공사비 평균"을 입력한 후 「H11」 셀에 욕실의 총공사비 평균을 구하시오. 단, 조건은 입력데이터를 이용하시오 (DAVERAGE 함수, 테두리, 가운데 맞춤).
  - '욕실의 총공사비 평균'이 '8,000,000'이 되려면 화이트빌의 총공사비가 얼마가 되어야 하는지 목표값을 구하시오.

2 "제1작업" 시트의 「B4:H12」 영역을 복사하여 "제2작업" 시트의 「B2」 셀부터 모두 붙여넣기를 한 후 다음의 조건과 같이 작업하시오.

▶ 소스파일 : Part 01\Chapter 05\문제02.xlsx   ▶ 완성파일 : Part 01\Chapter 05\문제02_완성.xlsx

《조건》

(1) 목표값 찾기 - 「B11:G11」 셀을 병합하여 "영업부의 출장비(단위:원) 평균"을 입력한 후 「H11」 셀에 영업부의 출장비(단위:원) 평균을 구하시오. 단, 조건은 입력데이터를 이용하시오 (DAVERAGE 함수, 테두리, 가운데 맞춤).
  - '영업부의 출장비(단위:원) 평균'이 '300,000'이 되려면 민시후의 출장비(단위:원)가 얼마가 되어야 하는지 목표값을 구하시오.

> 〈조건〉　(6) 제목 서식 ⇒ 차트 제목 : 글꼴(굴림, 굵게, 20pt), 채우기(흰색, 배경1), 테두리
> 　　　　　(7) 서식 ⇒ 판매수량(단위:개) 계열의 차트 종류를 〈표식이 있는 꺾은선형〉으로 변경한 후
> 　　　　　　　　보조 축으로 지정하시오.
> 　　　　　　　계열 : ≪출력형태≫를 참조하여 표식(세모, 크기 10)과 레이블 값을 표시하시오.
> 　　　　　　　눈금선 : 선 스타일-파선
> 　　　　　　　축 : ≪출력형태≫를 참조하시오.

3 차트 제목에 윤곽선 색을 지정하기 위해 〔서식〕 정황 탭-〔도형 스타일〕 그룹에서 〔**도형 윤곽선**〕의 〔목록(·)〕 단추를 클릭한 후 〔**검정, 텍스트 1**〕을 클릭합니다.

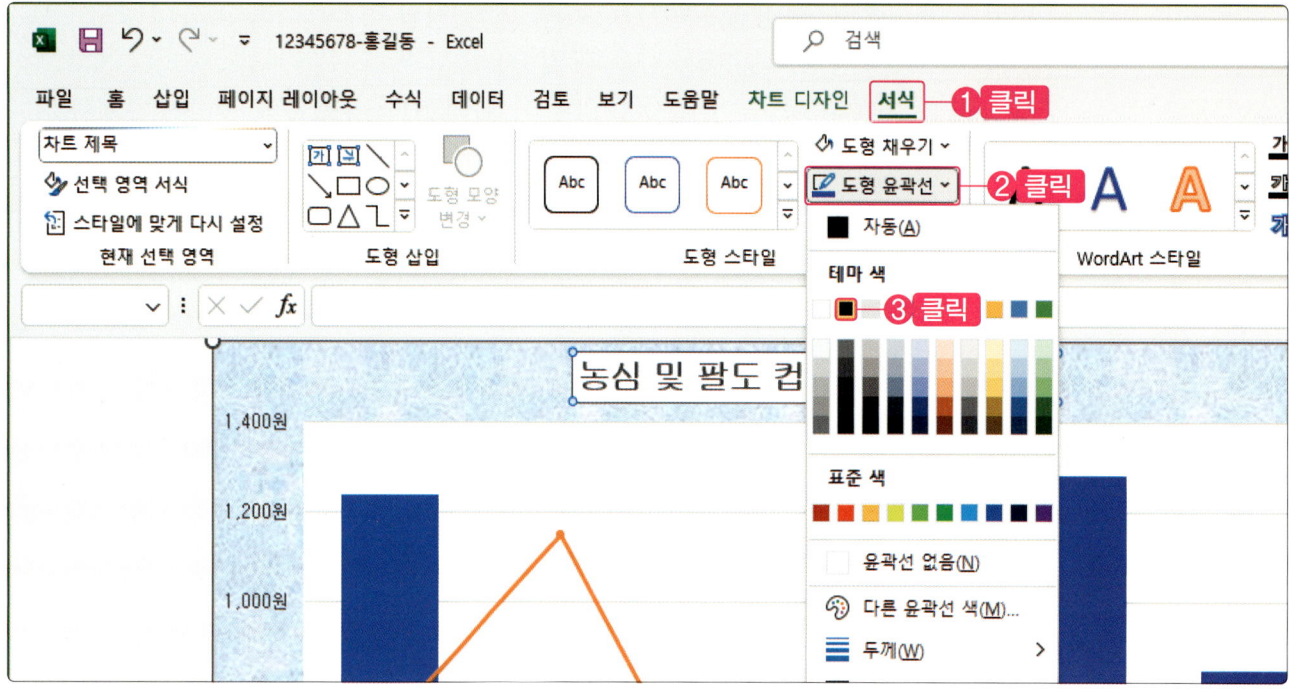

4 표식 옵션을 지정하기 위해 '**판매수량(단위:개)**' 데이터 계열을 선택한 후 〔데이터 계열 서식〕 작업 창의 〔계열 옵션〕-〔채우기 및 선(◇)〕-〔표식〕-〔표식 옵션〕에서 〔**기본 제공**〕을 선택한 후 **형식(▲)을 선택**한 다음 **크기(10)를 입력**합니다.

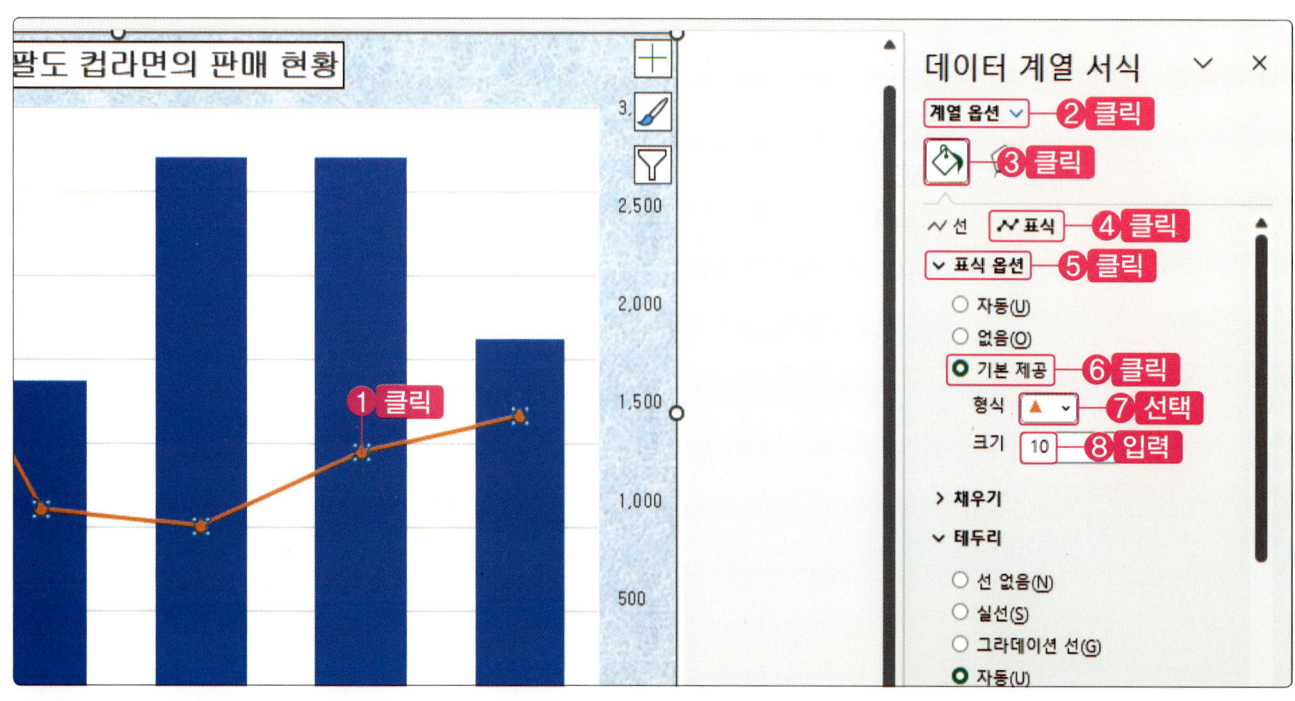

Practical question type — 실전문제유형 — EXCEL 2021

3 "제1작업" 시트의 「B4:H12」 영역을 복사하여 "제2작업" 시트의 「B2」 셀부터 모두 붙여넣기를 한 후 다음의 조건과 같이 작업하시오.

▶ 소스파일 : Part 01\Chapter 05\문제03.xlsx   ▶ 완성파일 : Part 01\Chapter 05\문제03_완성.xlsx

《조건》

(1) 목표값 찾기 - 「B11:G11」 셀을 병합하여 "르노코리아의 렌트비용(단위:원) 평균"을 입력한 후 「H11」 셀에 르노코리아의 렌트비용(단위:원) 평균을 구하시오.
   단, 조건은 입력데이터를 이용하시오(DAVERAGE 함수, 테두리, 가운데 맞춤).
   - '르노코리아의 렌트비용(단위:원) 평균'이 '230,000'이 되려면
     SM3의 렌트비용(단위:원)이 얼마가 되어야 하는지 목표값을 구하시오.

4 "제1작업" 시트의 「B4:H12」 영역을 복사하여 "제2작업" 시트의 「B2」 셀부터 모두 붙여넣기를 한 후 다음의 조건과 같이 작업하시오.

▶ 소스파일 : Part 01\Chapter 05\문제04.xlsx   ▶ 완성파일 : Part 01\Chapter 05\문제04_완성.xlsx

《조건》

(1) 목표값 찾기 - 「B11:G11」 셀을 병합하여 "교육의 활동비(단위:원) 평균"을 입력한 후 「H11」 셀에 교육의 활동비(단위:원) 평균을 구하시오. 단, 조건은 입력데이터를 이용하시오 (DAVERAGE 함수, 테두리, 가운데 맞춤).
   - '교육의 활동비(단위:원)'이 '130,000'이 되려면 이지은의 활동비가
     얼마가 되어야 하는지 목표값을 구하시오.

STEP 03 차트 제목 및 서식 지정하기

[조건]
(6) 제목 서식 ⇒ 차트 제목 : 글꼴(굴림, 굵게, 20pt), 채우기(흰색, 배경1), 테두리
(7) 서식 ⇒ 판매수량(단위:개) 계열의 차트 종류를 〈표식이 있는 꺾은선형〉으로 변경한 후 보조 축으로 지정하시오.
계열 : ≪출력형태≫를 참조하여 표식(세모, 크기 10)과 레이블 값을 표시하시오.
눈금선 : 선 스타일-파선
축 : ≪출력형태≫를 참조하시오.
(8) 범례 ⇒ 범례명을 변경하고 ≪출력형태≫를 참조하시오.

1 차트 제목(농심 및 팔도 컵라면의 판매 현황)을 수정한 후 차트 제목에 글꼴 서식을 지정하기 위해 차트 제목을 선택한 다음 [홈] 탭-[글꼴] 그룹에서 글꼴(굴림)과 글꼴 크기(20)를 선택하고 [굵게(가)]를 클릭합니다.

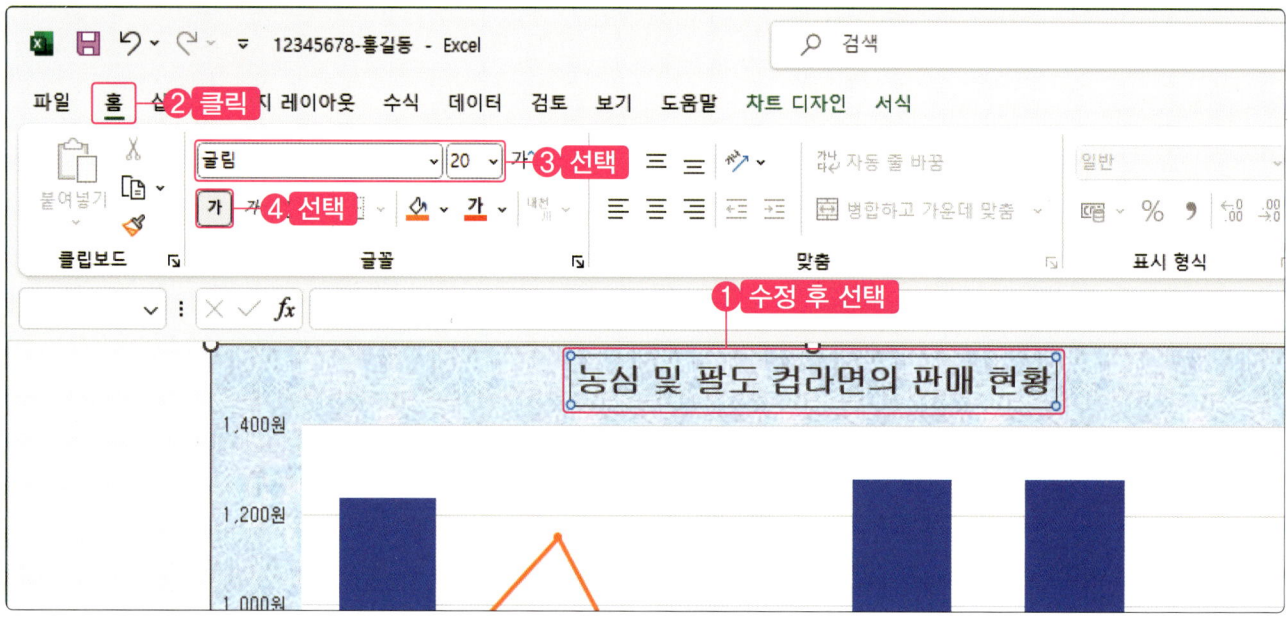

> 차트 제목을 선택한 후 차트 제목으로 마우스 포인터를 가져가서 마우스 포인터가 I 모양으로 변경되었을 때 클릭하면 차트 제목을 수정할 수 있습니다.

2 차트 제목에 채우기 색을 지정하기 위해 [서식] 정황 탭-[도형 스타일] 그룹에서 [도형 채우기]의 [목록(˅)] 단추를 클릭한 후 [흰색, 배경 1]을 클릭합니다.

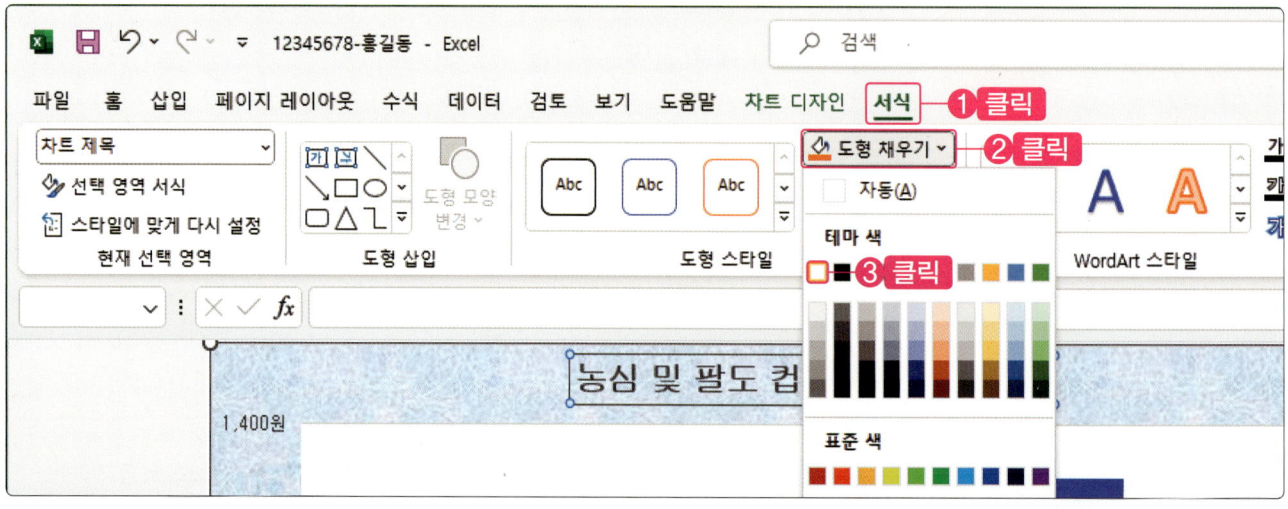

5 "제1작업" 시트의 「B4:H12」 영역을 복사하여 "제2작업" 시트의 「B2」 셀부터 모두 붙여넣기를 한 후 다음의 조건과 같이 작업하시오.

▶ 소스파일 : Part 01\Chapter 05\문제05.xlsx   ▶ 완성파일 : Part 01\Chapter 05\문제05_완성.xlsx

《조건》

(1) 목표값 찾기 - 「B11:G11」 셀을 병합하여 "북미의 예상 관객수 평균"을 입력한 후 「H11」 셀에
북미의 예상 관객수 평균을 구하시오. 단, 조건은 입력데이터를 이용하시오
(DAVERAGE 함수, 테두리, 가운데 맞춤).
- '북미의 예상 관객수 평균'이 '300,000'이 되려면 캐나다의 예상 관객수가
얼마가 되어야 하는지 목표값을 구하시오.

6 "제1작업" 시트의 「B4:H12」 영역을 복사하여 "제2작업" 시트의 「B2」 셀부터 모두 붙여넣기를 한 후 다음의 조건과 같이 작업하시오.

▶ 소스파일 : Part 01\Chapter 05\문제06.xlsx   ▶ 완성파일 : Part 01\Chapter 05\문제06_완성.xlsx

《조건》

(1) 목표값 찾기 - 「B11:G11」 셀을 병합하여 "어학의 수강인원 평균"을 입력한 후 「H11」 셀에
어학의 수강인원 평균을 구하시오. 단, 조건은 입력데이터를 이용하시오
(DAVERAGE 함수, 테두리, 가운데 맞춤).
- '어학의 수강인원 평균'이 '30'이 되려면 김은희의 수강인원이
얼마가 되어야 하는지 목표값을 구하시오.

<조건>　(5) 영역 서식 ⇒ 차트 : 글꼴(굴림, 11pt), 채우기 효과(질감-파랑 박엽지)
　　　　　　　그림 : 채우기(흰색, 배경1)

4 그림 영역 서식을 지정하기 위해 **그림 영역을 선택**한 후 [그림 영역 서식] 작업 창의 [그림 영역 옵션]-[채우기 및 선(◇)]-[채우기]에서 **[단색 채우기]를 선택**한 다음 **색(흰색, 배경 1)을 선택**합니다.

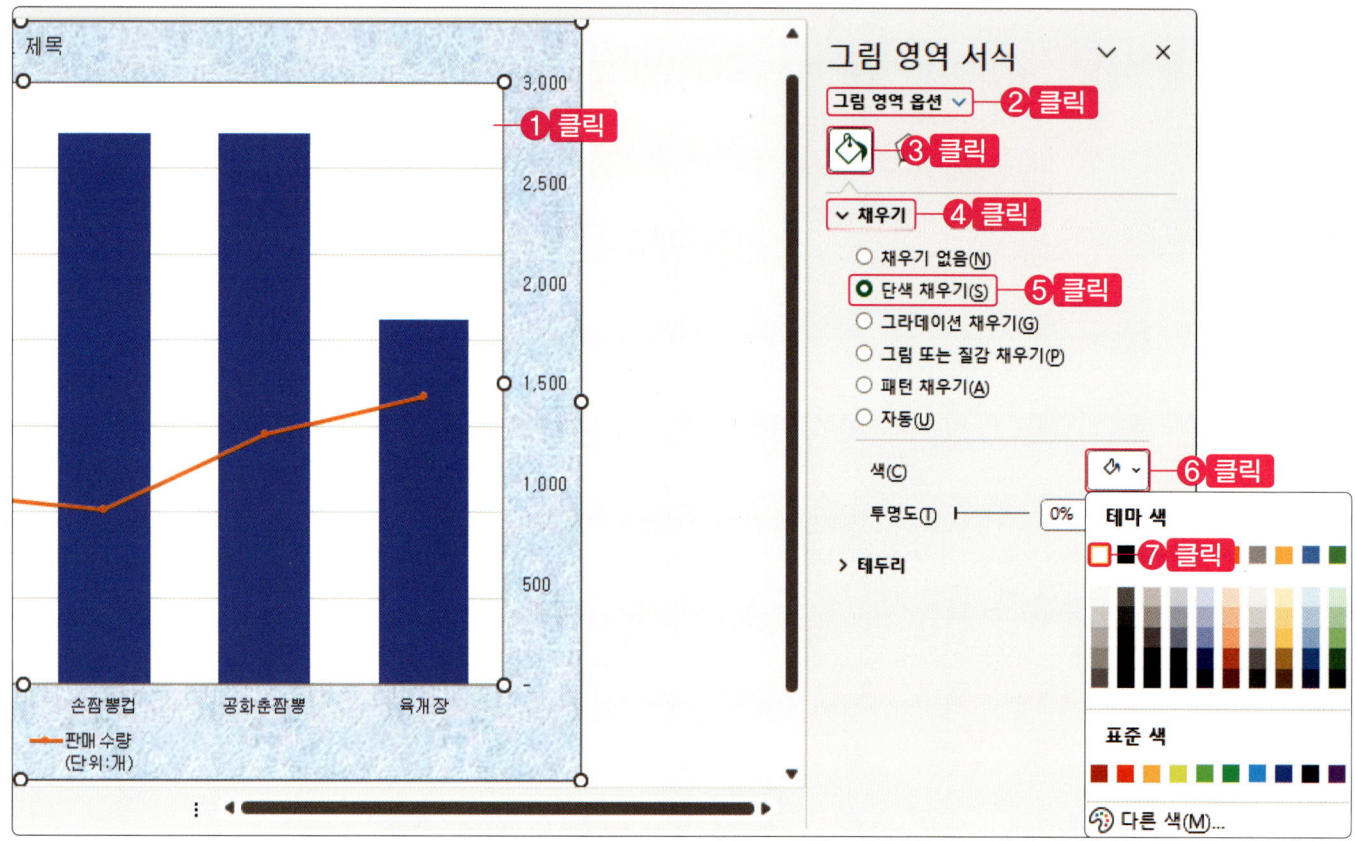

그림 영역을 선택하면 [차트 영역 서식] 작업 창이 [그림 영역 서식] 작업 창으로 변경됩니다.

7 "제1작업" 시트의 「B4:H12」 영역을 복사하여 "제2작업" 시트의 「B2」 셀부터 모두 붙여넣기를 한 후 다음의 조건과 같이 작업하시오.

▶ 소스파일 : Part 01\Chapter 05\문제07.xlsx   ▶ 완성파일 : Part 01\Chapter 05\문제07_완성.xlsx

《조건》

(1) 목표값 찾기 - 「B11:G11」 셀을 병합하여 "환산점수의 전체 평균"을 입력한 후 「H11」 셀에 환산점수의 전체 평균을 구하시오(AVERAGE 함수, 테두리, 가운데 맞춤).
- '환산점수의 전체 평균'이 '3.6'이 되려면 인문 일반의 환산점수가 얼마가 되어야 하는지 목표값을 구하시오.

8 "제1작업" 시트의 「B4:H12」 영역을 복사하여 "제2작업" 시트의 「B2」 셀부터 모두 붙여넣기를 한 후 다음의 조건과 같이 작업하시오.

▶ 소스파일 : Part 01\Chapter 05\문제08.xlsx   ▶ 완성파일 : Part 01\Chapter 05\문제08_완성.xlsx

《조건》

(1) 목표값 찾기 - 「B11:G11」 셀을 병합하여 "연면적(제곱미터)의 전체 평균"을 입력한 후 「H11」 셀에 연면적(제곱미터)의 전체 평균을 구하시오(AVERAGE 함수, 테두리, 가운데 맞춤).
- '연면적(제곱미터)의 전체 평균'이 '361,000'이 되려면 CTF 빌딩의 연면적(제곱미터)이 얼마가 되어야 하는지 목표값을 구하시오.

<조건> (5) 영역 서식 ⇒ 차트 : 글꼴(굴림, 11pt), 채우기 효과(질감-파랑 박엽지)
그림 : 채우기(흰색, 배경1)

2 차트 영역 서식을 지정하기 위해 [서식] 정황 탭-[현재 선택 영역] 그룹에서 [**선택 영역 서식**]을 **클릭**합니다.

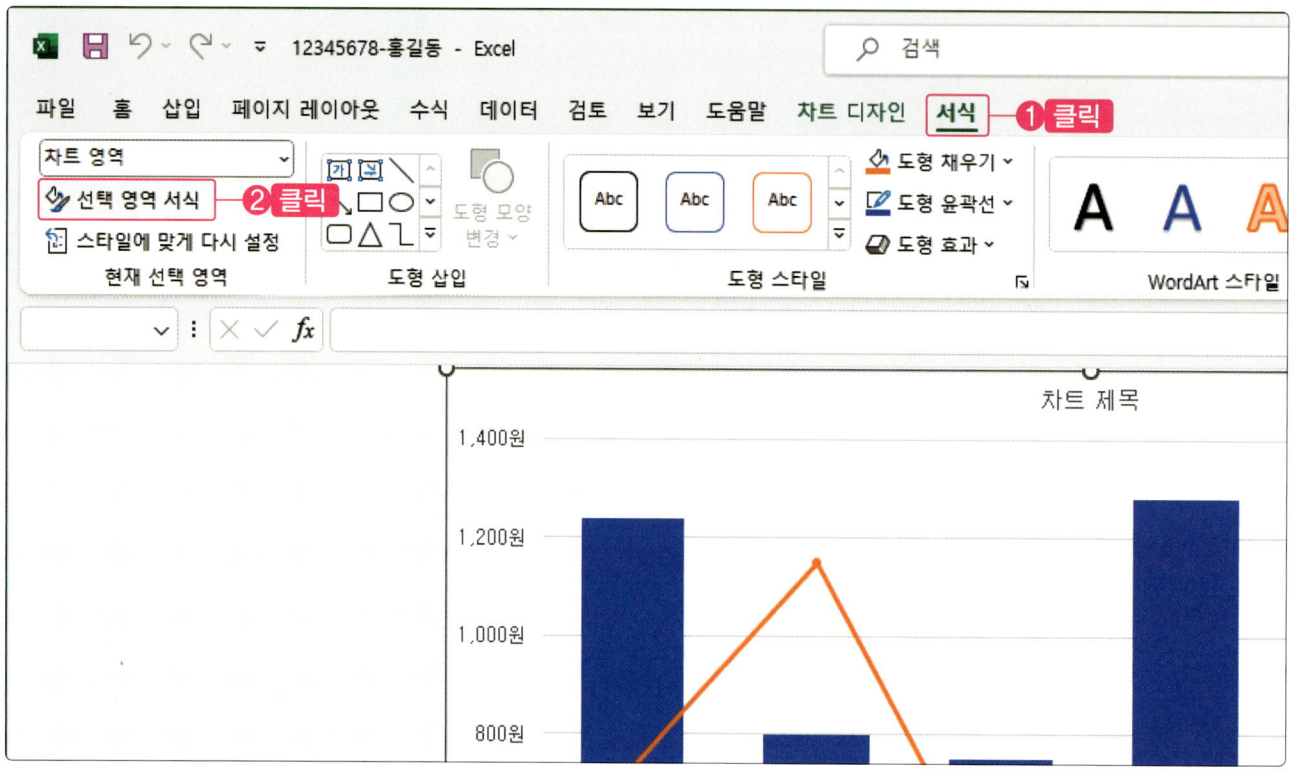

3 [차트 영역 서식] 작업 창이 나타나면 [차트 옵션]-[채우기 및 선(◇)]-[채우기]에서 [**그림 또는 질감 채우기**]를 **선택**한 후 **질감(파랑 박엽지)을 선택**합니다.

Chapter 06 정렬 및 부분합

◆데이터 정렬하기　　　◆부분합 구하기

▶소스파일 : Part 01\Chapter 06\Ch06.xlsx　　▶완성파일 : Part 01\Chapter 06\Ch06_완성.xlsx

☞ "제1작업" 시트의 「B4:H12」영역을 복사하여 "제3작업" 시트의 「B2」셀부터 모두 붙여넣기를 한 후 다음의 조건과 같이 작업하시오.

출력 형태

	B	C	D	E	F	G	H
2	제품코드	제품명	제조사	용기	판매가격	환산가격(1g)	판매수량(단위:개)
3	PL11-542	롯데라면컵	팔도	종이(외면)	750원	7.6	954
4	PL13-252	손짬뽕컵	팔도	폴리스틸렌수지	1,280원	11.0	865
5	PL11-422	공화춘짬뽕	팔도	폴리스틸렌	1,280원	11.1	1,245
6			팔도 평균				1,021
7		3	팔도 개수				
8	RT27-251	진라면순한맛	오뚜기	종이(외면)	950원	7.0	2,056
9	DT49-211	참깨라면	오뚜기	종이(외면)	840원	8.6	1,625
10			오뚜기 평균				1,841
11		2	오뚜기 개수				
12	NG43-411	너구리	농심	종이(외면)	1,240원	6.8	1,562
13	NP96-451	신라면	농심	폴리스틸렌	800원	7.7	2,465
14	NA21-451	육개장	농심	폴리스틸렌	850원	11.0	1,432
15			농심 평균				1,820
16		3	농심 개수				
17			전체 평균				1,526
18		8	전체 개수				

조건

(1) 부분합 - ≪출력형태≫처럼 정렬하고, 제품명의 개수와 판매수량(단위:개)의 평균을 구하시오.
(2) 개요【윤곽】- 지우시오.
(3) 나머지 사항은 ≪출력형태≫에 맞게 작성하시오.

STEP 02 차트 영역 서식 지정하기

(조건) (5) 영역 서식 ⇒ 차트 : 글꼴(굴림, 11pt), 채우기 효과(질감-파랑 박엽지)
그림 : 채우기(흰색, 배경1)

1 차트 영역에 글꼴 서식을 지정하기 위해 **차트 영역을 선택**한 후 [홈] 탭-[글꼴] 그룹에서 **글꼴(굴림)과 글꼴 크기(11)를 선택**합니다.

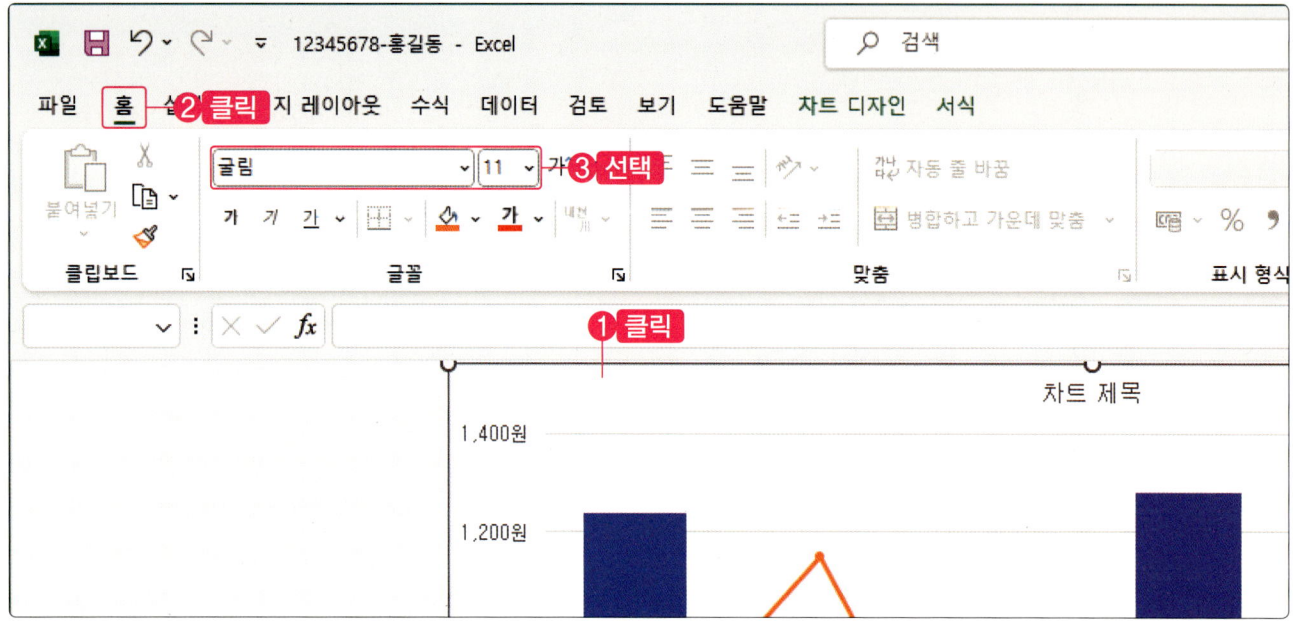

> 차트 제목에 글꼴 서식을 지정한 후 차트 영역에 글꼴 서식을 지정하면 차트 제목에 지정한 글꼴 서식이 차트 영역에 지정한 글꼴 서식으로 다시 지정되므로 먼저 차트 영역에 글꼴 서식을 지정한 후 차트 제목에 글꼴 서식을 지정합니다.

한가지 더!

차트 요소 선택하기

- **방법1** : 차트 요소(차트 영역, 그림 영역, 차트 제목 등)로 마우스 포인터를 가져가서 마우스 포인터가 ✥ 모양이나 ↖ 모양으로 변경되었을 때 클릭합니다.
- **방법2** : 차트를 선택한 후 [서식] 정황 탭-[현재 선택 영역] 그룹에서 [차트 요소]의 [목록(⌄)] 단추를 클릭한 다음 차트 요소를 클릭합니다. 이 방법을 사용하면 지시사항에 명시되어 있는 차트 요소가 어떤 차트 요소인지 모르거나 한 번에 선택하기 힘든 차트 요소를 쉽고 빠르게 선택할 수 있습니다.

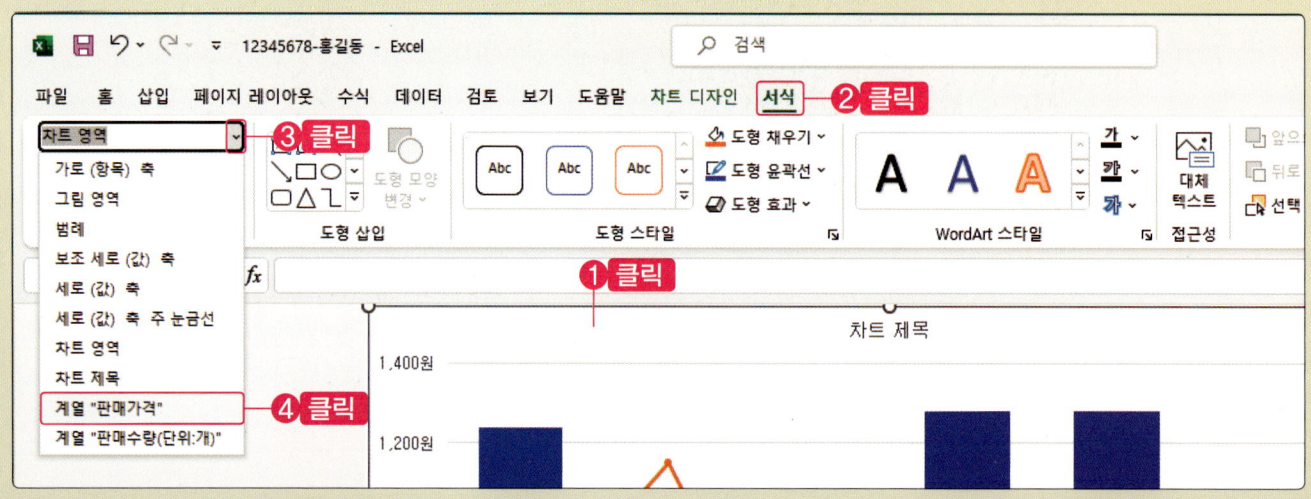

> **체크! 체크!**
>
> 〔정렬 및 부분합〕
>
> ■ 데이터 정렬하기
> - 부분합을 하기 위해서는 부분합 할 항목으로 오름차순 또는 내림차순 정렬을 합니다.
> - 2개 이상의 정렬을 지정하는 방법에 대해 숙지합니다.
>
> ■ 부분합 구하기
> - 부분합의 아래쪽 위치한 항목을 먼저 지정합니다.
> - 두 번째 부분합을 지정할 때 〔새로운 값으로 대치〕를 선택 해제해야 합니다.
>   (새로운 값으로 대치를 선택 해제하지 않을 경우 첫 번째 작성한 부분합이 두 번째 작성한 부분합으로 대치됩니다.)

STEP 01 데이터 정렬하기

〈조건〉 ☞ "제1작업" 시트의 「B4:H12」영역을 복사하여 "제3작업" 시트의 「B2」셀부터 모두 붙여넣기를 한 후 다음의 조건과 같이 작업하시오.

1 〔제1작업〕 시트의 B4:H12셀 범위를 복사하여 〔제3작업〕 시트의 B2셀에 붙여넣은 후 〔제1작업〕 시트의 B:H열 너비를 그대로 적용합니다.

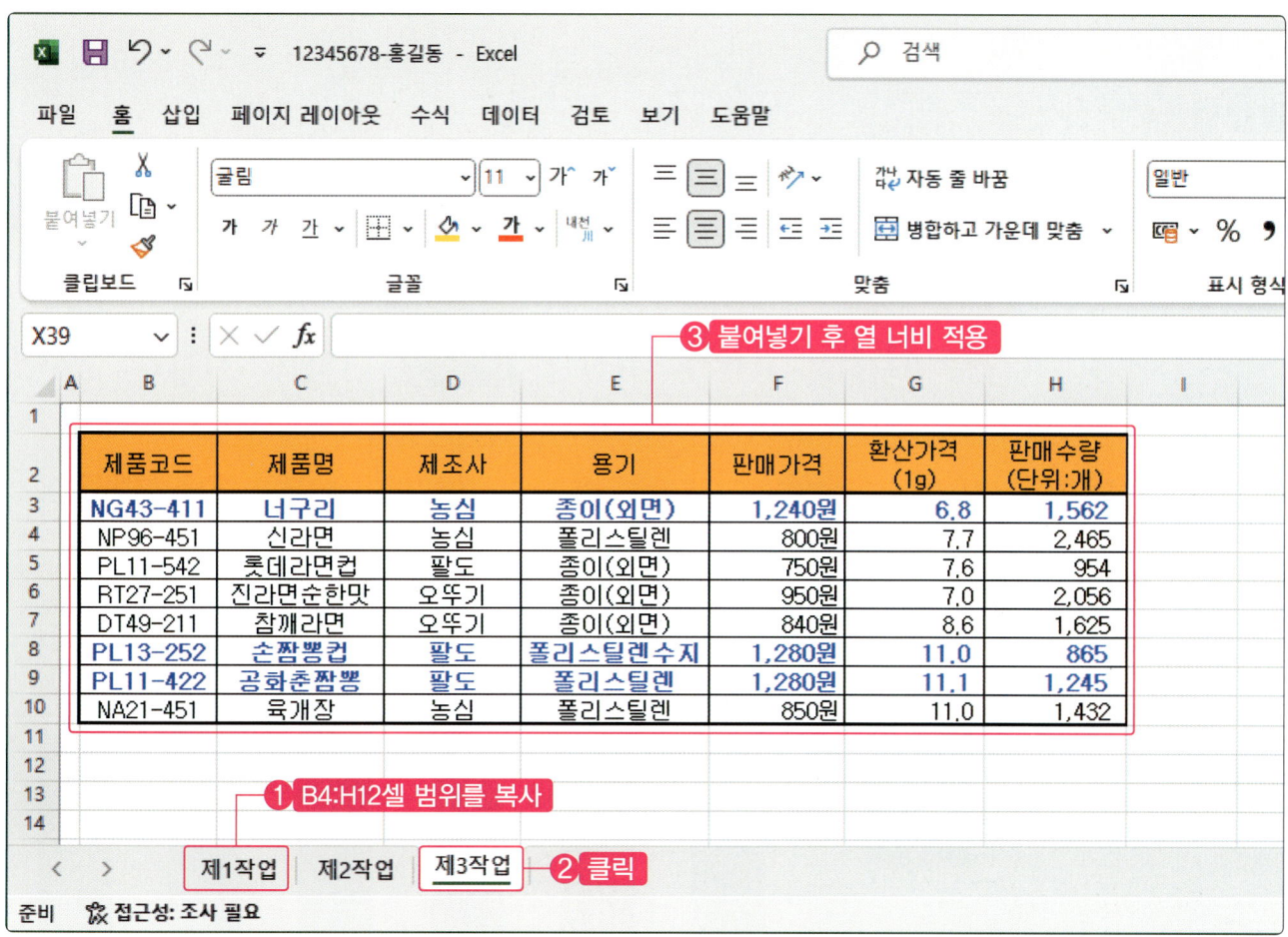

<조건>　(4) 차트 디자인 도구 ⇒ 레이아웃 3, 스타일 1을 선택하여 ≪출력형태≫에 맞게 작업하시오.

6 차트 레이아웃을 지정하기 위해 차트를 선택한 후 [차트 디자인] 정황 탭-[차트 레이아웃] 그룹에서 [빠른 레이아웃]을 클릭한 후 [레이아웃 3(　)]을 클릭합니다.

7 차트 스타일을 지정하기 위해 [차트 디자인] 정황 탭-[차트 스타일] 그룹에서 [스타일 1(　)]을 클릭합니다.

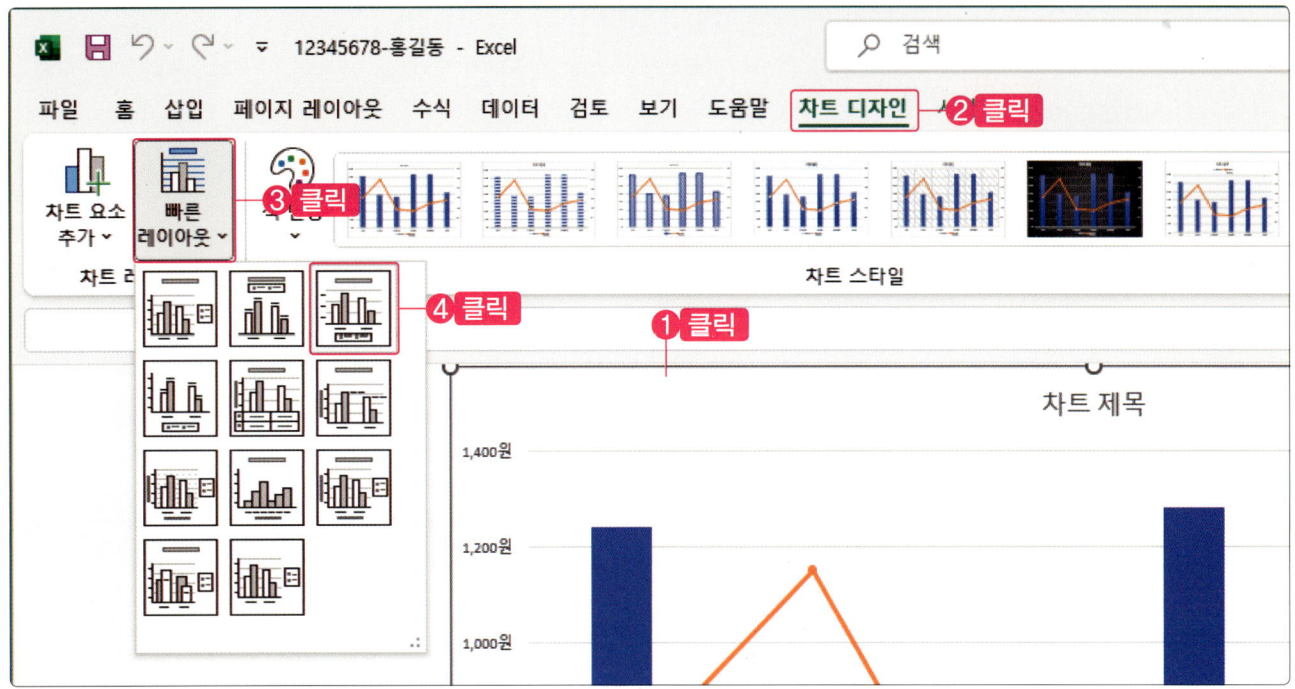

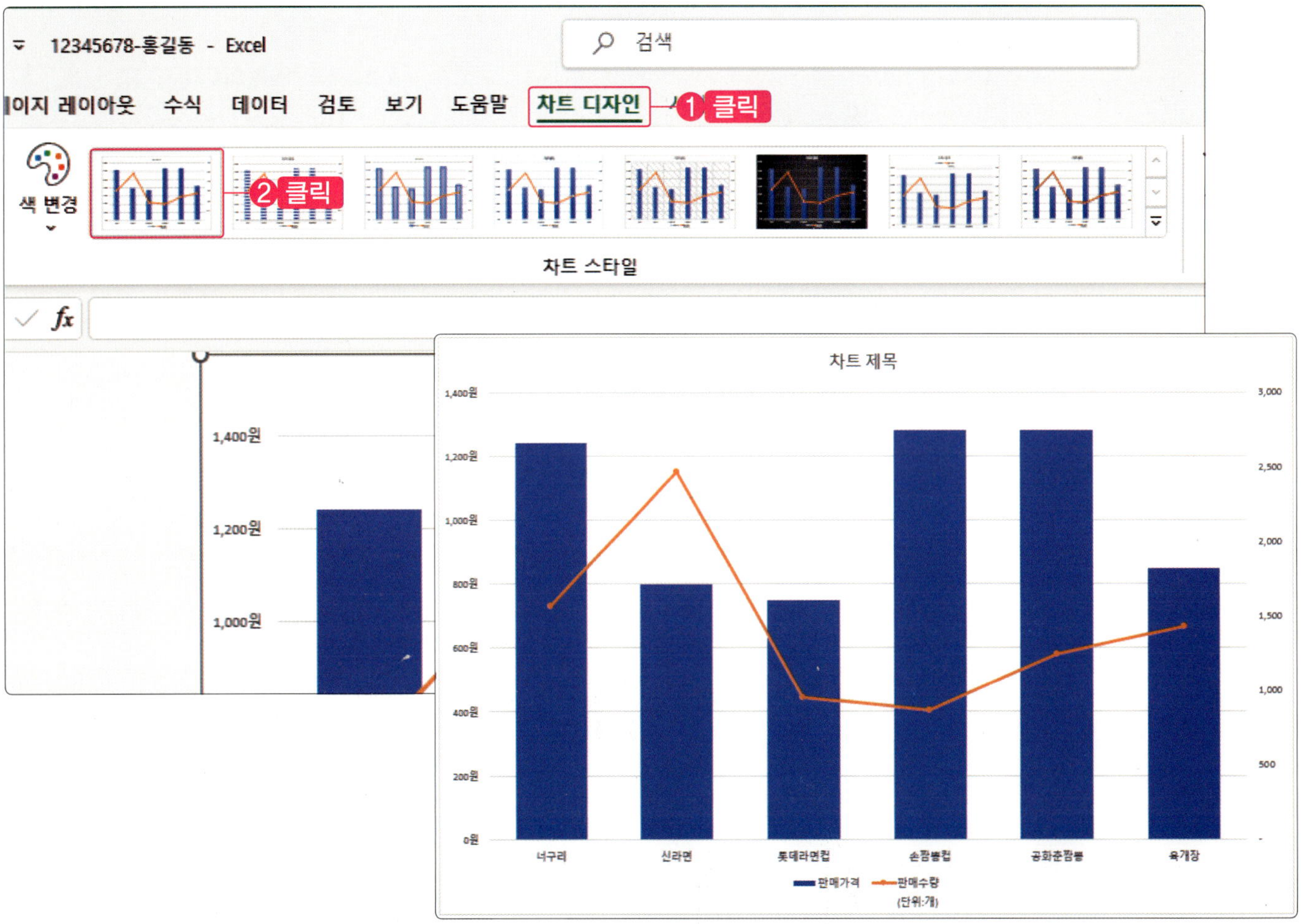

〈조건〉 (1) 부분합 – ≪출력형태≫처럼 정렬하고, 제품명의 개수와 판매수량(단위:개)의 평균을 구하시오.

2 제조사를 기준으로 내림차순 정렬하기 위해 **D2셀을 선택**한 후 〔데이터〕 탭–〔정렬 및 필터〕 그룹에서 **〔텍스트 내림차순 정렬(ᄒ↓)〕을 클릭**합니다.

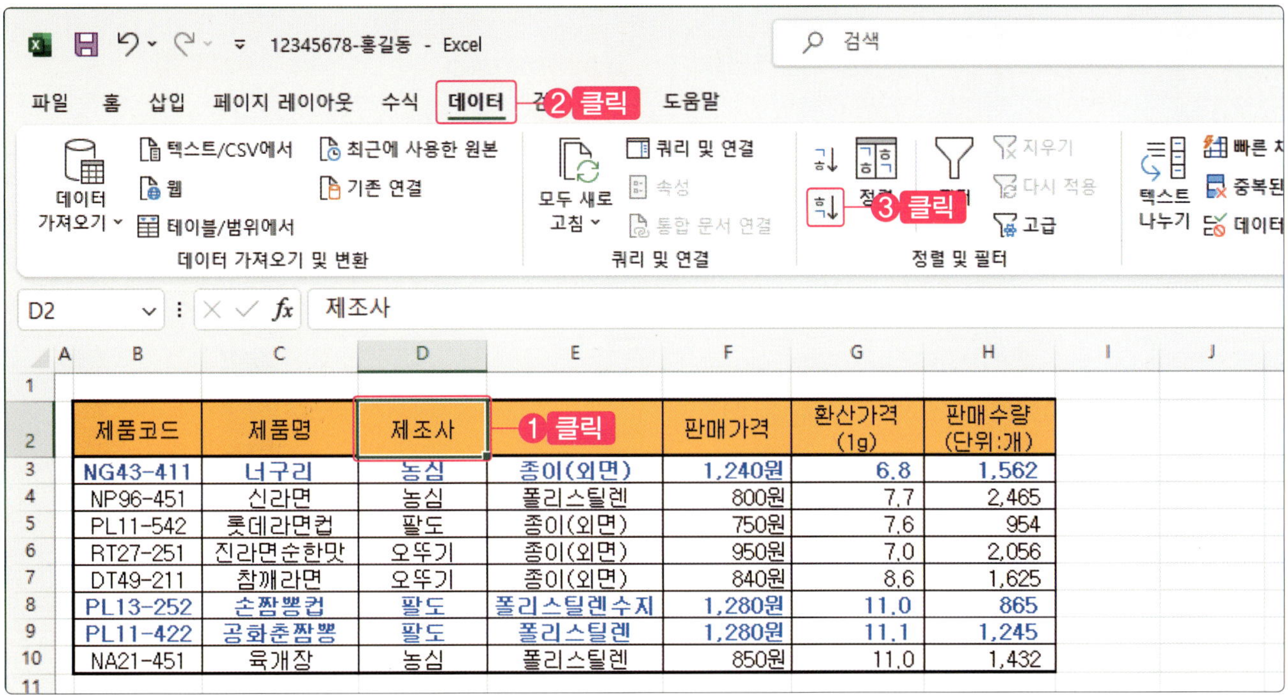

제품코드	제품명	제조사		판매가격	환산가격 (1g)	판매수량 (단위:개)
NG43-411	너구리	농심	종이(외면)	1,240원	6.8	1,562
NP96-451	신라면	농심	폴리스틸렌	800원	7.7	2,465
PL11-542	롯데라면컵	팔도	종이(외면)	750원	7.6	954
RT27-251	진라면순한맛	오뚜기	종이(외면)	950원	7.0	2,056
DT49-211	참깨라면	오뚜기	종이(외면)	840원	8.6	1,625
PL13-252	손짬뽕컵	팔도	폴리스틸렌수지	1,280원	11.0	865
PL11-422	공화춘짬뽕	팔도	폴리스틸렌	1,280원	11.1	1,245
NA21-451	육개장	농심	폴리스틸렌	850원	11.0	1,432

- 정렬은 데이터를 일정한 순서에 의해 차례대로 재배열하는 기능입니다.
- ≪출력형태≫를 보면 제조사 기준으로 내림차순 정렬(팔도, 오뚜기, 농심 순)된 것을 확인할 수 있습니다.
- D2셀을 선택한 후 〔데이터〕 탭–〔정렬 및 필터〕 그룹에서 〔텍스트 오름차순 정렬(ᄀ↓)〕을 클릭하면 제조사를 기준으로 오름차순 정렬을 할 수 있습니다.

한가지 더!

정렬 순서

정렬에는 작은 값에서 큰 값 순으로 재배열하는 오름차순 정렬과 큰 값에서 작은 값 순으로 재배열하는 내림차순 정렬이 있습니다.

- **오름차순 정렬** : 숫자(작은 숫자 → 큰 숫자) ➡ 문자(A → Z → ㄱ → ㅎ) ➡ 논리값(FALSE → TRUE) ➡ 오류값 ➡ 빈 셀(데이터가 없는 셀)
- **내림차순 정렬** : 오류값 ➡ 논리값(TRUE → FALSE) ➡ 문자(ㅎ → ㄱ → Z → A) ➡ 숫자(큰 숫자 → 작은 숫자) ➡ 빈 셀(데이터가 없는 셀)

3 다음과 같이 제조사를 기준으로 내림차순 정렬됩니다.

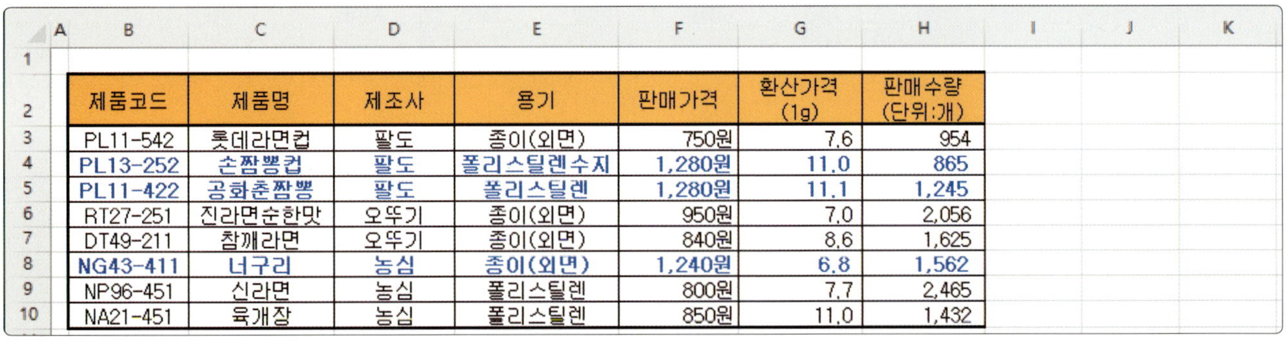

제품코드	제품명	제조사	용기	판매가격	환산가격 (1g)	판매수량 (단위:개)
PL11-542	롯데라면컵	팔도	종이(외면)	750원	7.6	954
PL13-252	손짬뽕컵	팔도	폴리스틸렌수지	1,280원	11.0	865
PL11-422	공화춘짬뽕	팔도	폴리스틸렌	1,280원	11.1	1,245
RT27-251	진라면순한맛	오뚜기	종이(외면)	950원	7.0	2,056
DT49-211	참깨라면	오뚜기	종이(외면)	840원	8.6	1,625
NG43-411	너구리	농심	종이(외면)	1,240원	6.8	1,562
NP96-451	신라면	농심	폴리스틸렌	800원	7.7	2,465
NA21-451	육개장	농심	폴리스틸렌	850원	11.0	1,432

<조건> (2) 데이터 범위 ⇒ "제1작업" 시트의 내용을 이용하여 작업하시오.
       (3) 위치 ⇒ "새 시트"로 이동하고, "제4작업"으로 시트 이름을 바꾸시오.

4 [차트 이동] 대화상자가 나타나면 [새 시트]를 선택한 후 새 시트의 이름(제4작업)을 입력한 다음 [확인] 단추를 클릭합니다.

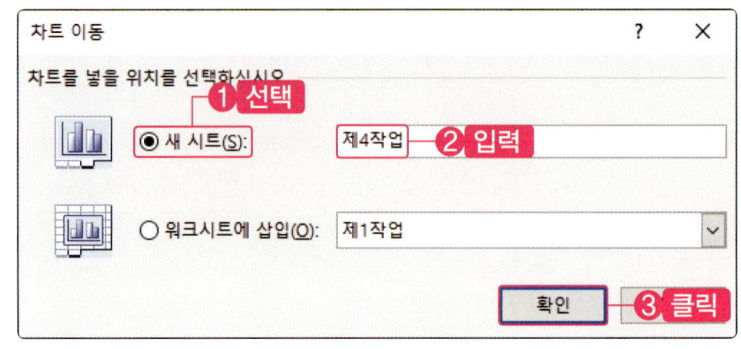

[새 시트]를 선택하면 워크시트가 아닌 차트 시트가 삽입됩니다.

5 차트가 새 시트([제4작업] 시트)로 이동되면 다음과 같이 시트 탭에서 **[제4작업] 시트를 드래그하여 [제4작업] 시트를 [제3작업] 시트 뒤로 이동**합니다.

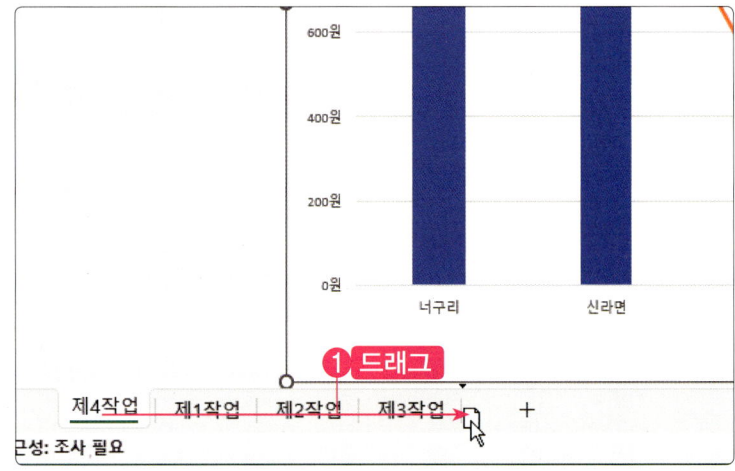

[홈] 탭-[셀] 그룹에서 [서식]을 클릭한 후 [시트 이동/복사]를 클릭하여 [제4작업] 시트를 [제3작업] 시트 뒤로 이동할 수도 있습니다.

차트의 구성

❶ 차트 영역   ❷ 그림 영역   ❸ 차트 제목   ❹ 범례   ❺ 세로 축
❻ 세로 축 제목   ❼ 보조 세로 축   ❽ 보조 세로 축 제목   ❾ 가로 축   ❿ 가로 축 제목
⓫ 데이터 계열   ⓬ 데이터 레이블   ⓭ 세로 축 주 눈금선

STEP 02 부분합 구하기

〔조건〕 (1) 부분합 – ≪출력형태≫처럼 정렬하고, 제품명의 개수와 판매수량(단위:개)의 평균을 구하시오.
(2) 개요【윤곽】 – 지우시오.
(3) 나머지 사항은 ≪출력형태≫에 맞게 작성하시오.

1 제조사로 제품명의 개수를 구하기 위해 **B2셀을 선택**한 후 〔데이터〕 탭–〔개요〕 그룹에서 〔**부분합(▦)**〕을 클릭합니다.

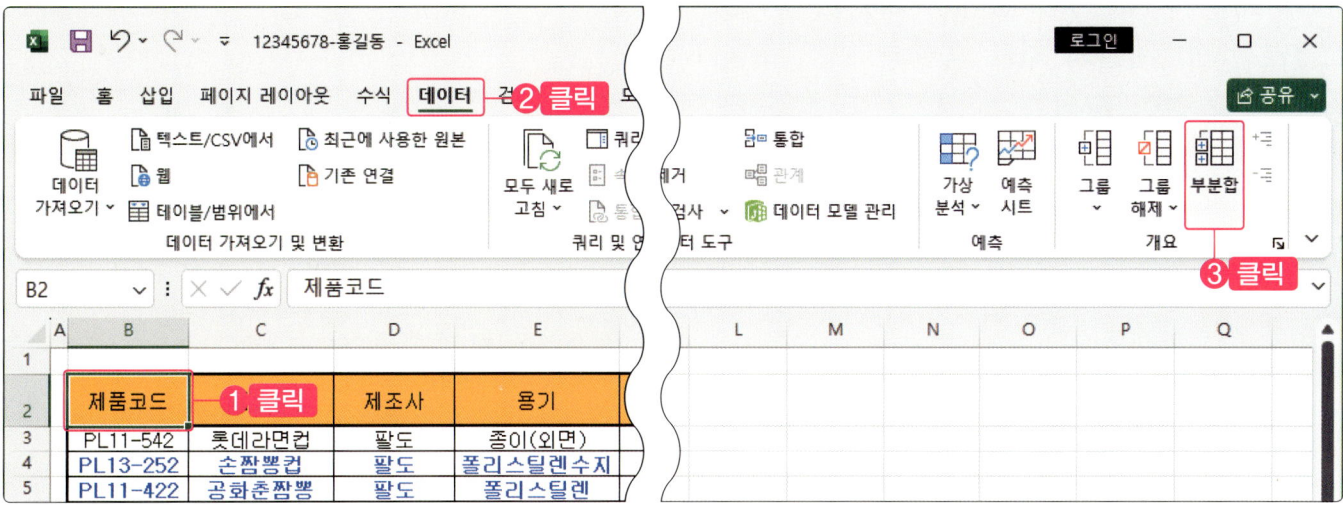

- 부분합은 데이터를 특정 항목별로 그룹화한 후 그룹별로 요약하는 기능입니다.
- 부분합을 제대로 구하려면 먼저 그룹화할 항목(여기서는 연료)을 기준으로 정렬해야 합니다.

2 〔부분합〕 대화상자가 나타나면 **그룹화할 항목(제조사), 사용할 함수(개수), 부분합 계산 항목(제품명)을 선택**한 후 〔확인〕 단추를 클릭합니다.

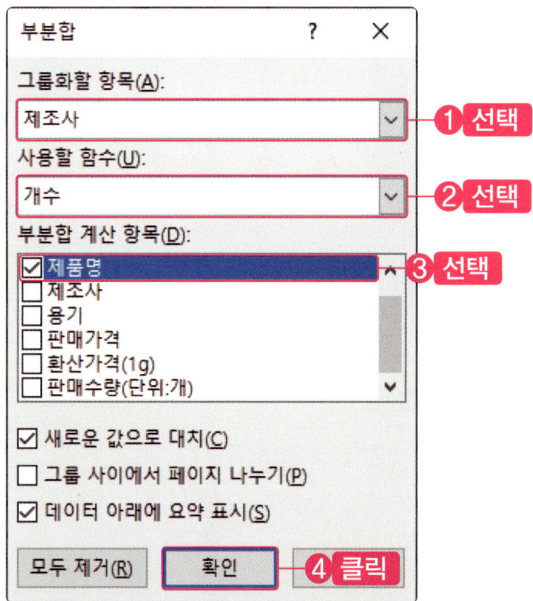

≪출력형태≫에서 아래에 있는 부분합(여기서는 제품명의 개수)을 먼저 구해야 ≪출력형태≫와 같이 부분합을 구할 수 있습니다.

한가지 더!

〔**부분합**〕 대화상자의 항목
- **그룹화할 항목** : 데이터를 그룹화할 때 기준이 되는 항목입니다.
- **사용할 함수** : 그룹별로 계산할 때 사용할 함수입니다.
- **부분합 계산 항목** : 그룹별로 계산할 항목입니다.

⟨조건⟩ (1) 차트 종류 ⇒ ⟨묶은 세로 막대형⟩으로 작업하시오.
(2) 데이터 범위 ⇒ "제1작업" 시트의 내용을 이용하여 작업하시오.
(3) 위치 ⇒ "새 시트"로 이동하고, "제4작업"으로 시트 이름을 바꾸시오.

2 〔차트 삽입〕 대화상자가 나타나면 〔**모든 차트**〕 탭을 클릭한 후 〔**혼합**(📊)〕 탭을 클릭한 다음 〔**사용자 지정 조합**(📈)〕을 선택합니다. 그런 다음 **판매가격과 판매수량(단위:개) 계열의 차트 종류와 보조 축을 다음과 같이 지정**한 후 〔확인〕 단추를 클릭합니다.

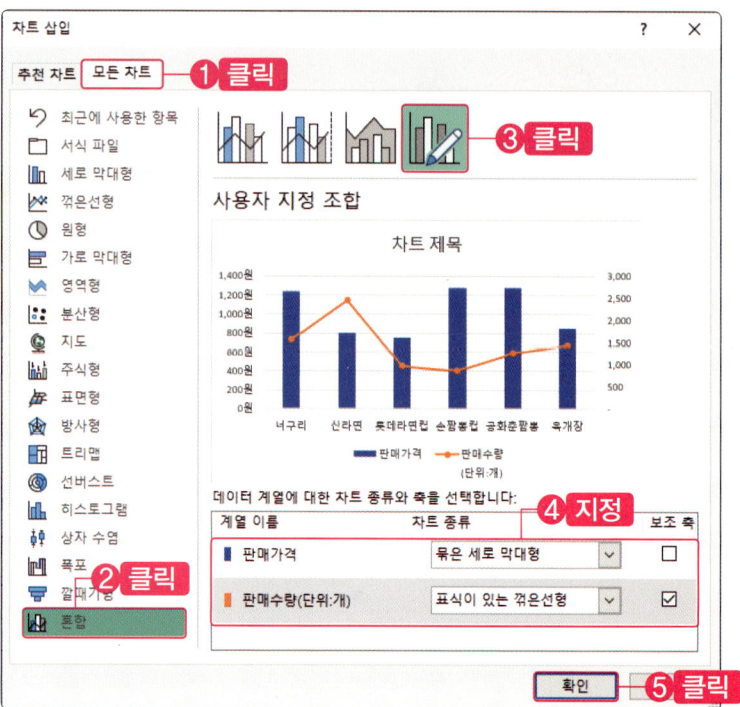

〔혼합(📊)〕 탭-〔사용자 지정 조합(📈)〕을 이용하여 차트를 작성하면 각 계열의 차트 모양과 보조축을 미리 지정할 수 있습니다.

3 차트가 삽입되면 〔차트 디자인〕 정황 탭-〔위치〕 그룹에서 〔**차트 이동**(🗂)〕을 클릭합니다.

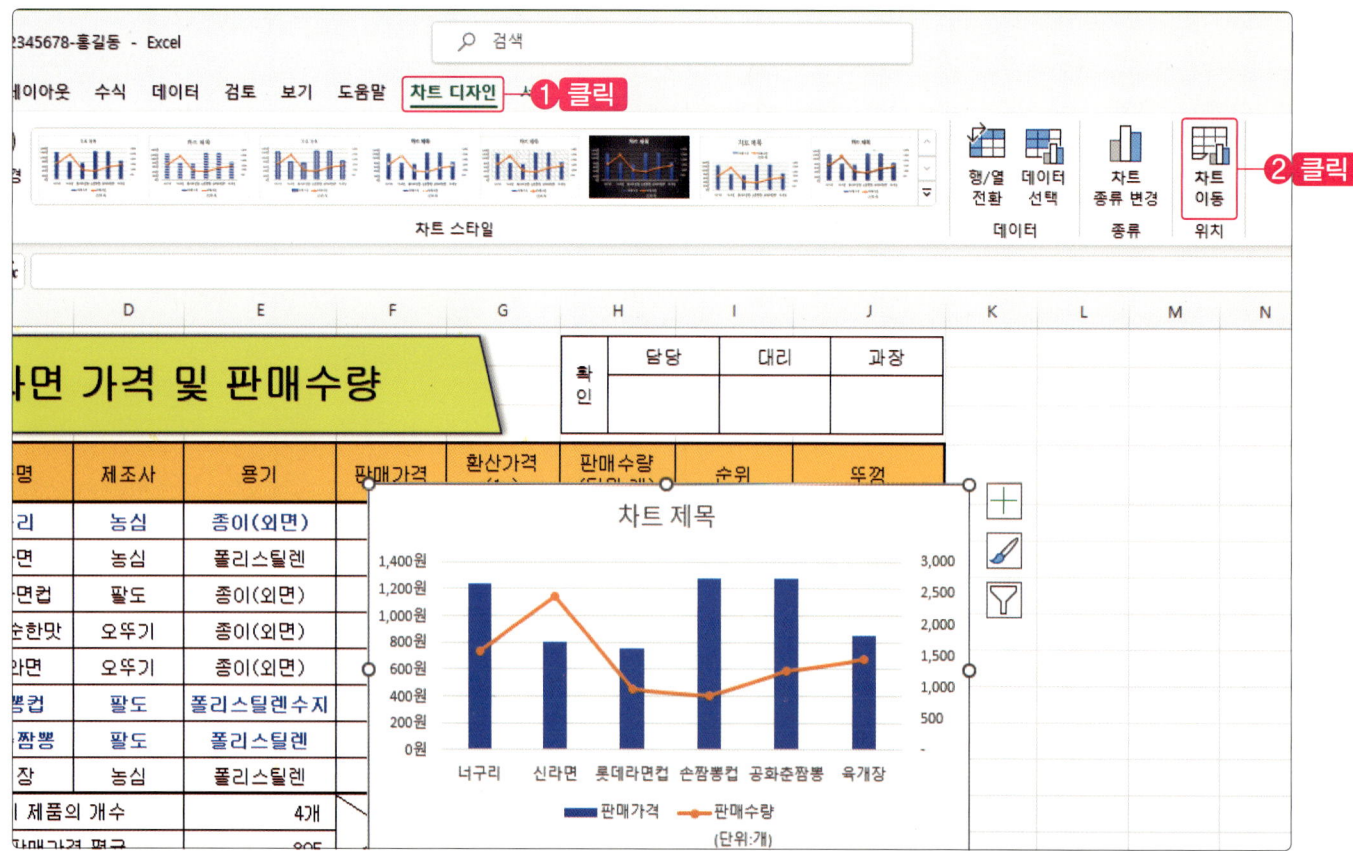

차트로 마우스 포인터를 가져가서 마우스 포인터가 ✥ 모양으로 변경되었을 때 클릭하면 차트를 선택할 수 있습니다.

〈조건〉 (1) 부분합 – ≪출력형태≫처럼 정렬하고, 제품명의 개수와 판매수량(단위:개)의 평균을 구하시오.
(2) 개요【윤곽】 – 지우시오.
(3) 나머지 사항은 ≪출력형태≫에 맞게 작성하시오.

3 제조사별로 제품명의 개수가 구해지면 제조사별로 판매수량(단위:개)의 평균을 구하기 위해 〔데이터〕 탭-〔개요〕 그룹에서 **부분합(⊞)**을 클릭합니다.

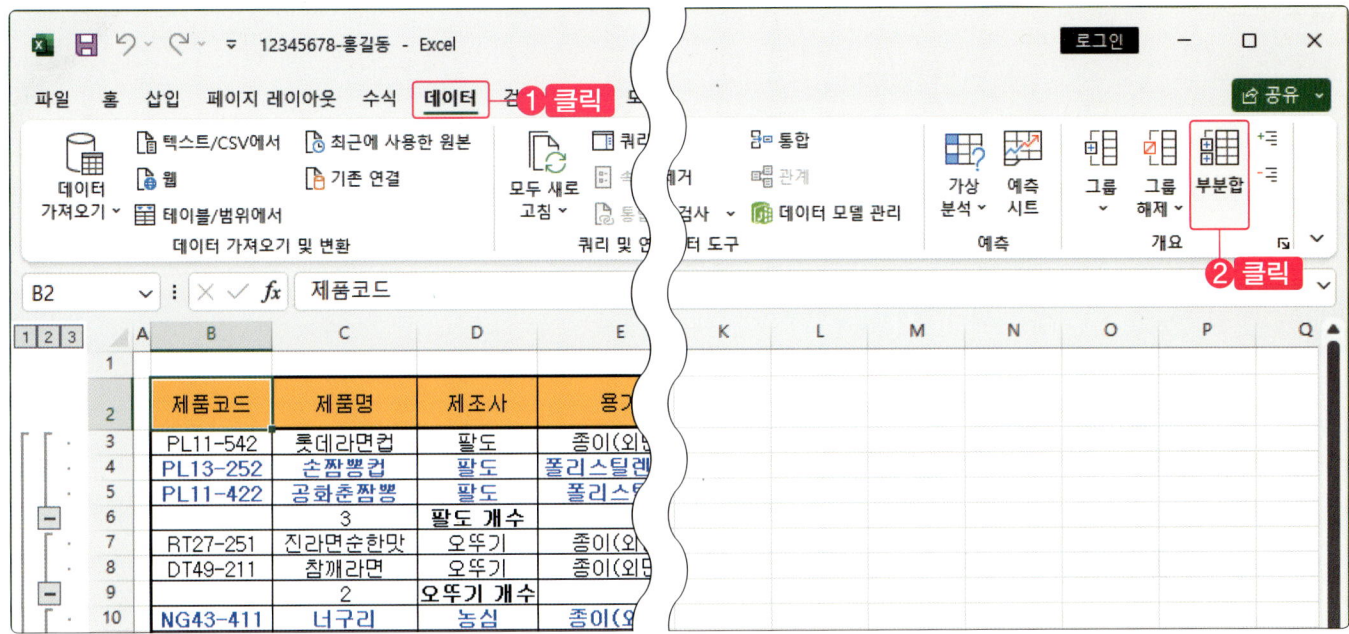

- 부분합을 구하면 워크시트 왼쪽에 하위 그룹을 숨기거나 나타나게 할 수 있는 1, 2, 3 등의 개요【윤곽】 기호가 나타납니다.
- 부분합을 잘못 구한 경우에는 〔부분합〕 대화상자에서 〔모두 제거〕 단추를 클릭하여 부분합을 제거한 후 다시 부분합을 구합니다.

한가지 더!

데이터를 그룹화할 항목을 기준으로 정렬하지 않고 부분합을 구한 경우

데이터를 그룹화할 항목인 제조사를 기준으로 정렬하지 않고 부분합을 구한 경우에는 다음과 같이 제조사가 다를 때마다 다른 그룹으로 인식하여 제조사의 개수가 구해집니다.

	A	B	C	D	E	F	G	H	I	J
1										
2		제품코드	제품명	제조사	용기	판매가격	환산가격 (1g)	판매수량 (단위:개)		
3		NG43-411	너구리	농심	종이(외면)	1,240원	6.8	1,562		
4		NP96-451	신라면	농심	폴리스틸렌	800원	7.7	2,465		
5			2	농심 개수				2		
6		PL11-542	롯데라면컵	팔도	종이(외면)	750원	7.6	954		
7			1	팔도 개수				1		
8		RT27-251	진라면순한맛	오뚜기	종이(외면)	950원	7.0	2,056		
9		DT49-211	참깨라면	오뚜기	종이(외면)	840원	8.6	1,625		
10			2	오뚜기 개수				2		
11		PL13-252	손짬뽕컵	팔도	폴리스틸렌수지	1,280원	11.0	865		
12		PL11-422	공화춘짬뽕	팔도	폴리스틸렌	1,280원	11.1	1,245		
13			2	팔도 개수				2		
14		NA21-451	육개장	농심	폴리스틸렌	850원	11.0	1,432		
15			1	농심 개수				1		
16			8	전체 개수				8		
17										
18										

체크! 체크!

〔그래프〕

- **차트 종류**
  - 차트 종류는 '묶은 세로 막대형'으로 출제되며, 특정 계열을 '표식이 있는 꺾은선형'으로 변경하여 보조 축으로 지정합니다.
- **눈금선 및 축 변경**
  - 눈금선의 선 스타일(파선)을 지정하고 보조 세로 축의 '주 단위' 값을 변경합니다.
- **범례**
  - 범례는 아래쪽에 고정되어 출제되고, 범례명(계열 이름)을 변경합니다.
- **도형**
  - 차트를 선택한 후 도형을 삽입하고, 글꼴 및 글꼴 크기, 채우기 색, 글꼴 색, 맞춤 등을 지정합니다.

STEP 01 차트 삽입하기

〈조건〉
(1) 차트 종류 ⇒ 〈묶은 세로 막대형〉으로 작업하시오.
(2) 데이터 범위 ⇒ "제1작업" 시트의 내용을 이용하여 작업하시오.
(3) 위치 ⇒ "새 시트"로 이동하고, "제4작업"으로 시트 이름을 바꾸시오.
(4) 차트 디자인 도구 ⇒ 레이아웃 3, 스타일 1을 선택하여 ≪출력형태≫에 맞게 작업하시오.

1 차트를 삽입하기 위해 시트 탭에서 〔제1작업〕 시트를 선택한 후 C4:C7셀 범위, C10:C12셀 범위, F4:F7셀 범위, F10:F12셀 범위, H4:H7셀 범위, H10:H12셀 범위를 선택한 다음 〔삽입〕 탭-〔차트〕 그룹에서 〔**추천 차트**〕를 클릭합니다.

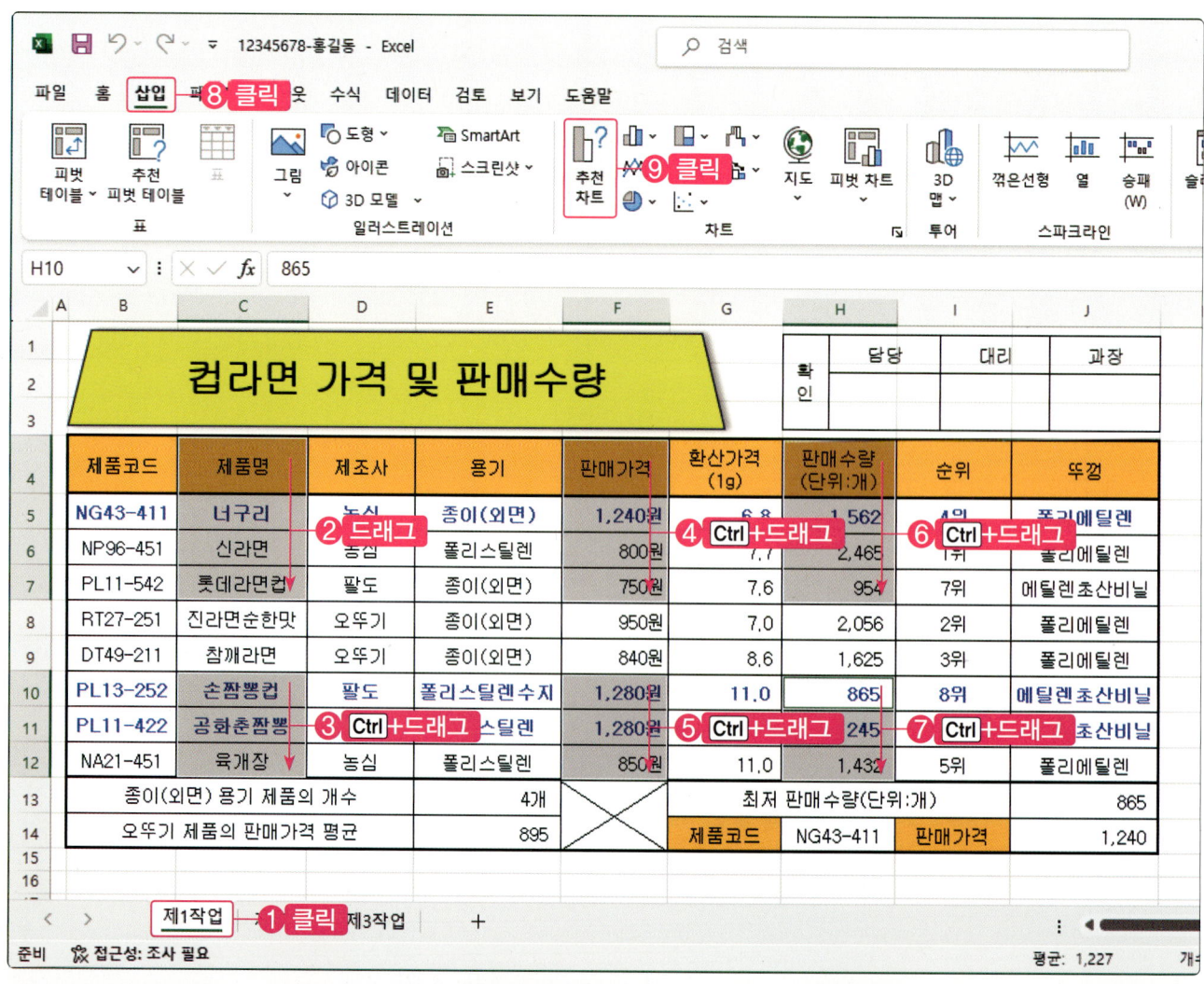

> ⟨조건⟩ (1) 부분합 – ≪출력형태≫처럼 정렬하고, 제품명의 개수와 판매수량(단위:개)의 평균을 구하시오.
> (2) 개요[윤곽] – 지우시오.
> (3) 나머지 사항은 ≪출력형태≫에 맞게 작성하시오.

4 [부분합] 대화상자가 나타나면 **그룹화할 항목(제조사), 사용할 함수(평균), 부분합 계산 항목(제품명)을 선택 해제, 부분합 계산 항목(판매수량(단위:개))을 선택**한 후 [새로운 값으로 대치]를 선택 해제한 다음 [확인]단추를 클릭합니다.

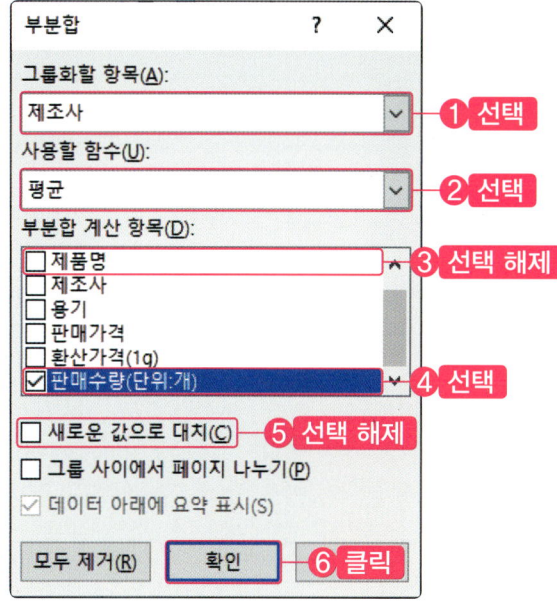

한가지 더!

[부분합] 대화상자에서 [새로운 값으로 대치]를 선택한 경우

[부분합] 대화상자에서 [새로운 값으로 대치]를 선택한 경우에는 다음과 같이 기존에 구한 부분합(여기서는 제품명의 개수)을 제거한 후 새로 구한 부분합(여기서는 판매수량(단위:개)의 평균)이 나타나므로 반드시 선택 해제해야 합니다.

	A	B	C	D	E	F	G	H	I	J
1										
2		제품코드	제품명	제조사	용기	판매가격	환산가격(1g)	판매수량(단위:개)		
3		PL11-542	롯데라면컵	팔도	종이(외면)	750원	7.6	954		
4		PL13-252	손짬뽕컵	팔도	폴리스틸렌수지	1,280원	11.0	865		
5		PL11-422	공화춘짬뽕	팔도	폴리스틸렌	1,280원	11.1	1,245		
6				팔도 평균				1,021		
7		RT27-251	진라면순한맛	오뚜기	종이(외면)	950원	7.0	2,056		
8		DT49-211	참깨라면	오뚜기	종이(외면)	840원	8.6	1,625		
9				오뚜기 평균				1,841		
10		NG43-411	너구리	농심	종이(외면)	1,240원	6.8	1,562		
11		NP96-451	신라면	농심	폴리스틸렌	800원	7.7	2,465		
12		NA21-451	육개장	농심	폴리스틸렌	850원	11.0	1,432		
13				농심 평균				1,820		
14				전체 평균				1,526		
15										
16										

Chapter 08 그래프

◆ 차트 삽입하기
◆ 차트 제목 및 서식 지정하기
◆ 차트 영역 서식 지정하기
◆ 차트에 도형 삽입하기

▶ **소스파일** : Part 01\Chapter 08\Ch08.xlsx   ▶ **완성파일** : Part 01\Chapter 08\Ch08_완성.xlsx

☞ "**제1작업**" 시트를 이용하여 조건에 따라 ≪출력형태≫와 같이 작업하시오.

조건

(1) 차트 종류 ⇒ <묶은 세로 막대형>으로 작업하시오.
(2) 데이터 범위 ⇒ "제1작업" 시트의 내용을 이용하여 작업하시오.
(3) 위치 ⇒ "새 시트"로 이동하고, "제4작업"으로 시트 이름을 바꾸시오.
(4) 차트 디자인 도구 ⇒ 레이아웃 3, 스타일 1을 선택하여 ≪출력형태≫에 맞게 작업하시오.
(5) 영역 서식 ⇒ 차트 : 글꼴(굴림, 11pt), 채우기 효과(질감-파랑 박엽지)
　　　　　　　그림 : 채우기(흰색, 배경1)
(6) 제목 서식 ⇒ 차트 제목 : 글꼴(굴림, 굵게, 20pt), 채우기(흰색, 배경1), 테두리
(7) 서식 ⇒ 판매수량(단위:개) 계열의 차트 종류를 <표식이 있는 꺾은선형>으로 변경한 후 보조 축으로
　　　　　지정하시오.
　　　　　계열 : ≪출력형태≫를 참조하여 표식(세모, 크기 10)과 레이블 값을 표시하시오.
　　　　　눈금선 : 선 스타일-파선
　　　　　축 : ≪출력형태≫를 참조하시오.
(8) 범례 ⇒ 범례명을 변경하고 ≪출력형태≫를 참조하시오.
(9) 도형 → '모서리가 둥근 사각형 설명선'을 삽입한 후 ≪출력형태≫와 같이 내용을 입력하시오.
(10) 나머지 사항은 ≪출력형태≫에 맞게 작성하시오.

출력 형태

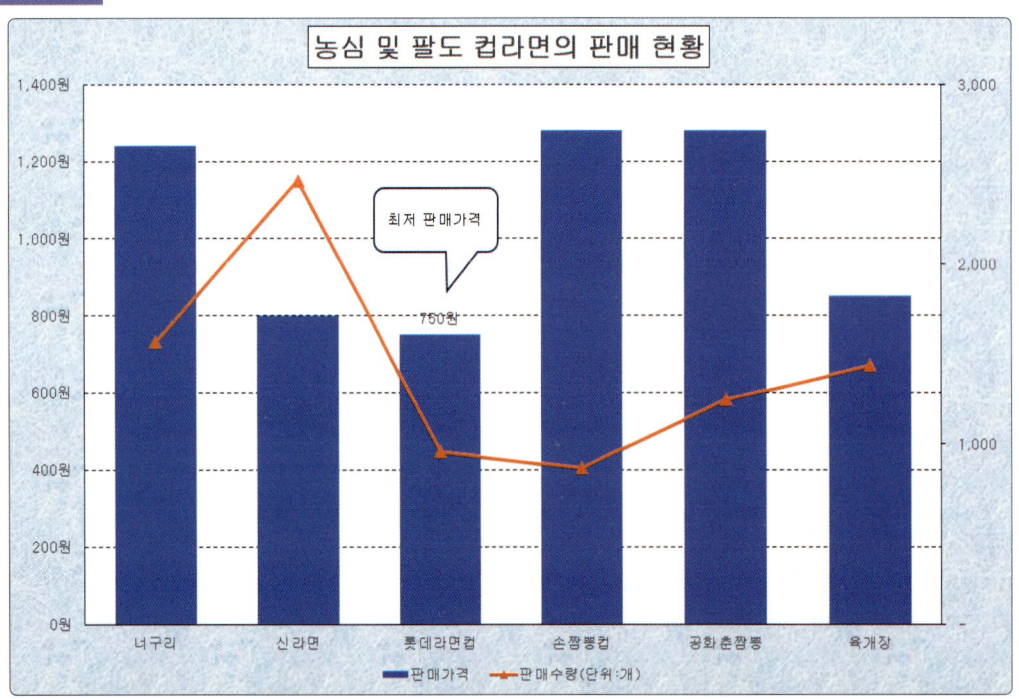

주의 ☞ 시트명 순서가 차례대로 "제1작업", "제2작업", "제3작업", "제4작업"이 되도록 할 것.

〈조건〉 (1) 부분합 – 《출력형태》처럼 정렬하고, 제품명의 개수와 판매수량(단위:개)의 평균을 구하시오.
(2) 개요【윤곽】 – 지우시오.
(3) 나머지 사항은 《출력형태》에 맞게 작성하시오.

5 제조사별로 판매수량(단위:개)의 평균이 구해지면 윤곽을 지우기 위해 [데이터] 탭-[개요] 그룹에서 [그룹 해제]의 [목록(˅)] 단추 클릭한 후 [개요 지우기]를 클릭합니다.

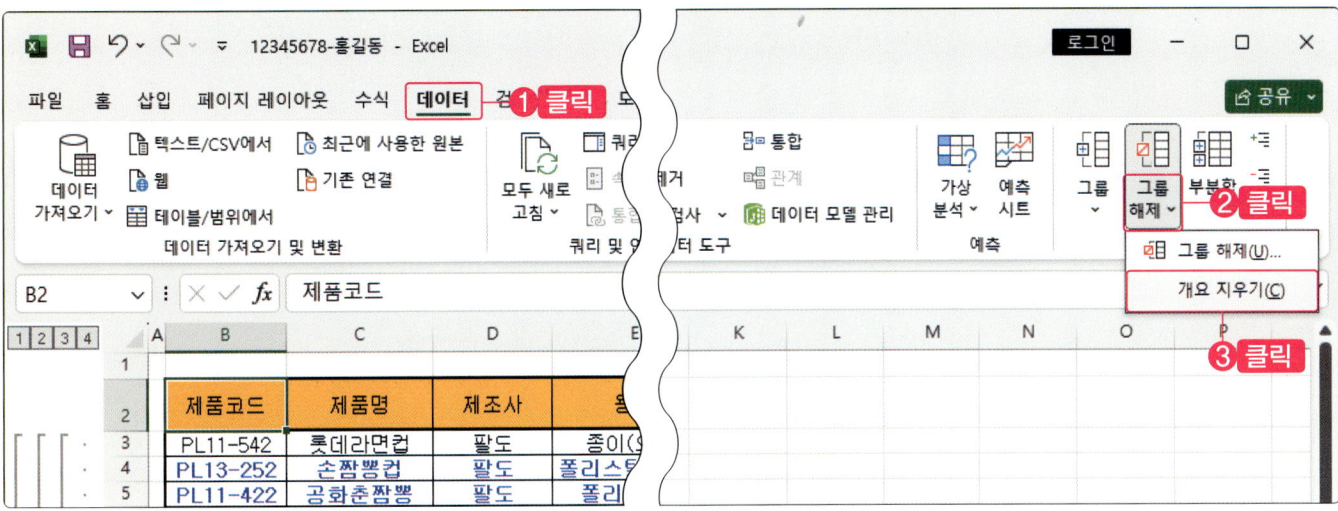

6 개요가 지워지면 D열 너비를 변경하기 위해 **D열 머리글과 E열 머리글의 경계선을 더블클릭**합니다.

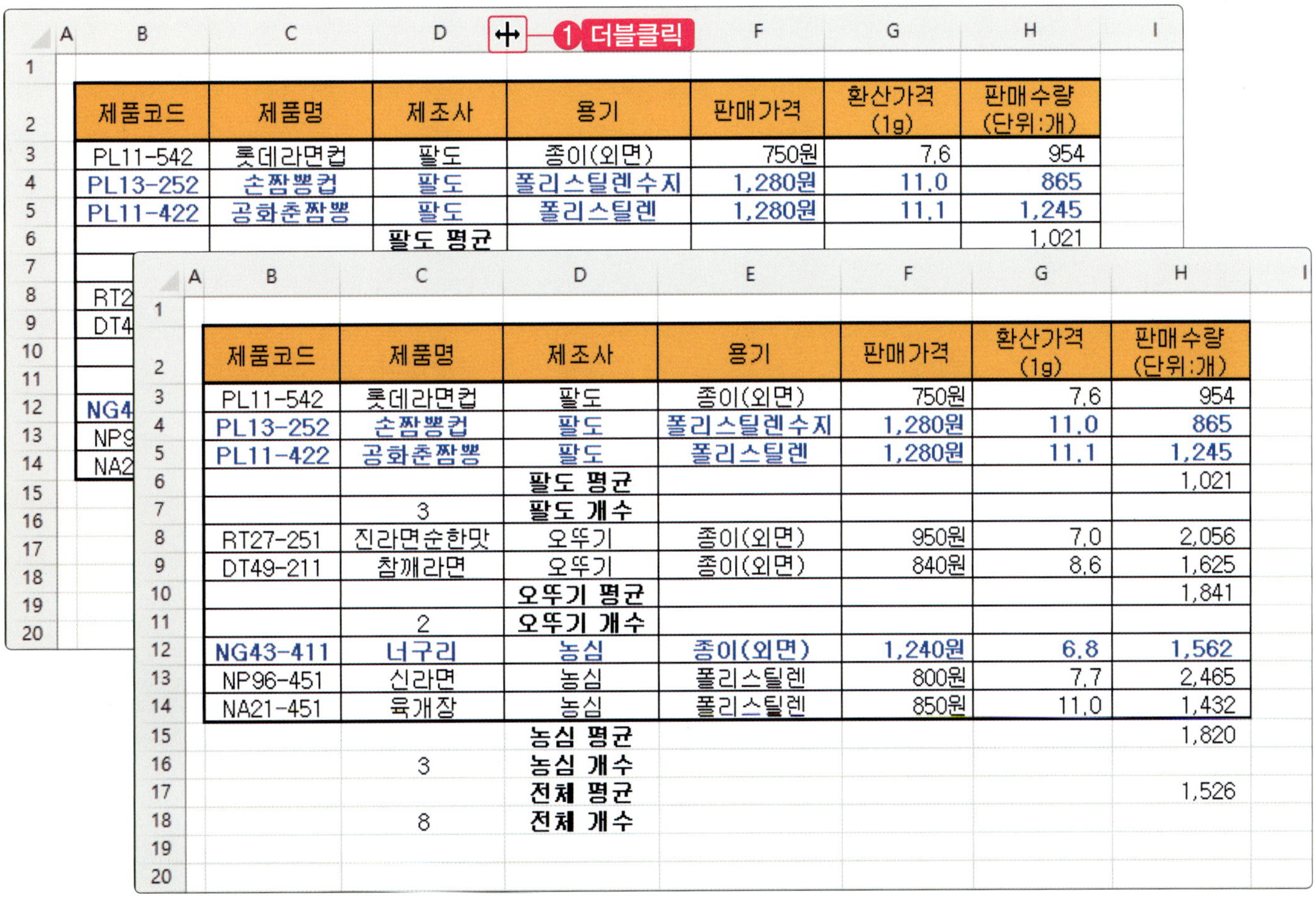

열 머리글의 경계선을 더블클릭하면 열 너비가 데이터에 맞게 변경됩니다.

6 "제1작업" 시트를 이용하여 "제3작업" 시트에 조건에 따라 ≪출력형태≫와 같이 작업하시오.

▶ 소스파일 : Part 01\Chapter 07\문제06.xlsx   ▶ 완성파일 : Part 01\Chapter 07\문제06_완성.xlsx

《조건》

(1) 수강인원 및 구분별 강좌명의 개수와 수강료(단위:원)의 평균을 구하시오.
(2) 수강인원을 그룹화하고, 구분을 ≪출력형태≫와 같이 정렬하시오.
(3) 레이블이 있는 셀 병합 및 가운데 맞춤 적용 및 빈 셀은 '**'로 표시하시오.
(4) 행의 총합계는 지우고, 나머지 사항은 ≪출력형태≫에 맞게 작성하시오.

《출력형태》

A	B	C	D	E	F	G	H
	구분 ▼						
			회계		컴퓨터		어학
	수강인원 ▼	개수 : 강좌명	평균 : 수강료(단위:원)	개수 : 강좌명	평균 : 수강료(단위:원)	개수 : 강좌명	평균 : 수강료(단위:원)
	1-20	**	**	1	90,000	1	110,000
	21-40	2	160,000	2	95,000	1	100,000
	41-60	**	**	**	**	1	120,000
	총합계	2	160,000	3	93,333	3	110,000

1 "제1작업" 시트의 「B4:H12」 영역을 복사하여 "제3작업" 시트의 「B2」 셀부터 모두 붙여넣기를 한 후 다음의 조건과 같이 작업하시오.

▶ 소스파일 : Part 01\Chapter 06\문제01.xlsx   ▶ 완성파일 : Part 01\Chapter 06\문제01_완성.xlsx

《조건》

(1) 부분합 - ≪출력형태≫처럼 정렬하고, 주택명의 개수와 총공사비의 평균을 구하시오.
(2) 개요【윤곽】- 지우시오.
(3) 나머지 사항은 ≪출력형태≫에 맞게 작성하시오.

《출력형태》

	A	B	C	D	E	F	G	H
1								
2		관리번호	주택명	지역	공사기간(일)	총공사비	공사시작일	공사내용
3		A1-001	아이파크	인천	13	28,850,000원	2023-02-20	전체
4		K2-003	한솔마을	인천	4	6,768,000원	2023-03-08	주방
5				인천 평균		17,809,000원		
6			2	인천 개수				
7		K1-001	푸르지오	서울	4	10,250,000원	2023-03-20	주방
8		B1-002	파크타운	서울	5	5,778,000원	2023-03-06	욕실
9		A2-002	그린빌	서울	17	32,170,000원	2023-02-27	전체
10				서울 평균		16,066,000원		
11			3	서울 개수				
12		B2-001	화이트빌	경기	5	8,558,000원	2023-02-06	욕실
13		K3-002	시그마	경기	3	7,870,000원	2023-01-30	주방
14		B3-003	트레스벨	경기	6	9,560,000원	2023-02-13	욕실
15				경기 평균		8,662,667원		
16			3	경기 개수				
17				전체 평균		13,725,500원		
18			8	전체 개수				
19								

5 "제1작업" 시트를 이용하여 "제3작업" 시트에 조건에 따라 ≪출력형태≫와 같이 작업하시오.

▶ 소스파일 : Part 01\Chapter 07\문제05.xlsx   ▶ 완성파일 : Part 01\Chapter 07\문제05_완성.xlsx

≪조건≫

(1) 개최 횟수(단위:회) 및 대륙별 관리코드의 개수와 예상 관객수의 평균을 구하시오.
(2) 개최 횟수(단위:회)를 그룹화하고, 대륙을 ≪출력형태≫와 같이 정렬하시오.
(3) 레이블이 있는 셀 병합 및 가운데 맞춤 적용 및 빈 셀은 '**'로 표시하시오.
(4) 행의 총합계는 지우고, 나머지 사항은 ≪출력형태≫에 맞게 작성하시오.

≪출력형태≫

	대륙						
		유럽		아시아		북미	
개최 횟수(단위:회)	개수 : 관리코드	평균 : 예상 관객수	개수 : 관리코드	평균 : 예상 관객수	개수 : 관리코드	평균 : 예상 관객수
1-30	**	**	3	186,667	**	**
31-60	**	**	**	**	2	285,000
61-90	3	616,667	**	**	**	**
총합계	3	616,667	3	186,667	2	285,000

실전문제유형

2 "제1작업" 시트의 「B4:H12」 영역을 복사하여 "제3작업" 시트의 「B2」 셀부터 모두 붙여넣기를 한 후 다음의 조건과 같이 작업하시오.

▶ 소스파일 : Part 01\Chapter 06\문제02.xlsx   ▶ 완성파일 : Part 01\Chapter 06\문제02_완성.xlsx

《조건》

(1) 부분합 - ≪출력형태≫처럼 정렬하고, 사원명의 개수와 출장비(단위:원)의 평균을 구하시오.
(2) 개요【윤곽】- 지우시오.
(3) 나머지 사항은 ≪출력형태≫에 맞게 작성하시오.

《출력형태》

	B	C	D	E	F	G	H
2	사원번호	사원명	직급	부서명	출장비(단위:원)	출장일수	출발일자
3	C10-25	한창훈	사원	인사부	128,000	2일	2024-01-21
4	E10-25	박금희	대리	인사부	280,000	2일	2024-01-15
5				인사부 평균	204,000		
6		2		인사부 개수			
7	C11-23	민시후	사원	영업부	520,000	6일	2024-01-07
8	A07-01	윤정은	대리	영업부	225,000	2일	2024-01-07
9	E09-53	김지은	과장	영업부	197,000	3일	2024-01-06
10				영업부 평균	314,000		
11		3		영업부 개수			
12	A07-45	조재은	사원	기획부	415,000	3일	2024-01-03
13	A08-23	한효빈	과장	기획부	546,000	5일	2024-01-17
14	E09-12	김지효	대리	기획부	150,000	2일	2024-01-12
15				기획부 평균	370,333		
16		3		기획부 개수			
17				전체 평균	307,625		
18		8		전체 개수			

4 "제1작업" 시트를 이용하여 "제3작업" 시트에 조건에 따라 ≪출력형태≫와 같이 작업하시오.

▶ 소스파일 : Part 01\Chapter 07\문제04.xlsx   ▶ 완성파일 : Part 01\Chapter 07\문제04_완성.xlsx

《조건》

(1) 활동시간 및 지원분야별 팀명의 개수와 활동비(단위:원)의 평균을 구하시오.
(2) 활동시간을 그룹화하고, 지원분야를 ≪출력형태≫와 같이 정렬하시오.
(3) 레이블이 있는 셀 병합 및 가운데 맞춤 적용 및 빈 셀은 '***'로 표시하시오.
(4) 행의 총합계는 지우고, 나머지 사항은 ≪출력형태≫에 맞게 작성하시오.

《출력형태》

활동시간	지원분야						
	문화		교육		건강		
	개수 : 팀명	평균 : 활동비(단위:원)	개수 : 팀명	평균 : 활동비(단위:원)	개수 : 팀명	평균 : 활동비(단위:원)	
1-100	***	***	***	***	1	85,000	
101-200	2	130,250	2	94,500	1	178,000	
201-300	***	***	1	195,500	1	180,000	
총합계	2	130,250	3	128,167	3	147,667	

3 "제1작업" 시트의 「B4:H12」 영역을 복사하여 "제3작업" 시트의 「B2」 셀부터 모두 붙여넣기를 한 후 다음의 조건과 같이 작업하시오.

▶ 소스파일 : Part 01\Chapter 06\문제03.xlsx   ▶ 완성파일 : Part 01\Chapter 06\문제03_완성.xlsx

《조건》

(1) 부분합 - ≪출력형태≫처럼 정렬하고, 렌트차종의 개수와 렌트비용(단위:원)의 평균을 구하시오.
(2) 개요【윤곽】- 지우시오.
(3) 나머지 사항은 ≪출력형태≫에 맞게 작성하시오.

《출력형태》

	B	C	D	E	F	G	H
2	차량코드	렌트차종	출고일	제조사	렌트기간	렌트비용 (단위:원)	연료
3	R-0253	스타렉스	2013-05-10	현대자동차	3일	325,000	LPG
4	L-9372	그랜저 TG	2011-02-20	현대자동차	2일	175,000	가솔린
5	L-4502	다이너스티	2010-09-30	현대자동차	1일	85,000	가솔린
6	C-6362	에쿠스	2012-05-20	현대자동차	2일	165,000	가솔린
7				현대자동차 평균		187,500	
8		4		현대자동차 개수			
9	M-0571	SM3	2015-06-10	르노코리아	5일	342,000	전기
10	R-9353	QM3	2014-03-15	르노코리아	1일	95,000	디젤
11				르노코리아 평균		218,500	
12		2		르노코리아 개수			
13	R-8133	뉴카니발	2012-12-20	기아자동차	4일	215,000	디젤
14	M-7201	K5	2010-04-15	기아자동차	4일	270,000	LPG
15				기아자동차 평균		242,500	
16		2		기아자동차 개수			
17				전체 평균		209,000	
18		8		전체 개수			

3 "제1작업" 시트를 이용하여 "제3작업" 시트에 조건에 따라 ≪출력형태≫와 같이 작업하시오.

▶소스파일 : Part 01\Chapter 07\문제03.xlsx   ▶완성파일 : Part 01\Chapter 07\문제03_완성.xlsx

《조건》

(1) 렌트기간 및 제조사별 렌트차종의 개수와 렌트비용(단위:원)의 평균을 구하시오.
(2) 렌트기간을 그룹화하고, 제조사를 ≪출력형태≫와 같이 정렬하시오.
(3) 레이블이 있는 셀 병합 및 가운데 맞춤 적용 및 빈 셀은 '**'로 표시하시오.
(4) 행의 총합계는 지우고, 나머지 사항은 ≪출력형태≫에 맞게 작성하시오.

《출력형태》

렌트기간	제조사						
	현대자동차		르노코리아		기아자동차		
	개수 : 렌트차종	평균 : 렌트비용(단위:원)	개수 : 렌트차종	평균 : 렌트비용(단위:원)	개수 : 렌트차종	평균 : 렌트비용(단위:원)
1-2	3	141,667	1	95,000	**	**
3-4	1	325,000	**	**	2	242,500
5-6	**	**	1	342,000	**	**
총합계	4	187,500	2	218,500	2	242,500

4 "제1작업" 시트의 「B4:H12」 영역을 복사하여 "제3작업" 시트의 「B2」 셀부터 모두 붙여넣기를 한 후 다음의 조건과 같이 작업하시오.

▶ 소스파일 : Part 01\Chapter 06\문제04.xlsx   ▶ 완성파일 : Part 01\Chapter 06\문제04_완성.xlsx

《조건》

(1) 부분합 - ≪출력형태≫처럼 정렬하고, 팀명의 개수와 활동비(단위:원)의 평균을 구하시오.
(2) 개요【윤곽】- 지우시오.
(3) 나머지 사항은 ≪출력형태≫에 맞게 작성하시오.

《출력형태》

	B	C	D	E	F	G	H
1							
2	코드	팀명	지도교수	지원분야	신청일	활동비 (단위:원)	활동시간
3	C3613	자연힐링	김경호	문화	2024-09-03	65,500	115시간
4	C3615	시공담문화	장민호	문화	2024-08-25	195,000	190시간
5				문화 평균		130,250	
6		2		문화 개수			
7	E1451	지혜의 샘	이지은	교육	2024-09-01	55,000	152시간
8	E1452	메타미래	정유미	교육	2024-09-15	195,500	235시간
9	E1458	늘탐구	김철수	교육	2024-09-05	134,000	155시간
10				교육 평균		128,167	
11		3		교육 개수			
12	H2512	사물헬스케어	박순호	건강	2024-08-15	180,000	205시간
13	H2513	건강자가진단	손기현	건강	2024-08-27	178,000	170시간
14	H2518	코로나19	서영희	건강	2024-09-10	85,000	88시간
15				건강 평균		147,667	
16		3		건강 개수			
17				전체 평균		136,000	
18		8		전체 개수			
19							

2 "제1작업" 시트를 이용하여 "제3작업" 시트에 조건에 따라 ≪출력형태≫와 같이 작업하시오.

▶ 소스파일 : Part 01\Chapter 07\문제02.xlsx   ▶ 완성파일 : Part 01\Chapter 07\문제02_완성.xlsx

《조건》

(1) 출발일자 및 직급별 부서명의 개수와 출장비(단위:원)의 평균을 구하시오.
(2) 출발일자를 그룹화하고, 직급을 ≪출력형태≫와 같이 정렬하시오.
(3) 레이블이 있는 셀 병합 및 가운데 맞춤 적용 및 빈 셀은 '###'로 표시하시오.
(4) 행의 총합계는 지우고, 나머지 사항은 ≪출력형태≫에 맞게 작성하시오.

《출력형태》

출발일자	직급	사원		대리		과장	
		개수 : 부서명	평균 : 출장비(단위:원)	개수 : 부서명	평균 : 출장비(단위:원)	개수 : 부서명	평균 : 출장비(단위:원)
2024-01-01 - 2024-01-07		2	467,500	1	225,000	1	197,000
2024-01-08 - 2024-01-14		###	###	1	150,000	###	###
2024-01-15 - 2024-01-21		1	128,000	1	280,000	1	546,000
총합계		3	354,333	3	218,333	2	371,500

출발일자의 필드 그룹화

[그룹화] 대화상자에서 시작(2024-01-01)과 끝(2024-01-21)을 입력한 후 단위(일)을 선택한 다음 나머지는 선택 해제하고 날짜 수(7)을 입력합니다.

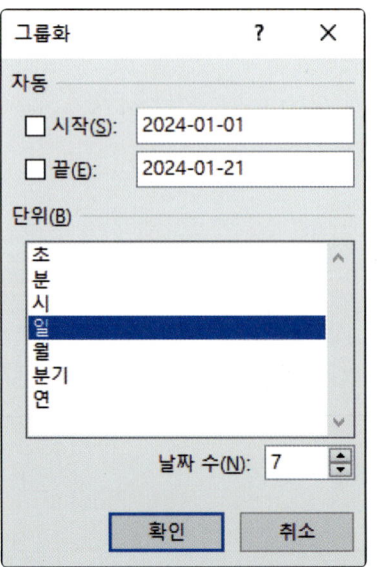

5 "제1작업" 시트의 「B4:H12」 영역을 복사하여 "제3작업" 시트의 「B2」 셀부터 모두 붙여넣기를 한 후 다음의 조건과 같이 작업하시오.

▶ 소스파일 : Part 01\Chapter 06\문제05.xlsx   ▶ 완성파일 : Part 01\Chapter 06\문제05_완성.xlsx

《조건》

(1) 부분합 - 《출력형태》처럼 정렬하고, 영화제 명칭의 개수와 예상 관객수의 평균을 구하시오.
(2) 개요【윤곽】 - 지우시오.
(3) 나머지 사항은 《출력형태》에 맞게 작성하시오.

《출력형태》

관리코드	영화제 명칭	주최국	대륙	1회 개막일자	예상 관객수	개최 횟수 (단위:회)
B8241	베를린 국제	독일	유럽	1951-06-06	500,000명	72
F7351	칸	프랑스	유럽	1946-09-20	650,000명	75
V2411	베네치아 국제	이탈리아	유럽	1932-08-06	700,000명	79
			유럽 평균		616,667명	
	3		유럽 개수			
B1543	베이징 국제	중국	아시아	2011-04-23	300,000명	12
B1453	부산 국제	한국	아시아	1996-09-13	180,000명	27
J6653	전주 국제	한국	아시아	2000-04-28	80,000명	23
			아시아 평균		186,667명	
	3		아시아 개수			
T6522	토론토 국제	캐나다	북미	1976-10-18	500,000명	47
S6323	선댄스	미국	북미	1985-01-20	70,000명	38
			북미 평균		285,000명	
	2		북미 개수			
			전체 평균		372,500명	
	8		전체 개수			

실전문제유형

1 "**제1작업**" 시트를 이용하여 "**제3작업**" 시트에 조건에 따라 ≪출력형태≫와 같이 작업하시오.

▶소스파일 : Part 01\Chapter 07\문제01.xlsx   ▶완성파일 : Part 01\Chapter 07\문제01_완성.xlsx

《조건》

(1) 공사시작일 및 지역별 주택명의 개수와 총공사비의 평균을 구하시오.
(2) 공사시작일을 그룹화하고, 지역을 ≪출력형태≫와 같이 정렬하시오.
(3) 레이블이 있는 셀 병합 및 가운데 맞춤 적용 및 빈 셀은 '**'로 표시하시오.
(4) 행의 총합계는 지우고, 나머지 사항은 ≪출력형태≫에 맞게 작성하시오.

《출력형태》

A	B	C	D	E	F	G	H
		지역 ▼					
			인천		서울		경기
	공사시작일 ▼	개수 : 주택명	평균 : 총공사비	개수 : 주택명	평균 : 총공사비	개수 : 주택명	평균 : 총공사비
	1월	**	**	**	**	1	7,870,000
	2월	1	28,850,000	1	32,170,000	2	9,059,000
	3월	1	6,768,000	2	8,014,000	**	**
	총합계	2	17,809,000	3	16,066,000	3	8,662,667

실전문제유형

6 "제1작업" 시트의 「B4:H12」 영역을 복사하여 "제3작업" 시트의 「B2」 셀부터 모두 붙여넣기를 한 후 다음의 조건과 같이 작업하시오.

▶ 소스파일 : Part 01\Chapter 06\문제06.xlsx   ▶ 완성파일 : Part 01\Chapter 06\문제06_완성.xlsx

《조건》

(1) 부분합 - ≪출력형태≫처럼 정렬하고, 강좌명의 개수와 수강료(단위:원)의 평균을 구하시오.
(2) 개요【윤곽】 - 지우시오.
(3) 나머지 사항은 ≪출력형태≫에 맞게 작성하시오.

《출력형태》

	B	C	D	E	F	G	H
2	강좌코드	강좌명	강사명	구분	수강인원	개강일	수강료 (단위:원)
3	F8923	ERP 1급	장서준	회계	36명	2025-12-09	170,000
4	M4513	ERP 2급	배은주	회계	29명	2025-12-05	150,000
5				회계 평균			160,000
6		2		회계 개수			
7	C6942	포토샵활용	정예인	컴퓨터	28명	2025-12-06	110,000
8	V6312	엑셀과 파워포인트	박은빈	컴퓨터	31명	2025-12-07	80,000
9	E3942	인디자인 마스터	곽소형	컴퓨터	18명	2025-12-06	90,000
10				컴퓨터 평균			93,333
11		3		컴퓨터 개수			
12	A5641	영어회화	김은희	어학	26명	2025-12-05	100,000
13	B6541	비즈니스 일본어	장현오	어학	42명	2025-12-05	120,000
14	W2321	중국어회화	김찬호	어학	19명	2025-12-09	110,000
15				어학 평균			110,000
16		3		어학 개수			
17				전체 평균			116,250
18		8		전체 개수			

〈조건〉 (2) 판매가격를 그룹화하고, 제조사를 ≪출력형태≫와 같이 정렬하시오.
(3) 레이블이 있는 셀 병합 및 가운데 맞춤 적용 및 빈 셀은 '**'로 표시하시오.
(4) 행의 총합계는 지우고, 나머지 사항은 ≪출력형태≫에 맞게 작성하시오.

5 〔피벗 테이블 옵션〕 대화상자가 나타나면 〔레이아웃 및 서식〕 탭에서 〔**레이블이 있는 셀 병합 및 가운데 맞춤**〕을 선택한 후 **빈 셀 표시(**)를 입력**합니다. 그런 다음 〔요약 및 필터〕 탭을 클릭한 후 〔**행 총합계 표시**〕를 선택 해제한 다음 〔확인〕 단추를 클릭합니다.

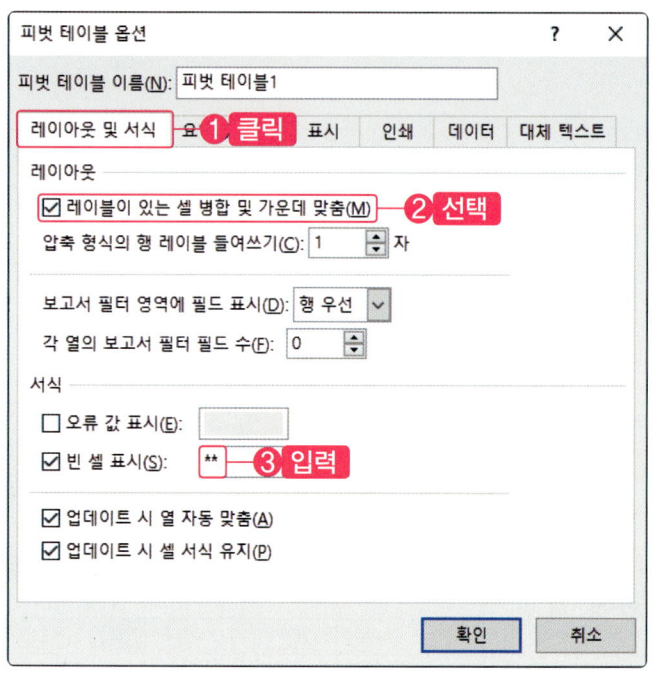 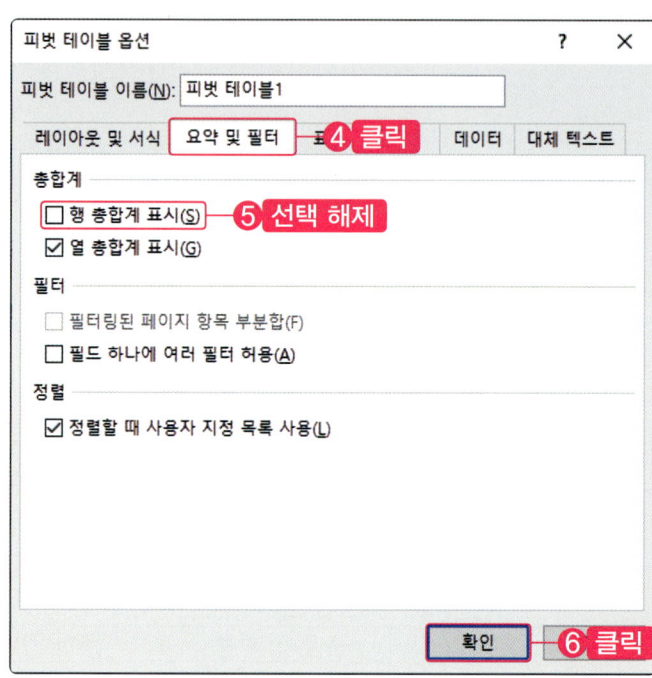

6 피벗 테이블에 맞춤 서식과 표시 형식을 지정하기 위해 **B5:H8셀 범위를 선택**한 후 〔홈〕 탭-〔맞춤〕 그룹에서 〔**가운데 맞춤(≡)**〕을 클릭한 다음 〔표시 형식〕 그룹에서 〔**쉼표 스타일(,)**〕을 클릭합니다.

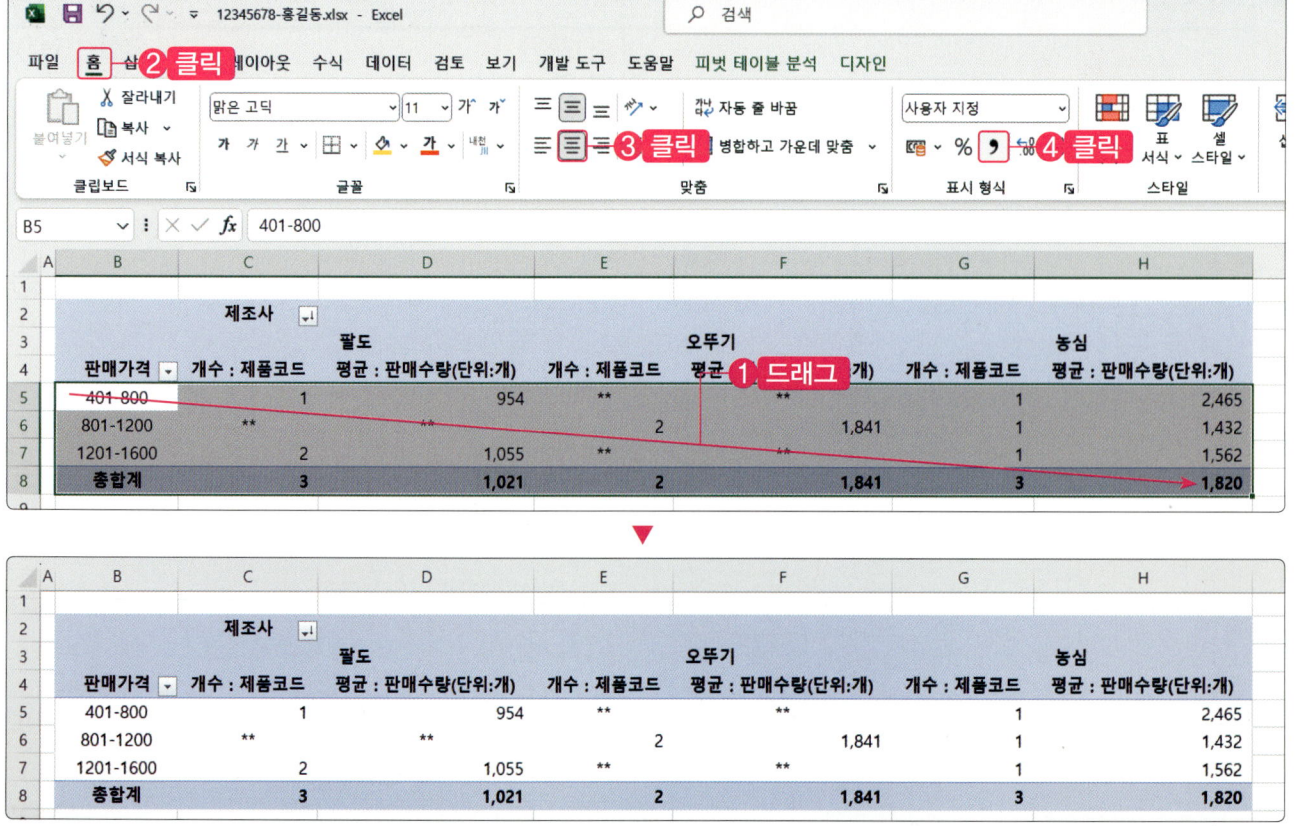

7 "제1작업" 시트의 「B4:H12」 영역을 복사하여 "제3작업" 시트의 「B2」 셀부터 모두 붙여넣기를 한 후 다음의 조건과 같이 작업하시오.

▶ 소스파일 : Part 01\Chapter 06\문제07.xlsx ▶ 완성파일 : Part 01\Chapter 06\문제07_완성.xlsx

《조건》

(1) 부분합 - ≪출력형태≫처럼 정렬하고, 검색어의 개수와 PC 클릭 수의 평균을 구하시오.
(2) 개요【윤곽】- 지우시오.
(3) 나머지 사항은 ≪출력형태≫에 맞게 작성하시오.

《출력형태》

	B	C	D	E	F	G	H
2	검색코드	검색어	분야	연령대	PC 클릭 수	모바일 클릭 비율	환산점수
3	LC-381	국내 숙박	여가/생활편의	30대	1,210회	48.9%	1.2
4	LC-122	꽃/케이크배달	여가/생활편의	30대	3,867회	62.8%	3.9
5			여가/생활편의 평균		2,539회		
6		2	여가/생활편의 개수				
7	LH-361	차량 실내용품	생활/건강	30대	4,067회	34.0%	4.1
8	LH-131	먼지 차단 마스크	생활/건강	50대	4,875회	78.5%	4.9
9	LH-155	안마기	생활/건강	60대	3,732회	69.3%	3.7
10			생활/건강 평균		4,225회		
11		3	생활/건강 개수				
12	BO-112	인문 일반	도서	40대	2,950회	28.5%	2.9
13	BO-223	어린이 문학	도서	40대	2,432회	52.6%	2.4
14	BO-235	장르소설	도서	20대	4,632회	37.8%	4.6
15			도서 평균		3,338회		
16		3	도서 개수				
17			전체 평균		3,471회		
18		8	전체 개수				

<조건> (2) 판매가격을 그룹화하고, 제조사를 ≪출력형태≫와 같이 정렬하시오.
(3) 레이블이 있는 셀 병합 및 가운데 맞춤 적용 및 빈 셀은 '**'로 표시하시오.
(4) 행의 총합계는 지우고, 나머지 사항은 ≪출력형태≫에 맞게 작성하시오.

3 [제조사] 필드를 기준으로 내림차순 정렬하기 위해 **'농심' 항목(C3셀)을 선택**한 후 [데이터] 탭-[정렬 및 필터] 그룹에서 [**텍스트 내림차순 정렬(힣↓)**]을 클릭합니다.

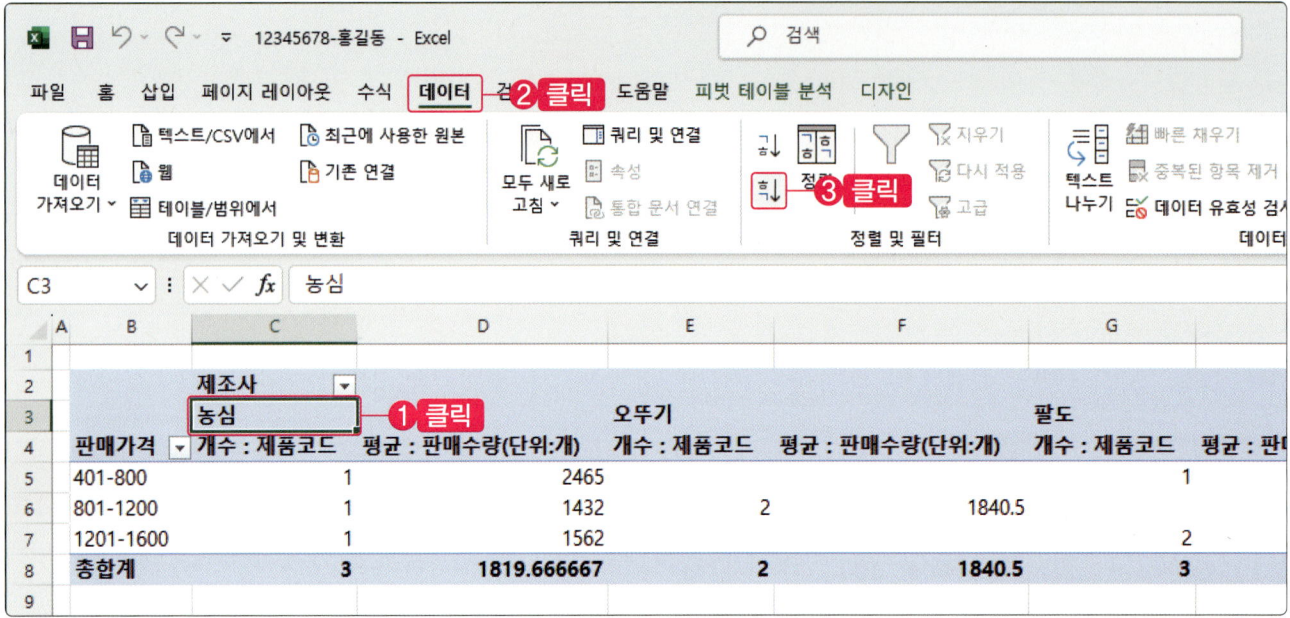

≪출력형태≫를 보면 제조사를 기준으로 내림차순 정렬(팔도, 오뚜기, 농심 순)된 것을 확인할 수 있습니다.

4 피벗 테이블 옵션을 지정하기 위해 [피벗 테이블 분석] 정황 탭-[피벗 테이블] 그룹에서 [**옵션**]을 클릭합니다.

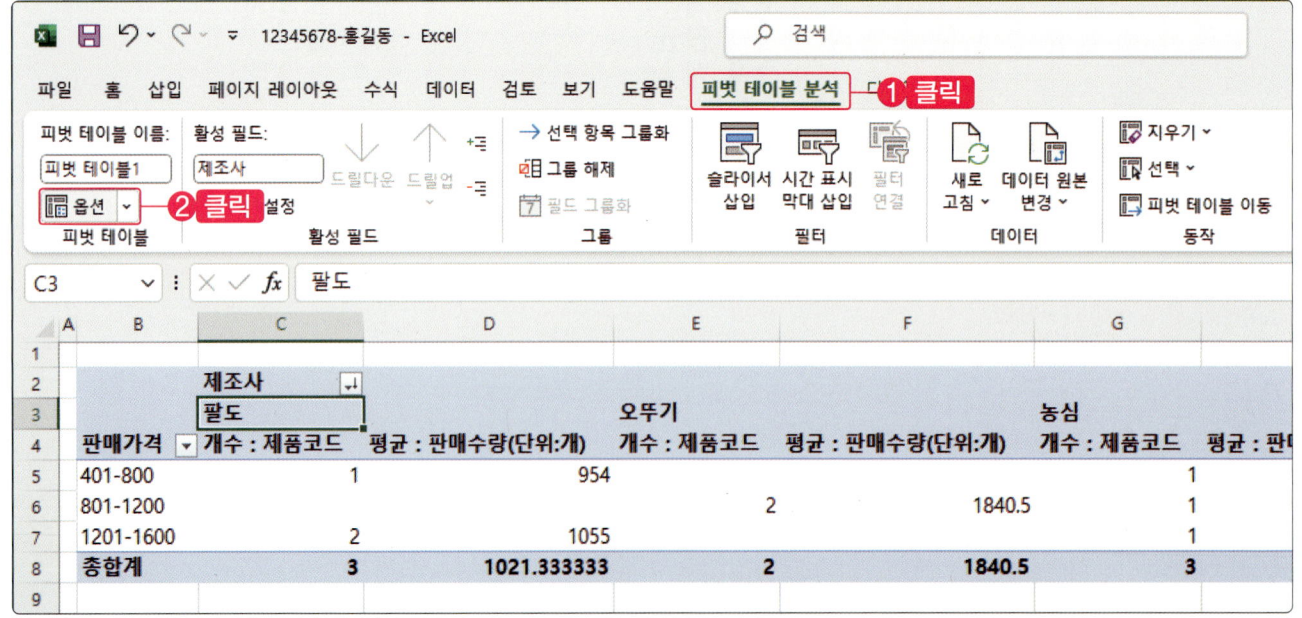

피벗 테이블

◆ 피벗 테이블 삽입하기　　　　◆ 피벗 테이블 편집하기

▶ 소스파일 : Part 01\Chapter 07\Ch07.xlsx　　　▶ 완성파일 : Part 01\Chapter 07\Ch07_완성.xlsx

☞ "제1작업" 시트를 이용하여 "제3작업" 시트에 조건에 따라 ≪출력형태≫와 같이 작업하시오.

출력 형태

판매가격	제조사						
	팔도		오뚜기		농심		
	개수 : 제품코드	평균 : 판매수량(단위:개)	개수 : 제품코드	평균 : 판매수량(단위:개)	개수 : 제품코드	평균 : 판매수량(단위:개)
401-800	1	954	**	**	1	2,465
801-1200	**	**	2	1,841	1	1,432
1201-1600	2	1,055	**	**	1	1,562
총합계	3	1,021	2	1,841	3	1,820

조건

(1) 판매가격 및 제조사별 제품코드의 개수와 판매수량(단위:개)의 평균을 구하시오.
(2) 판매가격을 그룹화하고, 제조사를 ≪출력형태≫와 같이 정렬하시오.
(3) 레이블이 있는 셀 병합 및 가운데 맞춤 적용 및 빈 셀은 '**'로 표시하시오.
(4) 행의 총합계는 지우고, 나머지 사항은 ≪출력형태≫에 맞게 작성하시오.

STEP 02 피벗 테이블 편집하기

〔조건〕
(2) 판매가격을 그룹화하고, 제조사를 ≪출력형태≫와 같이 정렬하시오.
(3) 레이블이 있는 셀 병합 및 가운데 맞춤 적용 및 빈 셀은 '**'로 표시하시오.
(4) 행의 총합계는 지우고, 나머지 사항은 ≪출력형태≫에 맞게 작성하시오.

1 〔판매가격〕 필드를 그룹화하기 위해 '750원' 항목(B5셀)을 선택한 후 〔피벗 테이블 분석〕 정황 탭-〔그룹〕 그룹에서 〔**필드 그룹화**〕를 클릭합니다.

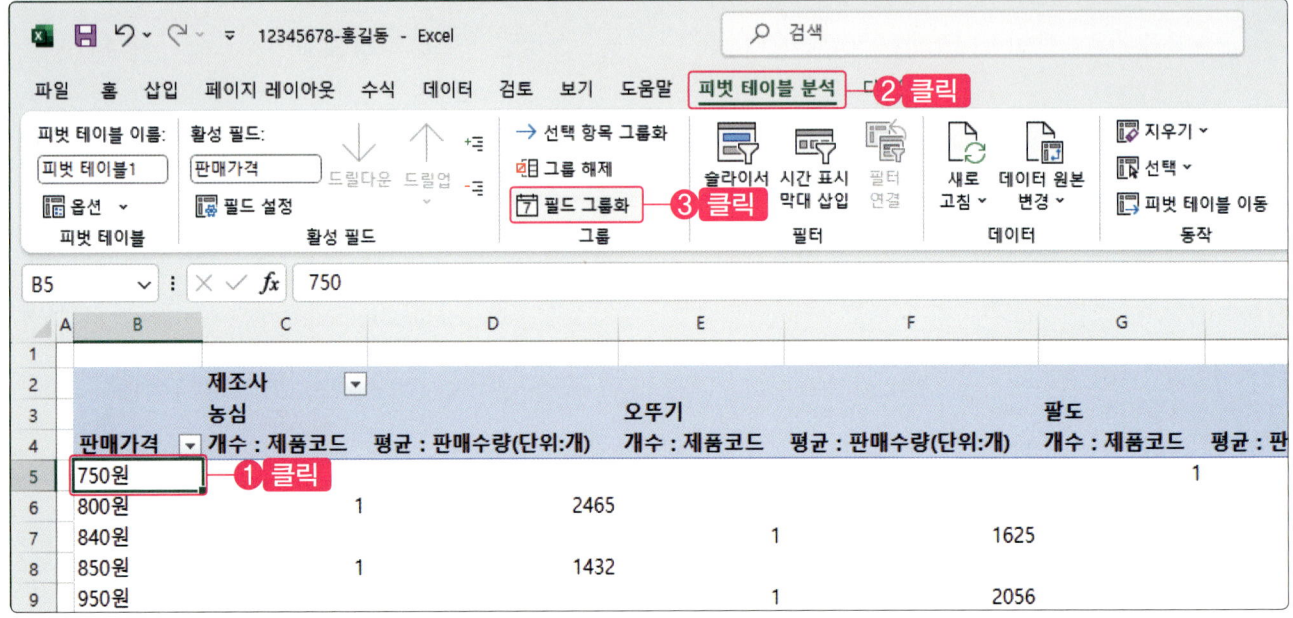

2 〔그룹화〕 대화상자가 나타나면 **시작(401), 끝(1600), 단위(400)를 입력**한 후 〔확인〕 **단추를 클릭**합니다.

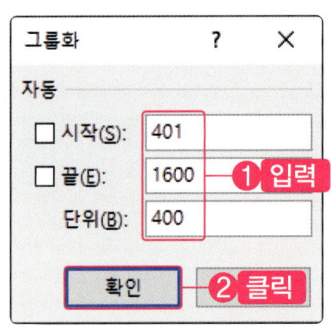

날짜의 필드 그룹화

필드의 값이 날짜일 경우 단위가 자동으로 초, 분, 시, 일, 월, 분기, 연이 표시되고 해당되는 부분만 선택하고 나머지는 선택해제하면 됩니다.

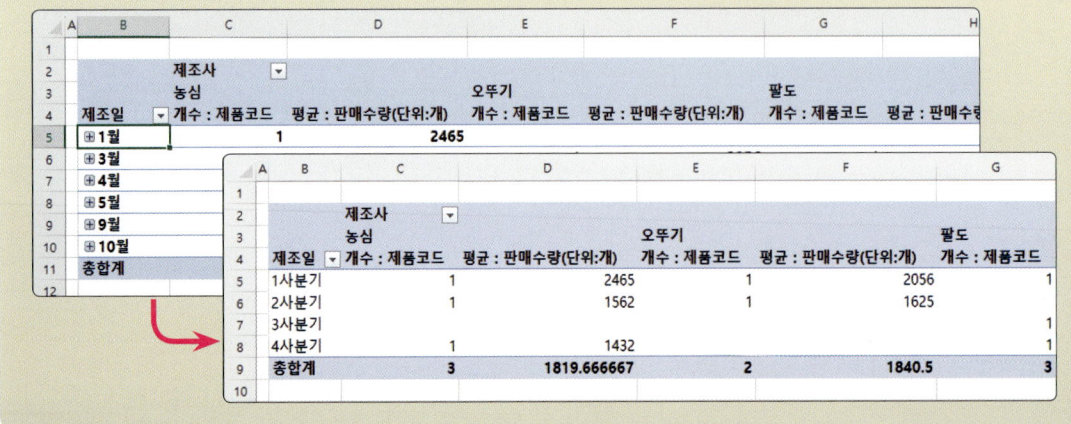

> **체크! 체크!**
>
> 〔피벗 테이블〕
>
> ■ 피벗 테이블 삽입하기
>   • 피벗 테이블 작성은 '행' 필드, '열' 필드, '값' 필드 위치에 배치를 어떻게 해야 하는지 〈출력형태〉를 보고 판단해야 합니다.
>   • 〔값 필드 설정〕을 통해 계산 형식을 변경하고 필드 레이블을 수정합니다.
> ■ 피벗 테이블 편집하기
>   • 피벗 테이블의 그룹 지정은 다양한 형태로 출제되고 있습니다.
>   (날짜를 그룹화 하는 방법과 값을 통해 '시작'과 '끝' 단위를 직접 입력하는 방법을 숙지합니다)

STEP 01 피벗 테이블 삽입하기

〈조건〉 (1) 판매가격 및 제조사별 제품코드의 개수와 판매수량(단위:개)의 평균을 구하시오.

1 피벗 테이블을 삽입하기 위해 시트 탭에서 **〔제1작업〕 시트를 선택**한 후 **B4:H12셀 범위를 선택**한 다음 〔삽입〕 탭-〔표〕 그룹에서 **〔피벗 테이블〕을 클릭**합니다.

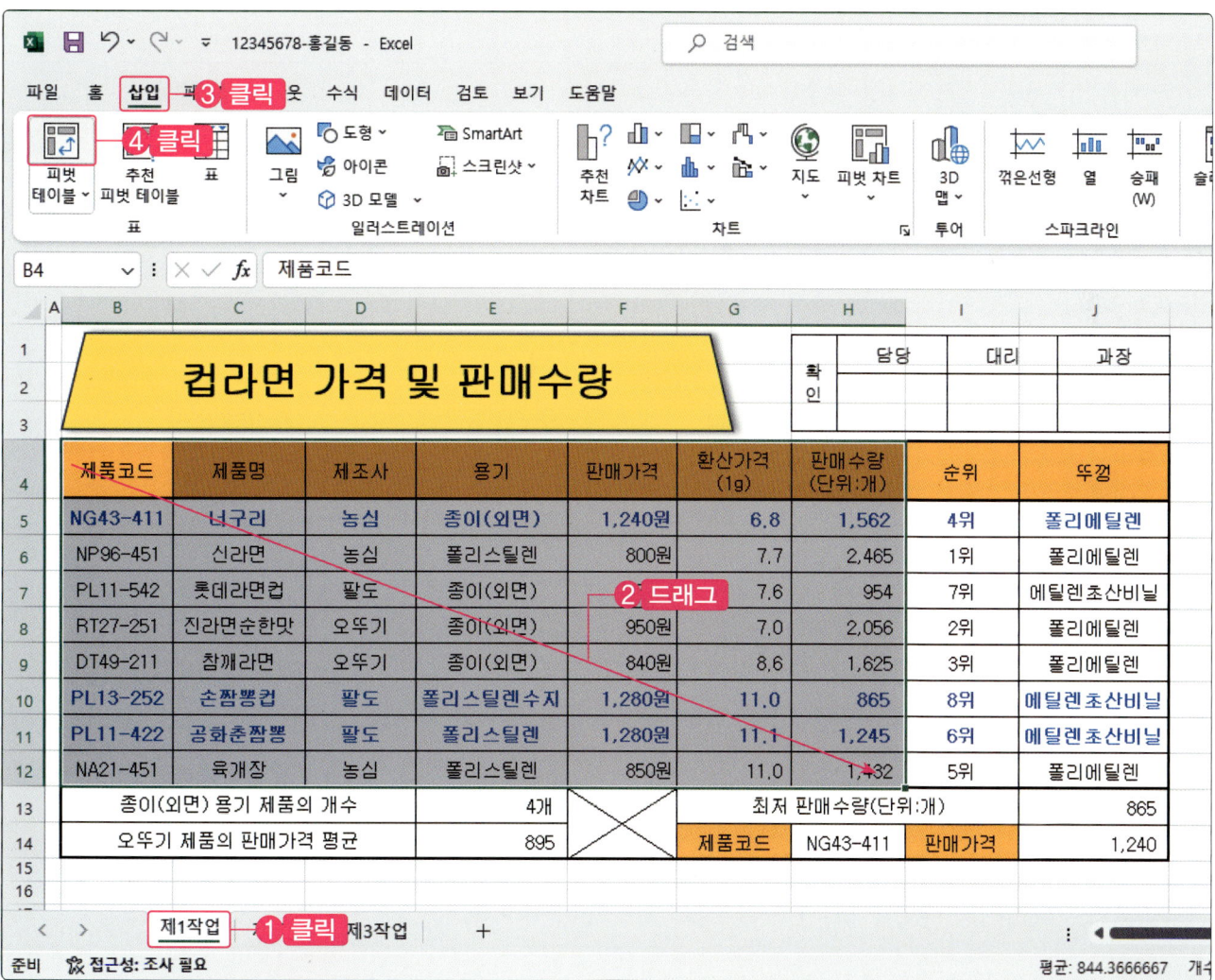

> 피벗 테이블은 데이터를 빠르게 요약하고 다각도로 분석하는데 사용하는 대화형 표입니다.

<조건> (1) 판매가격 및 제조사별 제품코드의 개수와 판매수량(단위:개)의 평균을 구하시오.

7 행 레이블을 변경하기 위해 **B4셀에 '판매가격'을 입력**한 후 열 레이블을 변경하기 위해 **C2셀에 '제조사'를 입력**합니다.

	A	B	C	D	E	F	G
1							
2			제조사				
3			농심		오뚜기		팔도
4		판매가격	개수:제품코드	평균:판매수량(단위:개)	개수:제품코드	평균:판매수량(단위:개)	개수:제
5		750원					
6		800원	1	2465			
7		840원			1	1625	
8		850원	1	1432			
9		950원			1	2056	
10		1,240원	1	1562			
11		1,280원					
12		총합계	3	1819.666667	2	1840.5	

8 [피벗 테이블 필드] 작업 창을 닫기 위해 [피벗 테이블 분석] 정황 탭-[표시] 그룹에서 [**필드 목록**]을 **선택 해제**합니다.

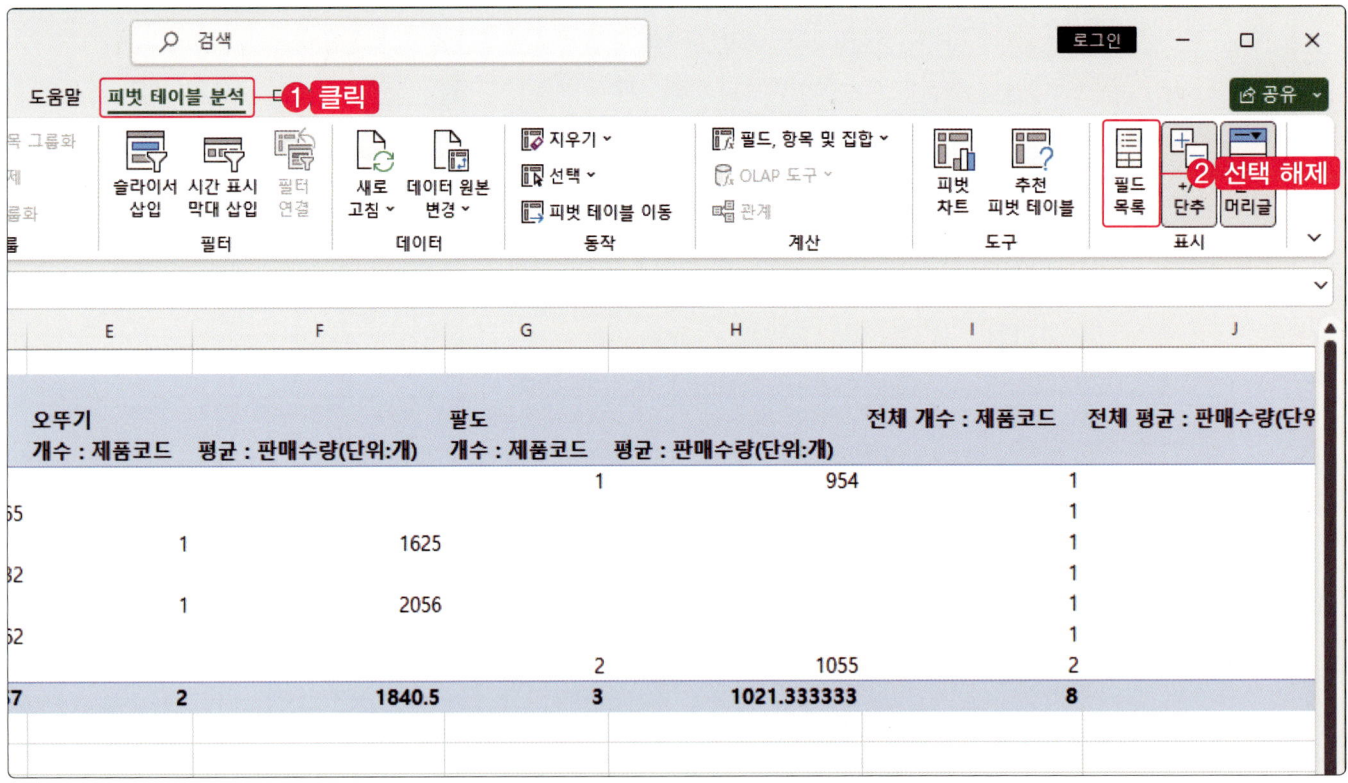

피벗 테이블에서 임의의 셀을 선택한 후 [피벗 테이블 도구] 정황 탭-[분석] 탭-[표시] 그룹에서 [필드 목록]을 선택하면 [피벗 테이블 필드] 작업 창을 다시 나타나게 할 수 있습니다.

〈조건〉 (1) 판매가격 및 제조사별 제품코드의 개수와 판매수량(단위:개)의 평균을 구하시오.

2 〔표 또는 범위의 피벗 테이블〕 대화상자가 나타나면 〔기존 워크시트〕를 **선택**한 후 **위치(제3작업!$B$2)를 입력**한 다음 〔확인〕 단추를 클릭합니다.

> 다른 시트의 셀을 참조하는 경우에는 '다른 시트의 이름!셀 주소' 형식으로 입력합니다.

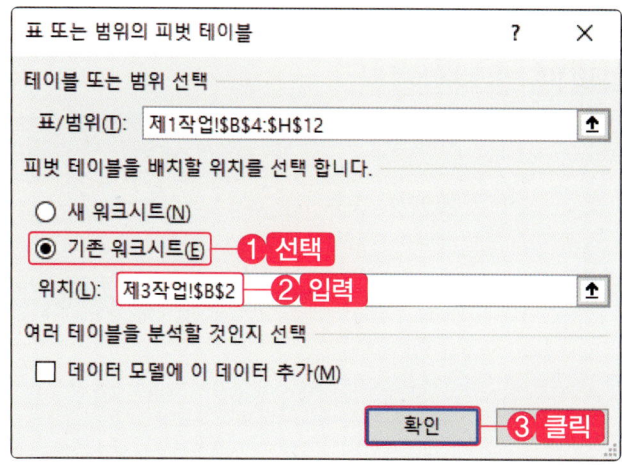

3 〔제3작업〕 시트가 나타나면 필드 구역에 있는 〔판매가격〕 필드의 바로 가기 메뉴에서 〔행 레이블에 추가〕를 클릭합니다.

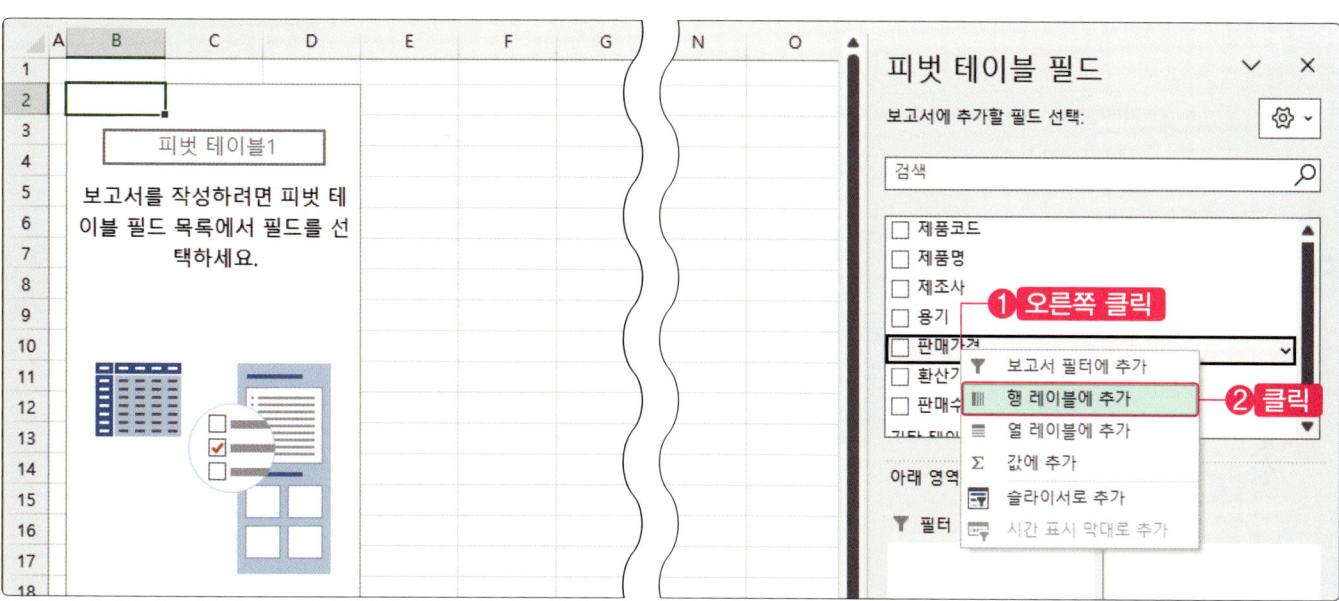

4 같은 방법으로 필드 구역에 있는 〔제조사〕 필드는 열 레이블 영역, 〔제품코드〕 필드와 〔판매수량(단위:개)〕 필드는 값 영역에 배치합니다.

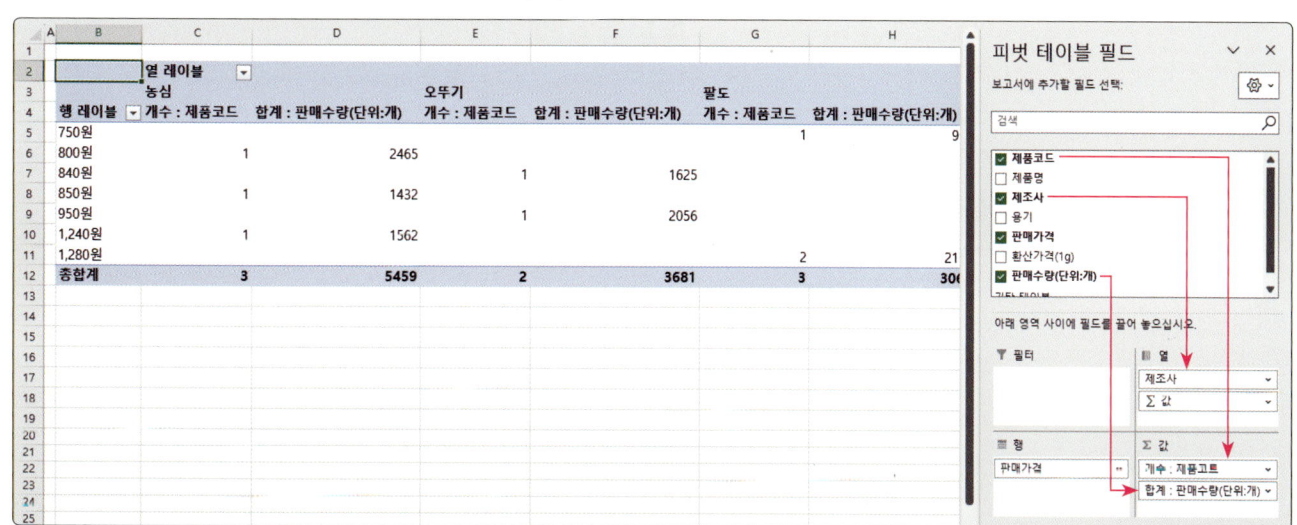

| 〈조건〉 | (1) 판매가격 및 제조사별 제품코드의 개수와 판매수량(단위:개)의 평균을 구하시오. |

5 값 필드를 설정하기 위해 값 영역에 있는 [합계 : 판매수량(단위:개)] 필드를 클릭한 후 [값 필드 설정]을 클릭합니다.

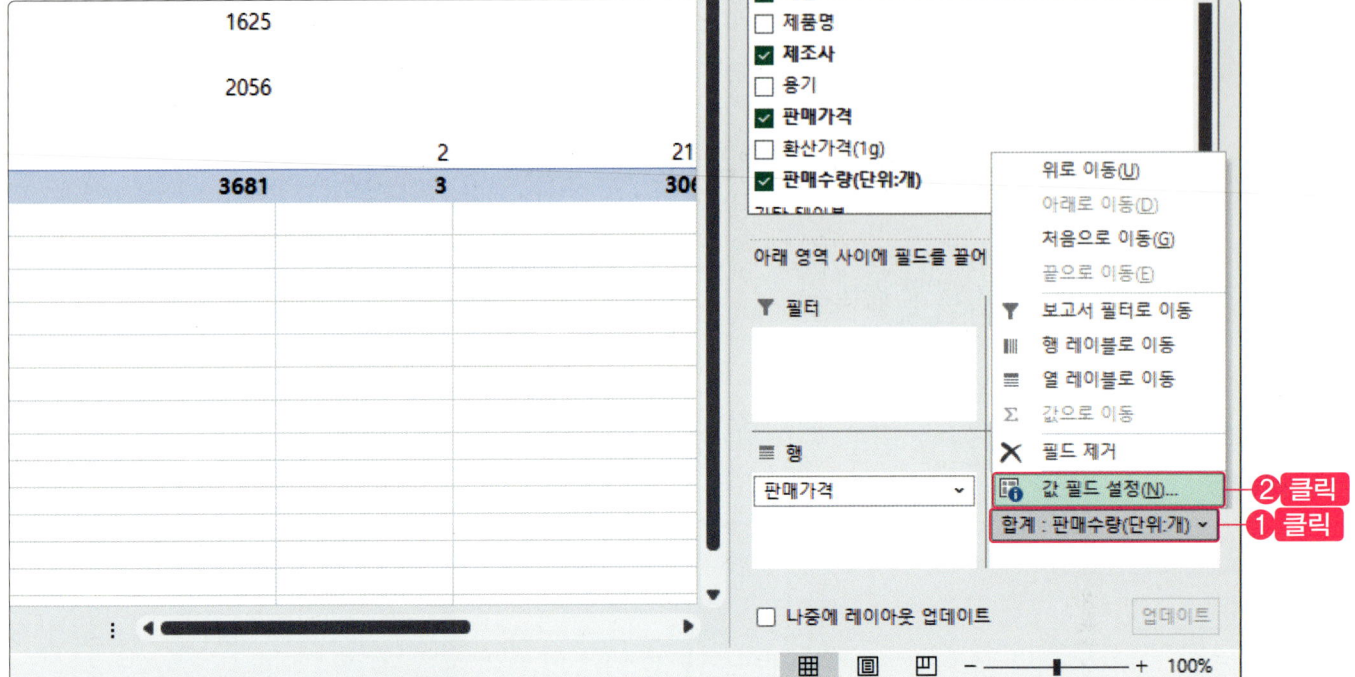

6 [값 필드 설정] 대화상자가 나타나면 [값 요약 기준] 탭에서 **요약에 사용할 계산 유형(평균)을 선택**한 후 **사용자 지정 이름 (평균 : 판매수량(단위:개))을 입력**한 다음 [확인] 단추를 클릭합니다.

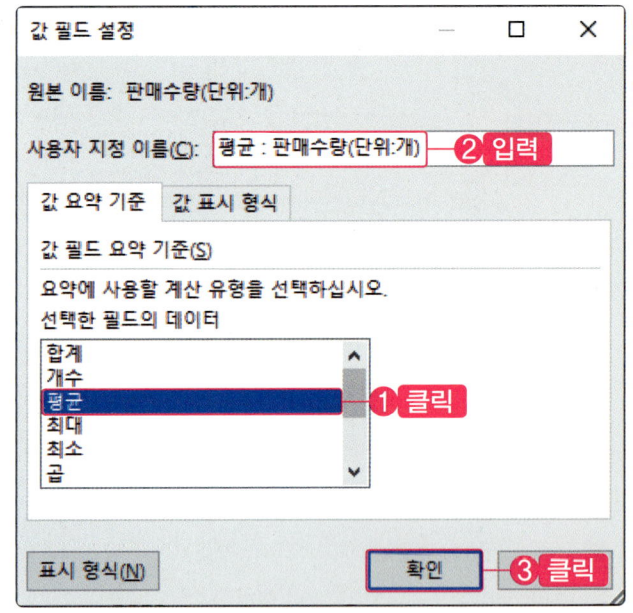

사용자 지정 이름을 입력한 후 요약에 사용할 계산 유형을 선택하면 입력한 사용자 지정 이름이 변경될 수 있으므로 먼저 요약에 사용할 계산 유형을 선택한 후 사용자 지정 이름을 입력합니다.

제1회 정보기술자격(ITQ) 시험 — MS오피스

과 목	코드	문제유형	시험시간	수험번호	성 명
한글엑셀	1122	A	60분		

수험자 유의사항

- 수험자는 문제지를 받는 즉시 문제지와 <u>수험표상의 시험과목(프로그램)이 동일한지 반드시 확인</u>하여야 합니다.

- 파일명은 본인의 "수험번호-성명"으로 입력하여 답안폴더(내 PC\문서\ITQ)에 하나의 파일로 저장해야 하며, 답안문서 파일명이 "수험번호-성명"과 일치하지 않거나, 답안파일을 전송하지 않아 미제출로 처리될 경우 실격 처리합니다(예:12345678-홍길동.xlsx).

- 답안 작성을 마치면 파일을 저장하고, '답안 전송' 버튼을 선택하여 감독위원 PC로 답안을 전송하십시오. 수험생 정보와 저장한 파일명이 다를 경우 전송되지 않으므로 주의하시기 바랍니다.

- 답안 작성 중에도 <u>주기적으로 저장하고, '답안 전송'</u>하여야 문제 발생을 줄일 수 있습니다. 작업한 내용을 저장하지 않고 전송할 경우 이전에 저장된 내용이 전송되오니 이점 유의하시기 바랍니다.

- 답안문서는 지정된 경로 외의 다른 보조기억장치에 저장하는 경우, 지정된 시험 시간 외에 작성된 파일을 활용할 경우, 기타 통신수단(이메일, 메신저, 네트워크 등)을 이용하여 타인에게 전달 또는 외부 반출하는 경우는 부정 처리합니다.

- 시험 중 부주의 또는 고의로 시스템을 파손한 경우는 수험자가 변상해야 하며, 〈수험자 유의사항〉에 기재된 방법대로 이행하지 않아 생기는 불이익은 수험생 당사자의 책임임을 알려 드립니다.

- 문제의 조건은 MS오피스 2021 버전으로 설정되어 있으며 MS오피스 2016은 【 】에 표기되어 있습니다. 이와 관련하여 작성한 답안의 출력형태가 문제지와 다를 수 있습니다.

- 시험을 완료한 수험자는 답안파일이 전송되었는지 확인한 후 감독위원의 지시에 따라 문제지를 제출하고 퇴실합니다.

답안 작성요령

- 온라인 답안 작성 절차
  수험자 등록 ⇒ 시험 시작 ⇒ 답안파일 저장 ⇒ 답안 전송 ⇒ 시험 종료

- 문제는 총 4단계, 즉 제1작업부터 제4작업까지 구성되어 있으며 반드시 제1작업부터 순서대로 작성하고 조건대로 작업하시오.

- 모든 작업시트의 A열은 열 너비 '1'로, 나머지 열은 적당하게 조절하시오.

- 모든 작업시트의 테두리는 ≪출력형태≫와 같이 작업하시오.

- 해당 작업란에서는 각각 제시된 조건에 따라 ≪출력형태≫와 같이 작업하시오.

- 답안 시트 이름은 "제1작업", "제2작업", "제3작업", "제4작업"이어야 하며 답안 시트 이외의 것은 감점 처리됩니다.

- 각 시트를 파일로 나누어 작업해서 저장할 경우 실격 처리됩니다.

kpc 한국생산성본부

[제4작업] 그래프 (100점)

☞ "제1작업" 시트를 이용하여 조건에 따라 ≪출력형태≫와 같이 작업하시오.

≪조건≫

(1) 차트 종류 ⇒ <묶은 세로 막대형>으로 작업하시오.
(2) 데이터 범위 ⇒ "제1작업" 시트의 내용을 이용하여 작업하시오.
(3) 위치 ⇒ "새 시트"로 이동하고, "제4작업"으로 시트 이름을 바꾸시오.
(4) 차트 디자인 도구 ⇒ 레이아웃 3, 스타일 1을 선택하여 ≪출력형태≫에 맞게 작업하시오.
(5) 영역 서식 ⇒ 차트 : 글꼴(굴림, 11pt), 채우기 효과(질감-분홍 박엽지)
　　　　　　　 그림 : 채우기(흰색, 배경1)
(6) 제목 서식 ⇒ 차트 제목 : 글꼴(굴림, 굵게, 20pt), 채우기(흰색, 배경1), 테두리
(7) 서식 ⇒ 신청인원 계열의 차트 종류를 <표식이 있는 꺾은선형>으로 변경한 후 보조 축으로 지정하시오.
　　　계열 : ≪출력형태≫를 참조하여 표식(세모, 크기 10)과 레이블 값을 표시하시오.
　　　눈금선 : 선 스타일-파선
　　　축 : ≪출력형태≫를 참조하시오.
(8) 범례 ⇒ 범례명을 변경하고 ≪출력형태≫를 참조하시오.
(9) 도형 ⇒ '모서리가 둥근 사각형 설명선'을 삽입한 후 ≪출력형태≫와 같이 내용을 입력하시오.
(10) 나머지 사항은 ≪출력형태≫에 맞게 작성하시오.

≪출력형태≫

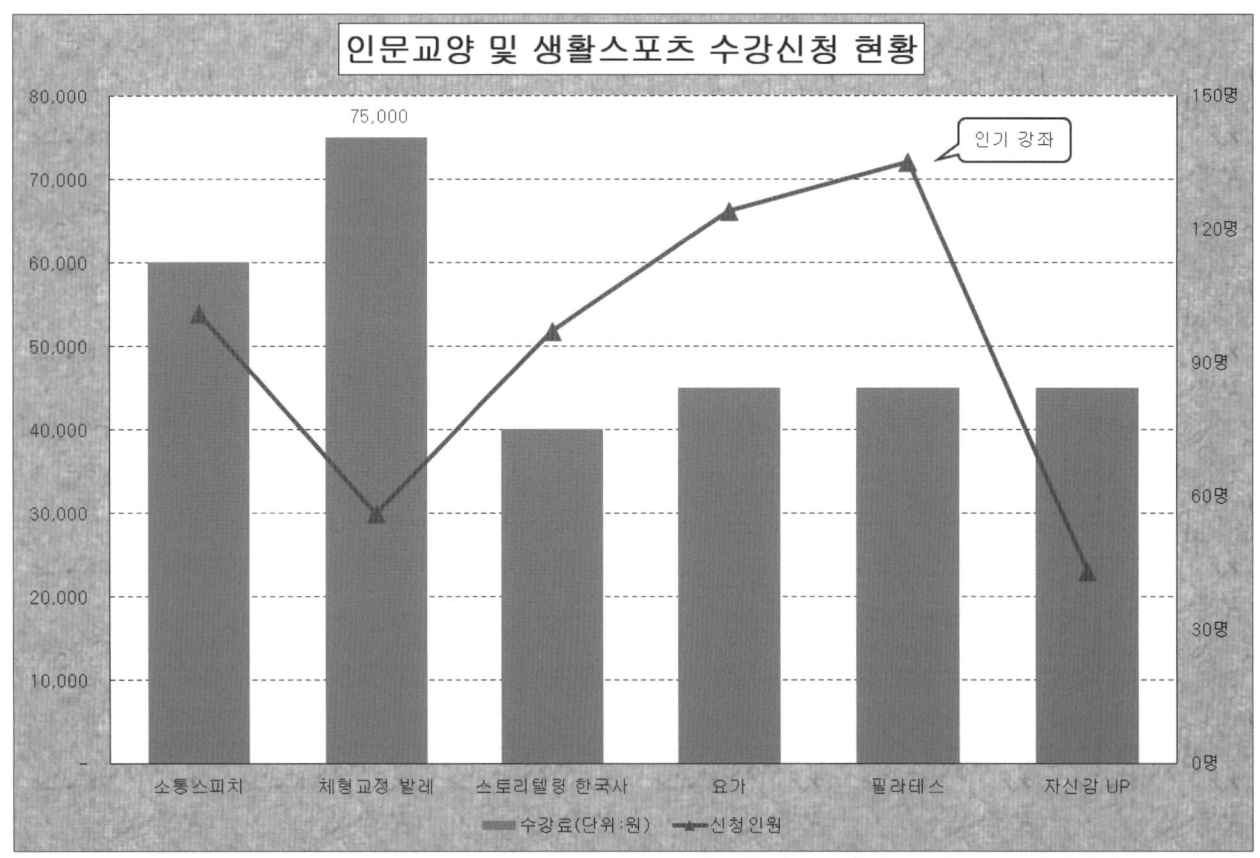

주의 ☞ 시트명 순서가 차례대로 "제1작업", "제2작업", "제3작업", "제4작업"이 되도록 할 것.

[제2작업] 목표값 찾기 및 필터 (80점)

☞ "제1작업" 시트의 「B4:H12」영역을 복사하여 "제2작업" 시트의 「B2」셀부터 모두 붙여넣기를 한 후 다음의 조건과 같이 작업하시오.

≪조건≫

(1) 목표값 찾기 - 「B11:G11」 셀을 병합하고 가운데 맞춤한 후 "인문교양 신청인원 평균"을 입력하고 「H11」 셀에 인문교양 신청인원 평균을 구하시오. 단, 조건은 입력데이터를 이용하시오 (DAVERAGE 함수, 테두리).
 - '인문교양 신청인원 평균'이 '85'가 되려면 소통스피치의 신청인원이 얼마가 되어야 하는지 목표값을 구하시오.

(2) 고급필터 - 교육대상이 '성인'이 아니면서, 수강료(단위:원)가 '50,000' 이상인 자료의 강좌명, 개강날짜, 신청인원, 수강료(단위:원) 데이터만 추출하시오.
 - 조건 범위 : 「B14」 셀부터 입력하시오.
 - 복사 위치 : 「B18」 셀부터 나타나도록 하시오.

[제3작업] 정렬 및 부분합 (80점)

☞ "제1작업" 시트의 「B4:H12」영역을 복사하여 "제3작업" 시트의 「B2」셀부터 모두 붙여넣기를 한 후 다음의 조건과 같이 작업하시오.

≪조건≫
(1) 부분합 - ≪출력형태≫처럼 정렬하고, 강좌명의 개수와 신청인원의 평균을 구하시오.
(2) 개요【윤곽】- 지우시오.
(3) 나머지 사항은 ≪출력형태≫에 맞게 작성하시오.

≪출력형태≫

	B	C	D	E	F	G	H
2	수강코드	강좌명	분류	교육대상	개강날짜	신청인원	수강료 (단위:원)
3	CS-210	소통스피치	인문교양	성인	2024-04-03	101명	60,000
4	ST-211	스토리텔링 한국사	인문교양	직장인	2024-03-13	97명	40,000
5	SU-231	자신감 UP	인문교양	청소년	2024-04-03	43명	45,000
6			인문교양 평균			80명	
7		3	인문교양 개수				
8	CE-310	어린이 영어회화	외국어	청소년	2024-04-10	87명	55,000
9	ME-312	미드로 배우는 영어	외국어	직장인	2024-03-10	78명	65,000
10			외국어 평균			83명	
11		2	외국어 개수				
12	SL-101	체형교정 발레	생활스포츠	청소년	2024-03-06	56명	75,000
13	YL-112	요가	생활스포츠	성인	2024-03-04	124명	45,000
14	PL-122	필라테스	생활스포츠	성인	2024-03-06	135명	45,000
15			생활스포츠 평균			105명	
16		3	생활스포츠 개수				
17			전체 평균			90명	
18		8	전체 개수				

[제1작업] 표 서식 작성 및 값 계산 (240점)

☞ 다음은 '평생학습센터 온라인 수강신청 현황'에 대한 자료이다. 자료를 입력하고 조건에 맞도록 작업하시오.

《출력형태》

수강코드	강좌명	분류	교육대상	개강날짜	신청인원	수강료(단위:원)	교육장소	신청인원 순위
CS-210	소통스피치	인문교양	성인	2024-04-03	101	60,000	(1)	(2)
SL-101	체형교정 발레	생활스포츠	청소년	2024-03-06	56	75,000	(1)	(2)
ST-211	스토리텔링 한국사	인문교양	직장인	2024-03-13	97	40,000	(1)	(2)
CE-310	어린이 영어회화	외국어	청소년	2024-04-10	87	55,000	(1)	(2)
YL-112	요가	생활스포츠	성인	2024-03-04	124	45,000	(1)	(2)
ME-312	미드로 배우는 영어	외국어	직장인	2024-03-10	78	65,000	(1)	(2)
PL-122	필라테스	생활스포츠	성인	2024-03-06	135	45,000	(1)	(2)
SU-231	자신감 UP	인문교양	청소년	2024-04-03	43	45,000	(1)	(2)
필라테스 수강료(단위:원)			(3)			최저 수강료(단위:원)		(5)
인문교양 최대 신청인원			(4)		강좌명	소통스피치	개강날짜	(6)

《조건》

○ 모든 데이터의 서식에는 글꼴(굴림, 11pt), 정렬은 숫자 및 회계 서식은 오른쪽 정렬, 나머지 서식은 가운데 정렬로 작성하며 예외적인 것은 《출력형태》를 참조하시오.
○ 제   목 ⇒ 도형(사다리꼴)과 그림자(오프셋 오른쪽)를 이용하여 작성하고
    "평생학습센터 온라인 수강신청 현황"을 입력한 후 다음 서식을 적용하시오
    (글꼴-굴림, 24pt, 검정, 굵게, 채우기-노랑).
○ 임의의 셀에 결재란을 작성하여 그림으로 복사 기능을 이용하여 붙이기 하시오(단, 원본 삭제).
○「B4:J4, G14, I14」영역은 '주황'으로 채우기 하시오.
○ 유효성 검사를 이용하여「H14」셀에 강좌명(「C5:C12」영역)이 선택 표시되도록 하시오.
○ 셀 서식 ⇒「G5:G12」영역에 셀 서식을 이용하여 숫자 뒤에 '명'을 표시하시오(예 : 30명).
○「H5:H12」영역에 대해 '수강료'로 이름정의를 하시오.

☞ (1)~(6) 셀은 반드시 **주어진 함수를 이용**하여 값을 구하시오(결과값을 직접 입력하면 해당 셀은 0점 처리됨).

(1) 교육장소 ⇒ 수강코드의 네 번째 글자가 1이면 '제2강의실', 2이면 '제3강의실', 3이면 '제4강의실'로 구하시오(IF, MID 함수).
(2) 신청인원 순위 ⇒ 신청인원의 내림차순 순위를 구하시오(RANK.EQ 함수).
(3) 필라테스 수강료(단위:원) ⇒ (INDEX, MATCH 함수).
(4) 인문교양 최대 신청인원 ⇒ 인문교양 강좌 중에서 최대 신청인원을 구한 후 결과값에 '명'을 붙이시오. 단, 조건은 입력데이터를 이용하시오(DMAX 함수, &연산자)(예 : 10명).
(5) 최저 수강료(단위:원) ⇒ 정의된 이름(수강료)을 이용하여 구하시오(SMALL 함수).
(6) 개강날짜 ⇒「H14」셀에서 선택한 강좌명에 대한 개강날짜를 구하시오(VLOOKUP 함수).
(7) 조건부 서식의 수식을 이용하여 신청인원이 '100' 이상인 행 전체에 다음의 서식을 적용하시오
    (글꼴 : 파랑, 굵게).

[제1작업] 표 서식 작성 및 값 계산 (240점)

☞ 다음은 '동호회 가을 여행 일정'에 대한 자료이다. 자료를 입력하고 조건에 맞도록 작업하시오.

≪출력형태≫

동호회코드	동호회명	여행지	구분	출발일자	참여인원	1인당 소요경비	국가	출발요일
C-001S	북유럽	북경	독서	2023-11-23	18	637,000	(1)	(2)
C-004S	우드아이	청도	목공	2023-12-28	27	823,000	(1)	(2)
K-002S	한글벗	성산	독서	2023-12-25	32	275,500	(1)	(2)
J-002M	뚝딱이	요코하마	목공	2023-12-09	26	516,000	(1)	(2)
C-003P	제페토	상하이	목공	2023-11-15	18	610,000	(1)	(2)
J-005P	행복나무	가와사키	목공	2023-12-19	27	689,000	(1)	(2)
K-003M	퀼트나무	마라도	공예	2023-12-09	21	310,000	(1)	(2)
K-001M	뜨개사랑	우도	공예	2023-11-17	36	335,500	(1)	(2)
목공 동호회 참여인원 합계			(3)			최대 1인당 소요경비		(5)
독서 동호회의 개수			(4)			동호회명	북유럽	여행지	(6)

상단 우측: 확인 / 사원 / 팀장 / 부장

≪조건≫

○ 모든 데이터의 서식에는 글꼴(굴림, 11pt), 정렬은 숫자 및 회계 서식은 오른쪽 정렬, 나머지 서식은 가운데 정렬로 작성하며 예외적인 것은 ≪출력형태≫를 참조하시오.
○ 제 목 ⇒ 도형(평행 사변형)과 그림자(오프셋 오른쪽)를 이용하여 작성하고
 "동호회 가을 여행 일정"을 입력한 후 다음 서식을 적용하시오
 (글꼴-굴림, 24pt, 검정, 굵게, 채우기-노랑).
○ 임의의 셀에 결재란을 작성하여 그림으로 복사 기능을 이용하여 붙이기 하시오(단, 원본 삭제).
○ 「B4:J4, G14, I14」영역은 '주황'으로 채우기 하시오.
○ 유효성 검사를 이용하여 「H14」셀에 동호회명(「C5:C12」영역)이 선택 표시되도록 하시오.
○ 셀 서식 ⇒ 「G5:G12」영역에 셀 서식을 이용하여 숫자 뒤에 '명'을 표시하시오(예 : 18명).
○ 「G5:G12」영역에 대해 '참여인원'으로 이름정의를 하시오.

☞ (1)~(6) 셀은 반드시 **주어진 함수를 이용**하여 값을 구하시오(결과값을 직접 입력하면 해당 셀은 0점 처리됨).

(1) 국가 ⇒ 동호회코드의 첫 번째 글자가 J이면 '일본', C이면 '중국', 그 외에는 '한국'으로 구하시오
 (IF, LEFT 함수).
(2) 출발요일 ⇒ 출발일자의 요일을 예와 같이 구하시오(CHOOSE, WEEKDAY 함수)(예 : 월요일).
(3) 목공 동호회 참여인원 합계 ⇒ 정의된 이름(참여인원)을 이용하여 구하시오((SUMIF 함수).
(4) 독서 동호회의 개수 ⇒ 결과값에 '개'를 붙이시오(COUNTIF 함수, & 연산자)(예 : 1개).
(5) 최대 1인당 소요경비 ⇒ (MAX 함수)
(6) 여행지 ⇒ 「H14」셀에서 선택한 동호회명에 대한 여행지를 구하시오(VLOOKUP 함수).
(7) 조건부 서식의 수식을 이용하여 참여인원이 '30' 이상인 행 전체에 다음의 서식을 적용하시오
 (글꼴 : 파랑, 굵게).

[제2작업] 목표값 찾기 및 필터 (80점)

☞ "제1작업" 시트의 「B4:H12」영역을 복사하여 "제2작업" 시트의 「B2」셀부터 모두 붙여넣기를 한 후 다음의 조건과 같이 작업하시오.

≪조건≫

(1) 목표값 찾기 - 「B11:G11」 셀을 병합하고 가운데 맞춤한 후 "독서 동호회 참여인원 평균"을 입력하고 「H11」셀에 독서 동호회 참여인원 평균을 구하시오. 단, 조건은 입력데이터를 이용하시오 (DAVERAGE 함수, 테두리).
- '독서 동호회 참여인원 평균'이 '26'이 되려면 북유럽의 참여인원이 얼마가 되어야 하는지 목표값을 구하시오.

(2) 고급필터 - 구분이 '독서'가 아니면서, 1인당 소요경비가 '600,000' 이상인 자료의 동호회명, 출발일자, 참여인원, 1인당 소요경비 데이터만 추출하시오.
- 조건 범위 : 「B14」 셀부터 입력하시오.
- 복사 위치 : 「B18」 셀부터 나타나도록 하시오.

[제3작업] 정렬 및 부분합 (80점)

☞ "제1작업" 시트의 「B4:H12」영역을 복사하여 "제3작업" 시트의 「B2」셀부터 모두 붙여넣기를 한 후 다음의 조건과 같이 작업하시오.

≪조건≫

(1) 부분합 - ≪출력형태≫처럼 정렬하고, 동호회명의 개수와 참여인원의 평균을 구하시오.
(2) 개요【윤곽】- 지우시오.
(3) 나머지 사항은 ≪출력형태≫에 맞게 작성하시오.

≪출력형태≫

	B	C	D	E	F	G	H
1							
2	동호회코드	동호회명	여행지	구분	출발일자	참여인원	1인당 소요경비
3	C-004S	우드아이	청도	목공	2023-12-28	27명	823,000
4	J-002M	뚝딱이	요코하마	목공	2023-12-09	26명	516,000
5	C-003P	제페토	상하이	목공	2023-11-15	18명	610,000
6	J-005P	행복나무	가와사키	목공	2023-12-19	27명	689,000
7				목공 평균		25명	
8		4		목공 개수			
9	C-001S	북유럽	북경	독서	2023-11-23	18명	637,000
10	K-002S	한글벗	성산	독서	2023-12-25	32명	275,500
11				독서 평균		25명	
12		2		독서 개수			
13	K-003M	퀼트나무	마라도	공예	2023-12-09	21명	310,000
14	K-001M	뜨개사랑	우도	공예	2023-11-17	36명	335,500
15				공예 평균		29명	
16		2		공예 개수			
17				전체 평균		26명	
18		8		전체 개수			

[제4작업] 그래프 (100점)

☞ "제1작업" 시트를 이용하여 조건에 따라 ≪출력형태≫와 같이 작업하시오.

≪조건≫

(1) 차트 종류 ⇒ <묶은 세로 막대형>으로 작업하시오.
(2) 데이터 범위 ⇒ "제1작업" 시트의 내용을 이용하여 작업하시오.
(3) 위치 ⇒ "새 시트"로 이동하고, "제4작업"으로 시트 이름을 바꾸시오.
(4) 차트 디자인 도구 ⇒ 레이아웃 3, 스타일 1을 선택하여 ≪출력형태≫에 맞게 작업하시오.
(5) 영역 서식 ⇒ 차트 : 글꼴(굴림, 11pt), 채우기 효과(질감-분홍 박엽지)
　　　　　　　　 그림 : 채우기(흰색, 배경1)
(6) 제목 서식 ⇒ 차트 제목 : 글꼴(굴림, 굵게, 20pt), 채우기(흰색, 배경1), 테두리
(7) 서식 ⇒ 신청인원 계열의 차트 종류를 <표식이 있는 꺾은선형>으로 변경한 후 보조 축으로 지정하시오.
　　계열 : ≪출력형태≫를 참조하여 표식(세모, 크기 10)과 레이블 값을 표시하시오.
　　눈금선 : 선 스타일-파선
　　축 : ≪출력형태≫를 참조하시오.
(8) 범례 ⇒ 범례명을 변경하고 ≪출력형태≫를 참조하시오.
(9) 도형 ⇒ '모서리가 둥근 사각형 설명선'을 삽입한 후 ≪출력형태≫와 같이 내용을 입력하시오.
(10) 나머지 사항은 ≪출력형태≫에 맞게 작성하시오.

≪출력형태≫

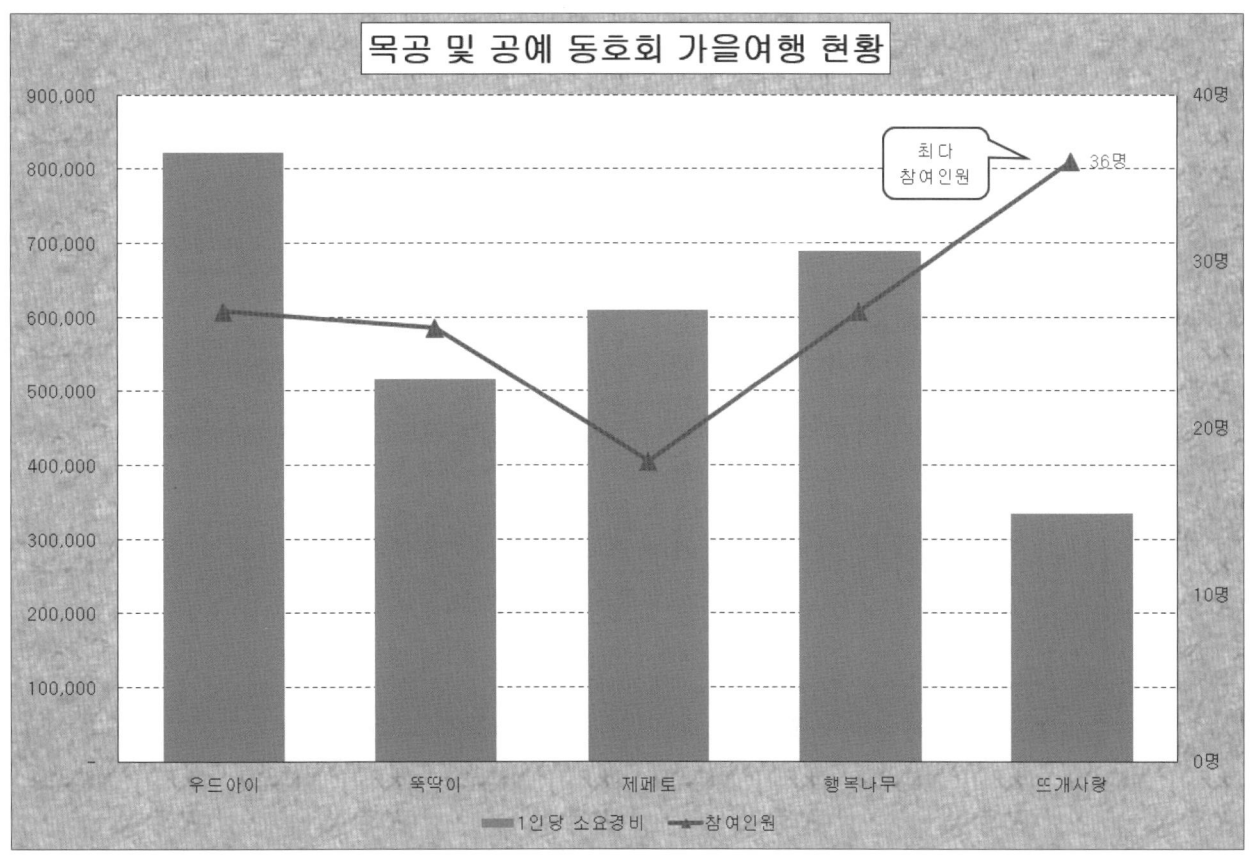

주의 ☞ 시트명 순서가 차례대로 "제1작업", "제2작업", "제3작업", "제4작업"이 되도록 할 것.

[제4작업] 그래프 (100점)

☞ "제1작업" 시트를 이용하여 조건에 따라 ≪출력형태≫와 같이 작업하시오.

≪조건≫

(1) 차트 종류 ⇒ <묶은 세로 막대형>으로 작업하시오.
(2) 데이터 범위 ⇒ "제1작업" 시트의 내용을 이용하여 작업하시오.
(3) 위치 ⇒ "새 시트"로 이동하고, "제4작업"으로 시트 이름을 바꾸시오.
(4) 차트 디자인 도구 ⇒ 레이아웃 3, 스타일 1을 선택하여 ≪출력형태≫에 맞게 작업하시오.
(5) 영역 서식 ⇒ 차트 : 글꼴(굴림, 11pt), 채우기 효과(질감-분홍 박엽지)
　　　　　　　　그림 : 채우기(흰색, 배경1)
(6) 제목 서식 ⇒ 차트 제목 : 글꼴(굴림, 굵게, 20pt), 채우기(흰색, 배경1), 테두리
(7) 서식 ⇒ 신청인원 계열의 차트 종류를 <표식이 있는 꺾은선형>으로 변경한 후 보조 축으로 지정하시오.
　　　계열 : ≪출력형태≫를 참조하여 표식(세모, 크기 10)과 레이블 값을 표시하시오.
　　　눈금선 : 선 스타일-파선
　　　축 : ≪출력형태≫를 참조하시오.
(8) 범례 ⇒ 범례명을 변경하고 ≪출력형태≫를 참조하시오.
(9) 도형 ⇒ '모서리가 둥근 사각형 설명선'을 삽입한 후 ≪출력형태≫와 같이 내용을 입력하시오.
(10) 나머지 사항은 ≪출력형태≫에 맞게 작성하시오.

≪출력형태≫

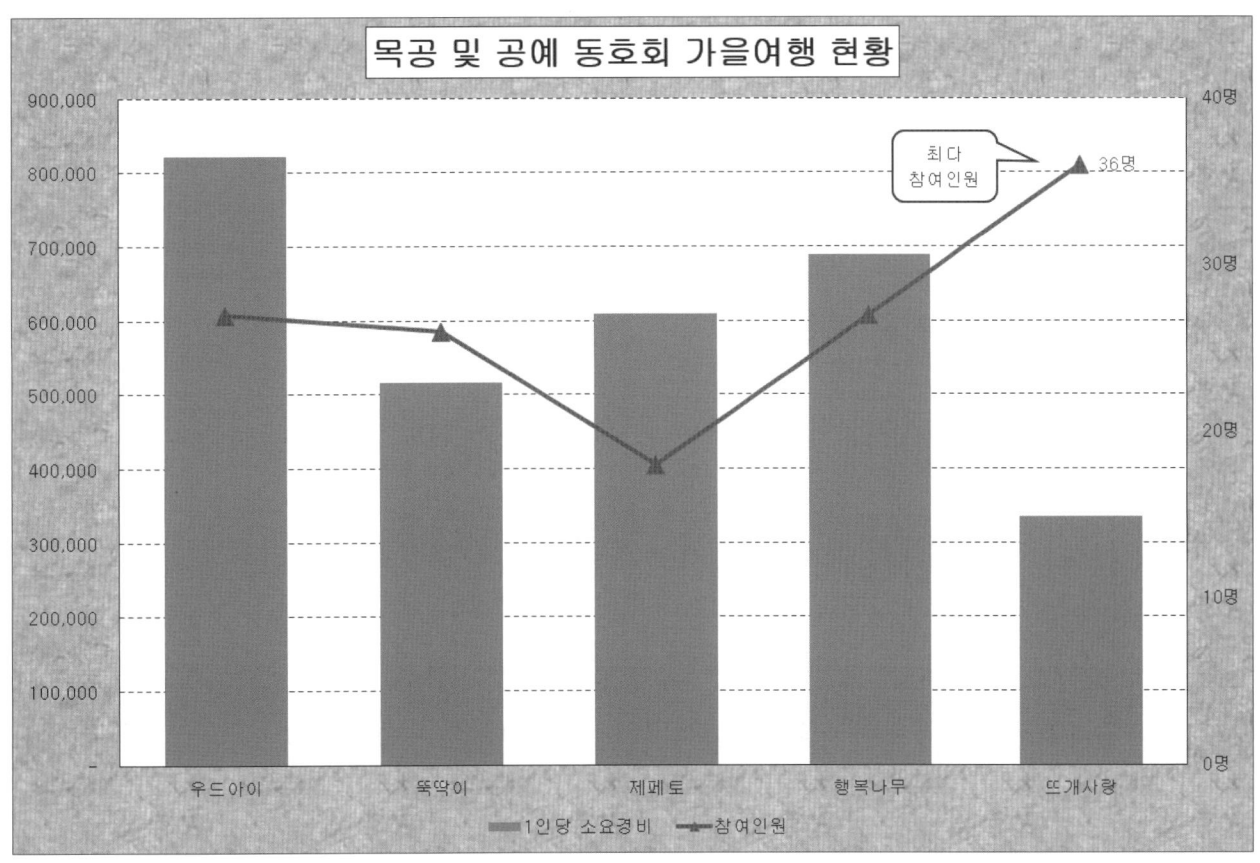

주의 ☞ 시트명 순서가 차례대로 "제1작업", "제2작업", "제3작업", "제4작업"이 되도록 할 것.

제2회 정보기술자격(ITQ) 시험 — MS오피스

과 목	코드	문제유형	시험시간	수험번호	성 명
한글엑셀	1122	B	60분		

수험자 유의사항

- 수험자는 문제지를 받는 즉시 문제지와 <u>수험표상의 시험과목(프로그램)이 동일한지 반드시 확인</u>하여야 합니다.

- 파일명은 본인의 "수험번호-성명"으로 입력하여 답안폴더(내 PC₩문서₩ITQ)에 하나의 파일로 저장해야 하며, 답안문서 파일명이 "수험번호-성명"과 일치하지 않거나, 답안파일을 전송하지 않아 미제출로 처리될 경우 실격 처리합니다(예:12345678-홍길동.xlsx).

- 답안 작성을 마치면 파일을 저장하고, '답안 전송' 버튼을 선택하여 감독위원 PC로 답안을 전송하십시오. 수험생 정보와 저장한 파일명이 다를 경우 전송되지 않으므로 주의하시기 바랍니다.

- 답안 작성 중에도 <u>주기적으로 저장하고, '답안 전송'</u>하여야 문제 발생을 줄일 수 있습니다. 작업한 내용을 저장하지 않고 전송할 경우 이전에 저장된 내용이 전송되오니 이점 유의하시기 바랍니다.

- 답안문서는 지정된 경로 외의 다른 보조기억장치에 저장하는 경우, 지정된 시험 시간 외에 작성된 파일을 활용할 경우, 기타 통신수단(이메일, 메신저, 네트워크 등)을 이용하여 타인에게 전달 또는 외부 반출하는 경우는 부정 처리합니다.

- 시험 중 부주의 또는 고의로 시스템을 파손한 경우는 수험자가 변상해야 하며, 〈수험자 유의사항〉에 기재된 방법대로 이행하지 않아 생기는 불이익은 수험생 당사자의 책임임을 알려 드립니다.

- 문제의 조건은 MS오피스 2021 버전으로 설정되어 있으며 MS오피스 2016은【 】에 표기되어 있습니다. 이와 관련하여 작성한 답안의 출력형태가 문제지와 다를 수 있습니다.

- 시험을 완료한 수험자는 답안파일이 전송되었는지 확인한 후 감독위원의 지시에 따라 문제지를 제출하고 퇴실합니다.

답안 작성요령

- 온라인 답안 작성 절차
  수험자 등록 ⇒ 시험 시작 ⇒ 답안파일 저장 ⇒ 답안 전송 ⇒ 시험 종료

- 문제는 총 4단계, 즉 제1작업부터 제4작업까지 구성되어 있으며 반드시 제1작업부터 순서대로 작성하고 조건대로 작업하시오.

- 모든 작업시트의 A열은 열 너비 '1'로, 나머지 열은 적당하게 조절하시오.

- 모든 작업시트의 테두리는 ≪출력형태≫와 같이 작업하시오.

- 해당 작업란에서는 각각 제시된 조건에 따라 ≪출력형태≫와 같이 작업하시오.

- 답안 시트 이름은 "제1작업", "제2작업", "제3작업", "제4작업"이어야 하며 답안 시트 이외의 것은 감점 처리됩니다.

- 각 시트를 파일로 나누어 작업해서 저장할 경우 실격 처리됩니다.

kpc 한국생산성본부

[제2작업] 목표값 찾기 및 필터 (80점)

☞ "제1작업" 시트의 「B4:H12」영역을 복사하여 "제2작업" 시트의 「B2」셀부터 모두 붙여넣기를 한 후 다음의 조건과 같이 작업하시오.

≪조건≫

(1) 목표값 찾기 - 「B11:G11」 셀을 병합하고 가운데 맞춤한 후 "독서 동호회 참여인원 평균"을 입력하고 「H11」 셀에 독서 동호회 참여인원 평균을 구하시오. 단, 조건은 입력데이터를 이용하시오 (DAVERAGE 함수, 테두리).
  - '독서 동호회 참여인원 평균'이 '26'이 되려면 북유럽의 참여인원이 얼마가 되어야 하는지 목표값을 구하시오.

(2) 고급필터 - 구분이 '독서'가 아니면서, 1인당 소요경비가 '600,000' 이상인 자료의 동호회명, 출발일자, 참여인원, 1인당 소요경비 데이터만 추출하시오.
  - 조건 범위 : 「B14」셀부터 입력하시오.
  - 복사 위치 : 「B18」셀부터 나타나도록 하시오.

[제3작업] 정렬 및 부분합 (80점)

☞ "제1작업" 시트의 「B4:H12」영역을 복사하여 "제3작업" 시트의 「B2」셀부터 모두 붙여넣기를 한 후 다음의 조건과 같이 작업하시오.

≪조건≫

(1) 부분합 - ≪출력형태≫처럼 정렬하고, 동호회명의 개수와 참여인원의 평균을 구하시오.
(2) 개요【윤곽】- 지우시오.
(3) 나머지 사항은 ≪출력형태≫에 맞게 작성하시오.

≪출력형태≫

	B	C	D	E	F	G	H
1							
2	동호회코드	동호회명	여행지	구분	출발일자	참여인원	1인당 소요경비
3	C-004S	우드아이	청도	목공	2023-12-28	27명	823,000
4	J-002M	뚝딱이	요코하마	목공	2023-12-09	26명	516,000
5	C-003P	제페토	상하이	목공	2023-11-15	18명	610,000
6	J-005P	행복나무	가와사키	목공	2023-12-19	27명	689,000
7				목공 평균		25명	
8		4		목공 개수			
9	C-001S	북유럽	북경	독서	2023-11-23	18명	637,000
10	K-002S	한글벗	성산	독서	2023-12-25	32명	275,500
11				독서 평균		25명	
12		2		독서 개수			
13	K-003M	퀼트나무	마라도	공예	2023-12-09	21명	310,000
14	K-001M	뜨개사랑	우도	공예	2023-11-17	36명	335,500
15				공예 평균		29명	
16		2		공예 개수			
17				전체 평균		26명	
18		8		전체 개수			

[제1작업] 표 서식 작성 및 값 계산 (240점)

☞ 다음은 '동호회 가을 여행 일정'에 대한 자료이다. 자료를 입력하고 조건에 맞도록 작업하시오.

≪출력형태≫

동호회코드	동호회명	여행지	구분	출발일자	참여인원	1인당 소요경비	국가	출발요일
C-001S	북유럽	북경	독서	2023-11-23	18	637,000	(1)	(2)
C-004S	우드아이	청도	목공	2023-12-28	27	823,000	(1)	(2)
K-002S	한글벗	성산	독서	2023-12-25	32	275,500	(1)	(2)
J-002M	뚝딱이	요코하마	목공	2023-12-09	26	516,000	(1)	(2)
C-003P	제페토	상하이	목공	2023-11-15	18	610,000	(1)	(2)
J-005P	행복나무	가와사키	목공	2023-12-19	27	689,000	(1)	(2)
K-003M	퀼트나무	마라도	공예	2023-12-09	21	310,000	(1)	(2)
K-001M	뜨개사랑	우도	공예	2023-11-17	36	335,500	(1)	(2)
목공 동호회 참여인원 합계			(3)			최대 1인당 소요경비		(5)
독서 동호회의 개수			(4)			동호회명	북유럽	여행지	(6)

제목: 동호회 가을 여행 일정
확인: 사원 / 팀장 / 부장

≪조건≫

○ 모든 데이터의 서식에는 글꼴(굴림, 11pt), 정렬은 숫자 및 회계 서식은 오른쪽 정렬, 나머지 서식은 가운데 정렬로 작성하며 예외적인 것은 ≪출력형태≫를 참조하시오.
○ 제 목 ⇒ 도형(평행 사변형)과 그림자(오프셋 오른쪽)를 이용하여 작성하고
 "동호회 가을 여행 일정"을 입력한 후 다음 서식을 적용하시오
 (글꼴-굴림, 24pt, 검정, 굵게, 채우기-노랑).
○ 임의의 셀에 결재란을 작성하여 그림으로 복사 기능을 이용하여 붙이기 하시오(단, 원본 삭제).
○ 「B4:J4, G14, I14」 영역은 '주황'으로 채우기 하시오.
○ 유효성 검사를 이용하여 「H14」셀에 동호회명(「C5:C12」 영역)이 선택 표시되도록 하시오.
○ 셀 서식 ⇒ 「G5:G12」영역에 셀 서식을 이용하여 숫자 뒤에 '명'을 표시하시오(예 : 18명).
○ 「G5:G12」영역에 대해 '참여인원'으로 이름정의를 하시오.

☞ (1)~(6) 셀은 반드시 **주어진 함수를 이용**하여 값을 구하시오(결과값을 직접 입력하면 해당 셀은 0점 처리됨).

(1) 국가 ⇒ 동호회코드의 첫 번째 글자가 J이면 '일본', C이면 '중국', 그 외에는 '한국'으로 구하시오
 (IF, LEFT 함수).
(2) 출발요일 ⇒ 출발일자의 요일을 예와 같이 구하시오(CHOOSE, WEEKDAY 함수)(예 : 월요일).
(3) 목공 동호회 참여인원 합계 ⇒ 정의된 이름(참여인원)을 이용하여 구하시오((SUMIF 함수).
(4) 독서 동호회의 개수 ⇒ 결과값에 '개'를 붙이시오(COUNTIF 함수, & 연산자)(예 : 1개).
(5) 최대 1인당 소요경비 ⇒ (MAX 함수)
(6) 여행지 ⇒ 「H14」셀에서 선택한 동호회명에 대한 여행지를 구하시오(VLOOKUP 함수).
(7) 조건부 서식의 수식을 이용하여 참여인원이 '30' 이상인 행 전체에 다음의 서식을 적용하시오
 (글꼴 : 파랑, 굵게).

[제2작업] 목표값 찾기 및 필터 (80점)

☞ "제1작업" 시트의 「B4:H12」영역을 복사하여 "제2작업" 시트의 「B2」셀부터 모두 붙여넣기를 한 후 다음의 조건과 같이 작업하시오.

≪조건≫

(1) 목표값 찾기 - 「B11:G11」 셀을 병합하고 가운데 맞춤한 후 "인문교양 신청인원 평균"을 입력하고 「H11」 셀에 인문교양 신청인원 평균을 구하시오. 단, 조건은 입력데이터를 이용하시오 (DAVERAGE 함수, 테두리).
  - '인문교양 신청인원 평균'이 '85'가 되려면 소통스피치의 신청인원이 얼마가 되어야 하는지 목표값을 구하시오.

(2) 고급필터 - 교육대상이 '성인'이 아니면서, 수강료(단위:원)가 '50,000' 이상인 자료의 강좌명, 개강날짜, 신청인원, 수강료(단위:원) 데이터만 추출하시오.
  - 조건 범위 : 「B14」 셀부터 입력하시오.
  - 복사 위치 : 「B18」 셀부터 나타나도록 하시오.

[제3작업] 정렬 및 부분합 (80점)

☞ "제1작업" 시트의 「B4:H12」영역을 복사하여 "제3작업" 시트의 「B2」셀부터 모두 붙여넣기를 한 후 다음의 조건과 같이 작업하시오.

≪조건≫

(1) 부분합 - ≪출력형태≫처럼 정렬하고, 강좌명의 개수와 신청인원의 평균을 구하시오.
(2) 개요【윤곽】- 지우시오.
(3) 나머지 사항은 ≪출력형태≫에 맞게 작성하시오.

≪출력형태≫

	B	C	D	E	F	G	H
1							
2	수강코드	강좌명	분류	교육대상	개강날짜	신청인원	수강료 (단위:원)
3	CS-210	소통스피치	인문교양	성인	2024-04-03	101명	60,000
4	ST-211	스토리텔링 한국사	인문교양	직장인	2024-03-13	97명	40,000
5	SU-231	자신감 UP	인문교양	청소년	2024-04-03	43명	45,000
6			인문교양 평균			80명	
7		3	인문교양 개수				
8	CE-310	어린이 영어회화	외국어	청소년	2024-04-10	87명	55,000
9	ME-312	미드로 배우는 영어	외국어	직장인	2024-03-10	78명	65,000
10			외국어 평균			83명	
11		2	외국어 개수				
12	SL-101	체형교정 발레	생활스포츠	청소년	2024-03-06	56명	75,000
13	YL-112	요가	생활스포츠	성인	2024-03-04	124명	45,000
14	PL-122	필라테스	생활스포츠	성인	2024-03-06	135명	45,000
15			생활스포츠 평균			105명	
16		3	생활스포츠 개수				
17			전체 평균			90명	
18		8	전체 개수				

[제1작업] 표 서식 작성 및 값 계산 (240점)

☞ 다음은 '평생학습센터 온라인 수강신청 현황'에 대한 자료이다. 자료를 입력하고 조건에 맞도록 작업하시오.

≪출력형태≫

수강코드	강좌명	분류	교육대상	개강날짜	신청인원	수강료 (단위:원)	교육장소	신청인원 순위
CS-210	소통스피치	인문교양	성인	2024-04-03	101	60,000	(1)	(2)
SL-101	체형교정 발레	생활스포츠	청소년	2024-03-06	56	75,000	(1)	(2)
ST-211	스토리텔링 한국사	인문교양	직장인	2024-03-13	97	40,000	(1)	(2)
CE-310	어린이 영어회화	외국어	청소년	2024-04-10	87	55,000	(1)	(2)
YL-112	요가	생활스포츠	성인	2024-03-04	124	45,000	(1)	(2)
ME-312	미드로 배우는 영어	외국어	직장인	2024-03-10	78	65,000	(1)	(2)
PL-122	필라테스	생활스포츠	성인	2024-03-06	135	45,000	(1)	(2)
SU-231	자신감 UP	인문교양	청소년	2024-04-03	43	45,000	(1)	(2)
필라테스 수강료(단위:원)			(3)		최저 수강료(단위:원)			(5)
인문교양 최대 신청인원			(4)		강좌명	소통스피치	개강날짜	(6)

≪조건≫

- 모든 데이터의 서식에는 글꼴(굴림, 11pt), 정렬은 숫자 및 회계 서식은 오른쪽 정렬, 나머지 서식은 가운데 정렬로 작성하며 예외적인 것은 ≪출력형태≫를 참조하시오.
- 제 목 ⇒ 도형(사다리꼴)과 그림자(오프셋 오른쪽)를 이용하여 작성하고 "평생학습센터 온라인 수강신청 현황"을 입력한 후 다음 서식을 적용하시오 (글꼴-굴림, 24pt, 검정, 굵게, 채우기-노랑).
- 임의의 셀에 결재란을 작성하여 그림으로 복사 기능을 이용하여 붙이기 하시오(단, 원본 삭제).
- 「B4:J4, G14, I14」 영역은 '주황'으로 채우기 하시오.
- 유효성 검사를 이용하여 「H14」셀에 강좌명(「C5:C12」 영역)이 선택 표시되도록 하시오.
- 셀 서식 ⇒ 「G5:G12」영역에 셀 서식을 이용하여 숫자 뒤에 '명'을 표시하시오(예 : 30명).
- 「H5:H12」영역에 대해 '수강료'로 이름정의를 하시오.

☞ (1)~(6) 셀은 반드시 **주어진 함수를 이용**하여 값을 구하시오(결과값을 직접 입력하면 해당 셀은 0점 처리됨).

(1) 교육장소 ⇒ 수강코드의 네 번째 글자가 1이면 '제2강의실', 2이면 '제3강의실', 3이면 '제4강의실'로 구하시오(IF, MID 함수).

(2) 신청인원 순위 ⇒ 신청인원의 내림차순 순위를 구하시오(RANK.EQ 함수).

(3) 필라테스 수강료(단위:원) ⇒ (INDEX, MATCH 함수).

(4) 인문교양 최대 신청인원 ⇒ 인문교양 강좌 중에서 최대 신청인원을 구한 후 결과값에 '명'을 붙이시오. 단, 조건은 입력데이터를 이용하시오(DMAX 함수, &연산자)(예 : 10명).

(5) 최저 수강료(단위:원) ⇒ 정의된 이름(수강료)을 이용하여 구하시오(SMALL 함수).

(6) 개강날짜 ⇒ 「H14」셀에서 선택한 강좌명에 대한 개강날짜를 구하시오(VLOOKUP 함수).

(7) 조건부 서식의 수식을 이용하여 신청인원이 '100' 이상인 행 전체에 다음의 서식을 적용하시오 (글꼴 : 파랑, 굵게).

제3회 정보기술자격(ITQ) 시험

MS오피스

과 목	코드	문제유형	시험시간	수험번호	성 명
한글엑셀	1122	C	60분		

수험자 유의사항

- 수험자는 문제지를 받는 즉시 문제지와 <u>수험표상의 시험과목(프로그램)이 동일한지 반드시 확인</u>하여야 합니다.

- 파일명은 본인의 "수험번호-성명"으로 입력하여 답안폴더(내 PC\문서\ITQ)에 하나의 파일로 저장해야 하며, 답안문서 파일명이 "수험번호-성명"과 일치하지 않거나, 답안파일을 전송하지 않아 미제출로 처리될 경우 실격 처리합니다(예:12345678-홍길동.xlsx).

- 답안 작성을 마치면 파일을 저장하고, '답안 전송' 버튼을 선택하여 감독위원 PC로 답안을 전송하십시오. 수험생 정보와 저장한 파일명이 다를 경우 전송되지 않으므로 주의하시기 바랍니다.

- 답안 작성 중에도 **주기적으로 저장하고, '답안 전송'**하여야 문제 발생을 줄일 수 있습니다. 작업한 내용을 저장하지 않고 전송할 경우 이전에 저장된 내용이 전송되오니 이점 유의하시기 바랍니다.

- 답안문서는 지정된 경로 외의 다른 보조기억장치에 저장하는 경우, 지정된 시험 시간 외에 작성된 파일을 활용할 경우, 기타 통신수단(이메일, 메신저, 네트워크 등)을 이용하여 타인에게 전달 또는 외부 반출하는 경우는 부정 처리합니다.

- 시험 중 부주의 또는 고의로 시스템을 파손한 경우는 수험자가 변상해야 하며, 〈수험자 유의사항〉에 기재된 방법대로 이행하지 않아 생기는 불이익은 수험생 당사자의 책임임을 알려 드립니다.

- 문제의 조건은 MS오피스 2021 버전으로 설정되어 있으며 MS오피스 2016은 【 】에 표기되어 있습니다. 이와 관련하여 작성한 답안의 출력형태가 문제지와 다를 수 있습니다.

- 시험을 완료한 수험자는 답안파일이 전송되었는지 확인한 후 감독위원의 지시에 따라 문제지를 제출하고 퇴실합니다.

답안 작성요령

- 온라인 답안 작성 절차
  수험자 등록 ⇒ 시험 시작 ⇒ 답안파일 저장 ⇒ 답안 전송 ⇒ 시험 종료

- 문제는 총 4단계, 즉 제1작업부터 제4작업까지 구성되어 있으며 반드시 제1작업부터 순서대로 작성하고 조건대로 작업하시오.

- 모든 작업시트의 A열은 열 너비 '1'로, 나머지 열은 적당하게 조절하시오.

- 모든 작업시트의 테두리는 ≪출력형태≫와 같이 작업하시오.

- 해당 작업란에서는 각각 제시된 조건에 따라 ≪출력형태≫와 같이 작업하시오.

- 답안 시트 이름은 "제1작업", "제2작업", "제3작업", "제4작업"이어야 하며 답안 시트 이외의 것은 감점 처리됩니다.

- 각 시트를 파일로 나누어 작업해서 저장할 경우 실격 처리됩니다.

kpc 한국생산성본부

[제4작업] 그래프 (100점)

☞ "제1작업" 시트를 이용하여 조건에 따라 ≪출력형태≫와 같이 작업하시오.

≪조건≫

(1) 차트 종류 ⇒ <묶은 세로 막대형>으로 작업하시오.
(2) 데이터 범위 ⇒ "제1작업" 시트의 내용을 이용하여 작업하시오.
(3) 위치 ⇒ "새 시트"로 이동하고, "제4작업"으로 시트 이름을 바꾸시오.
(4) 차트 디자인 도구 ⇒ 레이아웃 3, 스타일 1을 선택하여 ≪출력형태≫에 맞게 작업하시오.
(5) 영역 서식 ⇒ 차트 : 글꼴(굴림, 11pt), 채우기 효과(질감-분홍 박엽지)
               그림 : 채우기(흰색, 배경1)
(6) 제목 서식 ⇒ 차트 제목 : 글꼴(굴림, 굵게, 20pt), 채우기(흰색, 배경1), 테두리
(7) 서식 ⇒ 1박 사용요금(단위:원) 계열의 차트 종류를 <표식이 있는 꺾은선형>으로 변경한 후 보조 축으로 지정하시오.
      계열 : ≪출력형태≫를 참조하여 표식(세모, 크기 10)과 레이블 값을 표시하시오.
      눈금선 : 선 스타일-파선
      축 : ≪출력형태≫를 참조하시오.
(8) 범례 ⇒ 범례명을 변경하고 ≪출력형태≫를 참조하시오.
(9) 도형 ⇒ '모서리가 둥근 사각형 설명선'을 삽입한 후 ≪출력형태≫와 같이 내용을 입력하시오.
(10) 나머지 사항은 ≪출력형태≫에 맞게 작성하시오.

≪출력형태≫

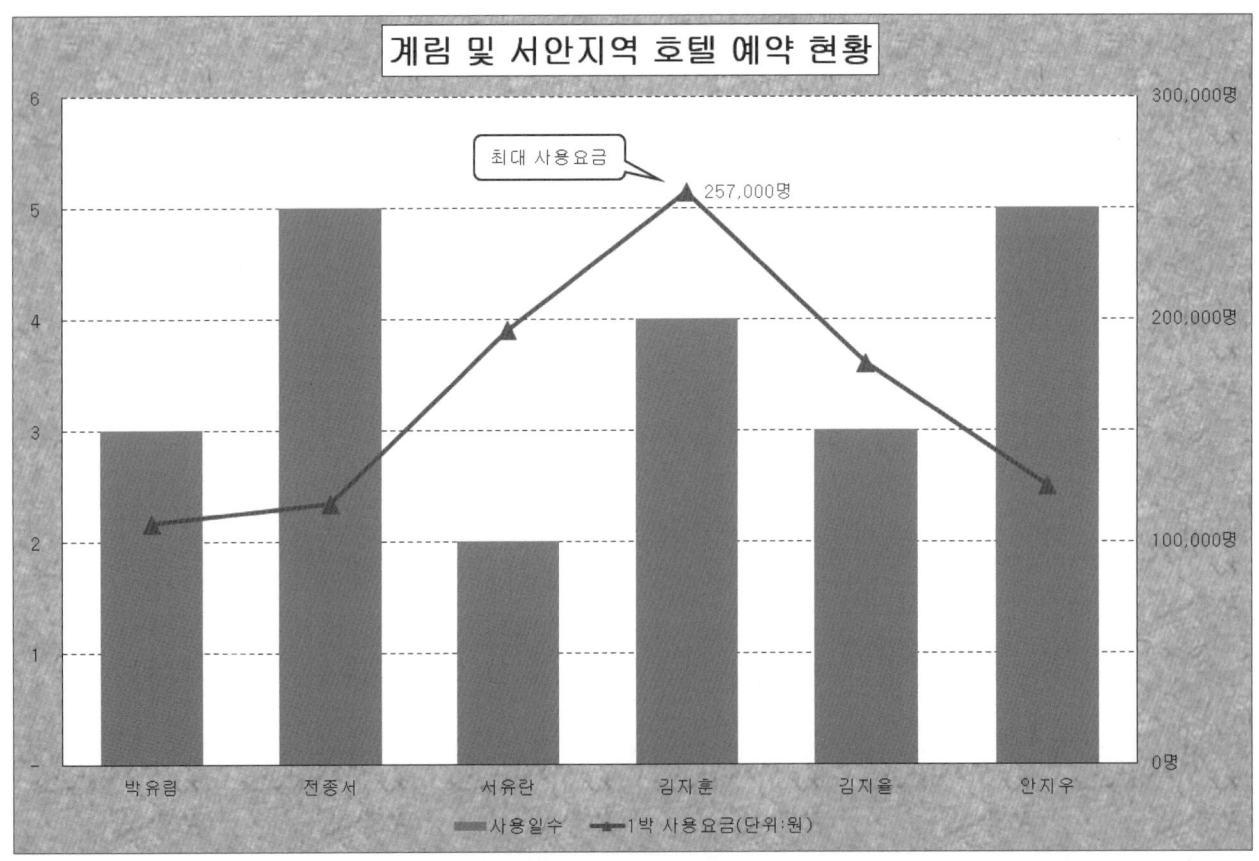

주의 ☞ 시트명 순서가 차례대로 "제1작업", "제2작업", "제3작업", "제4작업"이 되도록 할 것.

[제2작업] 목표값 찾기 및 필터 (80점)

☞ "제1작업" 시트의 「B4:H12」영역을 복사하여 "제2작업" 시트의 「B2」셀부터 모두 붙여넣기를 한 후 다음의 조건과 같이 작업하시오.

≪조건≫

(1) 목표값 찾기 - 「B11:G11」셀을 병합하고 가운데 맞춤한 후 "계림지역 1박 사용요금(단위:원) 평균"을 입력하고 「H11」셀에 계림지역 1박 사용요금(단위:원) 평균을 구하시오. 단, 조건은 입력데이터를 이용하시오 (DAVERAGE 함수, 테두리).
- '계림지역 1박 사용요금(단위:원) 평균'이 '120,000'이 되려면 박유림의 1박 사용요금(단위:원)이 얼마가 되어야 하는지 목표값을 구하시오.

(2) 고급필터 - 지역이 '계림'이 아니면서, 사용일수가 '3' 이하인 자료의 고객명, 호텔명, 1박 사용요금(단위:원), 사용일수 데이터만 추출하시오.
- 조건 범위 : 「B14」셀부터 입력하시오.
- 복사 위치 : 「B18」셀부터 나타나도록 하시오.

[제3작업] 정렬 및 부분합 (80점)

☞ "제1작업" 시트의 「B4:H12」영역을 복사하여 "제3작업" 시트의 「B2」셀부터 모두 붙여넣기를 한 후 다음의 조건과 같이 작업하시오.

≪조건≫

(1) 부분합 - ≪출력형태≫처럼 정렬하고, 고객명의 개수와 1박 사용요금(단위:원)의 평균을 구하시오.
(2) 개요【윤곽】- 지우시오.
(3) 나머지 사항은 ≪출력형태≫에 맞게 작성하시오.

≪출력형태≫

	B	C	D	E	F	G	H
2	예약코드	고객명	호텔명	지역	예약일자	1박 사용요금 (단위:원)	사용일수
3	CT-141	전종서	래디언스	서안	2023-12-18	117,000명	5박
4	CX-823	서유란	만다린	서안	2023-12-07	195,000명	2박
5	CM-783	김지훈	하카타	서안	2023-12-20	257,000명	4박
6	CM-632	김지율	민쩡	서안	2023-11-30	180,000명	3박
7				서안 평균		187,250명	
8		4		서안 개수			
9	KA-142	이충현	써튼	상해	2023-11-28	157,000명	4박
10	KD-251	주승하	상하이	상해	2023-12-01	137,000명	6박
11				상해 평균		147,000명	
12		2		상해 개수			
13	BE-821	박유림	르네상스	계림	2023-12-02	108,000명	3박
14	BH-242	안지우	오아시스	계림	2023-11-23	125,000명	5박
15				계림 평균		116,500명	
16		2		계림 개수			
17				전체 평균		159,500명	
18		8		전체 개수			

[제1작업] 표 서식 작성 및 값 계산 (240점)

☞ 다음은 '중국여행 호텔 예약 현황'에 대한 자료이다. 자료를 입력하고 조건에 맞도록 작업하시오.

≪출력형태≫

예약코드	고객명	호텔명	지역	예약일자	1박 사용요금 (단위:원)	사용일수	호텔등급	총이용금액 (단위:원)
BE-821	박유림	르네상스	계림	2023-12-02	108,000	3	(1)	(2)
CT-141	전종서	래디언스	서안	2023-12-18	117,000	5	(1)	(2)
CX-823	서유란	만다린	서안	2023-12-07	195,000	2	(1)	(2)
CM-783	김지훈	하카타	서안	2023-12-20	257,000	4	(1)	(2)
CM-632	김지율	민쩡	서안	2023-11-30	180,000	3	(1)	(2)
KA-142	이충현	써튼	상해	2023-11-28	157,000	4	(1)	(2)
BH-242	안지우	오아시스	계림	2023-11-23	125,000	5	(1)	(2)
KD-251	주승하	상하이	상해	2023-12-01	137,000	6	(1)	(2)
서안지역 1박 사용요금(단위:원) 평균				(3)		최대 사용일 수		(5)
계림지역의 호텔 수				(4)		고객명	박유림	사용일 수	(6)

≪조건≫

○ 모든 데이터의 서식에는 글꼴(굴림, 11pt), 정렬은 숫자 및 회계 서식은 오른쪽 정렬, 나머지 서식은 가운데 정렬로 작성하며 예외적인 것은 ≪출력형태≫를 참조하시오.
○ 제 목 ⇒ 도형(육각형)과 그림자(오프셋 오른쪽)를 이용하여 작성하고
"중국여행 호텔 예약 현황"을 입력한 후 다음 서식을 적용하시오
(글꼴-굴림, 24pt, 검정, 굵게, 채우기-노랑).
○ 임의의 셀에 결재란을 작성하여 그림으로 복사 기능을 이용하여 붙이기 하시오(단, 원본 삭제).
○ 「B4:J4, G14, I14」 영역은 '주황'으로 채우기 하시오.
○ 유효성 검사를 이용하여 「H14」셀에 고객명(「C5:C12」 영역)이 선택 표시되도록 하시오.
○ 셀 서식 ⇒ 「H5:H12」영역에 셀 서식을 이용하여 숫자 뒤에 '박'을 표시하시오(예 : 3박).
○ 「G5:G12」영역에 대해 '사용요금'으로 이름정의를 하시오.

☞ (1)~(6) 셀은 반드시 **주어진 함수를 이용**하여 값을 구하시오(결과값을 직접 입력하면 해당 셀은 0점 처리됨).

(1) 호텔등급 ⇒ 예약코드의 마지막 글자가 1이면 '★★★', 2이면 '★★', 3이면 '★'로 구하시오
(CHOOSE, RIGHT 함수).
(2) 총이용금액(단위:원) ⇒ 사용일수가 4 이상이면 「1박 사용요금(단위:원)×사용일수×0.9」, 그 외에는
「1박 사용요금(단위:원)×사용일수」로 구하시오(IF 함수).
(3) 서안지역 1박 사용요금(단위:원) 평균 ⇒ 정의된 이름(사용요금)을 이용하여 구하시오(SUMIF, COUNTIF 함수).
(4) 계림지역의 호텔 수 ⇒ 결과값에 '개'를 표시하시오. 단, 조건은 입력데이터를 이용하시오
(DCOUNTA 함수, & 연산자)(예 : 1개).
(5) 최대 사용일수 ⇒ (MAX함수)
(6) 사용일수 ⇒ 「H14」셀에서 선택한 고객명에 대한 사용일수를 구하시오(VLOOKUP 함수).
(7) 조건부 서식의 수식을 이용하여 사용일수가 '5' 이상인 행 전체에 다음의 서식을 적용하시오
(글꼴 : 파랑, 굵게).

과목	코드	문제유형	시험시간	수험번호	성 명
한글엑셀	1122	A	60분		

제4회 정보기술자격(ITQ) 시험 — MS오피스

수험자 유의사항

- 수험자는 문제지를 받는 즉시 문제지와 수험표상의 시험과목(프로그램)이 동일한지 반드시 확인하여야 합니다.
- 파일명은 본인의 "수험번호-성명"으로 입력하여 답안폴더(내 PC\문서\ITQ)에 하나의 파일로 저장해야 하며, 답안문서 파일명이 "수험번호-성명"과 일치하지 않거나, 답안파일을 전송하지 않아 미제출로 처리될 경우 실격 처리합니다(예:12345678-홍길동.xlsx).
- 답안 작성을 마치면 파일을 저장하고, '답안 전송' 버튼을 선택하여 감독위원 PC로 답안을 전송하십시오. 수험생 정보와 저장한 파일명이 다를 경우 전송되지 않으므로 주의하시기 바랍니다.
- 답안 작성 중에도 주기적으로 저장하고, '답안 전송'하여야 문제 발생을 줄일 수 있습니다. 작업한 내용을 저장하지 않고 전송할 경우 이전에 저장된 내용이 전송되오니 이점 유의하시기 바랍니다.
- 답안문서는 지정된 경로 외의 다른 보조기억장치에 저장하는 경우, 지정된 시험 시간 외에 작성된 파일을 활용할 경우, 기타 통신수단(이메일, 메신저, 네트워크 등)을 이용하여 타인에게 전달 또는 외부 반출하는 경우는 부정 처리합니다.
- 시험 중 부주의 또는 고의로 시스템을 파손한 경우는 수험자가 변상해야 하며, 〈수험자 유의사항〉에 기재된 방법대로 이행하지 않아 생기는 불이익은 수험생 당사자의 책임임을 알려 드립니다.
- 문제의 조건은 MS오피스 2021 버전으로 설정되어 있으며 MS오피스 2016은 【 】에 표기되어 있습니다. 이와 관련하여 작성한 답안의 출력형태가 문제지와 다를 수 있습니다.
- 시험을 완료한 수험자는 답안파일이 전송되었는지 확인한 후 감독위원의 지시에 따라 문제지를 제출하고 퇴실합니다.

답안 작성요령

- 온라인 답안 작성 절차
  수험자 등록 ⇒ 시험 시작 ⇒ 답안파일 저장 ⇒ 답안 전송 ⇒ 시험 종료
- 문제는 총 4단계, 즉 제1작업부터 제4작업까지 구성되어 있으며 반드시 제1작업부터 순서대로 작성하고 조건대로 작업하시오.
- 모든 작업시트의 A열은 열 너비 '1'로, 나머지 열은 적당하게 조절하시오.
- 모든 작업시트의 테두리는 ≪출력형태≫와 같이 작업하시오.
- 해당 작업란에서는 각각 제시된 조건에 따라 ≪출력형태≫와 같이 작업하시오.
- 답안 시트 이름은 "제1작업", "제2작업", "제3작업", "제4작업"이어야 하며 답안 시트 이외의 것은 감점 처리됩니다.
- 각 시트를 파일로 나누어 작업해서 저장할 경우 실격 처리됩니다.

kpc 한국생산성본부

[제4작업] 그래프 (100점)

☞ "**제1작업**" 시트를 이용하여 조건에 따라 ≪출력형태≫와 같이 작업하시오.

≪조건≫

(1) 차트 종류 ⇒ <묶은 세로 막대형>으로 작업하시오.
(2) 데이터 범위 ⇒ "제1작업" 시트의 내용을 이용하여 작업하시오.
(3) 위치 ⇒ "새 시트"로 이동하고, "제4작업"으로 시트 이름을 바꾸시오.
(4) 차트 디자인 도구 ⇒ 레이아웃 3, 스타일 1을 선택하여 ≪출력형태≫에 맞게 작업하시오.
(5) 영역 서식 ⇒ 차트 : 글꼴(굴림, 11pt), 채우기 효과(질감-파랑 박엽지)
                 그림 : 채우기(흰색, 배경1)
(6) 제목 서식 ⇒ 차트 제목 : 글꼴(굴림, 굵게, 20pt), 채우기(흰색, 배경1), 테두리
(7) 서식 ⇒ 용량 계열의 차트 종류를 <표식이 있는 꺾은선형>으로 변경한 후 보조 축으로 지정하시오.
         계열 : ≪출력형태≫를 참조하여 표식(마름모, 크기 10)과 레이블 값을 표시하시오.
         눈금선 : 선 스타일-파선
         축 : ≪출력형태≫를 참조하시오.
(8) 범례 ⇒ 범례명을 변경하고 ≪출력형태≫를 참조하시오.
(9) 도형 ⇒ '모서리가 둥근 사각형 설명선'을 삽입한 후 ≪출력형태≫와 같이 내용을 입력하시오.
(10) 나머지 사항은 ≪출력형태≫에 맞게 작성하시오.

≪출력형태≫

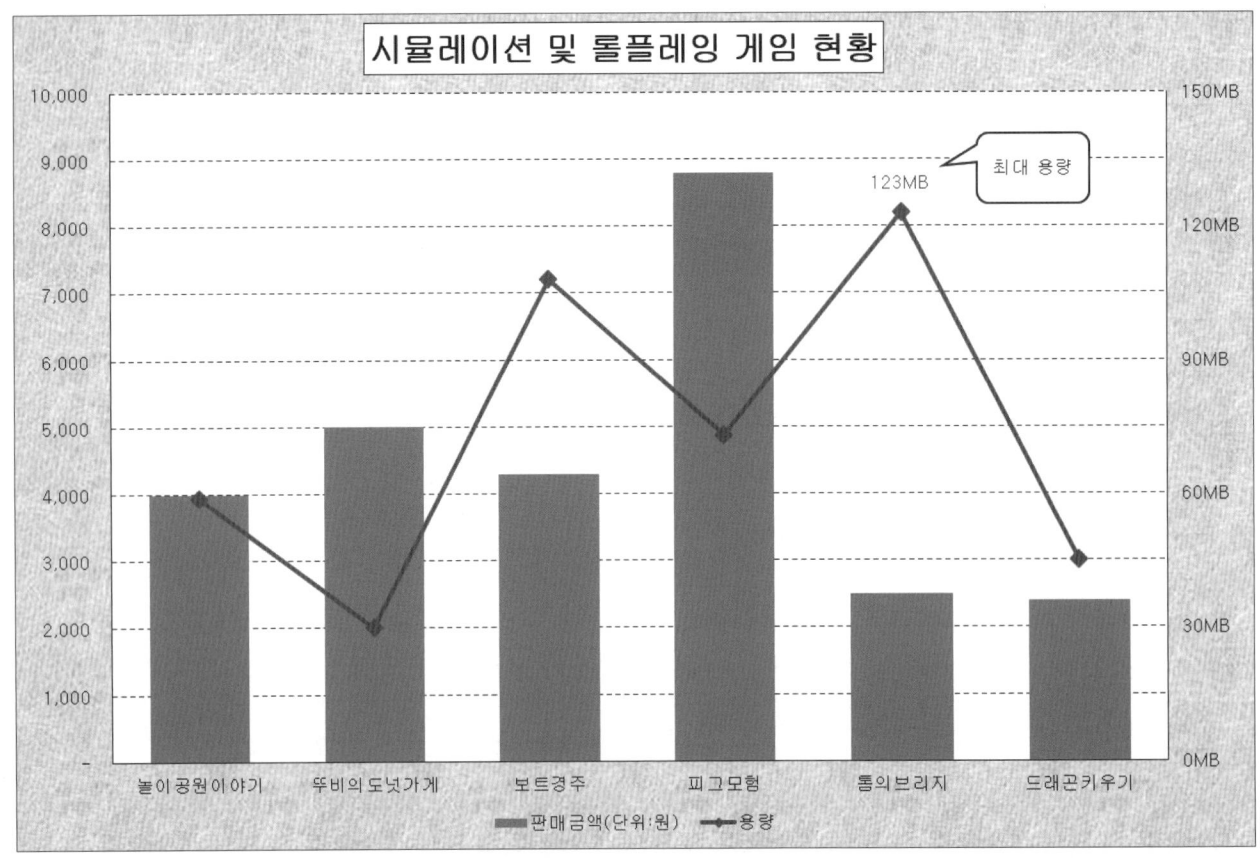

주의 ☞ 시트명 순서가 차례대로 "제1작업", "제2작업", "제3작업", "제4작업"이 되도록 할 것.

[제2작업] 필터 및 서식 (80점)

☞ "제1작업" 시트의 「B4:H12」영역을 복사하여 "제2작업" 시트의 「B2」셀부터 모두 붙여넣기를 한 후 다음의 조건과 같이 작업하시오.

≪조건≫
(1) 고급 필터 - 게임코드가 'R'로 시작하거나, 판매금액(단위:원)이 '6,000' 이상인 자료의 게임코드, 구분, 출시일, 판매금액(단위:원) 데이터만 추출하시오.
 - 조건 범위 : 「B14」셀부터 입력하시오.
 - 복사 위치 : 「B18」셀부터 나타나도록 하시오.

(2) 표 서식 - 고급필터의 결과셀을 채우기 없음으로 설정한 후 '표 스타일 보통 6'의 서식을 적용하시오.
 - 머리글 행, 줄무늬 행을 적용하시오.

[제3작업] 피벗 테이블 (80점)

☞ "제1작업" 시트를 이용하여 "제3작업" 시트에 조건에 따라 ≪출력형태≫와 같이 작업하시오.

≪조건≫
(1) 출시일 및 구분별 게임명의 개수와 판매금액(단위:원)의 평균을 구하시오.
(2) 출시일을 그룹화하고, 구분을 ≪출력형태≫와 같이 정렬하시오.
(3) 레이블이 있는 셀 병합 및 가운데 맞춤 적용과 빈 셀은 '**'로 표시하시오.
(4) 행의 총합계는 지우고, 나머지 사항은 ≪출력형태≫에 맞게 작성하시오.

≪출력형태≫

	구분						
		어드벤쳐		시뮬레이션		롤플레잉	
출시일	개수 : 게임명	평균 : 판매금액(단위:원)	개수 : 게임명	평균 : 판매금액(단위:원)	개수 : 게임명	평균 : 판매금액(단위:원)
2018년	2	6,200	**	**	**	**
2019년	**	**	1	5,000	1	4,300
2020년	**	**	1	2,500	1	8,800
2021년	**	**	1	4,000	1	2,400
총합계	2	6,200	3	3,833	3	5,167

[제1작업] 표 서식 작성 및 값 계산 (240점)

☞ 다음은 '모바일 유료 게임 현황'에 대한 자료이다. 자료를 입력하고 조건에 맞도록 작업하시오.

≪출력형태≫

게임코드	게임명	구분	특징	출시일	용량	판매금액(단위:원)	추천	순위
SA-241	놀이공원이야기	시뮬레이션	가상현실체험	2021-11-03	59	4,000	(1)	(2)
AC-152	물의순환	어드벤쳐	교육용	2018-08-14	61	6,600	(1)	(2)
SA-233	뚜비의도넛가게	시뮬레이션	음식만들기	2019-07-09	30	5,000	(1)	(2)
RE-323	보트경주	롤플레잉	3D그래픽	2019-02-13	108	4,300	(1)	(2)
RT-342	피그모험	롤플레잉	목표달성	2020-08-24	73	8,800	(1)	(2)
ST-232	톰의브리지	시뮬레이션	사고력	2020-06-01	123	2,500	(1)	(2)
AA-121	양이의철도여행	어드벤쳐	가상현실체험	2018-10-15	44	5,800	(1)	(2)
RA-321	드래곤키우기	롤플레잉	판타지체험	2021-06-24	45	2,400	(1)	(2)
롤플레잉 게임 개수			(3)		최대 용량			(5)
시뮬레이션 게임 판매금액(단위:원) 평균			(4)		게임코드	SA-241	판매금액(단위:원)	(6)

제목 확인란: 담당 / 대리 / 과장

≪조건≫

○ 모든 데이터의 서식에는 글꼴(굴림, 11pt), 정렬은 숫자 및 회계 서식은 오른쪽 정렬, 나머지 서식은 가운데 정렬로 작성하며 예외적인 것은 ≪출력형태≫를 참조하시오.
○ 제 목 ⇒ 도형(사다리꼴)과 그림자(오프셋 오른쪽)를 이용하여 작성하고
  "모바일 유료 게임 현황"을 입력한 후 다음 서식을 적용하시오
  (글꼴-굴림, 24pt, 검정, 굵게, 채우기-노랑).
○ 임의의 셀에 결재란을 작성하여 그림으로 복사 기능을 이용하여 붙이기 하시오(단, 원본 삭제).
○「B4:J4, G14, I14」영역은 '주황'으로 채우기 하시오.
○ 유효성 검사를 이용하여「H14」셀에 게임코드(「B5:B12」영역)가 선택 표시되도록 하시오.
○ 셀 서식 ⇒「G5:G12」영역에 셀 서식을 이용하여 숫자 뒤에 'MB'를 표시하시오(예 : 59MB).
○「D5:D12」영역에 대해 '구분'으로 이름정의를 하시오.

☞ (1)~(6) 셀은 반드시 **주어진 함수를 이용**하여 값을 구하시오(결과값을 직접 입력하면 해당 셀은 0점 처리됨).

(1) 추천 ⇒ 게임코드의 마지막 값이 1이면 '인기작', 2이면 '할인중', 3이면 '가족용'으로 구하시오
  (CHOOSE, RIGHT 함수).
(2) 순위 ⇒ 판매금액(단위:원)의 내림차순 순위를 구한 결과값에 '위'를 붙이시오
  (RANK.EQ 함수, & 연산자)(예 : 1위).
(3) 롤플레잉 게임 개수 ⇒ 정의된 이름(구분)을 이용하여 구하시오(COUNTIF 함수).
(4) 시뮬레이션 게임 판매금액(단위:원) 평균 ⇒ 반올림하여 백원 단위로 구하시오. 단, 조건은 입력데이터를 이용하시오(ROUND, DAVERAGE 함수)(예 : 4,722 → 4,700).
(5) 최대 용량 ⇒ (MAX 함수)
(6) 판매금액(단위:원) ⇒「H14」셀에서 선택한 게임코드의 판매금액(단위:원)을 구하시오(VLOOKUP 함수).
(7) 조건부 서식의 수식을 이용하여 판매금액(단위:원)이 '5,000' 이상인 행 전체에 다음의 서식을 적용하시오
  (글꼴 : 파랑, 굵게).

제5회 정보기술자격(ITQ) 시험

MS오피스

과 목	코드	문제유형	시험시간	수험번호	성 명
한글엑셀	1122	B	60분		

수험자 유의사항

- 수험자는 문제지를 받는 즉시 문제지와 <u>수험표상의 시험과목(프로그램)이 동일한지 반드시 확인</u>하여야 합니다.

- 파일명은 본인의 "수험번호-성명"으로 입력하여 답안폴더(내 PC₩문서₩ITQ)에 하나의 파일로 저장해야 하며, 답안문서 파일명이 "수험번호-성명"과 일치하지 않거나, 답안파일을 전송하지 않아 미제출로 처리될 경우 실격 처리합니다(예:12345678-홍길동.xlsx).

- 답안 작성을 마치면 파일을 저장하고, '답안 전송' 버튼을 선택하여 감독위원 PC로 답안을 전송하십시오. 수험생 정보와 저장한 파일명이 다를 경우 전송되지 않으므로 주의하시기 바랍니다.

- 답안 작성 중에도 <u>주기적으로 저장하고, '답안 전송'</u>하여야 문제 발생을 줄일 수 있습니다. 작업한 내용을 저장하지 않고 전송할 경우 이전에 저장된 내용이 전송되오니 이점 유의하시기 바랍니다.

- 답안문서는 지정된 경로 외의 다른 보조기억장치에 저장하는 경우, 지정된 시험 시간 외에 작성된 파일을 활용할 경우, 기타 통신수단(이메일, 메신저, 네트워크 등)을 이용하여 타인에게 전달 또는 외부 반출하는 경우는 부정 처리합니다.

- 시험 중 부주의 또는 고의로 시스템을 파손한 경우는 수험자가 변상해야 하며, 〈수험자 유의사항〉에 기재된 방법대로 이행하지 않아 생기는 불이익은 수험생 당사자의 책임임을 알려 드립니다.

- 문제의 조건은 MS오피스 2021 버전으로 설정되어 있으며 MS오피스 2016은 【 】에 표기되어 있습니다. 이와 관련하여 작성한 답안의 출력형태가 문제지와 다를 수 있습니다.

- 시험을 완료한 수험자는 답안파일이 전송되었는지 확인한 후 감독위원의 지시에 따라 문제지를 제출하고 퇴실합니다.

답안 작성요령

- 온라인 답안 작성 절차
  수험자 등록 ⇒ 시험 시작 ⇒ 답안파일 저장 ⇒ 답안 전송 ⇒ 시험 종료

- 문제는 총 4단계, 즉 제1작업부터 제4작업까지 구성되어 있으며 반드시 제1작업부터 순서대로 작성하고 조건대로 작업하시오.

- 모든 작업시트의 A열은 열 너비 '1'로, 나머지 열은 적당하게 조절하시오.

- 모든 작업시트의 테두리는 ≪출력형태≫와 같이 작업하시오.

- 해당 작업란에서는 각각 제시된 조건에 따라 ≪출력형태≫와 같이 작업하시오.

- 답안 시트 이름은 "제1작업", "제2작업", "제3작업", "제4작업"이어야 하며 답안 시트 이외의 것은 감점 처리됩니다.

- 각 시트를 파일로 나누어 작업해서 저장할 경우 실격 처리됩니다.

kpc 한국생산성본부

[제4작업] 그래프 (100점)

☞ "제1작업" 시트를 이용하여 조건에 따라 ≪출력형태≫와 같이 작업하시오.

≪조건≫

(1) 차트 종류 ⇒ <묶은 세로 막대형>으로 작업하시오.
(2) 데이터 범위 ⇒ "제1작업" 시트의 내용을 이용하여 작업하시오.
(3) 위치 ⇒ "새 시트"로 이동하고, "제4작업"으로 시트 이름을 바꾸시오.
(4) 차트 디자인 도구 ⇒ 레이아웃 3, 스타일 1을 선택하여 ≪출력형태≫에 맞게 작업하시오.
(5) 영역 서식 ⇒ 차트 : 글꼴(굴림, 11pt), 채우기 효과(질감-파랑 박엽지)
                그림 : 채우기(흰색, 배경1)
(6) 제목 서식 ⇒ 차트 제목 : 글꼴(굴림, 굵게, 20pt), 채우기(흰색, 배경1), 테두리
(7) 서식 ⇒ 계약금액(단위:원) 계열의 차트 종류를 <표식이 있는 꺾은선형>으로 변경한 후 보조 축으로 지정하시오.
        계열 : ≪출력형태≫를 참조하여 표식(마름모, 크기 10)과 레이블 값을 표시하시오.
        눈금선 : 선 스타일-파선
        축 : ≪출력형태≫를 참조하시오.
(8) 범례 ⇒ 범례명을 변경하고 ≪출력형태≫를 참조하시오.
(9) 도형 ⇒ '모서리가 둥근 사각형 설명선'을 삽입한 후 ≪출력형태≫와 같이 내용을 입력하시오.
(10) 나머지 사항은 ≪출력형태≫에 맞게 작성하시오.

≪출력형태≫

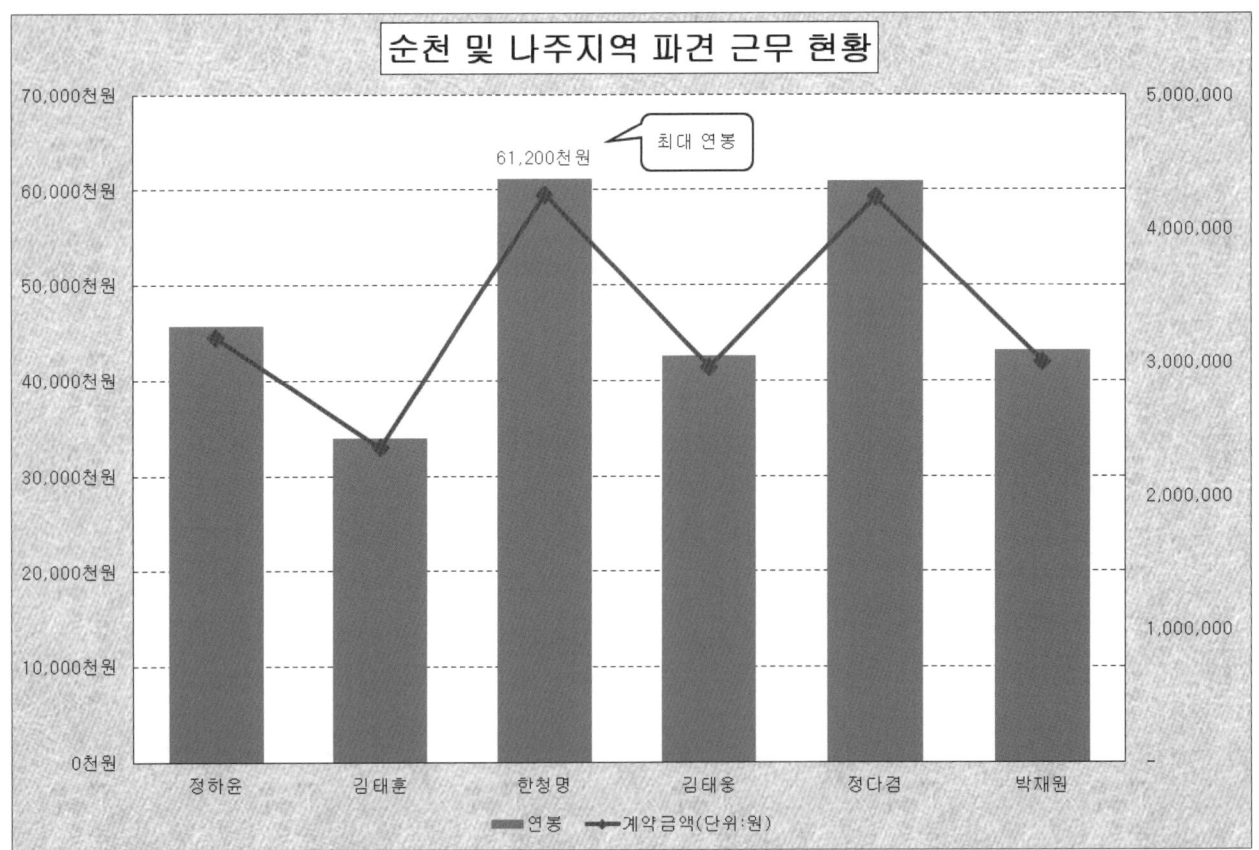

주의 ☞ 시트명 순서가 차례대로 "제1작업", "제2작업", "제3작업", "제4작업"이 되도록 할 것.

[제2작업] 필터 및 서식 (80점)

☞ "제1작업" 시트의 「B4:H12」영역을 복사하여 "제2작업" 시트의 「B2」셀부터 모두 붙여넣기를 한 후 다음의 조건과 같이 작업하시오.

≪조건≫

(1) 고급 필터 - 사원코드가 'C'로 시작하거나, 계약금액(단위:원)이 '4,000,000' 이상인 자료의 사원코드, 파견자, 계약일, 계약금액(단위:원) 데이터만 추출하시오.
- 조건 범위 : 「B14」셀부터 입력하시오.
- 복사 위치 : 「B18」셀부터 나타나도록 하시오.

(2) 표 서식 - 고급필터의 결과셀을 채우기 없음으로 설정한 후 '표 스타일 보통 6'의 서식을 적용하시오.
- 머리글 행, 줄무늬 행을 적용하시오.

[제3작업] 피벗 테이블 (80점)

☞ "제1작업" 시트를 이용하여 "제3작업" 시트에 조건에 따라 ≪출력형태≫와 같이 작업하시오.

≪조건≫

(1) 계약일 및 근무지역별 파견자의 개수와 계약금액(단위:원)의 평균을 구하시오.
(2) 계약일을 그룹화하고, 근무지역을 ≪출력형태≫와 같이 정렬하시오.
(3) 레이블이 있는 셀 병합 및 가운데 맞춤 적용과 빈 셀은 '**'로 표시하시오.
(4) 행의 총합계는 지우고, 나머지 사항은 ≪출력형태≫에 맞게 작성하시오.

≪출력형태≫

계약일	근무지역					
	순천		목포		나주	
	개수 : 파견자	평균 : 계약금액(단위:원)	개수 : 파견자	평균 : 계약금액(단위:원)	개수 : 파견자	평균 : 계약금액(단위:원)
7월	2	3,090,000	1	3,650,000	**	**
8월	**	**	**	**	2	3,595,000
9월	**	**	1	2,560,000	1	2,356,000
10월	1	4,250,000	**	**	**	**
총합계	3	3,476,667	2	3,105,000	3	3,182,000

[제1작업] 표 서식 작성 및 값 계산 (240점)

☞ 다음은 '라온에스 인력 파견 현황'에 대한 자료이다. 자료를 입력하고 조건에 맞도록 작업하시오.

≪출력형태≫

라온에스 인력 파견 현황

확인	담당	팀장	부장

사원코드	파견자	근무지역	분야	계약일	계약금액(단위:원)	연봉	계약기간	비고
AF-215	정하윤	순천	서비스	2023-07-25	3,180,000	45,792	(1)	(2)
AE-522	김태훈	나주	기술직	2023-09-25	2,356,000	33,926	(1)	(2)
BS-112	한청명	순천	전문직	2023-10-05	4,250,000	61,200	(1)	(2)
CA-455	노지원	목포	서비스	2023-09-26	2,560,000	36,864	(1)	(2)
BA-328	김태웅	나주	서비스	2023-08-21	2,960,000	42,624	(1)	(2)
CJ-914	정다겸	나주	전문직	2023-08-14	4,230,000	60,912	(1)	(2)
AK-636	박재원	순천	서비스	2023-07-01	3,000,000	43,200	(1)	(2)
BH-285	박은오	목포	기술직	2023-07-25	3,650,000	52,560	(1)	(2)
나주지역 연봉(단위:천원) 합계			(3)		순천지역 계약금액(단위:원) 평균			(5)
서비스직 최대 연봉(단위:천원)			(4)		사원코드	AF-215	계약금액(단위:원)	(6)

≪조건≫

○ 모든 데이터의 서식에는 글꼴(굴림, 11pt), 정렬은 숫자 및 회계 서식은 오른쪽 정렬, 나머지 서식은 가운데 정렬로 작성하며 예외적인 것은 ≪출력형태≫를 참조하시오.
○ 제   목 ⇒ 도형(사다리꼴)과 그림자(오프셋 오른쪽)를 이용하여 작성하고
        "라온에스 인력 파견 현황"을 입력한 후 다음 서식을 적용하시오
        (글꼴-굴림, 24pt, 검정, 굵게, 채우기-노랑).
○ 임의의 셀에 결재란을 작성하여 그림으로 복사 기능을 이용하여 붙이기 하시오(단, 원본 삭제).
○ 「B4:J4, G14, I14」 영역은 '주황'으로 채우기 하시오.
○ 유효성 검사를 이용하여 「H14」셀에 사원코드(「B5:B12」영역)가 선택 표시되도록 하시오.
○ 셀 서식 ⇒ 「H5:H12」영역에 셀 서식을 이용하여 숫자 뒤에 '천원'을 표시하시오(예 : 45,792천원).
○ 「D5:D12」영역에 대해 '근무지역'으로 이름정의를 하시오.

☞ (1)~(6) 셀은 반드시 **주어진 함수를 이용**하여 값을 구하시오(결과값을 직접 입력하면 해당 셀은 0점 처리됨).

(1) 계약기간 ⇒ 사원코드의 첫 글자가 A이면 '1년', B이면 '2년', 그 외에는 '3년'으로 구하시오
        (IF, LEFT 함수).
(2) 비고 ⇒ 연봉의 내림차순 순위를 구하고, 결과값 뒤에 '위'를 붙이시오(RANK.EQ 함수, & 연산자)(예 : 1위).
(3) 나주지역 연봉(단위:천원) 합계 ⇒ 정의된 이름(근무지역)을 이용하여 구하시오(SUMIF 함수).
(4) 서비스직 최대 연봉(단위:천원) ⇒ 분야가 서비스인 사원의 최대 연봉을 구하시오. 단, 조건은 입력데이터를 이용하시오(DMAX 함수).
(5) 순천지역 계약금액(단위:원) 평균 ⇒ 반올림하여 만원 단위로 구하시오. 단, 조건은 입력데이터를 이용하시오 (ROUND, DAVERAGE 함수)(예 : 1,256,364 → 1,260,000).
(6) 계약금액(단위:원) ⇒ 「H14」셀에서 선택한 사원코드에 대한 계약금액(단위:원)을 구하시오(VLOOKUP 함수).
(7) 조건부 서식의 수식을 이용하여 계약금액(단위:원)이 '4,000,000' 이상인 행 전체에 다음의 서식을 적용하시오 (글꼴 : 파랑, 굵게).

제6회 정보기술자격(ITQ) 시험

MS오피스

과 목	코드	문제유형	시험시간	수험번호	성 명
한글엑셀	1122	C	60분		

수험자 유의사항

- 수험자는 문제지를 받는 즉시 문제지와 <u>수험표상의 시험과목(프로그램)이 동일한지 반드시 확인</u>하여야 합니다.

- 파일명은 본인의 "수험번호-성명"으로 입력하여 답안폴더(내 PC\문서\ITQ)에 하나의 파일로 저장해야 하며, 답안문서 파일명이 "수험번호-성명"과 일치하지 않거나, 답안파일을 전송하지 않아 미제출로 처리될 경우 실격 처리합니다(예:12345678-홍길동.xlsx).

- 답안 작성을 마치면 파일을 저장하고, '답안 전송' 버튼을 선택하여 감독위원 PC로 답안을 전송하십시오. 수험생 정보와 저장한 파일명이 다를 경우 전송되지 않으므로 주의하시기 바랍니다.

- 답안 작성 중에도 <u>주기적으로 저장하고, '답안 전송'</u>하여야 문제 발생을 줄일 수 있습니다. 작업한 내용을 저장하지 않고 전송할 경우 이전에 저장된 내용이 전송되오니 이점 유의하시기 바랍니다.

- 답안문서는 지정된 경로 외의 다른 보조기억장치에 저장하는 경우, 지정된 시험 시간 외에 작성된 파일을 활용할 경우, 기타 통신수단(이메일, 메신저, 네트워크 등)을 이용하여 타인에게 전달 또는 외부 반출하는 경우는 부정 처리합니다.

- 시험 중 부주의 또는 고의로 시스템을 파손한 경우는 수험자가 변상해야 하며, 〈수험자 유의사항〉에 기재된 방법대로 이행하지 않아 생기는 불이익은 수험생 당사자의 책임임을 알려 드립니다.

- 문제의 조건은 MS오피스 2021 버전으로 설정되어 있으며 MS오피스 2016은 【 】에 표기되어 있습니다. 이와 관련하여 작성한 답안의 출력형태가 문제지와 다를 수 있습니다.

- 시험을 완료한 수험자는 답안파일이 전송되었는지 확인한 후 감독위원의 지시에 따라 문제지를 제출하고 퇴실합니다.

답안 작성요령

- 온라인 답안 작성 절차
  수험자 등록 ⇒ 시험 시작 ⇒ 답안파일 저장 ⇒ 답안 전송 ⇒ 시험 종료

- 문제는 총 4단계, 즉 제1작업부터 제4작업까지 구성되어 있으며 반드시 제1작업부터 순서대로 작성하고 조건대로 작업하시오.

- 모든 작업시트의 A열은 열 너비 '1'로, 나머지 열은 적당하게 조절하시오.

- 모든 작업시트의 테두리는 ≪출력형태≫와 같이 작업하시오.

- 해당 작업란에서는 각각 제시된 조건에 따라 ≪출력형태≫와 같이 작업하시오.

- 답안 시트 이름은 "제1작업", "제2작업", "제3작업", "제4작업"이어야 하며 답안 시트 이외의 것은 감점 처리됩니다.

- 각 시트를 파일로 나누어 작업해서 저장할 경우 실격 처리됩니다.

kpc 한국생산성본부

[제4작업] 그래프 (100점)

☞ "제1작업" 시트를 이용하여 조건에 따라 ≪출력형태≫와 같이 작업하시오.

≪조건≫

(1) 차트 종류 ⇒ <묶은 세로 막대형>으로 작업하시오.
(2) 데이터 범위 ⇒ "제1작업" 시트의 내용을 이용하여 작업하시오.
(3) 위치 ⇒ "새 시트"로 이동하고, "제4작업"으로 시트 이름을 바꾸시오.
(4) 차트 디자인 도구 ⇒ 레이아웃 3, 스타일 1을 선택하여 ≪출력형태≫에 맞게 작업하시오.
(5) 영역 서식 ⇒ 차트 : 글꼴(굴림, 11pt), 채우기 효과(질감-파랑 박엽지)
    그림 : 채우기(흰색, 배경1)
(6) 제목 서식 ⇒ 차트 제목 : 글꼴(굴림, 굵게, 20pt), 채우기(흰색, 배경1), 테두리
(7) 서식 ⇒ 인원수 계열의 차트 종류를 <표식이 있는 꺾은선형>으로 변경한 후 보조 축으로 지정하시오.
    계열 : ≪출력형태≫를 참조하여 표식(마름모, 크기 10)과 레이블 값을 표시하시오.
    눈금선 : 선 스타일-파선
    축 : ≪출력형태≫를 참조하시오.
(8) 범례 ⇒ 범례명을 변경하고 ≪출력형태≫를 참조하시오.
(9) 도형 ⇒ '모서리가 둥근 사각형 설명선'을 삽입한 후 ≪출력형태≫와 같이 내용을 입력하시오.
(10) 나머지 사항은 ≪출력형태≫에 맞게 작성하시오.

≪출력형태≫

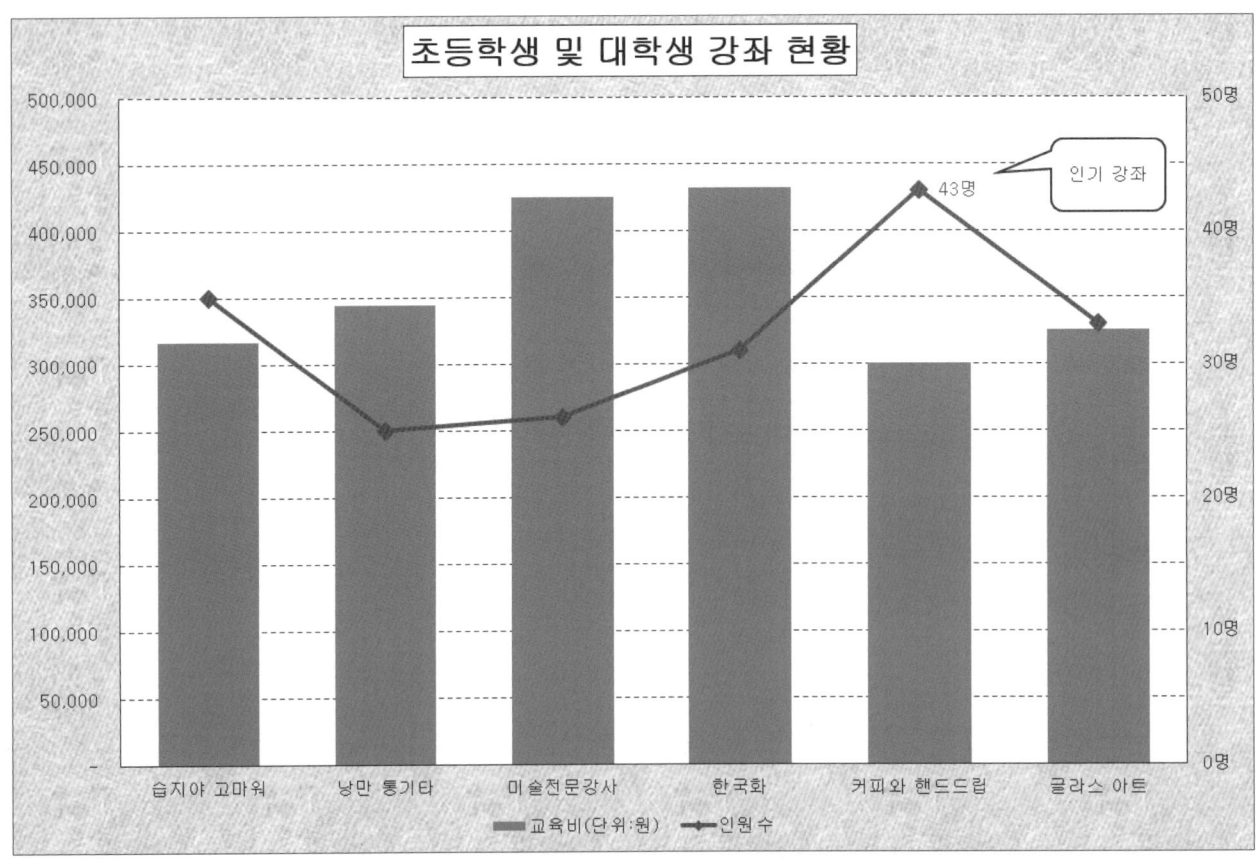

주의 ☞ 시트명 순서가 차례대로 "제1작업", "제2작업", "제3작업", "제4작업"이 되도록 할 것.

[제2작업] 필터 및 서식 (80점)

☞ "제1작업" 시트의 「B4:H12」영역을 복사하여 "제2작업" 시트의 「B2」셀부터 모두 붙여넣기를 한 후 다음의 조건과 같이 작업하시오.

≪조건≫

(1) 고급 필터 - 강좌코드가 'B'로 시작하거나, 교육비(단위:원)가 '400,000' 이상인 자료의 강좌코드, 강좌명, 개강일, 교육비(단위:원) 데이터만 추출하시오.
 - 조건 범위 : 「B14」 셀부터 입력하시오.
 - 복사 위치 : 「B18」 셀부터 나타나도록 하시오.

(2) 표 서식 - 고급필터의 결과셀을 채우기 없음으로 설정한 후 '표 스타일 보통 9'의 서식을 적용하시오.
 - 머리글 행, 줄무늬 행을 적용하시오.

[제3작업] 피벗 테이블 (80점)

☞ "제1작업" 시트를 이용하여 "제3작업" 시트에 조건에 따라 ≪출력형태≫와 같이 작업하시오.

≪조건≫

(1) 개강일 및 대상별 강좌명의 개수와 교육비(단위:원)의 평균을 구하시오.
(2) 개강일을 그룹화하고, 대상을 ≪출력형태≫와 같이 정렬하시오.
(3) 레이블이 있는 셀 병합 및 가운데 맞춤 적용과 빈 셀은 '**'로 표시하시오.
(4) 행의 총합계는 지우고, 나머지 사항은 ≪출력형태≫에 맞게 작성하시오.

≪출력형태≫

	A	B	C	D	E	F	G	H
1								
2			대상					
3			초등학생		일반인		대학생	
4		개강일	개수 : 강좌명	평균 : 교육비(단위:원)	개수 : 강좌명	평균 : 교육비(단위:원)	개수 : 강좌명	평균 : 교육비(단위:원)
5		10월	1	317,000	1	360,000	**	**
6		11월	**	**	1	439,000	2	375,000
7		12월	2	388,000	**	**	1	300,000
8		총합계	3	364,333	2	399,500	3	350,000

[제1작업] 표 서식 작성 및 값 계산 (240점)

☞ 다음은 '2023년 하반기 아카데미 강좌'에 대한 자료이다. 자료를 입력하고 조건에 맞도록 작업하시오.

≪출력형태≫

					확인	사원	팀장	부장

2023년 하반기 아카데미 강좌

강좌코드	강좌명	대상	강사명	개강일	인원수	교육비(단위:원)	진행요일	개강월
HS-212	습지야 고마워	초등학생	최승희	2023-10-02	35	317,000	(1)	(2)
TW-543	좋은부모	일반인	이연아	2023-11-07	32	439,000	(1)	(2)
FE-761	낭만 통기타	초등학생	조승연	2023-12-09	25	344,000	(1)	(2)
FP-122	야생화 자수	일반인	기지우	2023-10-02	41	360,000	(1)	(2)
LE-633	미술전문강사	대학생	박지율	2023-11-03	26	425,000	(1)	(2)
NY-822	한국화	초등학생	김현정	2023-12-01	31	432,000	(1)	(2)
BT-263	커피와 핸드드립	대학생	박윤비	2023-12-04	43	300,000	(1)	(2)
FE-367	글라스 아트	대학생	김수연	2023-11-02	33	325,000	(1)	(2)
초등학생 평균 교육비(단위:원)			(3)	※	최대 인원수			(5)
전체 교육비(단위:원) 합계			(4)		강좌코드	HS-212	교육비(단위:원)	(6)

≪조건≫

○ 모든 데이터의 서식에는 글꼴(굴림, 11pt), 정렬은 숫자 및 회계 서식은 오른쪽 정렬, 나머지 서식은 가운데 정렬로 작성하며 예외적인 것은 ≪출력형태≫를 참조하시오.
○ 제 목 ⇒ 도형(사다리꼴)과 그림자(오프셋 오른쪽)를 이용하여 작성하고
  "2023년 하반기 아카데미 강좌"를 입력한 후 다음 서식을 적용하시오
  (글꼴-굴림, 24pt, 검정, 굵게, 채우기-노랑).
○ 임의의 셀에 결재란을 작성하여 그림으로 복사 기능을 이용하여 붙이기 하시오(단, 원본 삭제).
○ 「B4:J4, G14, I14」 영역은 '주황'으로 채우기 하시오.
○ 유효성 검사를 이용하여 「H14」셀에 강좌코드(「B5:B12」 영역)가 선택 표시되도록 하시오.
○ 셀 서식 ⇒ 「G5:G12」영역에 셀 서식을 이용하여 숫자 뒤에 '명'을 표시하시오(예 : 35명).
○ 「G5:G12」영역에 대해 '인원수'로 이름정의를 하시오.

☞ (1)~(6) 셀은 반드시 **주어진 함수를 이용**하여 값을 구하시오(결과값을 직접 입력하면 해당 셀은 0점 처리됨).

(1) 진행요일 ⇒ 개강일에 대한 요일을 예와 같이 구하시오(CHOOSE, WEEKDAY 함수)(예 : 월요일).
(2) 개강월 ⇒ 개강일의 월을 추출한 결과값 뒤에 '월'을 붙이시오(MONTH 함수, & 연산자)(예 : 1월).
(3) 초등학생 평균 교육비(단위:원) ⇒ 조건은 입력데이터를 이용하고, 버림하여 천원 단위로 구하시오
  (ROUNDDOWN, DAVERAGE 함수)(예 : 327,656 → 327,000).
(4) 전체 교육비(단위:원) 합계 ⇒ 「인원수×교육비(단위:원)」의 전체 합계를 구하시오(SUMPRODUCT 함수).
(5) 최대 인원수 ⇒ 정의된 이름(인원수)을 이용하여 구하시오(MAX함수).
(6) 교육비(단위:원) ⇒ 「H14」셀에서 선택한 강좌코드에 대한 '교육비(단위:원)'를 구하시오(VLOOKUP 함수).
(7) 조건부 서식의 수식을 이용하여 인원수가 '40' 이상인 행 전체에 다음의 서식을 적용하시오
  (글꼴 : 파랑, 굵게).

제7회 정보기술자격(ITQ) 시험

MS오피스

과 목	코드	문제유형	시험시간	수험번호	성 명
한글엑셀	1122	A	60분		

수험자 유의사항

- 수험자는 문제지를 받는 즉시 문제지와 <u>수험표상의 시험과목(프로그램)이 동일한지 반드시 확인</u>하여야 합니다.

- 파일명은 본인의 "수험번호-성명"으로 입력하여 답안폴더(내 PC₩문서₩ITQ)에 하나의 파일로 저장해야 하며, 답안문서 파일명이 "수험번호-성명"과 일치하지 않거나, 답안파일을 전송하지 않아 미제출로 처리될 경우 실격 처리합니다(예:12345678-홍길동.xlsx).

- 답안 작성을 마치면 파일을 저장하고, '답안 전송' 버튼을 선택하여 감독위원 PC로 답안을 전송하십시오. 수험생 정보와 저장한 파일명이 다를 경우 전송되지 않으므로 주의하시기 바랍니다.

- 답안 작성 중에도 **주기적으로 저장하고, '답안 전송'**하여야 문제 발생을 줄일 수 있습니다. 작업한 내용을 저장하지 않고 전송할 경우 이전에 저장된 내용이 전송되오니 이점 유의하시기 바랍니다.

- 답안문서는 지정된 경로 외의 다른 보조기억장치에 저장하는 경우, 지정된 시험 시간 외에 작성된 파일을 활용할 경우, 기타 통신수단(이메일, 메신저, 네트워크 등)을 이용하여 타인에게 전달 또는 외부 반출하는 경우는 부정 처리합니다.

- 시험 중 부주의 또는 고의로 시스템을 파손한 경우는 수험자가 변상해야 하며, 〈수험자 유의사항〉에 기재된 방법대로 이행하지 않아 생기는 불이익은 수험생 당사자의 책임임을 알려 드립니다.

- 문제의 조건은 MS오피스 2021 버전으로 설정되어 있으며 MS오피스 2016은 【 】에 표기되어 있습니다. 이와 관련하여 작성한 답안의 출력형태가 문제지와 다를 수 있습니다.

- 시험을 완료한 수험자는 답안파일이 전송되었는지 확인한 후 감독위원의 지시에 따라 문제지를 제출하고 퇴실합니다.

답안 작성요령

- 온라인 답안 작성 절차
  수험자 등록 ⇒ 시험 시작 ⇒ 답안파일 저장 ⇒ 답안 전송 ⇒ 시험 종료

- 문제는 총 4단계, 즉 제1작업부터 제4작업까지 구성되어 있으며 반드시 제1작업부터 순서대로 작성하고 조건대로 작업하시오.

- 모든 작업시트의 A열은 열 너비 '1'로, 나머지 열은 적당하게 조절하시오.

- 모든 작업시트의 테두리는 ≪출력형태≫와 같이 작업하시오.

- 해당 작업란에서는 각각 제시된 조건에 따라 ≪출력형태≫와 같이 작업하시오.

- 답안 시트 이름은 "제1작업", "제2작업", "제3작업", "제4작업"이어야 하며 답안 시트 이외의 것은 감점 처리됩니다.

- 각 시트를 파일로 나누어 작업해서 저장할 경우 실격 처리됩니다.

kpc 한국생산성본부

[제4작업] 그래프 (100점)

☞ "제1작업" 시트를 이용하여 조건에 따라 ≪출력형태≫와 같이 작업하시오.

≪조건≫

(1) 차트 종류 ⇒ <묶은 세로 막대형>으로 작업하시오.
(2) 데이터 범위 ⇒ "제1작업" 시트의 내용을 이용하여 작업하시오.
(3) 위치 ⇒ "새 시트"로 이동하고, "제4작업"으로 시트 이름을 바꾸시오.
(4) 차트 디자인 도구 ⇒ 레이아웃 3, 스타일 1을 선택하여 ≪출력형태≫에 맞게 작업하시오.
(5) 영역 서식 ⇒ 차트 : 글꼴(굴림, 11pt), 채우기 효과(질감-파랑 박엽지)
   그림 : 채우기(흰색, 배경1)
(6) 제목 서식 ⇒ 차트 제목 : 글꼴(굴림, 굵게, 20pt), 채우기(흰색, 배경1), 테두리
(7) 서식 ⇒ 무게(kg) 계열의 차트 종류를 <표식이 있는 꺾은선형>으로 변경한 후 보조 축으로 지정하시오.
   계열 : ≪출력형태≫를 참조하여 표식(세모, 크기 10)과 레이블 값을 표시하시오.
   눈금선 : 선 스타일-파선
   축 : ≪출력형태≫를 참조하시오.
(8) 범례 ⇒ 범례명을 변경하고 ≪출력형태≫를 참조하시오.
(9) 도형 ⇒ '모서리가 둥근 사각형 설명선'을 삽입한 후 ≪출력형태≫와 같이 내용을 입력하시오.
(10) 나머지 사항은 ≪출력형태≫에 맞게 작성하시오.

≪출력형태≫

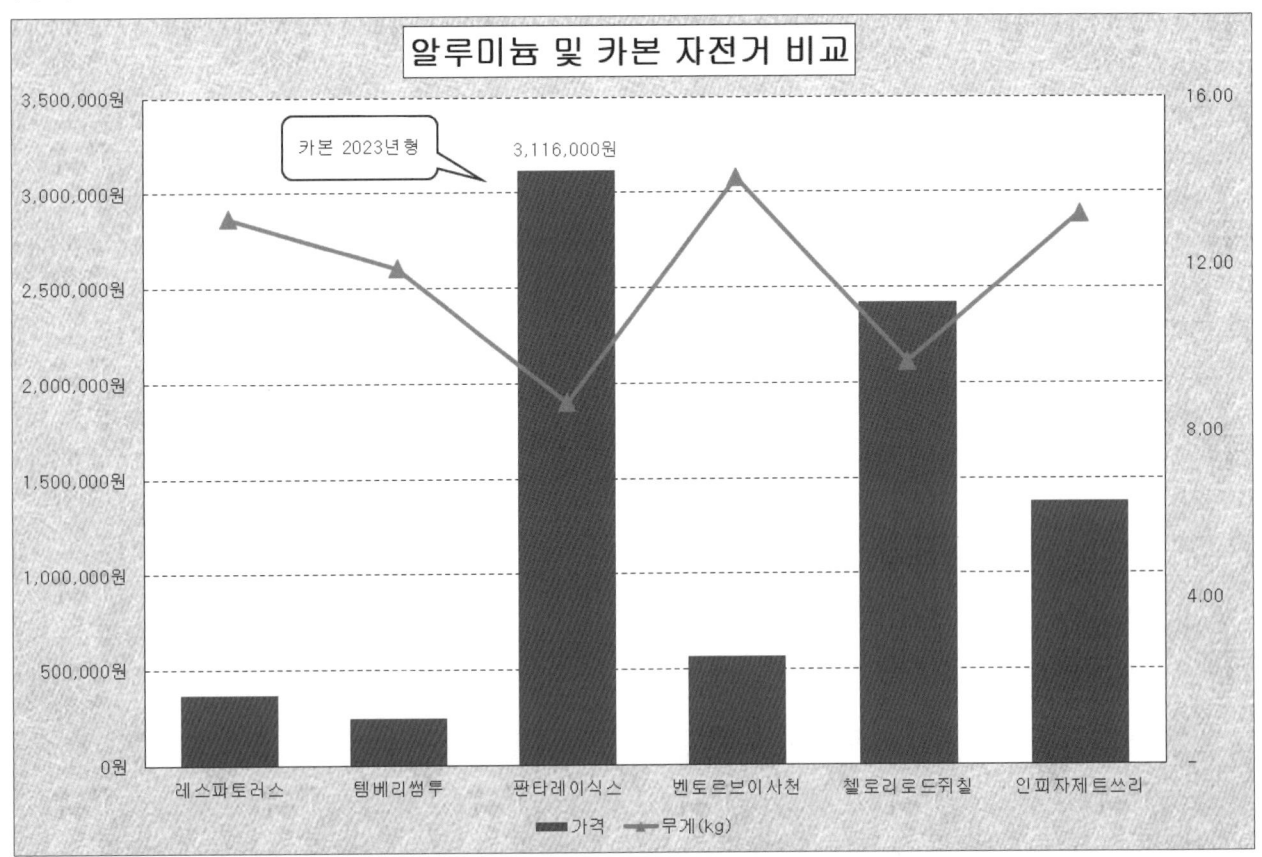

주의 ☞ 시트명 순서가 차례대로 "제1작업", "제2작업", "제3작업", "제4작업"이 되도록 할 것.

[제2작업] 목표값 찾기 및 필터 (80점)

☞ "제1작업" 시트의 「B4:H12」영역을 복사하여 "제2작업" 시트의 「B2」셀부터 모두 붙여넣기를 한 후 다음의 조건과 같이 작업하시오.

≪조건≫

(1) 목표값 찾기 - 「B11:G11」 셀을 병합하여 "알루미늄 자전거의 무게(kg) 평균"을 입력한 후 「H11」 셀에 알루미늄 자전거의 무게(kg) 평균을 구하시오. 단, 조건은 입력데이터를 이용하시오 (DAVERAGE 함수, 테두리, 가운데 맞춤).
  - '알루미늄 자전거의 무게(kg) 평균'이 '12'가 되려면 레스파토러스의 무게(kg)가 얼마가 되어야 하는지 목표값을 구하시오.

(2) 고급필터 - 모델번호가 'L'로 시작하면서 가격이 '1,000,000' 이상인 자료의 제품명, 제조사, 프레임, 무게(kg), 휠(인치) 데이터만 추출하시오.
  - 조건 범위 : 「B14」 셀부터 입력하시오.
  - 복사 위치 : 「B18」 셀부터 나타나도록 하시오.

[제3작업] 정렬 및 부분합 (80점)

☞ "제1작업" 시트의 「B4:H12」영역을 복사하여 "제3작업" 시트의 「B2」셀부터 모두 붙여넣기를 한 후 다음의 조건과 같이 작업하시오.

≪조건≫
(1) 부분합 - ≪출력형태≫처럼 정렬하고, 제조사의 개수와 가격의 평균을 구하시오.
(2) 개요【윤곽】- 지우시오.
(3) 나머지 사항은 ≪출력형태≫에 맞게 작성하시오.

≪출력형태≫

A	B	C	D	E	F	G	H
1							
2	모델번호	제품명	제조사	프레임	가격	무게(kg)	휠(인치)
3	SC1-2021	시마노엑스티	삼촌리	티타늄	4,763,400원	12.80	27.5
4	LP1-2023	판타에스데오레	엘파머	티타늄	2,075,750원	12.75	27.5
5				티타늄 평균	3,419,575원		
6			2	티타늄 개수			
7	LP3-2023	판타레이식스	엘파머	카본	3,116,000원	8.68	28.0
8	SC4-2022	첼로리로드쥐칠	삼촌리	카본	2,422,500원	9.65	28.0
9	AL1-2022	인피자제트쓰리	알론스포츠	카본	1,380,000원	13.20	27.5
10				카본 평균	2,306,167원		
11			3	카본 개수			
12	SC2-2023	레스파토러스	삼촌리	알루미늄	371,000원	13.10	28.0
13	AL2-2022	템베리썸투	알론스포츠	알루미늄	249,000원	11.90	28.0
14	LP1-2022	벤토르브이사천	엘파머	알루미늄	567,000원	14.06	27.5
15				알루미늄 평균	395,667원		
16			3	알루미늄 개수			
17				전체 평균	1,868,081원		
18			8	전체 개수			

[제1작업] 표 서식 작성 및 값 계산 (240점)

☞ 다음은 '프레임재질별 자전거 상세 정보'에 대한 자료이다. 자료를 입력하고 조건에 맞도록 작업하시오.

≪출력형태≫

모델번호	제품명	제조사	프레임	가격	무게(kg)	휠(인치)	순위	비고
SC2-2023	레스파토러스	삼촌리	알루미늄	371,000	13.10	28.0	(1)	(2)
AL2-2022	템베리썸투	알론스포츠	알루미늄	249,000	11.90	28.0	(1)	(2)
LP3-2023	판타레이식스	엘파머	카본	3,116,000	8.68	28.0	(1)	(2)
SC1-2021	시마노엑스티	삼촌리	티타늄	4,763,400	12.80	27.5	(1)	(2)
LP1-2022	벤토르브이사천	엘파머	알루미늄	567,000	14.06	27.5	(1)	(2)
LP1-2023	판타에스데오레	엘파머	티타늄	2,075,750	12.75	27.5	(1)	(2)
SC4-2022	첼로리로드쥐칠	삼촌리	카본	2,422,500	9.65	28.0	(1)	(2)
AL1-2022	인피자제트쓰리	알론스포츠	카본	1,380,000	13.20	27.5	(1)	(2)
카본 자전거의 무게(kg) 평균			(3)		두 번째로 높은 가격			(5)
삼촌리 제품의 최소 휠(인치)			(4)		모델번호	SC2-2023	가격	(6)

≪조건≫

○ 모든 데이터의 서식에는 글꼴(굴림, 11pt), 정렬은 숫자 및 회계 서식은 오른쪽 정렬, 나머지 서식은 가운데 정렬로 작성하며 예외적인 것은 ≪출력형태≫를 참조하시오.
○ 제 목 ⇒ 도형(배지)과 그림자(오프셋 오른쪽)를 이용하여 작성하고
    "프레임재질별 자전거 상세 정보"를 입력한 후 다음 서식을 적용하시오
    (글꼴-굴림, 24pt, 검정, 굵게, 채우기-노랑).
○ 임의의 셀에 결재란을 작성하여 그림으로 복사 기능을 이용하여 붙이기 하시오(단, 원본 삭제).
○ 「B4:J4, G14, I14」 영역은 '주황'으로 채우기 하시오.
○ 유효성 검사를 이용하여 「H14」셀에 모델번호(「B5:B12」영역)가 선택 표시되도록 하시오.
○ 셀 서식 ⇒ 「F5:F12」영역에 셀 서식을 이용하여 숫자 뒤에 '원'을 표시하시오(예 : 371,000원).
○ 「F5:F12」영역에 대해 '가격'으로 이름정의를 하시오.

☞ (1)~(6) 셀은 반드시 **주어진 함수를 이용**하여 값을 구하시오(결과값을 직접 입력하면 해당 셀은 0점 처리됨).

(1) 순위 ⇒ 무게(kg)의 내림차순 순위를 구한 결과에 '위'를 붙이시오
    (RANK.EQ 함수, & 연산자)(예 : 1위).
(2) 비고 ⇒ 모델번호의 세 번째 글자가 1이면 'MTB', 2이면 '하이브리드', 그 외에는 '로드'로 구하시오
    (IF, MID 함수).
(3) 카본 자전거의 무게(kg) 평균 ⇒ (SUMIF, COUNTIF 함수)
(4) 삼촌리 제품의 최소 휠(인치) ⇒ 제조사가 삼촌리인 제품의 휠(인치) 중 최소값을 구하시오.
    단, 조건은 입력데이터를 이용하시오(DMIN 함수).
(5) 두 번째로 높은 가격 ⇒ 정의된 이름(가격)을 이용하여 구하시오(LARGE 함수).
(6) 가격 ⇒ 「H14」셀에서 선택한 모델번호에 대한 가격을 구하시오(VLOOKUP 함수).
(7) 조건부 서식의 수식을 이용하여 무게(kg)가 '10' 이하인 행 전체에 다음의 서식을 적용하시오
    (글꼴 : 파랑, 굵게).

Last Summary

과 목	코드	문제유형	시험시간	수험번호	성 명
한글엑셀	1122	A	60분		

수험자 유의사항

- 수험자는 문제지를 받는 즉시 문제지와 <u>수험표상의 시험과목(프로그램)이 동일한지 반드시 확인</u>하여야 합니다.

- 파일명은 본인의 "수험번호-성명"으로 입력하여 답안폴더(내 PC₩문서₩ITQ)에 하나의 파일로 저장해야 하며, 답안문서 파일명이 "수험번호-성명"과 일치하지 않거나, 답안파일을 전송하지 않아 미제출로 처리될 경우 실격 처리합니다(예:12345678-홍길동.xlsx).
  - 저장 위치(내 PC₩문서₩ITQ)에 파일명(수험번호-성명)으로 저장해야 합니다.
  - 꼭! 저장한 후 전송합니다. 저장하지 않고 전송하는 경우가 많습니다.

- 답안 작성을 마치면 파일을 저장하고, '답안 전송' 버튼을 선택하여 감독위원 PC로 답안을 전송하십시오. 수험생 정보와 저장한 파일명이 다를 경우 전송되지 않으므로 주의하시기 바랍니다.

- 답안 작성 중에도 **주기적으로 저장하고, '답안 전송'**하여야 문제 발생을 줄일 수 있습니다. 작업한 내용을 저장하지 않고 전송할 경우 이전에 저장된 내용이 전송되오니 이점 유의하시기 바랍니다.

- 답안문서는 지정된 경로 외의 다른 보조기억장치에 저장하는 경우, 지정된 시험 시간 외에 작성된 파일을 활용할 경우, 기타 통신수단(이메일, 메신저, 네트워크 등)을 이용하여 타인에게 전달 또는 외부 반출하는 경우는 부정 처리합니다.

- 시험 중 부주의 또는 고의로 시스템을 파손한 경우는 수험자가 변상해야 하며, 〈수험자 유의사항〉에 기재된 방법대로 이행하지 않아 생기는 불이익은 수험생 당사자의 책임임을 알려 드립니다.

- 문제의 조건은 MS오피스 2021 버전으로 설정되어 있으며 MS오피스 2016은 【 】에 표기되어 있습니다. 이와 관련하여 작성한 답안의 출력형태가 문제지와 다를 수 있습니다.

- 시험을 완료한 수험자는 답안파일이 전송되었는지 확인한 후 감독위원의 지시에 따라 문제지를 제출하고 퇴실합니다.

답안 작성요령

- 온라인 답안 작성 절차
  수험자 등록 ⇒ 시험 시작 ⇒ 답안파일 저장 ⇒ 답안 전송 ⇒ 시험 종료

- 문제는 총 4단계, 즉 제1작업부터 제4작업까지 구성되어 있으며 반드시 제1작업부터 순서대로 작성하고 조건대로 작업하시오.

- 모든 작업시트의 A열은 열 너비 '1'로, 나머지 열은 적당하게 조절하시오.
  - A열 머리글에서 바로 가기 메뉴의 〔열 너비〕를 클릭한 후 〔열 너비〕 대화상자가 나타나면 열 너비(1)를 입력

- 모든 작업시트의 테두리는 ≪출력형태≫와 같이 작업하시오.

- 해당 작업란에서는 각각 제시된 조건에 따라 ≪출력형태≫와 같이 작업하시오.

- 답안 시트 이름은 "제1작업", "제2작업", "제3작업", "제4작업"이어야 하며 답안 시트 이외의 것은 감점 처리됩니다.
  - '제1작업'~'제3작업' 시트는 시트 이름을 변경하고, '제4작업'시트는 차트 이동으로 작성

- 각 시트를 파일로 나누어 작업해서 저장할 경우 실격 처리됩니다.

[제4작업] 그래프 (100점)

☞ "제1작업" 시트를 이용하여 조건에 맞도록 다음과 같이 작업하시오.

《조건》

(1) 차트 종류 ⇒ <묶은 세로 막대형>으로 작업하시오.
(2) 데이터 범위 ⇒ "제1작업" 시트의 내용을 이용하여 작업하시오.
(3) 위치 ⇒ "새 시트"로 이동하고, "제4작업"으로 시트 이름을 바꾸시오.
(4) 차트 디자인 도구 ⇒ 레이아웃 3, 스타일 1을 선택하여 《출력형태》에 맞게 작업하시오.
(5) 영역 서식 ⇒ 차트 : 글꼴(굴림, 11pt), 채우기 효과(질감-분홍 박엽지).
   그림 : 채우기(흰색, 배경1).
(6) 제목 서식 ⇒ 차트 제목 : 글꼴(굴림, 굵게, 20pt), 채우기(흰색, 배경1), 테두리.
(7) 서식 ⇒ 신청인원 계열의 차트 종류를 <표식이 있는 꺾은선형>으로 변경한 후 보조 축으로 지정하시오.
   계열 : 《출력형태》를 참조하여 표식(세모, 크기 10)과 레이블 값을 표시하시오.
   눈금선 : 선 스타일-파선
   축 : 《출력형태》를 참조하시오.
(8) 범례 ⇒ 범례명을 변경하고 《출력형태》를 참조하시오.
(9) 도형 ⇒ '모서리가 둥근 사각형 설명선'을 삽입한 후 《출력형태》와 같이 내용을 입력하시오.
(10) 나머지 사항은 《출력형태》에 맞게 작성하시오.

《출력형태》

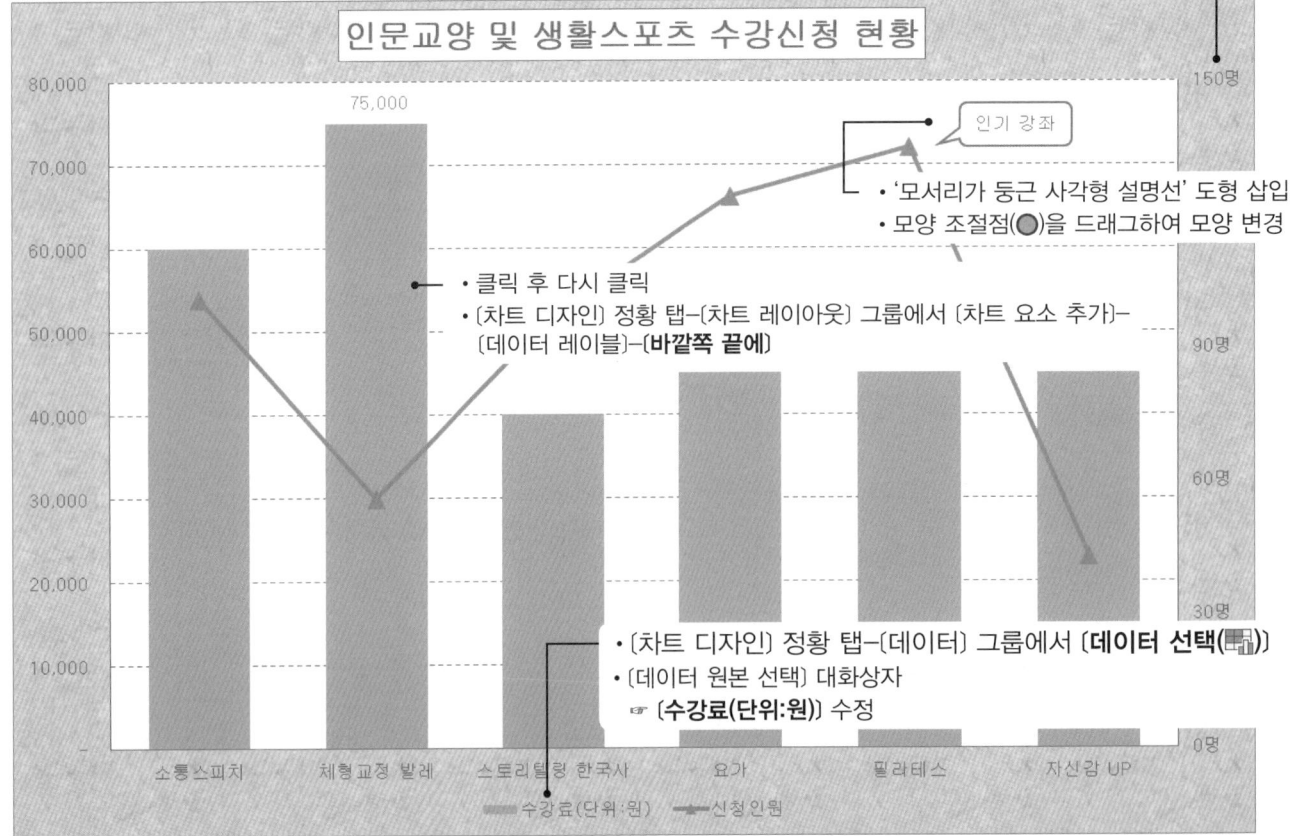

주의 ☞ 시트명 순서가 차례대로 "제1작업", "제2작업", "제3작업", "제4작업"이 되도록 할 것.

[제2작업] 목표값 찾기 및 필터 (80점)

☞ "제1작업" 시트의 「B4:H12」영역을 복사하여 "제2작업" 시트의 「B2」셀부터 모두 붙여넣기를 한 후 다음의 조건과 같이 작업하시오.
- 복사하기 : Ctrl+C
- 붙여넣기 : Ctrl+V

≪조건≫
- [홈] 탭-[맞춤] 그룹에서 [병합하고 가운데 맞춤(国)]

(1) 목표값 찾기 - 「B11:G11」 셀을 병합하고 가운데 맞춤한 후 "인문교양 신청인원 평균"을 입력하고 「H11」 셀에 인문교양 신청인원 평균을 구하시오. 단, 조건은 입력데이터를 이용하시오 (DAVERAGE 함수, 테두리). ← =DAVERAGE(B2:H10,6,D2:D3)

- '인문교양 신청인원 평균'이 '85'가 되려면 소통스피치의 신청인원이 얼마가 되어야 하는지 목표값을 구하시오.
  - [데이터] 탭-[예측] 그룹에서 [가상 분석]-[목표값 찾기]
  - [목표값 찾기] 대화상자
    ☞ [수식 셀(H11)], [찾는 값(85)], [값을 바꿀 셀(G3)]

(2) 고급필터 - 교육대상이 '성인'이 아니면서, 수강료(단위:원)가 '50,000' 이상인 자료의 강좌명, 개강날짜, 신청인원, 수강료(단위:원) 데이터만 추출하시오.
- 조건 범위 : 「B14」 셀부터 입력하시오.
- 복사 위치 : 「B18」 셀부터 나타나도록 하시오.

- AND 조건 : 교육대상이 '성인'이 아니면서, 수강료(단위:원)가 '50,000' 이상인 자료
  ☞ [B5셀(<>성인)], [C5셀(>=50000)]
- OR 조건 : 교육대상이 '성인' 이거나, 수강료(단위:원)가 '50,000' 이상인 자료

[제3작업] 정렬 및 부분합 (80점)

☞ "제1작업" 시트의 「B4:H12」영역을 복사하여 "제3작업" 시트의 「B2」셀부터 모두 붙여넣기를 한 후 다음의 조건과 같이 작업하시오.

≪조건≫
- 부분합을 하기 전에 부분합할 항목으로 정렬합니다.
- [데이터] 탭-[정렬 및 필터] 그룹에서 [텍스트 내림차순 정렬(힉↓)]

(1) 부분합 - ≪출력형태≫처럼 정렬하고, 강좌명의 개수와 신청인원의 평균을 구하시오.
(2) 개요[윤곽] - 지우시오. ← 【윤곽】: 엑셀2016 버전 사용자용
(3) 나머지 사항은 ≪출력형태≫에 맞게 작성하시오.

- [데이터] 탭-[개요] 그룹에서 [부분합]
- [부분합] 대화상자
  ☞ [그룹화할 항목(분류)], [사용할 함수(개수)], [부분합 계산 항목(강좌명)]
  ☞ [그룹화할 항목(분류)], [사용할 함수(평균)], [부분합 계산 항목(신청인원)], [새로운 값으로 대치] 선택 해제

≪출력형태≫

	A	B	C	D	E	F	G
1							
2		수강코드	강좌명	분류	교육대상	개강날짜	신청인원	수강료(단위:원)
3		CS-210	소통스피치	인문교양	성인	2024-04-03	101명	60,000
4		ST-211	스토리텔링 한국사	인문교양	직장인	2024-03-13	97명	40,000
5		SU-231	자신감 UP	인문교양	청소년	2024-04-03	43명	45,000
6				인문교양 평균			80명	
7			3	인문교양 개수				
8		CE-310	어린이 영어회화	외국어	청소년	2024-04-10	87명	55,000
9		ME-312	미드로 배우는 영어	외국어	직장인	2024-03-10	78명	65,000
10				외국어 평균			83명	
11			2	외국어 개수				
12		SL-101	체형교정 발레	생활스포츠	청소년	2024-03-06	56명	75,000
13		YL-112	요가	생활스포츠	성인	2024-03-04	124명	45,000
14		PL-122	필라테스	생활스포츠	성인	2024-03-06	135명	45,000
15				생활스포츠 평균			105명	
16			3	생활스포츠 개수				
17				전체 평균			90명	
18			8	전체 개수				

[제1작업] 표 서식 작성 및 값 계산 (240점)

☞ 다음은 '평생학습센터 온라인 수강신청 현황'에 대한 자료이다. 자료를 입력하고 조건에 맞도록 작업하시오.

≪출력형태≫ ― A열을 제외한 열 너비는 텍스트에 따라 임의로 지정

평생학습센터 온라인 수강신청 현황

확인		담당	팀장	센터장

수강코드	강좌명	분류	교육대상	개강날짜	신청인원	수강료(단위:원)	교육장소	신청인원 순위
CS-210	소통스피치	인문교양	성인	2024-04-03	101	60,000	(1)	(2)
SL-101	체형교정 발레	생활스포츠	청소년	2024-03-06	56	75,000	(1)	(2)
ST-211	스토리텔링 한국사	인문교양	직장인	2024-03-13	97	40,000	(1)	(2)
CE-310	어린이 영어회화	외국어	청소년	2024-04-10	87	55,000	(1)	(2)
YL-112	요가	생활스포츠	성인	2024-03-04	124	45,000	(1)	(2)
ME-312	미드로 배우는 영어	외국어	직장인	2024-03-10	78	65,000	(1)	(2)
PL-122	필라테스	생활스포츠	성인	2024-03-06	135	45,000	(1)	(2)
SU-231	자신감 UP	인문교양	청소년	2024-04-03	43	45,000	(1)	(2)
필라테스 수강료(단위:원)			(3)			최저 수강료(단위:원)		(5)
인문교양 최대 신청인원			(4)			강좌명	소통스피치	개강날짜	(6)

- [홈] 탭-[글꼴] 그룹 ☞ [글꼴(굴림)], [글꼴 크기(11)]
- [홈] 탭-[맞춤] 그룹 ☞ [가운데 맞춤(세로)(≡)], [가운데 맞춤(가로)(≡)]
- [홈] 탭-[표시 형식] 그룹 ☞ [쉼표 스타일(,)]

― (1)~(6)은 수식으로 작성

≪조건≫

○ 모든 데이터의 서식에는 글꼴(굴림, 11pt), 정렬은 숫자 및 회계 서식은 오른쪽 정렬, 나머지 서식은 가운데 정렬로 작성하며 예외적인 것은 ≪출력형태≫를 참조하시오.

○ 제 목 ⇒ 도형(대각선 방향의 모서리가 잘린 사각형)과 그림자(오프셋 오른쪽)를 이용하여 작성하고 "평생학습센터 온라인 수강신청 현황"을 입력한 후 다음 서식을 적용하시오 (글꼴-굴림, 24pt, 검정, 굵게, 채우기-노랑).

○ 임의의 셀에 결재란을 작성하여 그림으로 복사 기능을 이용하여 붙이기 하시오(단, 원본 삭제).

○ 「B4:J4, G14, I14」 영역은 '주황'으로 채우기 하시오.

○ 유효성 검사를 이용하여 「H14」셀에 강좌명(「C5:C12」 ― • [데이터] 탭-[데이터 도구] 그룹에서 [데이터 유효성 검사]
- [데이터 유효성] 대화상자 [설정] 탭
 ☞ [제한 대상(목록)]-[원본(=$C$5:$C$12)]

○ 셀 서식 ⇒ 「G5:G12」영역에 셀 서식을 이용하여 숫자 뒤에 '명'을 표시하시오(예 : 30명).

○ 「H5:H12」영역에 대해 '수강료'로 이름정의를 하시오. ― • [셀 서식] 대화상자 [표시 형식] 탭
 ☞ [범주(사용자 지정)]-[형식(#,##0"명")]

― 셀 서식 : Ctrl+1
- [수식] 탭-[정의된 이름] 그룹에서 [이름 정의(⊘)]
- [새 이름] 대화상자 ☞ [이름(수강료)]

☞ (1)~(6) 셀은 반드시 주어진 함수를 ... 하여 작성하시오(결과값을 직접 입력하면 해당 셀은 0점 처리됨).

(1) 교육장소 ⇒ 수강코드의 네 번째 글자가 1이면 '제2강의실', 2이면 '제3강의실', 3이면 '제4강의실'로
 구하시오(IF, MID 함수). ― =IF(MID(B5,4,1)="1","제2강의실",IF(MID(B5,4,1)="2","제3강의실","제4강의실"))

(2) 신청인원 순위 ⇒ 신청인원의 내림차순 순위를 구하시오(RANK.EQ 함수). ― =RANK.EQ(G5,$G$5:$G$12)

(3) 필라테스 수강료(단위:원) ⇒ (INDEX, MATCH 함수). ― =INDEX(B5:H12,MATCH(C11,C5:C12,0),7)

(4) 인문교양 최대 신청인원 ⇒ 인문교양 강좌 중에서 최대 신청인원을 구한 후 결과값에 '명'을
 =DMAX(B4:H12,G4,D4:D5)&"명" 붙이시오. 단, 조건은 입력데이터를 이용하시오(DMAX 함수, &연산자)(예 : 10명).

(5) 최저 수강료(단위:원) ⇒ 정의된 이름(수강료)을 이용하여 구하시오(SMALL 함수). ― =SMALL(수강료,1)

(6) 개강날짜 ⇒ 「H14」셀에서 선택한 강좌명에 대한 개강날짜를 구하시오(VLOOKUP 함수).

(7) 조건부 서식의 수식을 이용하여 신청인원이 '100' 이상인 행 전체에 다음의 서식을 적용하시오
 (글꼴 : 파랑, 굵게). ― • [홈] 탭-[스타일] 그룹에서 [조건부 서식]-[새 규칙]
- [새 서식 규칙] 대화상자
=VLOOKUP(H14,C5:H12,4,0) ☞ [규칙 유형 선택(수식을 사용하여 서식을 지정할 셀 결정)]
 ☞ [규칙 설명 편집(=$G5)=100)]